Uni-Taschenbücher 305



UTB
FÜR WISSEN
SCHAFT

Eine Arbeitsgemeinschaft der Verlage

Wilhelm Fink Verlag München
Gustav Fischer Verlag Jena und Stuttgart
Francke Verlag Tübingen und Basel
Paul Haupt Verlag Bern · Stuttgart · Wien
Hüthig Verlagsgemeinschaft
Decker & Müller GmbH Heidelberg
Leske Verlag + Budrich GmbH Opladen
J.C.B. Mohr (Paul Siebeck) Tübingen
Quelle & Meyer Heidelberg · Wiesbaden
Ernst Reinhardt Verlag München und Basel
F. K. Schattauer Verlag Stuttgart · New York
Ferdinand Schöningh Verlag Paderborn · München · Wien · Zürich
Eugen Ulmer Verlag Stuttgart
Vandenhoeck & Ruprecht in Göttingen und Zürich

Jürgen Link

# Literaturwissenschaftliche Grundbegriffe

## Eine programmierte Einführung auf strukturalistischer Basis

Wilhelm Fink Verlag München

Meinen Bochumer Studenten gewidmet
J. L.

Die Deutsche Bibliothek – CIP-Einheitsaufnahme

**Link, Jürgen:**
Literaturwissenschaftliche Grundbegriffe: eine programmierte Einführung auf strukturalistischer Basis / Jürgen Link. – 5., unveränd. Aufl. – München: Fink, 1993
(UTB für Wissenschaft: Uni-Taschenbücher; 305)
ISBN 3-8252-0305-0 (UTB)
ISBN 3-7705-1725-3 (Fink)
NE: UTB für Wissenschaft / Uni-Taschenbücher

5., unveränderte Auflage 1993


Ohmstraße 5, 8000 München 40
ISBN 3-7705-1725-3



Printed in Germany.
Einbandgestaltung: Alfred Krugmann, Freiberg am Neckar
Herstellung: Ferdinand Schöningh GmbH, Paderborn

**UTB-Bestellnummer: ISBN 3-8252-0305-0**

# VORWORT ZUR 2. AUFLAGE

Vier Jahre nach dem Erscheinen (und acht Jahre nach der ersten Erprobung) dieser Grundbegriffe hat sich das Bedürfnis nach einer Einführung in die Literaturwissenschaft, die die vier Gesichtspunkte Systematik, theoretisch aktuellen Stand, Anwendungsbezogenheit und propädeutisch-didaktische Darbietung zu vereinigen sucht, sicherlich nicht verringert. Von den damals konkurrierenden Modellen haben die meisten an Glanz verloren. 'Präsaussurianische' und irrationalistisch-hermeneutische Literaturtheorien gelten heute zumindest unter den jüngeren Literaturwissenschaftlern weitgehend als obsolet. Damit im Zusammenhang hat sich wohl auch die Ansicht verstärkt, daß sich das 'Methodenrevue'-Modell[1] als Grundstock einer *Einführung* heute kaum noch eignet: in der damaligen Umbruchsphase konnte es sinnvoll sein, um eben den theoretischen Umbruch, den Paradigmawechsel kritisch darzustellen –, perpetuiert angewendet, würde es nur noch das Dogma vom 'Methodenpluralismus' vermitteln können. Ähnliches gilt für das 'kritische' Modell, soweit es global eine Reihe von 'Ansätzen' miteinander konfrontierte.

So hat sich denn heute das Feld der 'Modelle' verschoben: neben systematischen Einführungen wie der vorliegenden[2] haben sich speziell-wissenschaftstheoretische, rezeptionsästhetische, pragmatische und literatur*historische* etabliert: den einzigen (notwendig ambitionierten) Versuch, das gesamte Feld zu erfassen, hat das *Funkkolleg Literatur*[3] unter-

---

[1] Vgl. auch (in der 1. Auflage noch nicht erwähnt): Gunter Reiß (Hrsg.), *Materialien zur Ideologiegeschichte der deutschen Literaturwissenschaft*, 2 Bde. Tübingen 1973. Solche 'Revuen' sollten zur begleitenden Lektüre den Teilnehmern von Einführungskursen unbedingt empfohlen werden. Man könnte auch – z. B. als Hausaufgabe – Textausschnitte daraus unter den Gesichtspunkten von Lektion 3 der vorliegenden *Grundbegriffe* analysieren lassen und einen historischen Kommentar dazu geben.

[2] Hier ist inzwischen vor allem das Parallelunternehmen meiner damaligen Bochumer Kollegen Jochen Schulte-Sasse und Renate Werner (*Einführung in die Literaturwissenschaft*, München 1977) zu nennen, das bei einer grundsätzlich ähnlichen Anlage die möglichen Nachteile der programmierten Form vermeidet und den zusätzlichen Vorteil ausführlicher historischer Anwendungen bietet (insofern auch einen Teil der in einem *Literatursoziologischen Propädeutikum* zu behandelnden Fragen erfaßt). Es handelt sich also von der vorliegenden Einführung aus gesehen um eine notwendige *Ergänzung*. – S. auch Rolf Kloepfer, *Poetik und Linguistik*, München 1975, das sich ebenfalls in seiner Intention in mancher Hinsicht mit vorliegendem Versuch berührt.

[3] *Literatur. Funk-Kolleg*, hrsg. von Helmut Brackert/Eberhard Lämmert, 2 Bde. Frankfurt/Main 1977 u. 1978. Vgl. darin vom Vf. die Lektionen 9 und 26.

nommen. Was die speziellen Wissenschaftstheorien angeht[4], so erscheinen sie weiterhin als Grundstock literaturwissenschaftlicher Einführungen ungeeignet, da sie sich mehr oder weniger verbieten müsssen, das Gebiet der Literatur anders als in eher paradoxer Weise auch wirklich zu betreten. Was die rezeptionsästhetischen[5] bzw. pragmatischen[6] Propädeutika betrifft, so könnten und sollten sie (zumindest teilweise) in eine systematische Einführung des vorliegenden Typs integriert werden. Das ist aus zeit- und verlagsökonomischen Gründen diesmal unterblieben: exemplarische Verweise mußten genügen.

Ein Wort auch zu den literatur*historischen* Einführungen[7]: sie können u. E. systematische Einführungen höchstens dann ersetzen, wenn sie sich als exemplarische Anwendung einer systematischen Literaturtheorie verstehen. Soweit sie diese Bedingung jedoch ungern erfüllen möchten, werden sie sicherlich einer Systematik wie der vorliegenden vorwerfen, sie reiche keineswegs aus, um Literatur*geschichte* darauf zu begründen. Zu Recht: die den vorliegenden *Grundbegriffen* zugrunde liegende Systematik stellt lediglich die Hälfte einer wirklichen Systematik der Literaturwissenschaft dar – es fehlt ein *Literatursoziologisches Propädeutikum*, an dem der Vf. ebenfalls seit längerem (zusammen mit mehreren Kollegen) arbeitet und das in Kürze vorgelegt wird[8]. Auf eine solche Ergänzung sind die *Grundbegriffe* allerdings, wie aufmerksame Benutzer sicherlich bemerkt haben werden, prinzipiell bereits angelegt; die 2. Auflage hat nun durchgehend Verweise auf das ergänzende *Literatursoziologische Propädeutikum* (im folgenden abgekürzt: *LsP*) erhalten, so daß man künftig beides als *eine* zusammengehörende, vielfältig verzahnte Systematik verwenden und beurteilen können wird. Es wird dann noch deutlicher als bisher werden, worin sich der vorliegende Ansatz von den meisten 'strukturalistischen' Modellen unterscheidet: er begnügt sich nicht damit, an der 'Grenze' der Semantik in allgemeiner Redeweise auf

---

[4] Vor allem jetzt Manfred Titzmann, *Strukturale Textanalyse*, München 1977. Hier handelt es sich ebenfalls um eine sinnvolle *Ergänzung* zu einem Versuch wie dem vorliegenden, zumal gerade strukturale Analyseverfahren wissenschaftstheoretisch 'auf Herz und Nieren' geprüft werden. Vf. darf sich bei dieser Gelegenheit für die kritischen Hinweise auf die *Grundbegriffe* (z. B. S. 101, 136 f., 144 ff.) mit dem Versprechen zur 'Besserung' bedanken.

[5] Vgl. die sehr gute Einführung meiner durch eine plötzliche tödliche Krankheit aus ihrer Familie und von ihren Studenten gerissenen Schwägerin Hannelore Link: *Rezeptionsforschung. Eine Einführung in Methoden und Probleme*, Stuttgart u. a. 1976.

[6] Dieter Breuer, *Einführung in die pragmatische Texttheorie*, München 1974.

[7] Z. B. Gert Mattenklott/Klaus R. Scherpe, *Westberliner Projekt: Grundkurs 18. Jahrhundert*, 2 Bde. Kronberg/Taunus 1974 (auf sich als materialistisch verstehender literatursoziologischer Grundlage); Erhard Schütz/Jochen Vogt u. a., *Einführung in die deutsche Literatur des 20. Jahrhunderts*, 2 Bde. Opladen 1977.

[8] Wird erscheinen München 1978.

'kulturelle Kodes' zu verweisen, sondern skizziert eine explizite Theorie der Interferenz von Semantik und sozialhistorisch spezifischen *Ideologien*[9], und er betrachtet die Redeweise von der 'Einbettung der Literatur in interaktionistische Kommunikation' als unbefriedigend, da unbewußt ideologische Voraussetzungen implizierend[10].

Abschließend ein Wort zu den Änderungen der 2. Auflage: eine grundlegende Neubearbeitung erwies sich diesmal zwar noch als unmöglich, dennoch mußte viel korrigiert bzw. ergänzt werden. Die vielfältige praktische Verwendung der *Grundbegriffe* an Universitäten, in Fortbildungskursen und Schulen (wobei dem Vf. ein vollständiger Überblick fehlt[11]) brachte mir viele Kritiken, Ergänzungsvorschläge und Anregungen auf den Tisch, für die ich mich bei allen Kollegen, Studenten und Schülern bedanken möchte. Es ist nur logisch, daß gerade die für die praktische Literaturanalyse so wichtigen Kategorien "Konnotation", "Isotopie", Tropen, "Konfiguration" die meisten kritischen Nachfragen provozierten. Hier und in ähnlichen Fällen wurde das Dilemma dieser *Grundbegriffe* am deutlichsten, die sich als wirklich elementare, propädeutische Einführung in Theorien verstehen, die in der Forschung teils noch "im Fluß" und sehr umstritten sind. Dabei wurden z. T. Vereinfachungen versucht (wie der Fall "Konnotation"), die nicht mehr haltbar waren (daher jetzt geändert), zum Teil wurde auf Theorien und Begriffe gebaut, die von manchen Linguisten als wissenschaftlich nicht haltbar angesehen werden. Das trifft vor allem die Greimassche strukturale Semantik. Da aber gerade dieser Ansatz (z. B. die "Isotopie"-Kategorie) für die Literaturanalyse von hohem praktischem und operationalem Wert ist[12], wäre es dringend wünschenswert, daß die linguistische Kritik

[9] Die explizite Aufnahme der Fragestellung nach dem Zusammenhang zwischen semantischen, ideologischen und ästhetischen Strukturkomponenten der Literatur erlaubt es u. E., das Problem der 'gesellschaftlichen Bedingtheit und Funktion' der Literatur in nicht metaphorischer, theoretisch exakter Weise anzugehen. Vgl. dazu auch den Beitrag von Michel Pêcheux ("Zum theoretischen Status der Semiologie") in *alternative* 118, Februar 1978.

[10] Näheres dazu im *Literatursoziologischen Propädeutikum*.

[11] Für entsprechende Hinweise (J. L., Germanistisches Institut der Ruhr-Universität Bochum) bin ich aus naheliegenden Gründen sehr dankbar.

[12] Vgl. auch die Verwendung des Begriffs bei Schulte-Sasse/Werner (S. 68 ff., 73 ff.). Dort liegt allerdings teilweise (im Abschnitt über die Romananalyse, S. 155 ff.) eine widersprüchliche Begriffsverwendung vor: es scheint so, als ob eine isolierte Binäropposition (z. B. '± weibliche Hingabe', S. 156, 159), also ein isoliertes Klassem (S. 178) eine "Isotopie" begründen könnte. Das wäre ein Mißverständnis: in Wahrheit bilden dort die Klasseme '± weibliche Hingabe' und '± materialistisch' usw. usf. allesamt nur *eine* Isotopie, da sie sich ja zu *einer* semantisch kompatiblen und hierarchisierbaren Klassemstruktur bzw. -matrix fügen. Solche Mißverständnisse kann der vorliegende Grundkurs durch

an diesem Modell sich auf den Gegenstandsbereich (der ja eindeutig existiert, wie es u. a. auch die klassische Wortfeldtheorie beweist[13]) ernsthaft und produktiv einließe anstatt sich auf die logische Durchhechelung einzelner (meistens extremer) Beispiele unter Gesichtspunkten der Wahrheitswertsemantik zu beschränken.

Zur Frage der Darstellung: sicherlich gibt es Leerlauf in einigen Distinktionsübungen. Insgesamt meine ich aber, daß sich das Verfahren dann bewährt, wenn es das 'Einpauken' durch die Systematik der Anlage zur Reflexion lenkt und durch die Art der Beispiele vielleicht manchmal mit Amüsement verbindet. Es geht ja wirklich um ein *Hinführen* zu einem Kenntnisstand, der dann etwa die Lektüre eines Buches neueren Forschungsstands erleichtern, vielleicht ermöglichen soll. (In diesem Zusammenhang ist anzufügen, daß auch die vom Vf. versuchten Theoretisierungen – z. B. Symbol- und Konfigurationsanalyse – nicht hier, sondern in den im Anhang genannten Schriften systematisch dargestellt sind: das Verständnis dieser Schriften wird hier propädeutisch exponiert.) Besonders empfehlen kann man unter den Übungen immerhin vielleicht die generativen: sie haben schon sehr ermutigende Resultate erbracht (gekennzeichnet durch Verbindung von wissenschaftlicher Erkenntnis, Ideologiekritik und kreativer Ironie).

Was an notwendigen Änderungen bzw. Ergänzungen aus technischen Gründen nicht in den Text aufgenommen werden konnte, wurde in einem *Anhang* plaziert, auf den im Text verwiesen wird. In diesem Anhang werden auch einige exemplarische konkrete Beispiele sowie illustrierende Schemata angefügt. Solche Illustrationen sind etwa bei der Anwendung im Unterricht unabdingbar und wurden vom Vf. auch stets benutzt, ihr Fehlen in der 1 . Aufl. war ein Handicap.

Ansonsten wurden die Literaturangaben neu bearbeitet sowie ein Register hinzugefügt[14].

---

seine Bemühung um elementar-propädeutische Darstellung gefördert haben. Deshalb hat die 2. Aufl. auch hier klarstellende Ergänzungen (z. B. zum Isotopie-Begriff) getroffen (s. *Anhang 3.2.4./E)*.

[13] Könnte nicht etwa auf der Basis von Horst Geckeler, *Strukturelle Semantik und Wortfeldtheorie*, München 1971, von den modernen Ansätzen aus weitergearbeitet werden?

[14] Für die Erstellung des Registers möchte ich Heinz Depping herzlich danken. – Klaus Kocks hat Kategorien der *Grundbegriffe* originell und vielfältig zu Unterrichtszwecken in der Schule (Sekundarstufe I und II) verwandt: er bereitet eine systematische Auswertung vor, die zu den einzelnen Lektionen der *Grundbegriffe* je eine exemplarische Unterrichtsreihe vorschlägt.

INHALTSVERZEICHNIS



---

* Wie im Vorwort erläutert, benutzt das Propädeutikum zur Steigerung der Lerneffizienz die *programmierte* Form. Jeder einzelne Abschnitt der Lektionen ist daher wie folgt aufgebaut: zunächst werden die Begriffe möglichst einfach definiert und ggf. anhand eines Beispiels erläutert. Dann folgen die programmierten Lernschritte, und zwar in Form von *Distinktionsübungen* (Ja-Nein-Entscheidungen, Wiedererkennen von Merkmalen), *generativen Übungen* (Lernen durch kreatives Selbst-Machen) sowie *kritischen Diskussionen* (die generelle theoretische Fragen im Zusammenhang mit dem Material aufwerfen sollen und vor allem als Vorschläge an die Lehrenden gedacht sind). Jede Lektion wird mit *Kontrollfragen zur Wiederholung der Grundbegriffe* abgeschlossen. Das Tempo ist also durch den Benutzer bestimmbar; gleichzeitig kann das Propädeutikum als Nachschlagewerk dienen.

Um das Inhaltsverzeichnis nicht 'überzustrapazieren', werden die genannten (kontinuierlichen) Übungen an dieser Stelle nicht aufgeführt.

LEKTION 12
(INHALT: GATTUNGS- UND GENRE-THEORIE III; DISKURS, EPISCHE TEXTE) . . . 282



LEKTION 13
(INHALT: GATTUNGS- UND GENRE-THEORIE IV; DRAMATISCHE TEXTE) . . . 311

## VORWORT

Das vorliegende propädeutische Seminar ist in den Jahren 1969 bis 1973 an der Ruhr-Universität Bochum entstanden und am dortigen Germanistischen Institut insgesamt viermal erprobt worden. Trotz erheblicher Erweiterungen und Modifikationen im Laufe der Arbeit blieb das Grundkonzept im wesentlichen gewahrt: das Seminar soll dem Studienanfänger oder dem Studenten mit 'Nachholbedarf' (bzw. auch dem Lehrer mit Bedürfnis nach 'Kontaktstudium') dabei behilflich sein, den vielberufenen 'Informationsrückstand' bezüglich 'praktikabler Methoden' in Literaturtheorie und Unterrichtspraxis möglichst schnell und effektiv zu überwinden. Angesichts dieses ohne schlechtes Gewissen eingestandenen Ziels wird es vielleicht problematisch erscheinen, daß der Kurs in seinem wissenschaftlichen Anspruch und seiner ideologiekritischen Ausrichtung nicht 'zurückstecken' möchte. Das hängt mit der Überzeugung des Vf.s zusammen, daß allein wissenschaftlich fundierte Methoden 'praktikabel' sind und daß ohne Einsicht in die ideologischen Gesetzmäßigkeiten der Literatur als Teil der gesamten Kultur ein wissenschaftlich tragfähiges Fundament für die Literaturtheorie nicht gewonnen werden kann.

Dementsprechend steht das Seminar teils ergänzend, teils alternativ neben anderen Typen eines literaturwissenschaftlichen Propädeutikums wie dem 'Hilfsmittel'-Modell, dem 'Methodenrevue'-Modell und dem 'kritischen' Modell.

Das 'Hilfsmittel'-Modell[1] (mit den dominierenden Elementen Bücherkunde, Editionstechnik, Verslehre, Rhetorik, Stilistik) leidet unter der Fiktion, es gäbe 'Hilfsmittel', die unabhängig von einer (existenten oder nicht existenten) Literaturtheorie handhabbar wären. Gerade die aktuelle – strukturalistisch ausgerichtete – Diskussion über Rhetorik und Tropen[2] hat aber gezeigt, wie jede Definition etwa der Metapher, einschließlich

---

[1] Repräsentative Beispiele für alle erwähnten Typen bietet: *Modelle der Praxis.* Einführung in das Studium der Literaturwissenschaft, hrsg. von Hermann Müller-Solger, Tübingen 1972. – Charakteristisch für das 'Hilfsmittel'-Modell das alte (S. 23) und auch noch das neue (S. 24 ff.) Bonner Modell; das Heidelberger Modell (S. 153 ff.), weiter Teile der Reihe "Grundstudium Literaturwissenschaft" des Bertelsmann-Verlags: Geiger/Klein/Vogt, *Hilfsmittel und Arbeitstechniken der Literaturwissenschaft,* Düsseldorf 1971 u. a.; das sehr begrüßenswerte Erscheinen solcher solider und handhabbarer Darstellungen sollte dazu beitragen, die eigentlichen literaturwissenschaftlichen Propädeutika von Ballast zu entlasten.

[2] Repräsentativ dafür: *rhétorique générale,* par le groupe my (Dubois u. a.), Paris 1970.

der Lausbergschen, bereits bestimmte literaturtheoretische Positionen impliziert. Dementsprechend wird die 'Hilfsmittel'-Fiktion heute auch von kaum jemand noch vertreten – am wenigsten von jenen wenig beneidenswerten Dozenten des akademischen 'Mittelbaus', denen die 'Abhaltung' solcher Kurse 'obliegt'. – Auf der Seite der Studenten ist die Abneigung gegen das 'Hilfsmittel'-Modell verständlicherweise weit verbreitet: wissen sie doch nicht, was sie mit der Diagnose 'das ist eine Metapher' oder 'das ist ein Distichon' anfangen sollen.

So ist es nur verständlich, wenn mehr und mehr an die Stelle dieses Typs die 'Methodenrevue'[3] rückte (etwa in der Folge Romantik, 'Positivismus', 'Geistesgeschichte', New Criticism, ergänzt vielleicht durch russischen Formalismus, Strukturalismus und Literatursoziologie bzw. 'Marxismus'). Die 'Methoden'- (besser gesagt: Theorien-) 'revue' leidet ihrerseits unter zwei prinzipiellen Mängeln: sie leistet zum einen in den seltensten Fällen den Schritt zur Applizierbarkeit der referierten 'Methoden' und verschließt häufig zum anderen jeden möglichen Ausblick auf eine globale, wissenschaftliche Literaturtheorie durch das Dogma vom 'Methodenpluralismus', nach dem die einzelnen 'Methoden' angeblich je einen 'einzelnen Aspekt des Werkes, aber nicht das Ganze adäquat erschließen'. Dabei ist übrigens meistens – im Gegensatz zu den Bekundungen – durchaus schon ein bestimmter theoretischer Ansatz (der phänomenologische[4]) gewählt; daß diese Tatsache verschwiegen wird, erklärt sich weniger aus 'verschleiernden' Absichten als aus der

---

[3] Auch dafür charakteristische Beispiele in *Modelle der Praxis,* so vor allem das Freiburger Modell (S. 37 ff.), das das Dilemma des 'Pluralismus' noch dadurch potenziert, daß sämtliche 'Methoden', sozusagen in 'fairer Konkurrenz', am Beispiel von Goethes *Wahlverwandtschaften* – man muß doch wohl schon sagen: dressiert vorgeführt werden. Weitere Beispiele der zweite Teil des 'reformierten' Bonner Modells (S. 24, 28 ff.), das 2. Hamburger Konzept (S. 77 ff., S. 92), ein Teil des Mannheimer Modells (S. 107 f.); Klein/Vogt, *Methoden der Literaturwissenschaft I,* Düsseldorf 1971; Florian Vaßen, *Methoden der Literaturwissenschaft II,* Düsseldorf 1972; Jürgen Hauff u. a., *Methodendiskussion,* 2 Bde. Frankfurt/Main 1971, 1972; teilweise *Literaturwissenschaft.* Eine Einführung für Germanisten, hrsg. von Dieter Breuer u. a., Frankfurt/Main 1972 (besonders S. 59 ff.); teilweise *Grundzüge der Literatur- und Sprachwissenschaft, Bd. 1: Literaturwissenschaft,* hrsg. von Arnold/Sinemus., München 1973 (vor allem S. 413 ff.). Wer die – z. T. sehr verdienstvollen – Überblicke liest, wird verstehen, warum sie sich in den seltensten Fällen als Propädeutikum eignen. Sie sollten daher *studienbegleitend* verwendet werden wie die klassischen Darstellungen von Karl Otto Conrady *(Einführung in die Neuere deutsche Literaturwissenschaft,* Reinbek 1966) und Jost Hermand *(Synthetisches Interpretieren,* München 1968).

[4] So etwa in Werner Schwans Freiburger Modell (*Modelle der Praxis,* S. 37 ff.), dessen letztes Wort die "besondere Struktur" bleibt, in der "Realität in der

(die Autoren übergreifenden) pragmatisch-symbolischen Aufgabenstellung (vgl. dazu Lektion 7 des vorliegenden Seminars), gleichzeitig den 'Pluralismus einer freiheitlichen Ordnung' zu signifizieren (womit ein literaturtheoretisches Propädeutikum überfordert sein dürfte).

Das 'kritische' Modell beginnt überall dort, wo das Dilemma der 'Methodenrevue' durchschaut ist – wo es nicht in eine Art spezielle Wissenschaftstheorie retiriert[5], präsentiert es sich daher häufig zunächst als eine Art 'kritische' Methodenüberschau, die die einzelnen Ansätze nicht nach dem Pluralismus-Dogma als 'gleichen Rechts' auszubalancieren sucht, sie vielmehr vom Standpunkt eines bestimmten literaturwissenschaftlichen Konzepts aus kritisch behandelt[6]. Ob dieses Konzept sich nun als 'hermeneutisch und materialistisch' oder nur als 'materialistisch' versteht – in jedem Fall wird ein Anspruch gesetzt, der u. W. bisher nirgends eingelöst wurde: der einer kohärenten und die literarische Praxis exakt erfassenden wissenschaftlichen Literaturtheorie. Gerade die Handhabbarkeit geht aber den vorliegenden Modellen weitgehend ab: sie bleiben auf abstraktem und programmatischem Niveau und werden vielen Studienanfängern daher kaum Antworten auf ihre brennendsten Fragen geben können.

Das vorliegende Seminar berührt zwar viele der von den skizzierten Modellen erfaßten Phänomene (es handelt z. B. von 'Hilfsmitteln' wie Tropen, von 'Methoden'-Ingredienzien wie 'Verfremdung', 'Tektonik', es 'kritisiert' etwa mythische Redeweise germanistischer Sekundärliteratur), wählt aber von vornherein die 'einseitige', systematische Darstellung. Dabei ist an nichts weniger als an 'Bildersturm' gedacht: nichts wäre falscher als das Vorurteil, die bisher historisch herausgebildeten analytischen und deskriptiven Kategorien wären samt und sonders 'unbrauchbar' – viele von ihnen erweisen gerade im Rahmen einer kohä-

---

Kunst erscheint" (S. 55). – Vgl. dazu die explizit-theoretische Darstellung von Ingrid Strohschneider-Kohrs (*Literaturische Struktur und geschichtlicher Wandel*, München 1971), wo der Reihe 'monolinearer' Ansätze (S. 14 f.) eine 'multilineare' Betrachtungsweise (S. 15 ff.) entgegengesetzt wird, die eindeutig phänomenologisch gefaßt wird.

[5] *Propädeutik der Literaturwissenschaft*, hrsg. von Dietrich Harth, München 1973.

[6] Mehr Programmschrift als bereits ausgeführtes 'Modell' ist die BAK-Broschüre *Kritische Germanistik*, mit dem Untertitel "eine hermeneutische und materialistische Wissenschaft" (Bonn 1971). Dort wird hauptsächlich das Aachener sowie ein Westberliner Modell vorgestellt. Zum Aachener Modell s. auch *Literaturwissenschaft*, hrsg. von Dieter Breuer u. a., zum Westberliner Modell s. auch *Materialistische Wissenschaft 1*, Berlin (Oberbaum) 1971. Außerdem das 1. Hamburger Modell (Hans-Harald Müller, Helga Gallas, Udo Köster): *Modelle der Praxis*, S. 57 ff..

renten Literaturtheorie, die sie eindeutig und optimal zu definieren erlaubt, ihre Vitalität. Eine solche Theorie liegt dem vorliegenden Propädeutikum, wenn auch notwendigerweise implizit[7], zugrunde. Diese Theorie versteht sich in *dem* Sinne als materialistisch, als sie Erzeugnisse der Literatur als Resultate eines streng determinierten, rational simulierbaren, von bestimmten Positionen in bestimmten Sozialstrukturen überdeterminierten[8], kollektiven Produktionsprozesses auffaßt; sie ist nur *insofern* 'strukturalistisch' orientiert, als sie wesentliche analytische und deskriptive Kategorien hauptsächlich der französischen semiologischen Schulen für tauglich hält, diesen Produktionsprozeß wissenschaftlich abbildbar zu machen –; sie ist schließlich 'ideologiekritisch' nicht im Sinne einer 'progressiven Hermeneutik', die in Sorge um die 'Freiheit' ihrer eigenen 'kritischen Negativität' wissenschaftliche Exaktheit in den Kulturwissenschaften global als 'positivistisch' und 'technokratisch' verteufeln möchte[9], vielmehr gerade dadurch, daß sie die sozial determinierten und überdeterminierten Produktionsmechanismen der Kultur vom Standpunkt der exakten Wissenschaften aus anvisiert.

Noch ein Wort zur programmierten Form, die den Vorwurf des 'Technokratismus' am ehesten nahelegen könnte: diese Form rechtfertigt sich ausschließlich aus dem systematischen theoretischen Konzept des Seminars, dessen Aufnahme sie schrittweise organisierbar macht und dadurch erheblich erleichtert. Ideal wäre zweifellos eine audiovisuelle Realisationsform, die jeweils durch Diskussionen zu unterbrechen wäre; in Bochum fehlten dazu die technischen und hochschulpolitischen Voraussetzungen. Eine Erprobung mit Zweispurtonbändern im Sprachlabor, in Abständen unterbrochen durch Diskussionen, zeigte jedenfalls deutlich, daß das technische Medium an und für sich keineswegs 'notwendig manipulierend' wirkt und 'Kritikbereitschaft ausschaltet': das Medium ist eben nicht die Botschaft, und gerade die hochschulpolitisch und bildungspolitisch progressive Richtung könnte keinen größeren Fehler machen als mit dem Technokratismus auch die Technik zu bekämpfen.

---

[7] Vgl. auch die Literaturangaben. Wesentliche Bestandteile des Seminars gehen auf Resultate eigener Forschung zurück; prinzipielle literaturtheoretische Fragen sind besonders in einem unveröffentlichten Manuskript mit dem Arbeitstitel *Die Struktur des Symbols in der Sprache des Journalismus.* Zum Verhältnis literarischer und pragmatischer Symbole, behandelt worden.

[8] Vgl. Louis Althusser, *Für Marx*, dt. Frankfurt/Main 1968, S. 52 ff.

[9] So noch jüngst, nicht in Fortführung, sondern in Verschleiß Adornoscher Thesen, die meisten Beiträge der Sammlung *Rhetorik, Ästhetik, Ideologie.* Aspekte einer kritischen Kulturwissenschaft, Stuttgart 1973. Repräsentativ für den das Groteske streifenden Amoklauf solch 'kritischer' Theorie gegen alles Operationale und Regelhafte ist Karl Michael Balzers 'Ideologiekritik' des ... "Mensch-ärgere-dich-nicht"-Spiels (S. 30 f.).

Die in Schritten verfahrende didaktische Organisation ist schließlich so strukturiert, daß die punktuelle Herausnahme von Einheiten (Lektionen) – etwa als propädeutische Elemente monographischer Seminare bzw. Projekte – durchaus möglich und wünschenswert ist. So wurde in Bochum einmal der Teil über Narrativik als propädeutische Basis für ein Seminar über Schillers Erzählungen verwendet. Gerade diese Möglichkeit zeigt, daß ein 'Rolltreppen'-Curriculum, als dessen unterster Absatz ein 'Einführungskurs en bloc' gedacht ist, mit sachgerechter Organisation eines literaturwissenschaftlichen Studiums herzlich wenig zu tun hat: der staatliche Oktroi sechssemestrig "geregelter" fröhlicher Wissenschaft würde auch dem vorliegenden Ansatz, der sich als kritisch änderbar und ausbaufähig (vor allem in Richtung eines anzuschließenden literatursoziologischen Propädeutikums) versteht, den Garaus machen.

## LEKTION 1

## (INHALT: ZEICHEN, ZEICHENSYSTEM, SEMIOTIK, SEMIOLOGIE)

### 1.1. Das Zeichen

Materielle Gebilde, bei denen es sich größtenteils um gesellschaftliche Produkte handelt, können im sozialen Leben verschiedene Funktionen erfüllen. Einen weiten Bereich können wir als *instrumentelle Funktionen* zusammenfassen. Instrumentelle Funktionen dienen direkt dem Prozeß der *sozialen Produktion und Reproduktion.* So dient etwa ein Löffel zum Essen, ein Stuhl zum Sitzen, ein Zug zum Transport. Demgegenüber gibt es einen Bereich materieller Gebilde mit *kommunikativer Funktion.* Während instrumentelle Funktionen keine Informationen übermitteln, ist das bei den kommunikativen der Fall. Kommunikative Funktionen dienen daher nicht direkt, sondern mehr oder weniger indirekt dem Prozeß der sozialen Produktion und Reproduktion. Der Grad dieser Indirektheit reicht von dem kybernetischen System einer hochautomatisierten Fabrik bis etwa zu einer Symphonie von Mozart, bei der überhaupt jeder Bezug zur sozialen Produktion und Reproduktion zu fehlen scheint. Diesem weiten Spektrum kommunikativer Funktionen entspricht das ebenso weite Spektrum der Kultur, die sich also grob in eine mehr *elementare* und in eine mehr *elaborierte* (lat. elaboratus, frz. élaboré = ausgearbeitet) *Kultur* einteilen ließe.

Einzelne Beispiele für materielle Gebilde mit kommunikativer Funktion sind etwa das Aufleuchten einer Verkehrsampel, das Pausenzeichen eines Rundfunksenders, der Pfiff eines Schiedsrichters oder ein Handkuß. Wir bezeichnen materielle Gebilde, soweit sie der sozialen Kommunikation dienen und also zur Kultur gehören, als *Zeichen.*

### *1.1./C (Kritische Diskussion):*

Problematisierung der Relationen zwischen instrumentellen und kommunikativen Funktionen, zwischen sozialer Produktion/Reproduktion und Kultur: gibt es Abhängigkeiten? einseitige oder wechselseitige? wo lassen sich Abhängigkeiten beweisen, wo nur vermuten? Gegenprobe: was ließe sich dafür ins Feld führen, daß bestimmte Bereiche der Kultur völlig autonom (griech. autónomos, frz. autonome = eigengesetzlich) seien?

### 1.1.1. Zeichen oder nicht?

Der Bereich der Zeichen ist weit, man darf ihn jedoch nicht auf alle materiellen Gebilde überhaupt oder auf alle Produkte überhaupt sowie ihre sämtlichen Funktionen ausweiten. Manche Gebilde haben allerdings neben einer instrumentellen auch eine kommunikative Funktion, sie befinden sich also im Mengendurchschnitt beider Funktionen, dienen gleichzeitig als Instrumente und als Zeichen. So dienen schwarze Strümpfe zunächst dem Schutz gegen Kälte bzw. der einfachen Bekleidung; als Zeichen haben sie gleichzeitig die Funktion mitzuteilen, daß der Träger "in Trauer geht", wie es heißt.

*1.1.1./A (Distinktionsübung):*
(lat. distinctio, frz. distinction = Unterscheidung)

Bitte versuchen Sie im folgenden zu bestimmen, ob die genannten materiellen Gebilde instrumentelle oder kommunikative Funktion erfüllen, ob es sich also um Instrumente oder Zeichen (bzw. Zeichenträger) handelt. Es kann auch sein, daß beide Funktionen gleichzeitig bestehen, daß das Gebilde also im Durchschnitt von Instrument und Zeichen liegt.

*Beispiele mit Modellantworten:*

a) eine Türklingel? — *Antwort:* Zeichen
b) ein Lichtschalter? — *Antwort:* Instrument
c) ein Zylinderhut? — *Antwort:* Durchschnitt

*Fahren Sie bitte fort:*

1. ein Fahrrad? – Instrument
2. ein weißer Mercedes? – Durchschnitt
3. ein Stop-Schild? – Zeichen
4. ein Händedruck? – Zeichen
5. eine Schreibmaschine? – Instrument

*1.1.1./B (Generative Übung):*
(lat. generare, frz générer = erzeugen)

Überlegen Sie sich bitte einige Beispiele für Produkte, die im Mengendurchschnitt von instrumenteller und kommunikativer Funktion liegen. Kennzeichnen Sie kurz beide Funktionen.

*Beispiele:*

a) Schnapstrinken; Instrument der Reproduktion, Zeichen der Verbrüderung,
b) feierliche Grundsteinlegung; als Instrument Teil des Häuserbaus, als Zeichen Beginn des Baus;

*Fahren Sie bitte fort.*

### 1.1.2. Der soziale Träger des Zeichens

Das Klischee vom Eingeborenen in der Großstadt, der die Verkehrszeichen nicht versteht, vermag zu verdeutlichen, daß Zeichen nicht unterschiedslos als solche wahrgenommen werden. Jedes Zeichen erfüllt seine kommunikative Funktion vielmehr für eine mehr oder weniger ausgedehnte Menge von Individuen. Diese Menge soll der jeweilige *soziale Träger* des Zeichens heißen. Man darf sich die Menge nicht als völlig willkürlich zusammengewürfelt vorstellen, vielmehr handelt es sich dabei um eine gesetzmäßig geordnete Menge von Individuen, um ein *soziales Kollektiv*. So sind Fahrräder z. B. für die meisten Individuen Instrumente, für das Kollektiv der Amsterdamer Provos waren sie jedoch Zeichen (und zwar Zeichen für die 'Freiheit einer Anti-Konsum-Gesellschaft').

*1.1.2./A (Distinktionsübung):*

Die folgenden materiellen Gebilde werden nicht generell als Zeichen aufgefaßt. Bitte nennen sie jeweils soziale Träger, für die sie als Zeichen gelten, sowie andere soziale Kollektive, für die es sich nicht um Zeichen handelt.

*Beispiele mit Modellantworten:*

a) Kreuzzeichen? — *Antwort:* Sozialer Träger Christen; Gegenbeispiel z. B. Chinesen;

b) Narben im Gesicht? — *Antwort:* Sozialer Träger deutsche Korporationsstudenten plus weitere Kenner des Rituals; Gegenbeispiel z. B. Ausländer.

*Fahren Sie bitte fort:*

1. Gebetsteppich? — sozialer Träger Muslims;

| | |
|---|---|
| 2. Hofknicks? | – sozialer Träger Aristokratie plus von der Aristokratie beeinflußte Individuen; |
| 3. Brotbrechen? | – sozialer Träger Christen; |
| 4. Ho-Tschi-Minh-Rhythmus bei Demonstrationen? | – sozialer Träger antiautoritäre Protestbewegung; |
| 5. Blue Jeans bei Staatsexamen? | – sozialer Träger antiautoritäre Protestbewegung. |

*1.1.2./C (Kritische Diskussion):*

Problematisierung der Abgrenzung sozialer Träger: sind Kollektive gesetzmäßig oder rein zufällig zusammengesetzt? Wenn es Gesetzmäßigkeiten gibt, welcher Art sind sie (mögliche Kriterien Bildungsstand, Einkommen, Religionszugehörigkeit, Beruf, Platz im Prozeß der sozialen Produktion und Reproduktion)? Gegenprobe: welche Argumente ließen sich dafür ins Feld führen, daß es sich bei den sozialen Trägern gar nicht um gesetzmäßig konstituierte (lat. constitúere, frz. constituer = zusammenstellen) Kollektive, sondern einfach um zufällige Mengen von Individuen handeln könnte? (Vgl. *Ls P*, Lektion 1, 2)

### 1.1.3. Gruppierung der Zeichen

Der soziale Träger bildet ein Kriterium, nach dem die Zeichen gruppiert werden können. Das zweite Kriterium ist die jeweilige Art der kommunikativen Funktion, der das Zeichen dient. Diese Art der kommunikativen Funktion steht in engem Zusammenhang mit bestimmten, gesetzmäßig wiederkehrenden Situationen im sozialen Leben. So sind in bestimmten Situationen die Gesten des Händedrucks, des Hutabnehmens und des Aufstehens als Zeichen der kommunikativen Funktion 'soziale Umgangsformen' zu verstehen. Wir nennen solche Situationen den *sozialen Kontext* des Zeichens.

*1.1.3./A (Distinktionsübung):*

Versuchen Sie bitte im folgenden, die kommunikative Funktion der Zeichen aufgrund des sozialen Kontextes genauer zu bestimmen. Wir beschränken uns dabei auf folgende Funktionen: soziale Umgangsformen, Recht, Verkehrsordnung, Spiel, religiöse Liturgie, Politik.

*Beispiele mit Modellantworten:*

a) Zeichen Händedruck;
sozialer Kontext Begegnung? *Antwort:* soziale Umgangsformen

| | |
|---|---|
| b) Zeichen Händedruck; sozialer Kontext Pferdehandel? | *Antwort:* Recht |
| c) Zeichen Pfiff; sozialer Kontext Fußballspiel? | *Antwort:* Spiel |
| d) Zeichen Pfiff; sozialer Kontext Straßenkreuzung? | *Antwort:* Verkehrsordnung |

*Fahren Sie bitte fort:*

| | |
|---|---|
| 1. Zeichen Verneigung; sozialer Kontext Begegnung? | – soziale Umgangsformen |
| 2. Zeichen Verneigung; sozialer Kontext Messe? | – religiöse Liturgie |
| 3. Zeichen rotes Tuch; sozialer Kontext Transport von Stahlträgern? | – Verkehrsordnung |
| 4. Zeichen rotes Tuch; sozialer Kontext Demonstration? | – Politik |
| 5. Zeichen erhobene Hand; sozialer Kontext Gericht? | – Recht |

*1.1.3./B (Generative Übung):*

Gegeben werden im folgenden bestimmte Zeichen, die durch Veränderung der Bedingungen (z. B. des sozialen Trägers, des sozialen Kontextes oder beider) entweder in andere Zeichen oder in einfache Instrumente verwandelt werden sollen.

*Beispiele mit Modellantworten:*

| | |
|---|---|
| a) Zeichen rote Rosen; sozialer Träger Klein- und Mittelbürgertum; sozialer Kontext Beziehungen Mann/Frau | *Antwort:* sozialer Träger Arbeiter; Zeichen z. B Motorradrunde, Pfeifen usw. (Änderung des Zeichens) |
| b) Zeichen weißes Tuch; sozialer Träger Soldat; sozialer Kontext Krieg | *Antwort:* sozialer Kontext Frieden, z. B. Bahnsteig. (Änderung der Zeichengruppe: Recht zu Umgangsformen) |

*Bitte fahren Sie fort, lassen Sie Ihrer Phantasie freien Lauf:*

1. Zeichen Rechtsgehen; sozialer Träger Klein- und Mittelbürgertum; sozialer Kontext Beziehungen Mann/Frau —
2. Zeichen Schulterklopfen; sozialer Träger Arbeiter; sozialer Kontext besondere Leistung —
3. Zeichen Erheben eines Weingefäßes; sozialer Träger Christen; sozialer Kontext Gottesdienst —

## 1.2. Die Struktur des Zeichens

Wir wenden uns nun genauer dem einzelnen Zeichen zu. Als Beispiel nehmen wir die rote Verkehrsampel. Wir können zwei Seiten an ihr unterscheiden: erstens das materielle Gebilde, den materiellen Träger, zweitens seinen sozialen Sinn; auf der einen Seite die rote Farbe, auf der anderen Seite die Bedeutung "Halt". Wir nennen nun den materiellen Bedeutungsträger *Signifikant* (von lat. significans = bezeichnend); den Sinn nennen wir *Signifikat* (von lat. significatum = bezeichnet).

### 1.2.1. Gesucht wird das Signifikat

*1.2.1./A (Distinktionsübung):*

Versuchen Sie, die Signifikate folgender Signifikanten zu bestimmen.

*Beispiele mit Modellantworten:*

a) Signifikant Nationalhymne bei olympischen Spielen? *Antwort:* Signifikat Siegerehrung
b) Signifikant Erheben der Arme im Krieg *Antwort:* Signifikat Kapitulation

*Fahren Sie bitte fort:*

1. Signifikant aufleuchtendes Rücklicht am Auto — Signifikat Bremsen

2. Signifikant Bronzemedaille – Signifikat dritter Platz
3. Signifikant grüne Verkehrsampel – Signifikat freie Fahrt
4. Signifikant Hakenkreuz – Signifikat Nationalsozialismus
5. Signifikant Schuß bei Wettlauf – Signifikat Start

### 1.2.2. Gesucht wird der Signifikant

*1.2.2./A (Distinktionsübung):*

Versuchen Sie nun umgekehrt, zu folgenden Signifikaten die Signifikanten zu bestimmen.

*Beispiele mit Modellantworten:*

a) Signifikat Abfahrt eines Zuges *Antwort:* Signifikant Pfiff
b) Signifikat Bitte um Einlaß in ein Zimmer *Antwort:* Signifikant Anklopfen

*Fahren Sie bitte fort:*

1. Signifikat Hilferuf in Seenot – Signifikant SOS
2. Signifikat zweiter Platz bei Olympiade – Signifikant Silbermedaille
3. Signifikat Beendigung des täglichen Programms eines Rundfunksenders – Signifikant Nationalhymne
4. Signifikat Bereitmachen zum Weiterfahren an einer mit Ampeln geregelten Kreuzung – Signifikant gelbe Ampel
5. Signifikat Linkseinbiegen – Signifikant linker Fahrtrichtungsanzeiger

### 1.2.3. Homonyme und Synonyme

Wenn einunddemselben Signifikanten verschiedene Signifikate entsprechen, nennen wir das *Homonymie* (griech. = Gleichnamigkeit); die einzelnen Zeichen nennen wir dann *Homonyme.*

So kann der Signifikant schwarzer Anzug verschiedene Signifikate besitzen: Trauer oder Freude. Dennoch werden Homonyme fast nie falsch verstanden. Dazu dienen Mittel, auf die wir später eingehen.

Bitte benennen Sie die Signifikate folgender Homonyme:

*Beispiele mit Modellantworten:*

| | |
|---|---|
| a) gelbe Ampel (isoliert betrachtet)? | *Antwort:* Bereitmachen zum Weiterfahren, Bereitmachen zum Halten |

*Fahren Sie bitte fort:*

| | |
|---|---|
| 1. Blaulicht und Heulton? | – Unfall, Feuer, Staatsbesuch |
| 2. Händedruck, sozialer Kontext zwei Personen auf der Straße | – Begrüßung; Abschied |
| 3. langes Kleid? | – Protest gegen Mini; Festlichkeit |
| 4. schwarzer Anzug? | – Festlichkeit; Kellner; Trauer |
| 5. kurze Haare? | – Mode, Militär, Religion |

Wenn umgekehrt einunddemselben Signifikat verschiedene Signifikanten entsprechen, nennen wir das *Synonymie* (griech. = mehrfache Benennung). Die einzelnen Zeichen heißen *Synonyme.*

So kann das Signifikat "Stop!" im Straßenverkehr durch eine rote Ampel, ein Stop-Schild oder einen quer stehenden Schutzmann ausgedrückt sein.

*1.2.3./A (Distinktionsübung):*

Nennen Sie bitte Synonyme für folgende Signifikate:

*Beispiele mit Modellantworten:*

| | |
|---|---|
| a) Signifikat Weiterfahrt? | *Antwort:* grüne Ampel, parallel zur Fahrtrichtung stehender Schutzmann |

*Fahren Sie bitte fort:*

| | |
|---|---|
| 1. Signifikat Einfahrtsverbot in eine Straße? | – Rotes Schild mit weißem Querbalken; weißes Schild mit rotem Rand |
| 2. Höchstgeschwindigkeit 50 km? | – rundes weißes Schild mit rotem Rand mit Beschriftung "50 km"; gelbes Ortsschild |
| 3. "In-Trauer-Gehen"? | – Schwarze Kleidung; Trauerflor; schwarze Armbinde |
| 4. "Verlobtsein"? | – goldener Ring linke Hand, silberner Ring, Diamantring |
| 5. Kommunismus? | – rote Fahne, geballte Faust, Hammer und Sichel |

### 1.2.4. Polysemien und soziale Polysemien

Homonyme liegen nur dann vor, wenn ein Zeichen für den gleichen sozialen Träger zwei streng verschiedene Signifikate besitzt. Häufig begegnet jedoch auch der andere Fall, daß ein Zeichen für verschiedene soziale Träger oder für einen sozialen Träger unter verschiedenen Aspekten verschiedene Signifikate besitzt. Man denke an einen Minirock, der für einen sozialen Träger das Signifikat 'jugendlich-frei', für einen anderen das Signifikat 'exhibitionistisch-obszön' tragen kann. Wir sprechen dann von *Polysemien* (griech. für Vielfach-Zeichen). Einfache Polysemien liegen vor, wenn die Bedeutung für den gleichen sozialen Träger wechselt, *soziale Polysemien*, wenn die Signifikate jeweils verschiedenen sozialen Trägern entsprechen. Solche Polysemien liegen also im Mengendurchschnitt der *Ideologien* (griech. = Anschauungsordnungen) verschiedener sozialer Träger. Dabei findet ständig eine Auseinandersetzung derart statt, daß die jeweiligen sozialen Träger *ihre* Signifikate möglichst allgemein durchsetzen möchten. (Vgl. *Ls P*, Lektion 3, 5)

*1.2.4./A (Distinktionsübung):*

Im folgenden werden einige soziale Polysemien gegeben. Versuchen Sie bitte, soziale Träger zu benennen, in deren Mengendurchschnitt die Zeichen liegen.

*Beispiele mit Modellantworten:*

| | |
|---|---|
| a) Handkuß | *Antwort:* für den sozialen Träger konservative Oberschicht: 'feine englische Art'; für den sozialen Träger Arbeiter, Angestellte: 'lächerliches Theater' |
| b) Liebe zwischen Schwarz und Weiß | *Antwort:* für den sozialen Träger 'Liberale': 'Egalität, Toleranz und Brüderlichkeit'; für den sozialen Träger 'Rassisten': 'widernatürlich'. |

*Fahren Sie bitte fort:*

| | |
|---|---|
| 1. feierliche kirchliche Hochzeit? | – |
| 2. langes Haar bei jungen Männern? | – |
| 3. gleiche Kleidung bei den Chinesen? | – |
| 4. Beat-Musik? | – |
| 5. die Anrede "Genosse"? | – |

*1.2.4./B (Generative Übung):*

Nennen Sie jeweils einige Zeichen, die den Widerstand des jeweiligen sozialen Trägers herausfordern würden.

*Beispiele mit Modellantworten:*

a) sozialer Träger antiautoritäre Protestbewegung?
*Antwort:* z. B. Talare, Sich-Erheben beim Eintritt des Dozenten, Zurschaustellung von Luxus usw.

b) sozialer Träger konservativer Katholizismus?
*Antwort:* z. B. Miniröcke, Bikinis, Zärtlichkeiten in der Öffentlichkeit usw.

*Fahren Sie bitte fort.*

Stellen Sie sich selbst die Aufgaben.

*1.2.4./C (Kritische Diskussion):*

Problematisierung der Konflikte um soziale Polysemien: spielen solche Konflikte eigentlich eine große Rolle? Welche Konsequenzen können daraus entstehen? Inwieweit könnte dabei eine Art aufklärerisches Engagement von Nutzen sein? Mit welchen Mitteln könnte es arbeiten?

## 1.2.5. Die Grenzen der Zeichen. Semiotik und Semiologie

Die äußere Grenze der Zeichen anzugeben ist schwierig. Vieles hängt dabei vom sozialen Träger ab. Ein Sonnenuntergang kann z. B. für einen bestimmten sozialen Träger als Zeichen für 'romantische Melancholie' fungieren. Klarer als die äußere Grenze der Zeichen läßt sich eine Grenze innerhalb der Zeichen ziehen: es gibt Zeichen, für die sich ein inhaltliches *Äquivalent* (lat. = gleichwertiger Ersatz) in sprachlicher Form angeben läßt, und solche, wo das prinzipiell nicht möglich ist. Eine Mozart-Symphonie z. B. besteht zweifellos aus Zeichen. Diese Zeichen stehen jedoch zueinander nur in formalen Relationen, sie haben keine inhaltlichen, vom Signifikanten ablösbaren Signifikate. Ihre rein relationalen Signifikate sind eben deshalb durch sprachliche Äquivalente nicht wiederzugeben. (Das schließt nicht aus, daß sprachliche Signifikate willkürlich durch soziale *Konvention* – lat. = Abmachung – oder auch durch subjektive Einfälle mit den musikalischen Zeichen verbunden werden können, vgl. "männliches" vs "weibliches Thema". Solche zusätzlichen Signifikate werden wir in 1.4.3. als *Konnotate* behandeln.) Die Wissenschaften, die sich mit den Zeichen und der Kommunikation im allgemeinen, mit den allgemeinen Eigenschaften, Gesetzen und Regeln der Zeichen, ihrer sozialen Funktion und Verankerung in sozialen Kontexten beschäftigen, nennen wir je nach ihrer Ausdehnung *Semiotik* bzw. *Semiologie* (zu griech. semeîon = Zeichen). Dabei umfaßt die Semiotik schlechthin alle Zeichen (also z. B. auch Musik und abstrakte Malerei), während sich die Semiologie auf die Zeichen mit inhaltlichen Signifikaten, d. h. auf die in Sprachzeichen übersetzbaren Zeichen beschränkt. Aus Semiotik und Semiologie entwickeln sich, je nach der konkreten Gruppe von Zeichen, besondere Einzelwissenschaften.

*1.2.5./C (Kritische Diskussion):*

Problematisierung der hier getroffenen Abgrenzung: ist sie haltbar? Gegenproben und Grenzfälle: wie kommt die Programm-Musik z. B zu inhaltlichen Signifikaten usw.

### 1.2.6. Expansive Tendenz des Zeichens

Jedes materielle Gebilde kann tendenziell als Zeichen dienen. Diese Tendenz ist vor allem überall dort stark, wo ein Produkt der sozialen Produktion/Reproduktion alternativ in verschiedenen Gestalten auftritt. Beispiele dafür sind die verschiedenen Autotypen, die verschiedenen Speisen und Getränke, die verschiedenen Möglichkeiten der Kleidung. Sobald der Bikini neben dem Einteiligen steht, können beide als Zeichen dienen (z. B. für 'jugendlich' vs 'reif'), ebenso wie der Zopf neben dem offenen Haar usw. Darüber hinaus lassen sich beliebige individuelle materielle Gebilde in Zeichen (Signifikanten) verwandeln, indem man sie *repräsentativ* setzt für bestimmte Eigenschaften einer Menge, deren Element sie sind. So dient z. B. "Erhards Zigarre" als Signifikant für das Signifikat "Wirtschaftswunder" usw. Die elementare und schwach elaborierte Kultur ist nichts als dieser beständige Prozeß von Zeichenbildungen, Zeichenexpansionen, Zeichenkonflikten und Zeichenverwandlungen.

*1.2.6./C (Kritische Diskussion):*

Lassen sich für den Prozeß der elementaren und der schwach-elaborierten Kultur wissenschaftliche Gesetze angeben? Wie sieht der Zusammenhang mit der sozialen Produktion und Reproduktion aus? (Beispiel Mode, Tänze, Feste). (Vgl. *Ls P*, Lektion 4)

### 1.3. Die Struktur des Systems

Wir haben bisher einzelne, isolierte Zeichen auf ihre Signifikant/Signifikat-Struktur hin betrachtet. Eine solche Betrachtung ist jedoch unzureichend. Nehmen wir als Beispiel eine isolierte gelbe Lampe am Straßenrand: sie bedeutet keinesfalls "bereitmachen zum Weiterfahren" bzw. "bereitmachen zum Halten". Diese Signifikate besitzen nur diejenigen gelben Lampen am Straßenrand, die mit Rot und Grün wechseln. Das Gelb erhält sein Signifikat also nur innerhalb des ganzen Systems der Verkehrsampel. Die Verkehrsampel ihrerseits funktioniert nur im Zusammenhang mit anderen Zeichen der Verkehrsordnung, wie z. B. Vorfahrtszeichen. Sie ist also ihrerseits wieder nur Glied eines Systems. Ein solches System von Zeichen, das in seiner Gesamtheit die gleiche Funktion erfüllt, nennen wir ein *synchrones System* (zu griech. synchronía = Gleichzeitigkeit; mnemotechnischer Komplex: synchronisierte Gangschaltung). Kein synchrones System ist ewig und unveränderlich, jedes ist auf einen oder mehrere soziale Träger bezogen und ändert sich wie sie im Laufe der Zeit. Diese Veränderung heißt *Diachronie* (zu griech. diachronía = Entwicklung im Zeitablauf).

*1.3./A (Distinktionsübung):*

Bitte versuchen Sie, unter folgenden Beispielen die synchronen Zeichensysteme zu erkennen. Antworten Sie mit ja oder nein.

*Beispiele mit Modellantworten:*

a) die Wagentypen auf einem Parkplatz? — *Antwort:* nein
b) die Figuren des Schachspiels? — *Antwort:* ja

*Fahren Sie bitte fort:*

1. die Stundenzahlen des Zifferblattes? – ja
2. die Farben der Buchumschläge im Schaufenster einer Buchhandlung? – nein
3. sämtliche Postleitzahlen? – ja
4. die Buchstaben des Alphabets? – ja
5. die Plakate auf einer Baustellenumzäunung? – nein
6. die Gegenstände auf einer Auktion? – nein
7. sämtliche Nationalflaggen? – ja

*1.3./B (Generative Übung):*

Versuchen Sie nun selbst, chaotische Ansammlungen in synchrone Systeme zu verwandeln. Lassen Sie Ihrer Phantasie freien Lauf. Geben Sie die zu erfüllenden Bedingungen kurz an.

*Beispiele mit Modellantworten:*

a) Farben der Buchumschläge als synchrones System? — *Antwort:* z. B. blau generell für Romane, rot generell für Politik usw.

b) ein akademisches Gradsystem aus Haar- und Barttracht? — *Antwort:* z. B. ein Studienanfänger kahlgeschoren, ein Student mit Zwischenprüfung mit Bürstenschnitt und Schnäuzer usw. bis zum Professor mit langem Haar und Vollbart (oder umgekehrt)

*Fahren Sie bitte fort:*

1. ein synchrones System der Gerüche? –
2. ein System der Briefumschläge nach Farben? (z. B. "blauer Brief") –
3. ein System des Zuspätkommens in Minuten? –

(Weitere mögliche Systeme können eigenständig erfunden werden.)

### 1.3.1. Distinktive Merkmale

Das Beispiel der Nationalflaggen zeigt, daß die Elemente eines synchronen Systems nicht miteinander verwechselt werden dürfen. Jedes Zeichen im System muß also Merkmale besitzen, die eine Verwechslung verhindern. Solche Merkmale nennen wir *distinktive* Merkmale (lat. = unterscheidend). Als Beispiel wählen wir die Zeichen eines sehr einfachen, nur aus zwei Zeichen bestehenden Systems, des mechanischen Zugsignals: sein Arm bildet entweder einen Winkel von 90 Grad zum Masten (mit dem Signifikat: stop) oder einen Winkel von 135 Grad (mit dem Signifikat: freie Fahrt). In diesem Falle bildet also der jeweilige Winkel das distinktive Merkmal.

*1.3.1./A Distinktionsübung):*

Bitte bestimmen Sie die Träger der distinktiven Merkmale folgender Zeichen:

*Beispiele mit Modellantworten:*

| | |
|---|---|
| a) Verkehrsampel | *Antwort:* Farbe |
| b) Nationalflaggen | *Antwort:* Farbe, Umrißform |

*Fahren Sie bitte fort:*

| | |
|---|---|
| 1. Uniformen | – Farbe, Umrißform |
| 2. Buchstaben | – Umrißform |
| 3. Verkehrszeichen | – Farbe, Umrißform |
| 4. Schachfiguren | – Farbe, Umrißform |

## 1.3.2. Binäre, ternäre, mehrgliedrige Systeme

Synchrone Systeme müssen aus mindestens zwei Zeichen bestehen: nach oben ist der Anzahl der Zeichen keine Grenze gesetzt. Zweigliedrige Systeme nennen wir *binär* (lat. = zweigliedrig), dreigliedrige *ternär* (lat. = dreigliedrig), Systeme mit mehr als drei Zeichen heißen *mehrgliedrig.*

*1.3.2./A (Distinktionsübung):*

Bitte unterscheiden Sie im folgenden binäre, ternäre und mehrgliedrige Systeme:

*Beispiele mit Modellantworten:*

| | |
|---|---|
| a) sämtliche Verkehrszeichen | *Antwort:* mehrgliedrig |
| b) Fahrtrichtungsanzeiger eines Autos | *Antwort:* binär |

*Fahren Sie bitte fort:*

| | |
|---|---|
| 1. das System elektronischer Rechner, die mit 0 und 1 arbeiten | – **binär** |
| 2. die Verkehrsampel | – **ternär** |
| 3. die Medaillen bei der Olympiade | – **ternär** |

4. die Tonzeichen am Telefon – binär
5. das Lochkartensystem – binär

1.3.3. Binäre und ternäre Oppositionen

Wie die Verkehrsampel als Beispiel für Verkehrszeichen zeigt, können binäre und ternäre Systeme als Teile, oder, wie wir sagen wollen, als *Subsysteme* größerer Systeme fungieren. In einem solchen Fall sprechen wir auch von binären bzw. ternären *Oppositionen* (lat. = Widersprüche).

*1.3.3./A (Distinktionsübung):*

Bitte ergänzen Sie folgende Oppositionen. Setzen Sie hinzu, ob es sich um binäre oder ternäre Oppositionen handelt:

*Beispiele mit Modellantworten:*

a) Kopfnicken — *Antwort:* Kopfschütteln; binär
b) kurze Hose — *Antwort:* Kniehose, lange Hose; ternär

*Fahren Sie bitte fort:*

1. Halbmast? – Vollmast; binär
2. Kreuzchen als Zeichen der Notenschrift? – b, Auflösungszeichen; ternär
3. Aperitif? – Digestif; binär
4. Blaukittel? – Weißkittel; binär
5. Vorwarnung bei Alarm? – Vollwarnung, Entwarnung; ternär

*1.3.3./B (Generative Übung):*

Versuchen Sie, auf verschiedenen Gebieten jeweils relevante binäre und ternäre Oppositionen zu bilden. Lassen Sie Ihrer Phantasie dabei freien Lauf.

*Beispiele mit Modellantworten:*

a) Kleidung?

*Antwort:* binäre Opposition 'Rock' vs 'Hose' (vs Abkürzung für lat. versus = gegenüber); ternäre Opposition 'Rock' vs 'Hose' vs 'Hosenrock);

b) Barttracht?

*Antwort:* binäre Opposition 'Schnurrbart' vs 'Vollbart'; ternäre Opposition 'Schnurrbart' vs 'Spitzbart' vs 'Vollbart'.

*Fahren Sie bitte fort:*

1. Gewürze? –
2. universitäre Seminarformen? –
3. Getränke zur Mahlzeit? –
4. Bademoden für Frauen? –
5. Rauchwaren? –

### 1.3.4. Einfache und komplexe Zeichen

Außer Verkehrsampeln gibt es nur sehr wenige Zeichensysteme, die durch einen einzigen Träger distinktiver Merkmale (in diesem Falle die Farbe) konstituiert sind. Solche Zeichen nennen wir *einfache Zeichen.* In diesem Falle können die Zeichen nur nach einer *einfachen Kombinatorik* gebildet werden. Zum Beispiel besitzt die Verkehrsampel drei distinktive Merkmale (drei Elemente), die jeweils realisiert oder nicht realisiert sein können ('an'/'aus': zweite Klasse von drei Elementen). Theoretisch lassen sich daraus nach den Regeln der Kombinatorik (Variationen der zweiten Klasse von drei Elementen) acht Zeichen bilden ($2^3$): 1. rot/gelb/grün; 2. rot/gelb/–; 3. rot/–/grün; 4. –/gelb/grün; 5. rot/–/–; 6. –/gelb/–; 7. –/–/grün; 8. –/–/–. Benutzt werden nur isolierte Farben und von den kombinierten Möglichkeiten nur eine: rot/gelb/–. Diese Sparsamkeit dient dazu, Verwechslungen um jeden Preis zu vermeiden.

Die meisten Zeichensysteme besitzen mehrere Träger distinktiver Merkmale gleichzeitig. Ein Beispiel dafür bilden die Nationalflaggen, wo außer Farben auch Umrißformen als Träger distinktiver Merkmale auftreten (vgl. die deutsche und die belgische Flagge). Solche Zeichen nennen wir *komplexe Zeichen.* Sie können nach einer *komplexen Kombinatorik* gebildet werden. Dabei genügen wenige distinktive Merkmale, um sehr viele Zeichen zu bilden. Ein komplexes Zeichen können wir auch als *Merkmalbündel* definieren.

Als Beispiel wählen wir die Alarmsirene. Sie besitzt zwei Arten von Trägern distinktiver Merkmale: Tonhöhe und Tondauer. Beide Träger tragen zwei distinktive Merkmale: die Tonhöhe kann gleich bleiben oder wechseln, die Tondauer kann ununterbrochen oder unterbrochen sein. Daraus lassen sich vier Zeichen kombinieren, von denen im System der Sirene nur drei verwendet werden.

*1.3.4./A (Distinktionsübung):*

Bitte unterscheiden Sie einfache und komplexe Zeichen:

*Beispiele mit Modellantworten:*

a) Karten des Skatblatts? *Antwort:* komplex
b) Teekessel? *Antwort:* einfach

*Fahren Sie bitte fort:*

1. Fußgängerampeln? – komplex
2. Verkehrszeichen? – komplex
3. Startschuß? – einfach
4. Kontroll-Lampe am elektrischen Herd? – einfach
5. Hofknicks? – komplex

*1.3.4./B (Generative Übung):*

Bitte versuchen Sie im folgenden, bestehende Zeichensysteme zu transformieren. Bilden Sie komplexe in einfache Zeichen um und umgekehrt.

*Beispiele mit Modellantworten:*

a) einfache Verkehrszeichen?

*Antwort:* z. B. dicke weiße Masten mit einer verschiedenen Anzahl roter Querstriche; die Anzahl als einziges distinktives Merkmal;

b) komplexe Kontrollzeichen am elektrischen Herd?

*Antwort:* z. B. verschiedene Farben für verschiedene Platten, Summton für Backofen.

Fahren Sie bitte mit völliger Freiheit fort:

1. Verwandeln Sie die Opposition 'unterbrochene' vs 'ununterbrochene weiße Linie' im Straßenverkehr in komplexe Zeichen;

–

2. Stellen Sie sich ein System der Nationalflaggen aus einfachen Zeichen vor;

–

3. Die 'Figuren' des Gesellschaftstanzes sind komplexe Zeichen; Stellen Sie sich einfache Figuren vor;

–

4. Das gängige Notensystem von 1 bis 6 besteht aus einfachen Zeichen; malen Sie sich ein komplexes Notensystem aus;

–

5. Versuchen Sie, sich komplexe Bremslicht-Zeichen auszumalen;

–

### 1.3.5. Serien

Bei komplexen Zeichen läßt sich jeweils ein distinktives Merkmal konstant halten, während die übrigen wechseln. Ein Beispiel: halten wir bei den Verkehrszeichen das distinktive Merkmal blaue Farbe konstant, so entsteht die Serie der Gebotszeichen: Kraftfahrzeugstraße, Radweg, Fußweg, Linksabbieger, Rechtsabbieger usw.

*1.3.5./A (Distinktionsübung):*

Bitte ergänzen Sie folgende Serien. Bei längeren Serien ist Vollständigkeit nicht notwendig, natürlich auch nicht eine feste Reihenfolge.

*Beispiele mit Modellantworten:*

a) Farbe Karo beim Skat? — *Antwort:* konstantes distinktives Merkmal Karo; Serie Karo 7,8, usw.

b) die Buben beim Skat? — *Antwort:* konstantes distinktives Merkmal Bube; Serie Kreuz Bube, Pique Bube, Herz Bube, Karo Bube

*Fahren Sie bitte fort:*

1. Verbotszeichen im Verkehr? – konstantes distinktives Merkmal rote Farbe; Serie Vorfahrtszeichen, Verbot der Straßeneinfahrt usw.
2. Farbe Kreuz beim Skat? – konstantes distinktives Merkmal Kreuz; Serie Kreuz 7,8 usw.
3. Weiß im Schach? – konstantes distinktives Merkmal weiß; Serie Bauern, Türme usw.
4. Trikoloren? – konstantes distinktives Merkmal Dreiteilung im Breitformat; Serie französische, belgische, italienische Flagge usw.

### 1.3.6. Geordnete Serien und Hierarchien

Besteht innerhalb einer Serie eine Ordnungsgesetzmäßigkeit (z. B. Serie der "Farbe" Karo beim Skat: 7, 8, 9, 10 usw.), so handelt es sich um eine *geordnete Serie.* Gilt innerhalb einer geordneten Serie eine *Dominanzbeziehung* (zu lat. dominatio, frz. domination = Herrschaft) des ersten gegenüber dem zweiten, des zweiten gegenüber dem dritten Zeichen usw., so sprechen wir von einer *Hierarchie* (zu griech. hierarché; frz. hiérarchie = geistliche Rangordnung; Merkkomplex: 'katholische Hierarchie'). Ein Beispiel für eine Hierarchie ist also beim Skat die Serie 'Kreuz Bube', 'Kreuz As', 'Kreuz 10' usw., wobei die Dominanzbeziehung in der Möglichkeit des 'Stechens' besteht.

*1.3.6./A (Distinktionsübung):*

Unterscheiden Sie im folgenden normale und geordnete Serien sowie Hierarchien.

*Beispiele mit Modellantworten:*

a) Opel Kadett, Renault R 16, VW Passat, VW Käfer, Ford Taunus 17 M, Ford Taunus 19 M;

*Antwort:* normale Serie

b) sehr gut, gut, befriedigend, ausreichend, mangelhaft, nicht ausreichend;

*Antwort:* Hierarchie

*Fahren Sie bitte fort:*

1. Gebotszeichen geradeaus, Gebotszeichen Rechtsabbieger, Gebotszeichen Linksabbieger, Gebotszeichen geradeaus und Rechtsabbieger, Gebotszeichen geradeaus und Linksabbieger;

– geordnete Serie

2. Schutzmann an der Kreuzung, Verkehrsampel, Vorfahrtsschilder an der Kreuzung;

– Hierarchie

3. Zucker, Salz, Senf, Essig, Curry, Pfeffer;

– normale Serie

*1.3.6./B (Generative Übung):*

Denken Sie sich ungewohnte Dominanzbeziehungen aus, nach denen Sie bestimmte Serien in Hierarchien verwandeln können. Geben Sie dabei der Einbildungskraft breiten Spielraum.

*Beispiele mit Modellantworten:*

a) Serie Gewürze; Dominanzbeziehungen: flüssig vor gallertartig vor körnig; herb vor süß;

*Antwort:* Hierarchie Essig, Senf, Pfeffer, Salz, Zucker.

b) Serie europäische Länder; Dominanzbeziehungen: Mehrheit der Bevölkerung katholisch vor nicht-katholisch; germanische Sprache vor nicht-germanischer Sprache; klein vor groß;

*Antwort:* Irland, Österreich usw.

*Fahren Sie bitte fort:*
(Stellen Sie selbst Dominanzbeziehungen auf)

1. Serie Personenkraftwagen? –
2. Serie Früchte? –
3. Serie Männertypen? –
4. Serie Frauentypen? –
5. Serie Gesellschaftsspiele? –

### 1.3.7. Paradigmatische Beziehungen

Die Zusammenhänge, die zwischen Gliedern einer Serie bestehen, nennen wir *paradigmatische* Zusammenhänge. Ein *Paradigma* (griech. = Beispielreihe) faßt Zeichen zusammen, die gemeinsame Eigenschaften haben. Von einem dieser Zeichen aus kann man deshalb leicht die anderen *assoziieren*, weshalb man die paradigmatischen Bezüge auch als assoziative Bezüge bezeichnet hat. Ein kompliziertes synchrones System besteht aus einer Reihe sich kreuzender paradigmatischer Serien.

*1.3.7./A (Distinktionsübung):*

Bitte geben Sie kurz die verschiedenen paradigmatischen Serien an, die von folgenden einzelnen Zeichen ausgehen.

*Beispiele mit Modellantworten:*

a) Pique König beim Skat? *Antwort:* erstes Paradigma die Farbe Pique, zweites Paradigma alle Könige

b) schwarze Strümpfe? *Antwort:* erstes Paradigma alle Kleidungsstücke, die mit Trauer zu tun haben; zweites Paradigma alle schwarzen Kleidungsstücke; drittes Paradigma alle Arten von Strümpfen

*Fahren Sie bitte fort:*

1. Herz 8 beim Skat – erstes Paradigma die Farbe Herz, zweites Paradigma alle Achten
2. die französische Fahne – erstes Paradigma alle Trikoloren, zweites Paradigma alle blau-weiß-roten Fahnen
3. Schuhe mit hohem Absatz – erstes Paradigma alle Arten von Schuhen; zweites Paradigma alle Arten weiblicher Kleidungsstücke
4. die rote Fahne – erstes Paradigma alle Fahnen; zweites Paradigma alle kommunistischen Zeichen
5. Blue Jeans – erstes Paradigma Kleidungsstücke; zweites Paradigma Zeichen für nonchalante Jugendlichkeit

### 1.4. Die Struktur des Textes

Jedes synchrone System besteht aus einer Menge von Zeichen, die sich nach paradigmatischen Serien ordnen lassen. Ein gutes Beispiel dafür ist die Aufstellung sämtlicher Verkehrszeichen, nach Gruppen geordnet, in einem Taschenkalender. Eine solche Anordnung der Zeichnung nennen wir das *Lexikon* eines synchronen Systems.

Demgegenüber stehen die wirklichen Verkehrszeichen nicht in systematischer Ordnung. Sie werden je nach Bedürfnis einzeln oder in Gruppen *aktualisiert.* Eine zusammengehörige, isolierbare Gruppe aktualisierter Zeichen nennen wir einen *Text.* So stehen an einer Straßenkreuzung zum Beispiel Ampeln, Stopschilder und Gebote zum Rechtsabbiegen. Alle zusammen bilden einen Text, den der Autofahrer lesen muß, um sich an der Kreuzung zurechtzufinden.

### 1.4.1. Syntagmatische Beziehungen

Wir nennen die Bezüge zwischen den Gliedern, oder wie wir sagen wollen: *Elementen* eines Textes *syntagmatische Beziehungen*. Jede sinnvolle Gruppe solcher Elemente heißt ein *Syntagma* (griech. = gegenseitige Zuordnung).

Es gibt unendlich viele Syntagmata. Man kann die Syntagmata auch als komplexe Zeichen höherer Ordnung auffassen, zu denen bereits komplexe Zeichen die Elemente bilden.

*1.4.1./A (Distinktionsübung):*

Bitte unterscheiden Sie bei folgenden Beispielen Syntagmata und Paradigmata.

*Beispiele mit Modellantworten:*

a) Jemand trinkt einen Digestif vor dem Essen — *Antwort*: Syntagma

b) Eine Reihe verschiedener Aperitifs stehen im Schrank — *Antwort:* Paradigma

*Fahren Sie bitte fort:*

1. Auf der Autobahn betätigt A den linken Fahrtrichtungszeiger, worauf B hinter ihm die Lichthupe betätigt – Syntagma
2. alle Anzüge, zu denen man Krawatten trägt – Paradigma
3. die Folge der Harmonien in einem Choral – Syntagma
4. sämtliche Umkehrungen des G-dur-Akkords – Paradigma
5. der Ablauf einer Liebesbeziehung – Syntagma

*1.4.1./B (Generative Übung):*

Konstruieren Sie zu jedem der Elemente der folgenden Paradigmata je ein Syntagma.

*Beispiel mit Modellantwort:*

a) Paradigma Kontakt Mann/Frau am Arbeitsplatz, beim Tanzfest, in der Kirche?

*Antwort:* Männer als Vorgesetzte von Frauen sind meistens nur auf eins aus; Er hat seine Freundin auf einer Fete kennengelernt, wo sie sich weigerte zu tanzen; die Frauen sitzen in dieser Kirche streng getrennt von den Männern.

*Fahren Sie bitte fort:*

1. Paradigma Kommunikation per handgeschriebenem Brief, maschinengeschriebenem Brief, per Telefon sowie mündlich vis-á-vis?

–

2. Paradigma Briefmarkenserie Gustav Heinemann?

–

3. Paradigma Zigarettenmarken?

–

## 1.4.2. Der Kontext

Gehen wir in einem Text von einem bestimmten Zeichen aus, so nennen wir alle übrigen Zeichen des Textes den Kontext dieses Zeichens. Betrachten wir zum Beispiel die gelbe Farbe an der Verkehrsampel als eigenständiges Zeichen, so kann dieses Zeichen in zwei verschiedenen Kontexten erscheinen: einmal zusammen mit rot, einmal allein. Wir sehen also, daß es der Kontext ist, der Homonyme richtig deuten hilft. Ebenso lassen sich Polysemien aufgrund des Kontextes eindeutig determinieren.

*1.4.2./B (Generative Übung):*

Versuchen Sie bitte, Polysemien durch einen neuen Kontext auf ein neues Signifikat festzulegen.

*Beispiele mit Modellantworten:*

a) Polysemie 'Minirock'; Kontext 1: Großstadt, Nacht, Handtasche, langsames Auf und Ab; Signifikat: Prostituierte;

*Antwort:* Kontext 2: Schule, kurze Röcke der meisten Schülerinnen; Signifikat: 'jugendlich-frech'.

b) Polysemie 'Vollbart'; Kontext 1: Kloster, Mönchstracht; Signifikat: Bettelorden;

*Antwort:* Kontext 2: Universität, Blue Jeans; Signifikat: 'nonkonformistisch'.

*Fahren Sie bitte fort:*

1. Polysemie 'Hand in der Tasche'; Kontext 1: Parlament; Signifikat: 'Überlegenheit';

–

2. Polysemie 'schwarzer Anzug'; Kontext 1: lange, rückenfreie Kleider; Signifikat: 'Festlichkeit';

–

3. Polysemie 'ausgebreitete Arme'; Kontext 1: Kirche, Altar, Priester, Messe; Signifikat: feierliches Gebet;

–

### 1.4.3. Denotation und Konnotation

Ein Text besitzt zwei grundsätzlich verschiedene Möglichkeiten, Signifikate zu notieren: als *Denotate* (zu lat. denotatum, frz. dénoté = festgeschrieben) oder als *Konnotate* (zu lat. connotatum, frz. connoté = zusätzlich mit notiert). Denotate sind alle Signifikate, deren Signifikanten zur Menge der Text-Zeichen zählen und die zum Kontext dieses Textes passen. Ein Beispiel: in einer Partie Skat denotiert das Aufspielen des "Kreuz Bube" den höchsten Trumpf. Kann man Denotate also auch als direkt notierte Signifikate bezeichnen, so Konnotate als *indirekt* notierte. Denotate sind selbständig, Konnotate setzen dagegen Denotate voraus, an die sie sich sozusagen "anhängen". An unserem Beispiel: wird in der Skatpartie "Kreuz Bube" aufgespielt, so könnten z. B. folgende weiteren Signifikate (= Konnotate) realisiert werden: der Spieler muß (es soll "Herz As" aufgespielt worden sein) "auf der Farbe Herz blank sein"; oder: "Christentum". "Blank auf Farbe Herz" ist *syntagmatisch*, "Christentum" ist *paradigmatisch* assoziiert worden. Wie sich zeigt, gehört der Signifikant eines Konnotats teils gar nicht zur Menge der Text-Zeichen, teils paßt sein konnotiertes Signifikat nicht zum ursprünglichen Kontext. Wie funktioniert die Konnotation dann aber überhaupt? Offenbar dadurch, daß das als "Stütze" dienende Denotat (das *Konnotator* heißen soll) paradigmatisch und/oder syntagmatisch mit dem Konnotat verbunden werden kann. Wir können *intratextuelle* (syntagmatische und/oder paradigmatische Verbindungen im Text selbst: Beispiel "Blank auf Farbe Herz"), *inter-textuelle* (zwischen verschiedenen Texten des gleichen Systems), *Intra-System-* und *Inter-System-Konnotationen* unterscheiden.

Ein Beispiel für Inter-System-Konnotation bietet das Konnotat "Christentum" zu "Kreuz Bube": es erfolgt aufgrund einer paradigmatischen Beziehung zwischen zwei verschiedenen Systemen (Skatspiel und Religionszeichen). Ein Beispiel für paradigmatische Intra-System-Konnotationen, bei denen die Signifikanten der Konnotate nicht zur Menge der Text-Zeichen gehören, sind konnotierte *Binäroppositionen* (z. B. Zeichen "grüne Ampel," Denotat 'freie Fahrt', Konnotat 'Stopp').

1.4.3./A *(Distinktionsübung):*

Versuchen Sie im folgenden, Denotate und Konnotate zu unterscheiden; klassifizieren Sie die Konnotate und geben sie den Assoziationsmechanismus an.

*Beispiele mit Modellantworten:*

a) Text: kurvenreiche Bergstrecke, Verkehrszeichen 'gefährliche Kurven', ununterbrochene weiße Mittellinie; Signifikat 'überholen verboten'?

*Antwort:* Denotat.

b) Text: Kreuzung, Gebotsschild 'Rechts- oder Linksabbieger'; Signifikat: 'Qual der Wahl'?

*Antwort:* Konnotat; Inter-System-Konnotat; paradigmatische Assoziation.

1. Text: kurvenreiche Bergstrecke, Verkehrszeichen 'gefährliche Kurven'; Signifikat: 'Sex-Appeal'?

– Konnotat; Inter-System-Konnotat; paradigmatische Assoziation.

2. Text: Fußballspiel, Rempelei; Signifikat: 'Elfmeter'?

– Konnotat; intratextuelles bzw. Intra-System-Konnotat; syntagmatische Assoziation.

3. Text: Parlament, Sitzplatz linksaußen; Signifikat: 'progressiv'?

– Denotat.

4. Text: Parlament, Sitzplatz linksaußen; Signifikat: 'Torschußposition'?

– Konnotat; Inter-System-Konnotat; paradigmatische Assoziation.

5. Text: zwei Leute in Diskussion, einer tippt an die Stirn; Signifikat: 'verrückt'?

– Denotat.

6. Text: Patient beim Arzt tippt auf die Frage, wo es ihn schmerze, an die Stirn; Signifikat: 'verrückt'?

– Konnotat; Inter-System-Konnotat; paradigmatische Assoziation.

### 1.4.3.1. Konnotative Polysemien

Durch den Prozeß der Konnotation kann jedes Zeichen mehrere Signifikate erhalten. Die dadurch entstandenen Polysemien sollen *konnotative Polysemien* heißen. Häufig handelt es sich auch bei ihnen um soziale Polysemien, die kontrovers sind. Viele der von der Psychoanalyse erwähnten sexuellen Konnotationen dürften z. B. nur für bestimmte soziale Träger und nicht allgemein gültig sein. (Beispiel: Zigarette mit sexuellem Konnotat.) In wie hohem Maße Konnotate künstlich geschaffen werden können, zeigt ein verbreitetes Verfahren der Reklame. Als Beispiel kann eine Serie von Reklame für goldenen Schmuck gelten: darin soll das Konnotat 'Liebe' für 'Gold' aufgebaut werden. Als Mittel dient das farbliche Paradigma 'golden' (goldener Schmuck, goldenes Frauenhaar, goldene nackte Haut der Frau).

*1.4.3.1./E: s. Anhang.*

*1.4.3.1./B (Generative Übung)*

Versuchen Sie sich in die Rolle eines Reklamedichters zu versetzen, der für bestimmte Produkte bestimmte Konnotate herausstellen soll. Geben Sie mögliche Paradigmata an, mit deren Hilfe man die Aufgabe lösen könnte.

*Beispiele mit Modellantworten:*

a) Waschmittel; gewünschtes Konnotat 'Freiheit'?

*Antwort:* z. B. im Wind wehendes Kleid; Paradigma 'freie Bewegung';

b) Zigarette; gewünschtes Konnotat 'weiblich'?

*Antwort:* z. B. rosa Farbtöne und dünne verschnörkelte Linien auf der Schachtel und der Reklame, dazu eine ähnlich gekleidete Frau; Paradigma: 'zart und zerbrechlich'.

*Fahren Sie bitte mit aller Freiheit fort:*

1. Zigarette, gewünschtes Konnotat 'männlich'? –
2. Pkw, gewünschtes Konnotat 'Freiheit'? –
3. Zigarette, gewünschtes Konnotat 'Liebe'? –
4. Pkw, gewünschtes Konnotat 'Vornehmheit'? –
5. Pkw, gewünschtes Konnotat 'Sportlichkeit'? –

*1.4.3.1./C (Kritische Diskussion):*

Wieweit ist der hier entwickelte Konnotationsbegriff wirklich operational (engl. operational = praktisch anwendbar), wo liegen Unklarheiten?

Wieweit lassen sich Konnotationen manipulieren (lat. = wie Soldaten herumkommandieren)?

*1./D (Exemplarische historische Anwendungen):*

Vorschläge für exemplarische historische Anwendungen der in der 1. Lektion beschriebenen semiologischen Gesetze:

a) der Surrealismus
(psychoanalytische und andere Konnotationsstrategien; Tendenz zur Verwandlung der gesamten Realität in Zeichen)
b) die antiautoritäre Protestbewegung der Studenten 1967/68
(als Beispiel für Auseinandersetzungen um soziale Polysemien)
c) Stil der aktuellen Warenreklame
(als Beispiel für Textstrukturen, Zeichenstrukturen, Konnotationsstrategien)

Wiederholung der Grundbegriffe aus Lektion 1

Bitte ergänzen Sie die folgenden Sätze sinngemäß:

*Beispiel mit Modellantwort:*

| | |
|---|---|
| a) Die Wissenschaften, die sich mit den allgemeinen Eigenschaften, Gesetzen und Regeln der Zeichen beschäftigen, nennen wir je nach ihrer Ausdehnung ... | *Antwort:* Semiotik und Semiologie |

*Fahren Sie bitte fort:*

| | |
|---|---|
| 1. Die soziale Funktion, der die Zeichen dienen, heißt ... | – kommunikative Funktion |
| 2. Unter dem sozialen Träger eines Zeichens verstehen wir ... | – die Menge von Individuen, für die das Zeichen seine kommunikative Funktion erfüllt |
| 3. Ein Zeichen besteht aus dem materiellen Bedeutungsträger und dem sozialen Sinn, d. h. aus ... | – Signifikant und Signifikat |

| | |
|---|---|
| 4. Bei der Homonymie entsprechen ... | – verschiedene Signifikate dem gleichen Signifikanten |
| 5. Wenn für das gleiche Signifikat mehrere Signifikanten zur Verfügung stehen, so nennen wir das ... | – Synonymie |
| 6. Ein System von Zeichen, das in seiner Gesamtheit die gleiche Funktion erfüllt, nennen wir ... | – ein synchrones System |
| 7. Merkmale, die die Verwechslung von Zeichen verhindern, heißen ... | – distinktive Merkmale |
| 8. Subsysteme, die aus zwei bzw. drei Gliedern bestehen, nennen wir ... | – binäre bzw. ternäre Oppositionen |
| 9. Eine Serie entsteht dadurch, daß ... | – ein distinktives Merkmal konstant gehalten wird |
| 10. Paradigmatisch sind die Zusammenhänge, die ... | – zwischen den Gliedern einer Serie bestehen |
| 11. Text heißt ... | – eine zusammengehörige, abgeschlossene Gruppe aktualisierter Zeichen |
| 12. Syntagmatisch sind die Bezüge, die ... | – zwischen den Elementen eines Textes bestehen |
| 13. Unter sozialer Polysemie verstehen wir ... | – ein Zeichen mit verschiedenen Signifikaten für verschiedene soziale Träger |
| 14. Gilt innerhalb einer geordneten Serie eine Dominanzbeziehung, so sprechen wir von ... | – einer Hierarchie |
| 15. Indirekt notierte Signifikate, deren Signifikanten nicht zur Menge der Text-Zeichen gehören oder die nicht zum Kontext passen, nennen wir ... | – Konnotate |

LEKTION 2

(INHALT: SPRACHZEICHEN, SPRACHSYSTEM, LINGUISTIK)

## 2.1. Das Sprachzeichen

Zunächst müssen wir uns vergewissern, daß auch die Elemente der Sprache zu den Zeichen gehören. Wir müssen also an ihnen Signifikant und Signifikat unterscheiden. Als Beispiel diene das Wort "Halt!" auf einem Verkehrsschild. Wir sehen, daß der Signifikant, d. h. der materielle Träger, aus den Buchstaben besteht, während das Signifikat die Aufforderung zum Stoppen ist. Die Buchstaben als materielle Träger sind jedoch sekundär; dort, wo kein Schild stände, könnte ein Schutzmann "Halt!" rufen. In diesem Falle wäre der Signifikant des Sprachzeichens das *Lautbild*. Dieses Lautbild wird mit Hilfe der Sendevorrichtung der menschlichen Stimme produziert. Es kann mit Hilfe anderer Sendevorrichtungen, z. B. der Buchstabenschrift, reproduziert werden.

### 2.1.1. Sprachzeichen oder nicht?

Versuchen Sie bitte, unter folgenden Sendevorrichtungen diejenigen festzustellen, mit deren Hilfe sprachliche Signifikanten, also Lautbilder, reproduziert werden können. Antworten Sie mit ja oder nein.

*Beispiele mit Modellantworten:*

a) Sirene? *Antwort:* nein
b) Morsevorrichtung? *Antwort:* ja

*Fahren Sie bitte fort:*

1. Instrumentalmusik? – nein
2. Hieroglyphen? – ja
3. Mode? – nein
4. elektromagnetische Wellen? – ja
5. Blindenschrift? – ja

### 2.1.2. Die Linguistik

Wir bezeichnen den besonderen Zweig der Semiologie, der sich mit den Sprachzeichen beschäftigt, *Linguistik* (lat. = Sprachwissenschaft). Soweit die Linguistik die allgemeinen Gesetze der Sprachzeichen behandelt, sprechen wir von *allgemeiner Linguistik*.

### 2.2. Die Struktur des Sprachzeichens

Das einzelne Sprachzeichen besteht also aus Signifikant und Signifikat, aus Lautbild und Sinn. Die Zuordnung eines Lautbildes zu einem Sinn geschieht willkürlich, oder wie wir sagen, *konventionell* (lat. = nach Gutdünken). Der beste Beweis dafür ist die Verschiedenheit der Lautbilder für gleiche Bedeutungen in den verschiedenen Sprachen. Allerdings darf man nicht glauben, daß die Bedeutungen unabhängig von ihren Lautbildern existierten. Wo kein Lautbild ist, da ist auch keine Bedeutung. Der Beweis dafür ist, daß Sprachen, die kein Wort für grün kennen, diese Farbe auch nicht als von blau unterschieden ansehen.

#### 2.2.1. Homonyme

Ein Beispiel für sprachliche Homonyme bildet das deutsche Lautbild (raif), das drei Signifikate besitzt: Ring, Rauhreif sowie ausgereift.

Bitte nennen Sie jeweils verschiedene Signifikate folgender Homonyme. Anzahl und Reihenfolge stehen Ihnen frei.

*Beispiel mit Modellantwort:*

a) (šlos) *Antwort:* Türschloß, Palast

*Fahren Sie bitte fort:*

1. (rain) – Fluß, Feldrand, sauber
2. (kro : ne) – Königskrone, Zigarettenmarke, Währungseinheit
3. (ra : t) – Ratschlag, Teil von Fahrzeugen, Gremium
4. (dixten) – Poesie schreiben, verstopfen

#### 2.2.2. Synonyme

Wir sprechen zunächst von den Synonymen im strengen Sinn, d. h. Synonymen auf der gleichen Sprachebene, der der offiziellen Normalsprache. Ein Beispiel bildet etwa Pfarrer und Pastor für das Signifikat "curé". Solche Synonyme im strengen Sinn sind selten. Sie stellen einen Luxus dar, den die Sprache tendenziell zu vermeiden sucht.

Bitte nennen Sie Synonyme für folgende Signifikate, die wir in Französisch und Englisch bezeichnen.

*Beispiel mit Modellantwort:*

a) Frz. voiture, engl. car? *Antwort:* Auto, Wagen

*Fahren Sie bitte fort:*

1. frz. train, engl. train? – Zug, Bahn, Eisenbahn
2. frz. examen, engl. examination? – Examen, Prüfung
3. frz. linguistique, engl. linguistics? – Linguistik, Sprachwissenschaft
4. frz. géographie, engl. geography? – Geographie, Erdkunde

### 2.2.3. Synonyme auf verschiedenen Sprachebenen

Der Begriff der Sprachebene ist in der Linguistik noch weitgehend ungeklärt. Wir gehen daher zunächst nur von einem binären Sprachebenensystem aus. Die Ausgangssprachebene wollen wir als *offizielle Normalsprache* bezeichnen. Diese Sprache wird von den Institutionen verwendet, die u. a. dazu dienen, die Gesellschaft sprachlich zu integrieren, also klassen- und regionsspezifische Sprachen aufzuheben. Solche Institutionen sind Schule, Presse, Rundfunk und Fernsehen.

Die Sprachebene, die unter der offiziellen Normalsprache liegt, nennen wir *inoffizielle Familiärsprache.* Damit keine Mißverständnisse aufkommen: Begriffe wie "Ebene" und "unter" sind räumliche Bilder, die nur der Unterscheidung dienen und natürlich kein Werturteil bedeuten. Werturteile sind in der Sprache abhängig vom jeweiligen Standpunkt.

Bitte nennen Sie Synonyme der offiziellen Normalsprache und der inoffiziellen Familiärsprache für folgende Signifikate.

*Beispiele mit Modellantworten:*

a) frz. argent, engl. money — *Antwort:* offizielle Normalsprache Geld; inoffizielle Familiärsprache: Flöhe, Kies, Moos

b) frz. ivre, engl. drunken — *Antwort:* offizielle Normalsprache betrunken; inoffizielle Familiärsprache: besoffen, blau, schicker

*Fahren Sie bitte fort:*

1. frz. lycée, engl. secondary school? – offizielle Normalsprache: Oberschule, Gymnasium; inoffizielle Familiärsprache: Penne
2. frz. agent de police, engl. policeman? – offizielle Normalsprache: Schutzmann, Polizist; inoffizielle Familiärsprache: Bulle, Polyp
3. frz. voiture, engl. car? – offizielle Normalsprache: Auto, Wagen; inoffizielle Familiärsprache: Kiste, Karre

### 2.2.4. Soziologischer Hinweis zum Problem der Sprachebenen

Wir gehen davon aus, daß die Sprachebenen einer Sprache gemeinsam ein synchrones System bilden. Wir können sie wie verschiedene mögliche Rollen betrachten, die der Sprecher je nach Wahl spielen kann. Sämtliche Klassen der Gesellschaft sind ansatzweise fähig, das Gesamtsystem zu beherrschen. Allerdings beherrschen die oberen Klassen besser die offizielle Normalsprache und weniger gut die inoffizielle Familiärsprache, umgekehrt haben die unteren Klassen größere Schwierigkeiten bei der offiziellen Normalsprache und größere Leichtigkeit bei der inoffiziellen Familiärsprache. Man kann wahrscheinlich auch sagen, daß sich die inoffizielle Familiärsprache hauptsächlich von den unteren Klassen her regeneriert.

### 2.2.5. Ternäres Modell der Sprachebenen

Man kann das binäre Sprachebenensystem durch eine dritte Sprachebene ergänzen, die nach oben (wobei das wiederum kein Werturteil bedeutet) von der offiziellen Normalsprache abweicht. Wir wollen sie *gewählte Hochsprache* nennen.

Bitte nennen Sie Synonyme der drei Sprachebenen für folgende Signifikate:

*Beispiele mit Modellantworten:*

a) frz. chambre, engl. room? *Antwort:* Bude, Zimmer, Gemach
b) frz. prison, engl. prison? *Antwort:* Knast, Gefängnis, Verlies

*Fahren Sie bitte fort:*

| | |
|---|---|
| 1. frz. manger, engl. to eat | – fressen, essen, speisen |
| 2. frz. femme d'un mari, engl. wife | – Weib bzw. Alte; Frau; Gemahlin bzw. Gattin |
| 3. frz. ivre, engl. drunken | – besoffen, betrunken, trunken |

### 2.2.6. Semiologischer Aspekt der Sprachebenen

Die Verwendung einer bestimmten Sprachebene kann insgesamt (auf einer Ebene mit Zeichen wie Barttracht, Kleidung usw.) als semiologisches Zeichen fungieren. So trägt etwa die Verwendung inoffizieller Familiärsprache in der Wahlrede eines Politikers unabhängig von ihrem konkreten Inhalt das (konnotierte) semiologische Signifikat: 'volksnah'.

## 2.3. Die Struktur des sprachlichen Signifikanten

### 2.3.1. Phonetik und Phonologie

Ein Säugling ist in der Lage, alle Laute, die überhaupt mittels der natürlichen sprachlichen Sendevorrichtung, d. h. der menschlichen Sprechwerkzeuge gebildet werden können, zu erlernen. Diese Möglichkeiten werden jedoch schon bald eingeschränkt zugunsten der Elemente eines gegebenen Sprachsystems.

Wir nennen die Wissenschaft, die sich mit der natürlichen sprachlichen Sendevorrichtung und ihren Möglichkeiten beschäftigt, Phonetik. Die Phonetik gehört nicht zur Semiologie, sondern zur Physiologie.

Demgegenüber nennen wir die semiologische Hilfswissenschaft, die sich mit den Lauten, ihren bedeutungsdifferenzierenden Eigenschaften und ihren Kombinationen in synchronen Sprachsystemen beschäftigt, *Phonologie* (griech. = Lautlehre).

### 2.3.2. Die Phoneme

Die Elemente eines gegebenen synchronen Lautsystems, z. B. des Neuhochdeutschen, nennen wir *Phoneme* (griech. = Elemente des Lautbilds). Ein Phonem ist nicht an eine bestimmte Aussprache gebunden: so ist es im Neuhochdeutschen unerheblich, ob ein Zungen- oder ein Rachen-r gesprochen wird. Die Aussprache darf nur nicht die Grenzen zu einem anderen Phonem verwischen. So ist es zwar im Deutschen möglich, statt des scharfen (stimmlosen) s ein stimmloses englisches th zu sprechen (Lispeln), im Englischen würde das jedoch zu Verwirrungen führen, da es sich dort um zwei Phoneme handelt.

Das Schriftbild reproduziert die Phoneme nur ungenau.

Bitte geben Sie an, aus wieviel Phonemen folgende deutschen Schriftkombinationen bestehen:

*Beispiele mit Modellantworten:*

| | |
|---|---|
| a) ie in "Kiel" | *Antwort:* 1 |
| b) z in "Zahl" | *Antwort:* 2 |

*Fahren Sie bitte fort:*

| | |
|---|---|
| 1. sch in "schön" | – 1 |
| 2. st in "Stamm" | – 2 |
| 3. ohl in "Kohl" | – 2 |
| 4. ch in "Bach" | – 1 |
| 5. x in "Sex" | – 2 |

### 2.3.3. Distinktive Merkmale des sprachlichen Signifikanten

Das Phonem ist das kleinste in der Sprache funktionierende Lautelement. Es kann jedoch in der wissenschaftlichen Theorie noch weiter analysiert werden. Die Phonologie betrachtet ein Phonem daher als Bündel distinktiver, bedeutungsdifferenzierender Merkmale.

Distinktive Merkmale von Phonemen bildet zum Beispiel die Binäropposition stimmhaft gegen stimmlos, oder, wie wir jetzt sagen wollen: stimmhaft versus stimmlos (versus: lat. = gegen). Andere distinktive Merkmale kommen durch die ternäre Opposition labial vs. dental vs. guttural zustande.

Bilden Sie bitte Serien von Phonemen aufgrund eines konstant gehaltenen distinktiven Merkmals:

*Beispiel mit Modellantwort:*

| | |
|---|---|
| a) konstantes distinktives Merkmal stimmlos | *Antwort:* p, t, k, s, sch, usw. |

*Fahren Sie bitte fort:*

| | |
|---|---|
| 1. konstantes distinktives Merkmal guttural | – k, g, ch usw. |
| 2. konstantes distinktives Merkmal stimmhaft | – b, g, d, (z), (ž) usw. |
| 3. konstantes distinktives Merkmal labial | – p, b, f, usw. |

### 2.3.4. Morpheme

Wenn wir die distinktiven lautlichen Merkmale als Elemente ansehen, dann bilden im Verhältnis dazu die Phoneme komplexe Signifikanten. Betrachten wir jedoch die Phoneme ihrerseits als Elemente, dann lassen sich durch einfache Kombinatorik aus ihnen einfache Zeichen bilden. Allerdings sind nicht alle theoretisch möglichen *Phonemkombinationen* auch in der Praxis der Sprache möglich. Jede Sprache besitzt dafür Kombinationsregeln.

Interessant sind diejenigen Phonemkombinationen, die elementare Zeichen darstellen. Die Phoneme sind nämlich nur Elemente von Signifikanten, aber keine Signifikanten, da ihnen kein Signifikat entspricht. Ausnahmen würden nur Ausrufe wie "o!" oder "a!" bilden.

Analysieren wir dagegen das deutsche Sprachzeichen "Tischler". Das Phonem (t) allein ist kein Signifikant, ebensowenig die Kombination (t)+(i). Erst die Dreierkombination (t)+(i)+(š) stellt einen elementaren Signifikanten dar. Wir nennen solche kleinsten oder elementaren Signifikanten *Morpheme* (griech. = Elemente der Wortbildung).

Bitte zerlegen Sie folgende Wörter in Morpheme:

*Beispiele mit Modellantworten:*

a) Buchbinder — *Antwort:* Buch, bind-, -er
b) verschwinden — *Antwort:* ver-, schwind-, -en

*Fahren Sie bitte fort:*

1. Ostermaschierer — Oster, marsch-, ier-, -er
2. Ostwestverhandlungen — Ost, west, ver-, handl-, -ung, -en
3. Schuhmacher — schuh, mach-, -er
4. Entmottung — ent, mott-, -ung
5. Unternehmer — unter, nehm-, -er

Die Kombinatorik der Morpheme spielt eine wichtige Rolle bei der Wortbildung. Mit ihrer Hilfe lassen sich auch völlig neue Sprachzeichen bilden (z. B. Fernseher, Entfroster usw.).

*2.3.4./B (Generative Übung):*

Die Möglichkeiten der Morphem-Kombinatorik zur Neubildung von Sprachzeichen wird z. B. von der Reklame genutzt. So sagt die Reklame etwa, ein Waschmittel besitze "drei Superweißmacher". Versuchen Sie selbst einmal, diese Kombinatorik zu erproben.

*Beispiele mit Modellantworten:*

a) Ein langweiliger Fernsehfilm besitzt ...?

*Antwort:* (z. B. einen 'Intensiverschlaffer' ('-müdmacher')

b) Alkohol wirkt auf Schüchterne als ...?

*Antwort:* (z. B.) 'Enthemmer'.

*Fahren Sie frei fort mit eigenen Aufgaben und Antworten.*

### 2.4. Struktur des sprachlichen Signifikats

#### 2.4.1. Die Semantik

Wir nennen den Zweig der Linguistik, der sich mit der Struktur und den Gesetzen der Signifikate, d. h. der Bedeutungen beschäftigt, die *Semantik* (zu griech. semainein = bedeuten).

#### 2.4.2. Die Seme

Die kleinsten Elemente der Bedeutung nennen wir *Seme* (griech. = Elemente der Bedeutung). Ein solches Sem ist z. B. das Merkmal 'Ausgedehntheit', das wir in vielen Sprachzeichen wiederfinden, etwa in "lang", "kurz", "weit", "hoch", "breit" usw. In all diesen Sprachzeichen kommt das Sem 'Ausgedehntheit' vor, außerdem andere Seme wie 'Vertikalität', 'Horizontalität' usw. Wir können also ein Sprachzeichen dem Signifikat nach als Bündel von Semen definieren.

*2.4.2./E: s. Anhang.*

*2.4.2./A (Distinktionsübung):*

Bitte versuchen Sie, folgende Sprachzeichen semantisch zu analysieren. Antworten Sie jeweils mit ja oder nein.

*Beispiele mit Modellantworten:*

a) "Monat"
Ausgedehntheit? *Antwort:* ja
Räumlichkeit? *Antwort:* nein
Vertikalität? *Antwort:* nein
Zeitlichkeit? *Antwort:* ja

b) "kalt"
Ausgedehntheit? *Antwort:* nein

Räumlichkeit? *Antwort:* nein
Temperaturqualität? *Antwort:* ja
Zeitlichkeit? *Antwort:* nein

*Fahren Sie bitte fort:*

1. "grün"
   Ausgedehntheit? – nein
   Temperaturqualität? nein
   Farbqualität? ja
   Zeitlichkeit? nein
2. "Neger"
   Räumlichkeit? – ja
   Horizontalität? nein
   Temperaturqualität? nein
   Farbqualität? ja
   Belebtheit ja
3. "rote Fahne"
   Ausgedehntheit? – ja
   Zeitlichkeit? nein
   Belebtheit? nein
   Farbqualität? ja
   Temperaturqualität? nein

### 2.4.3. Sprachlicher Kontext und Klasseme

Erinnern wir uns noch einmal an das Homonym "gelbe Verkehrsampel" und daran, daß die aktuelle Bedeutung durch den Kontext festgelegt wird. Wir sehen daraus, daß in diesem Falle die Bedeutung teils vom Zeichen selbst, teils vom Kontext ausgeht. Das gleiche gilt für die Sprache; nehmen wir zwei Sätze mit dem Homonym (Mark):

"Die Mark ist eine sandige Gegend" – "Die Mark hat in einem Jahr 10 Prozent ihres Werts verloren."

Hier sind Seme, die sich im Kontext finden, entscheidend für das Verständnis der richtigen Bedeutung. Wir nennen solche kontextuellen Seme *Klasseme.*

Wir müssen das noch genauer erklären: in dem Zeichen "sandige Gegend" befindet sich das Sem 'geographisches Territorium" und darin das Sem 'Territorium'. Dieses Sem wird zum Klassem: aus ihm geht hervor, daß es sich in dem gesamten Kontext um ein Territorium handelt. Das Zeichen "die Mark" kann aus den Semen 'Territorium' + 'Brandenburg' bestehen. Da der Kontext hier das Klassem 'Territorium' liefert, wird diese Bedeutung realisiert.

Umgekehrt ist es in dem anderen Satz: dort besitzt das Zeichen "Wert" sowie "verloren" das Sem 'Tauschwert', das dadurch zum Klassem wird. Dieses Klassem führt zu einer Realisierung des Homonyms nach der Analyse: 'Mittel zum Messen des Tauschwerts'.

*2.4.3./A (Distinktionsübung):*

Prüfen Sie die folgenden Kontexte auf bestimmte Klasseme. Begründen Sie Ihre Entscheidung, ob ein bestimmtes Klassem im Kontext vorhanden ist oder nicht.

*Beispiele mit Modellantworten:*

a) Text: "Unternehmen, die für morgen planen, haben schon heute Pohlschröder eingeplant." (Reklame)

Klassem 'Konkurrenz'?

*Antwort:* ja; Begründung: impliziert durch 'Unternehmen'

b) Text: "Städte aus Glas und Stahl – Vertikale, belebt in der Bewegung der Majoretten. Forschung, technischer Fortschritt. Taumel der Wahlkampagnen, Konfettiregen." (Air-France-Reklame)

Klassem 'Sicherheit'?

*Antwort:* nein; Begründung: könnte sich nur auf Zeichen mit dem Sem 'stabil' gründen; solche Zeichen fehlen.

*Fahren Sie bitte fort:*

1. Text: "Ich trinke Jägermeister, weil ich in der Blusen-Abteilung einfach nicht widerstehen konnte. Und in der Spirituosen-Abteilung auch nicht." (Jägermeister-Reklame)

Klassem 'vital'?
– ja ('nicht widerstehen können')

2. Text: "Sie lernten sich in einem Londoner Tanzlokal kennen. (...) Jetzt gaben sich Nichola (17) und Peter (26) in einer romantischen Kirche in Maidstone (Grafschaft Kent) das Jawort." (QUICK, 4. 10. 1973)

Klassem 'antiautoritär'?
– nein (ausgeschlossen durch 'romantische Kirche')

3. Text: "Chile, dieses wohl demokratischste Land Südamerikas, hatte nach der Entwicklung der letzten Monate tatsächlich nur noch eine Wahl: eine kommunistische Diktatur für immer oder eine rechte

Diktatur, die freie Wahlen angekündigt hat, sobald das Land wieder in Ordnung ist." (QUICK, 4. 10. 1973)

Klassem 'faschistisch'?
– nein (ausgeschlossen durch 'freie Wahlen')

### 2.4.4. Sememe und Lexeme

Das in seinem Kontext aktualisierte sprachliche Zeichen, das die Menge der aktualisierten Seme und Klasseme umfaßt, heißt *Semem.* Im Gegensatz dazu wird das Sprachzeichen außerhalb eines Textes, so wie es im Lexikon erscheint, *Lexem* genannt.

### 2.4.5. Semantische Serien, Hierarchien, Paradigmata

Semantische *Serien* entstehen durch Konstanthaltung eines oder mehrerer Seme. Z. B. kann durch Konstanthaltung des Semes 'Temperaturqualität' eine Serie 'Warm', 'kalt', 'lau', 'schwül', 'heiß' usw. gebildet werden. Liegt der Reihenfolge einer semantischen Serie ein Ordnungsgesetz zugrunde, so handelt es sich um eine *geordnete Serie* (z. B. 'eisig', 'kalt', 'lau', 'warm', 'heiß', 'kochend'). Herrscht zwischen den Gliedern eine Dominanzbeziehung, so liegt eine *semantische Hierarchie* vor. Die wichtigste mögliche semantische Dominanzbeziehung ist die Beziehung von Gattung (lat. genus) und Art (lat. species), oder allgemeiner: von übergreifender und eingeschlossener Klasse. Eine solche semantische Hierarchie ist z. B. folgende Serie: 'ausgedehnt', 'räumlich', 'kugelförmig'.

*2.4.5./A (Distinktionsübung):*

Versuchen Sie festzustellen, ob es sich im folgenden überhaupt um semantische Serien handelt, und wenn ja, ob normale, geordnete Serien oder Hierarchien vorliegen. Nennen Sie konstant gehaltene Seme.

*Beispiele mit Modellantworten:*

a) 'gigantisch', 'riesig', 'groß', 'mittelgroß', 'klein', 'winzig'?

*Antwort:* geordnete Serie; konstante Seme 'räumlich', 'vertikal'; Ordnungsprinzip Quantität;

b) 'Kirche', 'Dom', 'Fabrik', 'Stadion', 'Rathaus', 'Wasserschloß', 'Schweizerhäuschen'?

*Antwort:* normale Serie; konstantes Sem 'architektonisch'

*Fahren Sie bitte fort:*

1. 'Produkte', 'Bauten', 'Profanbauten', 'Nutzbauten', 'Wohnhäuser', 'Wohnblocks'?

– semantische Hierarchie; konstantes Sem 'architektonisch'; Dominanzbeziehung Gattung/Art;

2. 'Schneider', 'Professor', 'Krankenschwester', 'Fräser', 'Dirigent'?

– normale Serie; konstantes Sem 'Beruf'

3. 'Mord', 'Totschlag', 'schwere Körperverletzung', 'Körperverletzung'?

– geordnete Serie; konstantes Sem 'juristisches Delikt'; Ordnungsprinzip Strafhöhe.

Sämtliche Beziehungen, die zwischen Elementen semantischer Serien und Hierarchien herrschen, zählen zu den semantischen *paradigmatischen* Beziehungen. Ebenso läßt sich sagen: solche Serien sind *semantische Paradigmata.* Mithilfe der semantischen paradigmatischen Beziehungen lassen sich die Klasseme eines Textes ordnen, wobei die Erstellung von *Klassem-Hierarchien* besonders wichtig ist.

### 2.4.6. Sprachliche Polysemien

Bereits ein relativ kurzer sprachlicher Text besitzt nach den getroffenen Feststellungen eine hohe Anzahl möglicher semantischer Paradigmata. Dementsprechend hoch ist die Anzahl möglicher Konnotate der einzelnen Sememe. Daraus wiederum folgt, daß die Sprache mit einer Vielzahl von *Polysemien* arbeitet. Das jeweils gemeinte Signifikat sprachlicher Polysemien kann aus dem Kontext, d. h. aufgrund der Klasseme erschlossen werden; die Klasseme wiederum ergeben sich aufgrund der Paradigmata.

*2.4.6./A (Distinktionsübung):*

Versuchen Sie bitte, in folgenden Sätzen mit Homonymen oder Polysemien das Sem zu benennen, das als Grundlage des Paradigmas von Klassemen dient. Versuchen Sie auch, das Paradigma wiederzugeben. Ihre Antwort braucht nur dem Sinne nach mit der Modellantwort übereinzustimmen.

*Beispiele mit Modellantworten:*

a) "Das *Schloß* ist geräumig" — *Antwort:* Sem 'Räumlichkeit' in "geräumig"; Paradigma 'Räumlichkeit', 'Körperlichkeit', 'artifizielle Körperlichkeit', 'Architektur'

b) "Das *Schloß* ist verrostet" — *Antwort:* Sem 'Metall' in "verrostet"; Paradigma 'Metall' 'Artefakt aus Metall'

*Fahren Sie bitte fort:*

1. "Der *Mohr* hat seine Schuldigkeit getan" – Sem 'Rechtsverhältnis' in "Schuldigkeit"; Paradigma 'Rechtsverhältnis', 'Sozialwelt', 'Mensch'
2. "Das Flugzeug kreist über dem *Moor*" – Sem 'Räumlichkeit' und 'Horizontalität' in "kreist über"; Paradigma 'Räumlichkeit'+'Horizontalität', 'Fläche', 'Erdoberfläche'
3. "Muß die *Mark* aufgewertet werden?" – Sem 'Tauschwert' in "aufgewertet"; Paradigma 'Tauschwert', 'Maßstab des Tauschwerts' 'Währung'
4. "Sie kann nichts dazu; sie ist eben ein *Weib* mit Pfeffer" – Sem 'vital' in 'kann nichts dazu' und 'Pfeffer'; Hierarchie 'Vitalität', 'sexuelle Potenz'
5. "Auf *Weiber*geschwätz lasse ich mich grundsätzlich nicht ein" – Sem 'dumm' in 'Geschwätz'; Paradigma 'Dummköpfe', 'Frauen'

### 2.4.7. Sprachliche soziale Polysemien

Ist das Signifikat einer sprachlichen Polysemie für verschiedene soziale Träger verschieden, so sprechen wir von sprachlichen *sozialen Polysemien.* Wie bei den semiologischen Polysemien versucht jeder soziale Träger, sein Signifikat und damit seine semantische Hierarchie durchzusetzen.

*2.4.7./B (Generative Übung):*

Versuchen Sie im folgenden, den sozialen Träger der Texte grob zu kennzeichnen sowie den Text so zu transformieren, daß die Polysemie ein anderes Signifikat (für einen anderen sozialen Träger) erhält.

*Beispiele mit Modellantworten:*

a) Polysemie *"Militärs"*; Text: "Der Mann auf der Straße in Chile (...) weiß nur, daß es jetzt wieder Brot, Fleisch und Benzin gibt, daß die Preise während der letzten beiden Wochen um 50 Prozent gefallen sind und daß im ganzen Land wieder gearbeitet wird. Der negativste Ausspruch, den man heute auf den Straßen der chilenischen Hauptstadt über das neue Regime hören kann, heißt: "Unter Militärs zu leben, ist nirgendwo angenehm. Aber gegen Allende sind sie das kleinere Übel." (QUICK, 4. 10. 1973)

*Antwort:* sozialer Träger profaschistisch; mögliche Transformation: "Plötzlich sind sogar wieder einige Waren in Santiago aufgetaucht, die die Unternehmer in ihrem Boykott der Regierung Allende versteckt und gehortet hatten. Da die Militärs jeden verhaften und erschießen, der Kritik übt, kann man heute auf den Straßen Santiagos auch keine Kritik an ihnen hören."

b) Polysemie *"Pluralismus"*; Text: "Angesichts der Intoleranz und Militanz der gegenwärtig (wieder) vorherrschenden marxistischen Ideologie (...) ist es anachronistisch, unter dem Aspekt des "Nachholbedarfs" oder einer totalen (in Wahrheit selbstmörderischen) Liberalität solche Gruppen und ihre Anhänger zu dulden oder gar zu fördern, die die institutionellen Hebel in die Hand bekommen wollen, um den Pluralismus, dessen Rechtsnormen sie so bewegend, aber heuchlerisch in Anspruch zu nehmen verstehen, mitsamt seiner Ordnung und eben diesen Rechtsnormen abschaffen zu können." (Alexander Schwan in *FAZ* vom 4. 10. 1973)

*Antwort:* sozialer Träger konservative Intelligenz des "Bundes Freiheit der Wissenschaft"; mögliche Transformation: 'Pluralismus kommt vom lateinischen Wort plures = mehrere. Es bezeichnet die Koexistenz mehrerer, verschiedener Theorien und Vorstellungen. Wobei es eher fraglich ist, ob von Pluralismus noch geredet werden sollte, wenn die Vielfalt solche Theorien und Ansichten von vornherein ausschließen sollte, die immerhin zu den im Weltmaßstab am weitesten verbreiteten Theorien und Ansichten gehören – wie z. B. die verschiedenen sich auf Marx berufenden Theorien.'

*Fahren Sie bitte fort:*

1. Polysemie *"Freiheit"*; Text: "Wir haben uns ein Stück unserer Freiheit zurückgeholt. Polen 1973 erinnert manchen Besucher an den Prager Frühling. (...) Am Abend dann füllen sich die Tanzlokale bis auf den letzten Platz. Die Musik, Pop und Beat ist Trumpf, spielt

sehr laut und scheint den Polen in Mark und Bein zu fahren. Eine eigenartige Stimmung ist das hier, sagt ein deutscher Kollege. Fast wie damals in Prag." (*WAZ*, 5. 10. 1973)

–

2. Polysemie *"Fortschritt"*; Text: "Ein neuer Anschlag auf den Fortschritt steht bevor: Eine bildungsfeindliche Koalition in Länderkabinetten und Bonner Ministerialbürokratien hat sich zusammengefunden, um erneut die Besoldung der Lehrer an die Kette zu legen und die Studiendauer für den Lehrerberuf zu beschränken." (*Erziehung und Wissenschaft*, 1. 10. 1973)

–

3. Polysemie "selbständig"; Text: "Man muß dies einmal deutlich sehen, daß heute der rationalisierende und unternehmenskonzentrierende Industriemanager, der zentralisierende staatliche Planungsbürokrat, der Gewerkschaftsboß und der Curricula und Rahmenpläne entwerfende Pädagoge in einer Front stehen, nämlich die Verunselbständigung des Menschen weiterbetreiben, mit welchen betreuenden ideologischen Programmen und Motiven dies auch immer geschieht." (Helmut Schelsky, Programmrede auf dem CSU-Parteitag September 1973)

–

*2.4.7./C (Kritische Diskussion):*

Diskussion des Instrumentariums zur semantischen Analyse: ist es durchgehend anwendbar? Sind unlösbare Schwierigkeiten aufgetreten? Liegt der Methode etwa ein "Reduktionismus" (zu lat. reductio, frz. réduction = Rückleitung) derart zugrunde, daß 'Geistiges gekappt' wird?

Zur Frage der sprachlichen sozialen Polysemien: wie groß ist ihre Bedeutung einzuschätzen? Welchen Sinn könnte eine Behandlung der Konflikte um soziale Polysemien in der Schule haben? Ließe sich die hier erprobte Methode der Transformation von Texten direkt in der Schule anwenden?

### 2.5. Die Struktur des Sprachsystems

Jede Sprache stellt insgesamt ein synchrones System dar, in dem jedes einzelne Sprachzeichen ein Element bildet. Auch jede Sprachebene bildet wieder ein synchrones System. Das sprachliche System ist hochgradig kompliziert und seine Gesetzmäßigkeiten sind noch längst nicht endgültig wissenschaftlich erfaßt.

## 2.5.1. Binäre und ternäre Sprachoppositionen

Bitte ergänzen sie folgende Oppositionen. Setzen Sie hinzu, ob es sich um binäre oder ternäre Oppositionen handelt.

*Beispiele mit Modellantworten:*

a) groß — *Antwort:* klein; binär
b) gestern — *Antwort:* heute, morgen; ternär

*Fahren Sie bitte fort:*

1. Bruder – Schwester; binär
2. progressiv – reaktionär; binär
3. These – Antithese, Synthese; ternär
4. Mini – Midi, Maxi; ternär
5. Kapitalismus – Sozialismus; binär

## 2.5.2. Quaternäre und mehrgliedrige Sprachoppositionen

Dem Grad der Kompliziertheit des sprachlichen Systems entsprechend, spielen in ihm auch *quaternäre* (lat. = viergliedrige) und *mehrgliedrige* Oppositionen eine gewisse Rolle.

*2.5.2./A (Distinktionsübung):*

Bitte ergänzen Sie folgende Oppositionen. Setzen Sie hinzu, ob es sich um quaternäre oder mehrgliedrige Oppositionen handelt.

*Beispiele mit Modellantworten:*

a) Westen? — *Antwort:* Osten, Süden, Norden; quaternär
b) vorgestern? — *Antwort:* gestern, heute, morgen, übermorgen; mehrgliedrig

*Fahren Sie bitte fort:*

1. Frühling? – Sommer, Herbst, Winter; quaternär
2. Montag? – Dienstag, usw.; mehrgliedrig

| | |
|---|---|
| 3. blau? | – weiß, gelb, rot usw.; mehrgliedrig |
| 4. Urgroßmutter? | – Großmutter, Mutter, Enkel, Urenkel; mehrgliedrig |
| 5. Jüngling? | – Kind, Mann, Greis; quaternär |

### 2.5.3. Sprachoppositionen und Textstruktur (epigrammatische Texte)

Die verschiedenen sprachlichen, meistens semantischen Oppositionen spielen eine entscheidende Rolle bei der Gliederung (Strukturierung) eines sprachlichen Textes. Wir nennen kurze sprachliche Texte, die auf eine oder wenige Oppositionen aufgebaut sind, *epigrammatische* (griech. = Aufschrift) Texte.

*2.5.3./A (Distinktionsübung):*

Nennen Sie die dominierenden (lat. = vorherrschenden) Oppositionen folgender epigrammatischer Texte.

*Beispiele mit Modellantworten:*

a) "Die kleinen Preise haben uns groß gemacht." (Ratio-Reklame)

*Antwort:* klein vs groß

b) In jüngern Tagen war ich des Morgens froh,
   Des Abends weint ich; jetzt, da ich älter bin,
 Beginn ich zweifelnd meinen Tag, doch
   Heilig und heiter ist mir sein Ende. (Hölderlin)

*Antwort:* Jugend vs Alter, Morgen vs Abend, froh vs traurig, zweifelnd vs heiter.

*Fahren Sie bitte fort:*

1. "Die Mode kommt aus der Mode. Die Liebe nie." (Gold-Reklame)

– Mode vs Liebe

2. "In Moskau leitet ein Kapitalist unsere Geschäftsstelle." (Reklame der Chase-Manhattan-Bank)

– 'Moskau' vs 'Kapitalist'

3. "Wenn die Niedrigen nicht

An das Niedrige denken
Kommen sie nicht hoch." (Brecht)

– niedrig vs hoch

4. *"Wenn die Oberen vom Frieden reden*
Weiß das gemeine Volk
Daß es Krieg gibt." (Brecht)

– Obere vs gemeines Volk, Frieden vs Krieg, reden vs wissen

5. Wer das Tiefste gedacht, liebt das Lebendigste,
Hohe Jugend versteht, wer in die Welt geblickt,
Und es neigen die Weisen
Oft am Ende zu Schönem sich. (Hölderlin)

– Gedanke vs Leben, Jugend vs Erfahrenheit, Weisheit vs Schönheit

### 2.5.4. Soziale Sprachoppositionen

Überall dort, wo mit sprachlichen Benennungen Wertungen innerhalb des sozialen Lebens verbunden sind, werden bevorzugt Binäroppositionen verwendet, wobei die Semopposition 'positiv' vs 'negativ' entscheidend ist. Das gilt vor allem für die politische Auseinandersetzung. Wenn sprachliche Oppositionen für verschiedene soziale Träger verschiedene Wertungen besitzen, sprechen wir von *sozialen Sprachoppositionen.* Dazu gehören solche ständig angewandten Oppositionen wie 'links' vs 'rechts', 'demokratisch' vs 'radikal', 'progressiv' vs 'reaktionär' usw. Wie die Beispiele von Brecht zeigen, dienen gerade die sozialen Sprachoppositionen mit Vorliebe als Basis für *epigrammatische Texte,* zu denen auch die meisten Schlagworte, Parolen, Slogans usw. zählen.

*2.5.4./B (Generative Übung):*

Erproben Sie folgendes Spiel: versuchen Sie, Slogans so zu transformieren, daß der soziale Träger sich ändert. Halten Sie die Opposition dabei konstant.

*Beispiele mit Modellantworten:*

a) Epigramm "Mehr Geld für Bildung statt für Rüstung!"
*Antwort:* mögliche Transformation: "Nur Verteidigung schützt wahre Bildung!"
b) "Lieber tot als rot!"
*Antwort:* mögliche Transformation: "Lieber rot als tot!"

*Fahren Sie bitte fort;* wählen Sie selbst Beispiele aus Ihrem täglichen Umkreis und erproben Sie Transformationen.

*2.5.4./C (Kritische Diskussion):*

Problematisierung der Rolle, die Transformationsübungen mit sozialen Sprachoppositionen im Schulunterricht spielen könnten (Problem der Kreativität / zu lat. creatio, frz. création = Schöpfung /; Problem der Behandlung von Konflikten und der Rolle, die sprachliche und literarische Formen dabei spielen).

Frage: Läßt sich mit Hilfe geschickter Sprachbehandlung alles gleichermaßen vertreten?

2.5.5. Sprachliche Serien

Serien von Sprachzeichen lassen sich auf doppelte Weise bilden: entweder ausgehend vom Signifikanten oder ausgehend vom Signifikat. Die oben behandelten semantischen Serien und Hierarchien gehören zu den vom Signifikat ausgehenden Serien. Eine vom Signifikant ausgehende Serie wäre etwa die Folge 'Juchhe', 'Herrje', 'Resümé', 'Klischee', bei der das letzte, betonte Phonem konstant gehalten ist.

*2.5.5./B (Generative Übung):*

Bilden Sie selbst Serien von Sprachzeichen nach den angegebenen Bedingungen.

*Beispiele mit Modellantworten:*

a) Ausgangspunkt Signifikant; konstantes distinktives Merkmal erstes Phonem b?

*Antwort:* z. B. 'bauen', 'binden', 'Bude', 'bimmeln' usw.

b) Ausgangspunkt Signifikat; Bedingung Hierarchie; konstantes distinktives Sem 'pflanzlich'?

*Antwort:* z. B. 'Pflanzen', 'Bäume', 'Nadelbäume', 'Tannen', 'Silbertannen'.

*Fahren Sie bitte fort:*

1. Ausgangspunkt Signifikat; konstantes Sem 'Farbqualität'?

–

2. Ausgangspunkt Signifikat; Bedingung Hierarchie; konstantes Sem 'tierisch'?

–

3. Ausgangspunkt Signifikant; konstantes distinktives Merkmal betontes geschlossenes (o:) am Ende?

–

4. Ausgangspunkt Signifikant; konstantes distinktives Merkmal französische Herkunft des Zeichens?

–

5. Ausgangspunkt Signifikant; konstante distinktive Merkmale dreisilbig, Akzent auf der mittleren Silbe?

–

*2.5.5./C (Kritische Diskussion):*

Vorausweisende Diskussion über die Rolle sprachlicher Serien für die Literatur, z. B. für Gedichte (Reimfolgen usw.). Kritische Frage: Wieweit ist es wohl zu empfehlen, solches 'Handwerkszeug' und solches 'Sezieren' in der Schule zu vermitteln? Welche verschiedenen Argumente dagegen ließen sich denken (vor allem zwei Argumente: a) 'Reduktionismus', der 'das Geistige zerstört'; b) 'Formalismus', der wegen seiner Inhaltslosigkeit niemanden interessieren kann).

## Wiederholung der Grundbegriffe aus Lektion 2

Bitte ergänzen Sie folgende Sätze sinngemäß:

*Beispiel mit Modellantwort:*

| | |
|---|---|
| a) Als Signifikant des Sprachzeichens dient das ... | *Antwort:* Lautbild |

*Bitte fahren Sie fort:*

| | |
|---|---|
| 1. Die Wissenschaft von den Sprachzeichen heißt ... | – Linguistik |
| 2. Das Lautbild (kro : ne) stellt ein sprachliches ... | – Homonym dar |
| 3. Sprachliche Synonyme liegen häufig auf ... | – verschiedenen Sprachebenen |
| 4. Die Wissenschaft, die das Funktionieren der menschlichen Sprechwerkzeuge untersucht, heißt ... | – Phonetik |

| | |
|---|---|
| 5. Demgegenüber ist die Phonologie ... | – eine semiologische Hilfswissenschaft, die sich mit den Lauten und ihren Kombinationen in synchronen Sprachsystemen befaßt |
| 6. Die kleinste Einheit des sprachlichen Signifikanten heißt ... | – Phonem |
| 7. Die kleinste Einheit des sprachlichen Signifikats heißt ... | – Sem |
| 8. Klasseme definieren wir als ... | – kontextuelle Seme |
| 9. Semantik ist ... | – der Zweig der Linguistik, der sich mit den Signifikaten beschäftigt |
| 10. Die politische Kampfsprache bevorzugt ... | – sprachliche Binäroppositionen |
| 11. Ein Semem setzt sich zusammen aus ... | – den aktualisierten Semen und den Klassemen des Kontextes |
| 12. Das Sprachzeichen außerhalb eines Textes heißt ... | – Lexem |
| 13. Die wichtigste Form der semantischen Hierarchie ist gekennzeichnet durch ... | – die Dominanzbeziehung Gattung/Art |
| 14. Eine Opposition aus 4 Gliedern heißt ... | – quaternär |
| 15. Kurze Texte, die im wesentlichen auf sprachliche Oppositionen aufgebaut sind, nennen wir ... | – epigrammatisch |

*2./D (Exemplarische historische Anwendungen):*

Vorschläge für exemplarische historische Anwendungen der in der 2. Lektion beschriebenen linguistischen Gesetze:

a) die epigrammatische Gattung an exemplarischen historischen Beispielen (Xenien, Platen, Brecht, Enzensberger, Reklame)

b) historische Umbrüche und Verwendung inoffizieller Familiärsprache in der Literatur an exemplarischen Beispielen (Sturm und Drang, Vormärzzeit, Naturalismus, Gegenwart).

LEKTION 3

(INHALT: DER SPRACHLICHE TEXT, DIE ISOTOPIE)

## 3.1. Der sprachliche Text

Jede zusammengehörige, isolierbare Gruppe aktualisierter Sprachzeichen bildet einen *sprachlichen Text*. Dabei spielt es keine Rolle, ob der Text mündlich oder schriftlich realisiert ist. Beispiele für sprachliche Texte wurden bereits in Lektion 2 anhand der epigrammatischen Texte behandelt.

### 3.1.1. Textkonstitution und Textkonstituentien

Beziehungen, die einen Text immanent zusammenhalten und nach außen isolieren, nennen wir *Textkonstituentien* (zu lat. constitúere, frz. constituer = begründen). Der entsprechende Prozeß, durch den Texte als Texte zustande kommen, heißt *Textkonstitution*. Es ist noch nicht genügend geklärt, wieweit Texte allein durch immanente Textkonstituentien zustande kommen und welche Rolle der *soziale Kontext* bei der Textkonstitution spielt.

Das wichtigste immanente Textkonstituens ist in der Substitution von Sememen durch *anaphorische Pronomina* (= wiederaufnehmende Pronomina) zu sehen. Nehmen wir etwa folgenden Text: "Hulstkamp ist ein Klarer aus Korn; er ist sehr mild, sehr bekömmlich – und mit großer Umsicht gebraut. Sie sollten ihn wirklich mal probieren." Die Einheit dieses Textes ist dadurch gewährleistet, daß das Semem 'Hulstkamp' danach durch die anaphorischen Pronomina 'er' bzw. 'ihn' substituiert wird.

*3.1.1./A (Distinktionsübung):*

Bitte versuchen Sie, die anaphorischen Pronomina folgender Texte zu benennen:

*Beispiele mit Modellantworten:*

a) Und der Jüngling, der Strom, fort in die Ebne zog,
Traurigfroh, wie das Herz, wenn es, sich selbst zu schön,
Liebend unterzugehn
In die Fluten der Zeit sich wirft.

Quellen hattest du ihm, hattest dem Flüchtigen
  Kühle Schatten geschenkt, und die Gestade sahn
    All ihm nach (...) (Hölderlin)

Semem 'der Jüngling'?
*Antwort:* 'ihm', 'ihm'.

b) *Dieser Mann nimmt ein Freiheitsrecht in Anspruch: er ist sauer auf seine Arbeitgeber! Er streikt!*
(Anzeige des "Arbeitskreises Soziale Marktwirtschaft")

*Antwort:* 'dieser Mann' – 'er' – 'er'.

*Fahren Sie bitte fort:*

1. Fa Schaumbad hat etwas Einzigartiges – die wilde Frische von Limonen. Erleben Sie, wie das prickelt. Belebt und pflegt. Wie es Ihren Körper entspannt. (Reklame)

– 'etwas Einzigartiges' – 'das' – 'es'

2. Man raucht sie, man mag sie, man raucht sie
IBIS Filter (Reklame)

– 'Ibis Filter' (verfremdend nachgestellt) – 'sie' – 'sie' – 'sie'

3. Denn sie, sie selbst, die älter denn die Zeiten
Und über die Götter des Abends und Orients ist,
Die Natur ist jetzt mit Waffenklang erwacht (...) (Hölderlin)

– 'die Natur' (verfremdend nachgestellt) – 'sie' – 'sie selbst'

*3.1.1./B (Generative Übung):*

Die Textkonstitution mittels anaphorischer Pronomina läßt sich dadurch verfremden, daß das zu substituierende Semem nicht an den Anfang, sondern an den Schluß gesetzt wird. Davon macht sowohl die hohe Literatur als z. B. auch die Reklame Gebrauch. Versuchen Sie, entsprechende Reklametexte zu komponieren.

*Beispiele zur Anregung:*

a) (ein Pils): z. B. 'Ha! Schmecken Sie, wie herb es ist? Und wie es gut tut? Das Pils X...'
b) (ein Liebes-Schlager): 'Sie hat nun mal so Beine olala/
Damit ah!
Hält sie mich an der Leine olala/
Die Britta!'

*Fahren Sie entsprechend fort.*

### 3.1.2. Syntagmatische Beziehungen

Alle Beziehungen zwischen Elementen eines sprachlichen Textes heißen *syntagmatische Beziehungen.* Dabei kann es sich um Beziehungen zwischen Phonemen, Morphemen, Sememen, Komplexen von Sememen, ganzen Sätzen sowie Mengen von Sätzen handeln.

Zu den syntagmatischen Beziehungen gehören z. B. alle grammatischen Beziehungen. Die vielleicht auffälligste syntagmatische Beziehung in sprachlichen Texten bildet die Wiederholung des gleichen Elements an verschiedenen Stellen des Textes. Wir nennen solche Wiederholungen *Rekurrenzen* (zu lat. recurrere = wiederkommen).

*3.1.2./A (Distinktionsübung):*

Bitte registrieren Sie die Rekurrenzen folgender sprachlicher Texte und vermerken Sie, ob Morpheme, Sememe oder Semem-Komplexe *rekurrent* sind.

*Beispiele mit Modellantworten:*

a) "Die Mode kommt aus der Mode. Die Liebe nie. Gold ist Liebe." (Gold-Reklame)

*Antwort:* Rekurrenzen 'Mode'/'Mode', 'Liebe'/'Liebe'; Sememe

b) "Aber eins, aber eins das bleibt bestehn/Der VfL wird nie untergehn."

*Antwort:* Rekurrenz 'aber eins'; Semem-Komplex.

*Fahren Sie bitte fort:*

1. "Das Leben suchst du, suchst, und es quillt und glänzt
   Ein göttlich Feuer tief aus der Erde dir,
   Und du in schauderndem Verlangen
   Wirfst dich hinab in des Ätna Flammen." (Hölderlin)

– Rekurrenzen 'suchst'/'suchst'; 'du'/'du'; Sememe

2. "verliebt, verlobt, verheiratet"

– Rekurrenz Präfix 'ver-'; Morphem

3. "verraten und verkauft"

– Rekurrenz Präfix 'ver–'; Morphem

4. In den Tagen, als ihr Fall gewiß war –
Auf den Mauern begann schon die Totenklage
Richteten die Troer Stückchen grade, Stückchen
In den dreifachen Holztoren, Stückchen.
Und begannen Mut zu haben und gute Hoffnung.
Auch die Troer also. (Brecht)

– Rekurrenzen 'Stückchen', 'die Troer'; Semem und Semem-Komplex

5. In den finsteren Zeiten
Wird da auch gesungen werden?
Da wird auch gesungen werden.
Von den finsteren Zeiten. (Brecht)

– Rekurrenzen 'finsteren Zeiten', 'auch gesungen werden'; Semem-Komplexe

### 3.1.3. Denotation und Konnotation im sprachlichen Text

Für den sprachlichen Text gilt wie für alle übrigen Texte, daß Signifikate denotiert sind, wenn ihr Signifikant zur Menge der Textzeichen gehört und die Signifikate dem Kontext entsprechen, und konnotiert, falls eine dieser Bedingungen nicht gegeben ist, wohl aber eine paradigmatische und/oder syntagmatische Verknüpfung zum Signifikanten oder Signifikat eines Denotats herstellbar ist. Auch bei sprachlichen Texten können *intratextuelle, inter-textuelle, Intra-System-* und *Inter-System-Konnotationen* unterschieden werden. Beispiele: Konnotat 'Tod' zum Denotat 'Geburt' (intratextuell und Intra-System-); '"Die Axt im Haus erspart den Zimmermann", sagte Herr Müller und kroch unter sein Auto' (inter-textuell); "Seit Adam in den Apfel biß, müssen wir dran glauben: an die Existenz der Werbung" (Reklame für Reklame: inter-textuelle und Inter-System-Konnotation). Wir können nun ein *Klassem* (s. o. 2.4.3.) zusätzlich folgendermaßen definieren: ein Klassem ist ein intratextuell – auf paradigmatische und/oder syntagmatische Weise – konnotiertes Sem. (Vgl. auch im *Anhang 3.1.3./E)*

*3.1.3./A (Distinktionsübung):*

Versuchen Sie festzustellen, ob die im folgenden genannten Signifikate in den entsprechenden Texten per Konnotation enthalten sind. Nennen Sie die Denotate, an die Sie die Konnotate anknüpfen würden.

*Beispiele mit Modellantworten:*

a) Text: "Radikale Tendenzen an den Universitäten sollten nach Ansicht der Mehrheit der deutschen Bevölkerung eingedämmt werden, da sie die demokratische Grundordnung gefährdeten." (Welt, 26. 9. 1973)

Konnotat 'liberal'?
*Antwort:* nein; ausgeschlossen durch Denotat 'eingedämmt'

b) Text: "Ich trinke Jägermeister, weil ich in der Blusen-Abteilung einfach nicht widerstehen konnte." (Jägermeister-Reklame)

Konnotat 'Sünde'?
*Antwort:* ja; Denotat 'einfach nicht widerstehen konnte' impliziert 'Das Fleisch ist schwach'.

*Fahren Sie bitte fort:*

1. Text:

"Dornige Wildnis umgürtet die Stadt.
Von blutenden Stufen jagt der Mond
Die erschrockenen Frauen.
Wilde Wölfe brachen durchs Tor." (Trakl, *Im Osten*)

Konnotat 'Stacheldraht'?
– ja; Denotate 'dornig', 'umgürten', 'Stadt'

2. Text: "Ferner ist zu bemerken, daß die Rechte des einzelnen und ihre freie Entfaltung im Verfassungsstaat überhaupt nicht zum Thema erhoben werden. Statt dessen wird behauptet, daß die Trennung zwischen öffentlich und privat nicht den gesellschaftlichen Realitäten entspreche. Das ist ein totalitäres Denkmuster." (Hartmut Müller, CDU, über die hessischen Rahmenrichtlinien für den Unterricht, in *Was sollen Schüler lernen*, Frankfurt/M. 1973, S. 48.)

Konnotat 'kommunistisch'?
– ja; aufgrund des Denotats 'totalitär'

3. Text: "Das Lächeln. Der Service. Die 747 B. Ein Geschenk des Himmels." (Singapore Airlines Reklame)

Konnotat 'sex'?
– ja; aufgrund der Denotate 'Lächeln' und 'Service'

## 3.2. Die Struktur der Isotopie

### 3.2.1. Rekurrenz von Klassemen

In einem sprachlichen Text werden von jedem Semem aus semantische Paradigmata konnotiert, d. h. es werden Klasseme projiziert. Diese Klasseme haben jedoch keineswegs alle die gleiche Bedeutung. Manche tauchen nur einmal auf und werden bald vergessen. Demgegenüber sind andere rekurrent. Die rekurrenten Klasseme bzw. Konnotate spielen bei der semantischen Textkonstitution eine wichtige Rolle.

*3.2.1./A (Distinktionsübung):*

Bitte versuchen Sie festzustellen, ob die zu folgenden Texten genannten Klasseme rekurrieren oder nicht. Nennen Sie die entsprechende Serie von Lexemen.

*Beispiele:*

a) "Beschluß. Der Assistentenrat sieht im Verfahren, das zur Beanstandung der Wahlordnung durch das Rektorat geführt hat, einen von einer Gruppe initiierten, massiven Versuch, die Funktionsfähigkeit der Verfassung zu beeinträchtigen."

Klassem: Parlamentarismus

*Antwort:* ja; Serie: Verfahren, Beanstandung, Wahlordnung, Gruppe, Funktionsfähigkeit, Verfassung

b) "Mit dem Münchner Bundeskongreß im Dezember 1969 begann für die Jungsozialisten der schwierigere Abschnitt ihrer Neuorientierung: sie müssen jetzt versuchen, ihre sozialistischen Vorstellungen aus kleinen Zirkeln in breitere Kreise der Jungsozialisten, der gesamten SPD und auch der gesamten Bevölkerung hineinzutragen."

Klassem: München

*Antwort:* nein

Fahren Sie bitte fort:

1. "Die Fakultät der Abteilung IX der Bochumer Ruhruniversität hat allen Studenten des Maschinenbaus und der konstruktiven Ingenieurwissenschaften, die ihre Diplomvorprüfung abgelegt haben, abgeraten, ihr Studium in Bochum fortzusetzen."

Klassem: Universität

– ja; Serie: Fakultät, Abteilung, Studenten, Studium

2. "Abs sprach sich in der Sendung für absolute Priorität der Währungsstabilität aus, auch auf Kosten des Wachstums, und interpretierte ausführlich seine ablehnende Meinung aus den Jahren 1968 und 1969 gegen die Aufwertung der Deutschen Mark."

Klassem: Währung

– ja: Serie: Währungstabilität, Aufwertung, Mark

3. "Ein eignes Leben, rief ich, ein neu, ein ehrsames Leben. Sind wir denn, wie ein Irrlicht, aus dem Sumpfe geboren oder stammen wir

von den Siegern bei Salamis ab? Wie ist's denn nun? Wie bist du denn zur Magd geworden, griechische, freie Natur?" (Hölderlin)

Klassem: Licht

– nein

4. "Friedlose Wanderschaft durch wildes Gestein ferne den Abendweilern, heimkehrenden Herden; ferne weidet die sinkende Sonne auf kristallner Wiese und es erschüttert ihr wilder Gesang, der einsame Schrei des Vogels, ersterbend in blauer Ruh." (Trakl)

Klassem: weiden

– ja; Serie: Herden, weidet, Wiese

### 3.2.2. Die Isotopie als gefügte Klassem-Hierarchie

In einem Text erfüllen die rekurrierenden Klasseme eine äußerst wichtige Funktion: sie garantieren den Zusammenhang der Rede, schließen Widersprüchlichkeit aus und sorgen so für Verständlichkeit. In einem geschlossenen Textabschnitt ordnen sich die rekurrierenden Klasseme zu einer einheitlichen Gesamtstruktur zueinander. Der Text ist nur die Entfaltung dieser Struktur, die wir *Isotopie* (griech. = gleiche Ebene) nennen wollen. Nehmen wir noch einmal den Text über ein Abs-Interview:

"Abs sprach sich in der Sendung für absolute Priorität der Währungsstabilität aus, auch auf Kosten des Wachstums, und interpretierte ausführlich seine ablehnende Meinung aus den Jahren 1968 und 1969 gegen die Aufwertung der Deutschen Mark."

Das rekurrierende Klassem ist 'Währung'. Diesem Klassem sind weitere rekurrierende Klasseme untergeordnet, vor allem die Opposition stabil vs. instabil. Die Gruppe Währung als ganze steht in Opposition zu einer Klassemgruppe 'Konjunktur', die durch das Lexem 'Wachstum' projiziert wird. Die Isotopie wird durch diese binäre Opposition von Klassemgruppen konstituiert. Viele Isotopien sind auf eine Binäropposition aufgebaut.

Bitte versuchen Sie im Folgenden, die jeweils zu der genannten Klassemgruppe in binärer Opposition stehende Klassemgruppe der Isotopie zu nennen.

*Beispiele:*

a) "Die Gefängnismauer lief sozusagen mitten durch ihn hindurch und erlaubte ihm nicht, ein Terrain seiner eigenen Seele zu betreten, das doch handgreiflich vor ihm lag. In diese Mauer eine Bresche zu schlagen, wäre ihm Selbstvernichtung schlechthin erschienen; und wir wagen nicht – in Ansehung seiner damaligen Person und den Vorstellungen, von denen sie bewohnt wurde – ein genaues Gegenteil zu behaupten, nämlich: Selbstbefreiung." (Doderer)

Klassemgruppe: Freiheit – freier Raum -- Befreiung

*Antwort:* Klassemgruppe Gefangenschaft – Gefängnis

b) "Goethe und die Romantik als ein Unzertrennliches halfen überall bei der Befreiung der dichterischen Phantasie von der Herrschaft des abstrakten Verstandes und des von den Kräften des Lebens isolierten guten Geschmacks." (Dilthey)

Klassemgruppe: Rationales – Verstand – abstrakt

*Antwort:* Klassemgruppe Irrationales – Phantasie – Leben – Romantik

*Fahren Sie bitte fort:*

1. "Mit Goethe bin ich schon in meiner Lehrzeit bekannt geworden. Ich lernte Elektriker, wer von euch Elektriker ist, der hat bestimmt auch schon einmal in einem Haus arbeiten müssen, in dem es entsetzlich schmutzig war. Aber ich glaube, eine so schmutzige Wohnung wie die, in der ich auf Goethe stieß, gibt es nicht wieder." (Hermann Kant)

Klassemgruppe: Geist – Literatur – Goethe

– Klassemgruppe: Materie – Arbeit – Schmutz

2. "Die Einsicht in den Klassencharakter der Literatur, in den Schuldzusammenhang, der Sozial- und Literaturgeschichte verklammert, bestimmt das Erkenntnisinteresse der materialistischen Literaturwissenschaft. Unsere europäisch gesehen sehr späte Klassik wurde nur ermöglicht durch die Existenz des kulturfreundlichen Hofes des Karl August und seiner Mutter. Die Dialektik zwischen Weimarer Klassik und einer gesellschaftlichen Wirklichkeit, die wie überall in Deutschland die Stände-Hierarchie sehr schroff aufrechterhielt, hat wissenschaftliche Reflexion neu zu bestimmen." (Marie Luise Gansberg)

Klassemgruppe: Literatur – Kultur – Klassik

– Klassemgruppe: soziale Realität – Hof – Deutschland – Klassen

3. "Jede nach dem Mai 1968 verfaßte Darstellung des Surrealismus ist auch eine Auseinandersetzung mit dem, was unsere Epoche mit den Grundstrebungen des Surrealismus gemein hat. Noch die dem Surrealismus unangemessene Reduktion der Bewegung auf Fragen der Ästhetik ist eine politische Stellungnahme, insofern sie die gesellschaftsbezogenen Momente des Surrealismus unterschlägt und implizite empfiehlt, auch die heutigen Versuche einer Vereinigung von

Kunst und Politik als bloß künstlerische Phänomene zu betrachten." (Peter Bürger)

Klassemgruppe: Ästhetik – Kunst

– Klassemgruppe: Gesellschaft – Politik

*3.2.2./C (Kritische Diskussion):*

Problematisierung der Isotopien-Analyse: wieweit ist die Methode anwendbar, wo stößt sie auf vielleicht unüberwindbare Hindernisse?

Frage der Anwendbarkeit beim eigenen Studium und später in der Schule: 'Unverständnis' eines Textes beruht auf mangelndem Einblick in die Struktur der zugrundeliegenden Isotopie; bei 'Unverständnis' muß die Isotopie also systematisch analysiert werden (das kann beim eigenen Studium z. B. mit Hilfe von Unterstreichungen und Randbemerkungen geschehen); ähnlich wären die Schüler zu instruieren.

### 3.2.3. Aktanten und Prädikate in der Isotopie

Diejenigen Sememe eines Textes (Substantive), die rekurrieren oder potentiell rekurrieren (durch Pronomina substituiert werden können), bezeichnen wir als die *Aktanten* (zu lat. acta, frz. actions = Handlungen) der Isotopie. Die übrigen Sememe (außer Relationspartikeln) sind *Prädikate* dieser Aktanten. Um Mißverständnisse zu vermeiden, muß betont werden, daß die beiden Begriffe nicht identisch mit den grammatischen Kategorien Subjekt und Prädikat sind. In dem Satz "Peter liegt im Bett" haben wir es mit zwei Aktanten zu tun: 'Peter' und 'Bett', da der Text fortfahren könnte: "Er ist krank"; oder "Es steht in der Küche". – 'Liegt' ist Prädikat, ebenso aber 'krank'.

*3.2.3./A (Distinktionsübung):*

**Entscheiden Sie bitte, ob es sich bei folgenden Lexemen um Aktanten des betreffenden Textes handelt. Antworten Sie mit ja oder nein.**

*Beispiele:*

a) "Von den Bretterwänden rieselte Staub, die Spinnweben zitterten, die Fensterscheiben klirrten. Von Anfang an legte Balla Wucht in seine Schläge, zwang den Parteisekretär, in gleichem Maße zu erwidern." (Erik Neutsch)

| | |
|---|---|
| rieseln? | *Antwort:* nein |
| Fensterscheiben? | *Antwort:* ja |
| Parteisekretär? | *Antwort:* ja |
| in gleichem Maße? | *Antwort:* nein |

b) "Die Jünglinge sprangen in einen Wagen und fuhren an den Fluß oberhalb der Stadt, wo eine Kolonie von Schiffern und Fischern in ärmlichen Hütten wohnte." (Gustav Freytag)

Jünglinge? *Antwort:* ja
sprangen? *Antwort:* nein
Fluß? *Antwort:* ja
ärmlich? *Antwort:* nein

*Fahren Sie bitte fort:*

1. "Es ist unruhig in der Klasse, das Geräusch aus vielen kleinen Bewegungen, das immer da ist, aber jetzt, kurz vor dem Klingeln, zu nimmt. Sie hat die Hände auf dem Rücken gefaltet und blickt an sich herunter, sieht den Kostümrock und die Schuhe, die auf dem braunroten Fußboden stehen." (Dieter Wellershoff)

Klingeln? – ja
Rücken? – ja
an [sich] herunter? – nein
Kostümrock? – ja

2. "Eine an vielen Stellen aussichtsreiche Straße verbindet die vielen typischen Aussichtspunkte und erlaubt uns eine Fahrt rund um den See." (Jürgen Becker)

verbindet? – nein
typischen? – nein
rund um? – nein

3. Herbert Wehner soll entschlossen sein, sein Amt als SPD-Fraktionschef noch vor Ablauf dieser Legislaturperiode abzugeben. Wehner, so in der SPD-Fraktion umlaufende Informationen, werde bereits bei den Anfang nächsten Jahres anstehenden Neuwahlen zum Fraktionsvorstand resignieren. (*Spiegel*, 24. 9. 73)

Ablauf? – nein
SPD? – ja
Fraktion? – ja

### 3.2.4. Isotopiekonstitutive Aktanten

Die Rekurrenz der Aktanten in Texten ist verschieden groß: manche Aktanten sind unwichtig für den Text, andere rekurrieren in einem ganzen Textabschnitt. Die rekurrierenden Aktanten sind meistens identisch mit rekurrierenden Klassemen der zugrundeliegenden Isotopie. In diesen Aktanten tritt die Isotopie also offen an der Oberfläche des Textes in Erscheinung. Wir wollen sie *isotopiekonstitutive Aktanten* nennen.

*3.2.4./A (Distinktionsübung):*

Versuchen Sie bitte zu entscheiden, ob es sich im folgenden um solche isotopiekonstitutive Aktanten handelt (Antwort: ja oder nein).

*Beispiele:*

a) "In einer Zeit rascher und tiefgreifender Wandlungen steht jede politische oder gesellschaftliche Institution vor der Frage, wie sie neuen Entwicklungen gerecht zu werden vermag. Die Antwort auf diese Frage kann aber weder in unkritischer Anpassung an Modeströmungen noch im Rückgriff auf ideologische Heilslehren bestehen, wenn eine Institution, Staatsform oder gesellschaftliche Ordnung in ihrer Substanz erhalten bleiben soll." (Gründungsaufruf des Bundes "Freiheit der Wissenschaft")

| | |
|---|---|
| Institution? | *Antwort:* ja |

b) Die moderne Gesellschaft, mag man sie nun Massengesellschaft oder Industriegesellschaft nennen, ist durch eine Verminderung der strengen Gliederung von oben nach unten und der sozialen Spannung gekennzeichnet. Die Spannung zwischen Armen und Reichen ist weniger wichtig als die Spannung zwischen Sachverständigen und Laien. (Diktat Deutschkurse für Ausländer an der Ruhr-Universität Bochum WS 1973/74)

| | |
|---|---|
| Verminderung? | *Antwort:* nein |
| Gliederung? | *Antwort:* ja |
| soziale Spannung? | *Antwort:* ja |

*Fahren Sie bitte fort:*

1. (Bis zum 30. Oktober 1973), so meint man hier offensichtlich, wird auch dieses Kapitel im Kampf um Lebensraum im Nahen Osten der Geschichte angehören. Niemand glaubt, daß es das letzte Kapitel der Gewalt sein wird. (Heinz Schewe, WELT, 10. 10. 1973)

| | |
|---|---|
| Kapitel? | – nein |
| Lebensraum? | – ja |

2. Die Symbole in (5) sind dann keine Sem-Terme, sondern (strukturierte, hierarchische) Sem-Mengen. In diesem Fall sind die Identitäten in den Oberflächen-Lexemen impliziert. (Teun Van Dijk, *Neuere Entwicklungen in der literarischen Semantik)*

| | |
|---|---|
| Identitäten? | – nein |
| Sem? | – ja |

3. Der in der "Braut von Messina" eingeschlagene Weg zeigt die Möglichkeiten und Grenzen einer durch die klassische Kunstanschauung angeeigneten griechisch-modernen Tragödie. Es blieb ein Weg des Experimentes, das mit Schillerschem Radikalismus bis zum Äußersten getrieben wurde. (Benno von Wiese, *Von Lessing bis Hebbel*)

Radikalismus? – nein
Experiment? – ja

*3.2.4./C (Kritische Diskussion):*

Problematisierung des Isotopien-Modells: wieweit ist es operational, wieweit läßt es sich exakt anwenden? Welche Fragen sind nicht lösbar? Wo liegen Unklarheiten?

Didaktischer Aspekt: Was könnten Isotopieanalysen oder generative Übungen (gegeben sind isotopiekonstitive Aktanten, die Schüler sollen daraus einen Text machen) unter dem Gesichtspunkt der Kritikfähigkeit oder Kreativität beitragen? Oder handelt es sich um Spielereien?

*3.2.4./E*: *s. Anhang.*

### 3.3. Komplexe bzw. mehrfache Isotopien

#### 3.3.1. Bruch der Isotopie

Als Erscheinungsweise psychischer oder geistiger Störungen findet sich der Bruch der Isotopie in der alltäglichen Rede. So fallen manche Sprecher aus einer beliebigen Isotopie (etwa der romantischen Klaviermusik) plötzlich in eine andere Isotopie, die Isotopie ihrer "fixen Ideen" (etwa die gelbe Gefahr). Bekannt ist der "freudsche Versprecher", bei dem sich eine Isotopie auf der Ebene des Unbewußten in die Isotopie auf der Ebene des Bewußten drängt.

#### 3.3.2. Isotopienmodulation

Beim "freudschen Versprecher" handelt es sich meistens um eine lautliche Ähnlichkeit zwischen einem Semem der bewußten Isotopie und einem Semem der unbewußten Isotopie. Wird dieser Bruch bewußt angewandt, so sprechen wir von *Isotopienmodulation* (zum musikal. Terminus Modulation = Tonartwechsel).

Eine ganze Gattung von Witzen ist auf Isotopienmodulation aufgebaut. Ein Beispiel:

– So, Sie waren in Rom. Haben Sie denn auch die Sixtinische Kapelle

gesehen?
– Ja, tolle Burschen, besonders der Schlagzeuger.

Hier wird zuerst eine Isotopie 1 mit den Klassemen Kunst, historische Monumente usw. aufgebaut. Dagegen wird plötzlich eine Isotopie 2 mit dem Klassem Musik, Schlager usw. gestellt. Der Wechsel, d. h. die Modulation, geschieht über einen Aktanten, der ein Homonym darstellt und deshalb beiden Isotopien angehört.

*3.3.2./A (Distinktionsübung):*

Versuchen Sie, die Struktur folgender Isotopienmodulationen zu analysieren. Nennen Sie typische Klasseme der Isotopie 1 und der Isotopie 2 sowie den homonymen Aktanten.

*Beispiele:*

a) – Mein Vater ist Dichter.
– Was dichtet er denn?
– Die Röhren an der Wasserleitung.

*Antwort:* Isotopie 1: Klassem Literatur, geistige Beschäftigung;
Isotopie 2: Klassem Installation, materielle Beschäftigung;
homonymer Aktant "Dichter"

b) Herr Meier läßt sich entschuldigen. Er liegt mit Angina im Bett.
– Das werd ich seiner Frau sagen!

*Antwort:* Isotopie 1: Klassem Krankheiten;
Isotopie 2: Frauennamen;
homonymer Aktant Angina

*Fahren Sie bitte fort:*

1. – Warum schreit denn die Ziege so? fragt Bobby.
– Eine Ziege schreit nicht, sie meckert! sagt der Bauer.
– Und warum tut sie das? fragt Bobby.
– Weil sie sich freut! sagt der Bauer.
– Na sowas! Wenn sie sich freut, meckert sie!

– Isotopie 1, Klassem Viehwirtschaft
Isotopie 2, Klassem menschliches Verhalten
homonymer Aktant meckern

2. Ein deutscher Tourist sitzt in Italien im Restaurant, gegenüber ein Italiener. Vor dem ersten Gang verneigt sich der Italiener und sagt "Buon appetito!" – Der Deutsche erwidert: "Gestatten, Müller." Das

gleiche wiederholt sich beim zweiten und dritten Gang, so daß der Deutsche erbost dem sprachkundigen Geschäftsführer mitteilt, daß sein italienischer Tischpartner sich offenbar über ihn lustig machen wolle. Der Geschäftsführer beruhigt ihn und klärt ihn über den Sinn des Wortes auf. – Vor dem Nachtisch sagt Müller daraufhin: "Buon appetito!" – und der höfliche Italiener antwortet: "Gestatten Müller."

– Isotopie 1, deutsch, Klassem Vorstellung
Isotopie 2, italienisch, Klassem Tischsitten
Homonymer Aktant "Buon appetito"

3. Der von Odysseus geblendete Zyklop Polyphem schreit und bittet seine Nachbarn um Hilfe. Auf die Frage, wer ihn geblendet habe, antwortet er: "*Niemand* hat mich geblendet!" Die Nachbarn halten ihn für verrückt. (Odyssee)

– Isotopie 1, Klassem Eigennamen
Isotopie 2, Klassem Pronomina
homonymer Aktant 'niemand'

*3.3.2./B (Generative Übung):*

Erfinden Sie selbst Witze oder Paradoxa, die auf dem Spiel eines per Homonym vermittelten Isotopienbruchs beruhen.

### 3.3.3. Zusätzliche Erklärung

Der bewußte Bruch der Isotopie, d. h. die Isotopienmodulation, stellt einen Kunstgriff dar. Er gehört zu den Strukturen, die wir später als *Verfremdungen* kennenlernen werden. Verfremdungen sind konstitutiv für literarische Rede und der Witz mit Isotopienmodulation ist also eine literarische Erscheinung.

### 3.4. Wissenschaftliche Rede

Je nach der verschiedenen Struktur ihrer Isotopien und der darin zum Ausdruck kommenden Beziehung zwischen Text und Realität lassen sich verschiedene Typen der *Rede* (=Menge von Texten, deren Isotopien gleich strukturiert sind) unterscheiden. Ein erster wichtiger Typ von Rede ist die im engen Sinne *wissenschaftliche* Rede. Der eingeengte Sinn des Begriffs 'wissenschaftlich' wird im folgenden definiert. Es muß bereits hier betont werden, daß der Begriff auch in weiterem Sinne benutzt werden kann und benutzt wird: er umfaßt dann Redetypen, die hier als 'mythisch' oder 'ideologisch' bezeichnet werden.

### 3.4.1. Abstrakte Kategorien

Ein Kennzeichen wissenschaftlicher Rede liegt in dem Charakter ihrer isotopiekonstitutiven Aktanten. Als solche dienen *abstrakte Kategorien.* Damit ist gemeint, daß solche Kategorien ihre intendierten Gegenstände als generell und Gesetzen unterworfen abbilden und nicht als individuell und spontan-frei. Ein Beispiel stellt etwa die abstrakte Kategorie "Spannung" in der Elektrizitätslehre dar. Dieser Begriff setzt voraus, daß jede Verwendung der Kategorie ein gleichartiges, gleichen Gesetzen unterliegendes Phänomen meint.

*3.4.1./A (Distinktionsübung):*

Versuchen Sie zu entscheiden, ob es sich bei folgenden Texten um abstrakte Kategorien als isotopiekonstitutive Aktanten handelt oder nicht. Antworten Sie mit ja oder nein.

*Beispiele:*

a) "Wenn der Mehrwert gegeben ist, kann die Profitrate nur vermehrt werden durch Verminderung des Werts des zur Warenproduktion erheischten konstanten Kapitals." (Marx)

isotopiekonstitutive Aktanten: Kapital, Profit, Mehrwert
*Antwort:* ja

b) "Lebt in der Kindernatur nicht in jeder Epoche ihr eigner Charakter in Naturwahrheit auf? Warum sollte die geschichtliche Kindheit der Menschheit, wo sie am schönsten entfaltet, als eine nie wiederkehrende Stufe nicht ewigen Reiz ausüben? Es gibt ungezogene Kinder und altkluge Kinder. Viele der alten Völker gehören in diese Kategorie. Normale Kinder waren die Griechen." (Marx)

isotopiekonstitutive Aktanten: Völker, Kinder
*Antwort:* nein

*Fahren Sie bitte fort:*

1. "Der lyrische Dichter leistet nichts. Er überläßt sich – das will buchstäblich verstanden sein – der Ein-gebung. Stimmung und in eins damit Sprache wird ihm eingegeben. Er ist nicht imstande, der einen oder anderen gegenüberzutreten." (Staiger)

isotopiekonstitutive Aktanten: der Dichter, die Ein-gebung, Stimmung – nein

2. "Wer Entwicklungshilfe mit politischem Verstand gewähren will, sollte sie jetzt nach Indonesien geben. Hier wird sicher eine Entscheidungsschlacht um die Zukunft der Welt, um die Lebensform des Menschen von morgen ausgetragen. Vom Ausgang des Ringens werden alle zivilisierten Nationen betroffen. Es geht um die totale oder die totalitäre Welt, um Verständigung zwischen gleichgestellten und unabhängigen Partner oder um die erzwungene Einheit von uniformen Massenmenschen." (Gisela Bonn)

isotopiekonstitutive Aktanten: Mensch von morgen, zivilisierte Nationen, totale Welt, totalitäre Welt, Partner, Massenmenschen
– nein

3. "Die ästhetische Funktion kann zu einem Faktor der gesellschaftlichen Differenzierung in solchen Fällen werden, in denen ein bestimmtes Ding (oder eine Handlung) in einem gesellschaftlichen Milieu eine ästhetische Funktion hat und in einem anderen nicht, oder wenn seine ästhetische Funktion in einer sozialen Umwelt schwächer ist als in einer anderen." (Mukařovský)

isotopiekonstitutive Aktanten: ästhetische Funktion, gesellschaftliches Milieu, gesellschaftliche Differenzierung
– ja

### *3.4.1.1./E* Struktur der Isotopie in systematischer Rede *(s. Anhang)*

### 3.4.2. Struktur der Isotopie in wissenschaftlicher Rede

Um wissenschaftliche Rede zu konstituieren, reicht es nicht aus, abstrakte Kategorien als isotopiekonstitutive Aktanten zu verwenden. Drei weitere Bedingungen müssen hinzutreten, von denen die letzte entscheidend ist, aber außerhalb der linguistischen Analyse fällt: 1. die *Definition* (lat. definire, frz. définir = abgrenzen) *aller Klasseme im Text* und damit die Identität von Klassemen und Aktanten; 2. eine Fügung der Klasseme *ohne kontradiktorische* (lat. contradictio, frz. contradiction = Widerspruch), d. h. sich logisch ausschließende *Widersprüche;* 3. die Möglichkeit, die Struktur der Klasseme praktisch umzusetzen in ein *Instrumentarium zur empirischen Beobachtung.*

Sehr wichtig ist bereits die Identität von Klassemen und Aktanten. In einem Physikbuch über Elektrizitätslehre etwa sind die wichtigsten Klasseme 'Elektrizität', 'Spannung', 'Stromstärke', 'Widerstand' usw. Diese Klasseme werden in dem wissenschaftlichen Text gleichzeitig als isotopiekonstitutive Aktanten verwendet und definiert. Die Isotopie wird also nicht durch freie Assoziation, sondern durch klare Definition aufgebaut.

*3.4.2./A (Distinktionsübung):*

Versuchen Sie anzugeben, ob folgende Isotopien den Anforderungen wissenschaftlicher Rede entsprechen oder nicht.

*Beispiele:*

a) "Zur Identifizierung der kleinsten Segmente, die jeder Identifizierung der Phoneme vorausgeht, ist es nötig, daß man die phonetische Beschaffenheit des gewählten Segments mit der der anderen Segmente vergleicht, die im selben Kontext auftreten können oder, mit anderen Worten, die zu ihm in Opposition stehen." (Martinet)

*Antwort:* ja

b) "Das Volk handelt, die Geschichte schreitet mächtig und bringt hervor und ans Licht, was Glaube und Kunst als ihren Gegenstand suchen, entbehren und niemals schaffen: Wesen und Wirklichkeiten." (Hans Gottschalk)

*Antwort:* nein

*Fahren Sie bitte fort:*

1. "Ist Schillers Künstler der in einer mittleren Stimmung schön und und kraftvoll handelnde Mensch, so ist der Künstler Schellings der in den Wurzeln seiner Existenz getroffene, aus den Tiefen der Natur unmittelbar heraustretende und die Dinge in ihrer hüllenlosen Unmittelbarkeit zeigende Mensch." (Ernst Müller)

– nein

2. "Leinwand kommt auf die Welt in Gestalt eines Gebrauchswerts oder nützlichen Dings. Ihre steifleinene Körperlichkeit oder Naturalform ist daher nicht ihre Wertform, sondern deren gerades Gegenteil. Ihr eigenes Wertsein zeigt sie zunächst dadurch, daß sie sich auf eine andere Ware, den Rock, als ihr Gleiches bezieht ... Durch diese Beziehung auf den Rock schlägt die Leinwand verschiedene Fliegen mit einer Klappe." (Marx)

– nein

3. "Das bisher von der politischen Ökonomie unbegriffene Grundgesetz der kapitalistischen Konkurrenz, das Gesetz, welches die allgemeine Profitrate und die durch sie bestimmten sogenannten Produktionspreise regelt, beruht, wie man später sehen wird, auf dieser Differenz zwischen Wert und Kostpreis der Ware und der daher entsprin-

genden Möglichkeit, die Ware mit Profit unter ihrem Wert zu verkaufen." (Marx)

– ja

*3.4.2./C (Kritische Diskussion):*

Problematisierung der hier gegebenen Definition von 'wissenschaftlicher Rede' unter folgenden Aspekten: a) wieweit ist sie selbst ohne kontradiktorische Widersprüche und operational? b) was ergibt sich daraus für die Problematik der Abgrenzung zwischen sog. 'Natur-' und sog. 'Geistes-', 'Human-' bzw. 'Gesellschaftswissenschaften'?

Problematisierung der Beispiele: Können kurze Textauszüge repräsentativ für die Redestruktur des ganzen Textes sein? Unter welchen Bedingungen, unter welchen nicht? (Anwendung auf die gegebenen Beispiele.)

### 3.5. Mythische Rede

Mythische Rede bezieht sich auf die gleichen Phänomene, auf die auch die wissenschaftliche Rede sich bezieht. Sie bildet diese Erscheinungen jedoch nicht als generell und Gesetzen unterworfen, sondern als individuell und spontan-frei ab. Deshalb arbeitet sie nicht mit abstrakten Kategorien als isotopiekonstitutiven Aktanten.

Dementsprechend besteht auch keine Möglichkeit des Zugangs von der Struktur der Klasseme zur empirischen Beobachtung der beschriebenen Phänomene. Statt dessen besteht ein (häufig unbewußter) Bezug zwischen der Struktur der Klasseme und der Struktur der Gesellschaft, die die mythische Rede produziert.

#### 3.5.1. Anthropomorphe Kategorien

Statt abstrakter Kategorien benutzt die *mythische Rede* (zu griech. mythos = Rede, Göttergeschichte) fiktive Individuen. Diese Individuen sind wie spontan-freie Menschen vorgestellt; wir wollen sagen: sie sind *anthropomorph* (griech. anthropómorphos, frz. anthropomorphe = menschenförmig). So wird das Phänomen 'Gewitter', das die wissenschaftliche Rede mit Hilfe von abstrakten Kategorien wie 'Elektrizität' abbildet, von mythischer Rede mit Hilfe *anthropomorpher Kategorien* wie 'Zeus' abgebildet.

*3.5.1./A (Distinktionsübung):*

Bitte versuchen Sie anzugeben, ob es sich bei den isotopiekonstitutiven Aktanten folgender Texte um anthropomorphe Kategorien handelt oder nicht. Dazu ist auch der Kontext heranzuziehen, der häufig die anthropomorphe Auffassung klar hervortreten läßt.

*Beispiele:*

a) "Wenn die geängstete Gottheit vieles versuchend an einen Menschen sich klammert oder aus ihm ruft oder Leib wird in ihm, das erst macht ihn zum Verkünder, daß aus seiner Stimme Hörende erwachsen, das erst zum Heiland, daß sich das Göttliche festhält an ihm ..." (Hellingrath)

isotopiekonstitutive Aktanten: die geängstete Gottheit, ein Mensch, das Göttliche
*Antwort:* ja

b) "Wir nannten die Erde eine der Blumen des Himmels, und den Himmel nannten wir den unendlichen Garten des Lebens. Wie die Rosen sich mit goldnen Stäubchen erfreuen, sagten wir, so erfreue das heldenmütige Sonnenlicht mit seinen Strahlen die Erde." (Hölderlin)

isotopienkonstitutive Aktanten: die Erde, der Himmel, das Leben
*Antwort:* ja

*Fahren Sie bitte fort:*

1. "O Sonne, o ihr, Lüfte, rief ich dann, bei euch allein noch lebt mein Herz, wie unter Brüdern!" (Hölderlin)

isotopiekonstitutive Aktanten: Sonne, Lüfte
– ja

2. "Wie die mathematische Disziplin der Topologie sich mit Mengen von Elementen, etwa Punkten, befaßt, deren Gesamtheiten als Räume bezeichnet werden, versucht die Texttopologie in entsprechender Weise von Texten als Worträumen zu sprechen, deren Elemente Wörter oder andere linguistische Elemente wie etwa Buchstaben des Alphabets oder Morpheme sind." (Bense)

isotopiekonstitutive Aktanten: Elemente, Räume, Morpheme
– nein

3. Die Gräten werden gebrochen. Aber den feindseligen Nachbarn das Rückgrat zu brechen, davor hat Israels mächtige und tatkräftige Armee bisher immer noch zurückgezuckt. Direkt nach Kairo oder Damaskus zu greifen, ist ihr verwehrt, obwohl es technisch und tak-

tisch gesehen für sie kein großes Problem wäre. Israels Armee geht am Zügel der Politik, wenn auch zur Zeit am langen Zügel. Und die Politik in Israel ist – bei allen Einschränkungen – in Ziel und Taktik grundsätzlich maßvoll. (Heinz Schewe, WELT, 10. 10. 1973)

isotopiekonstitutive Aktanten: Israels Armee, Nachbarn
– ja

### 3.5.2. Mythologien

Synchrone Systeme von Mythen einer bestimmten Kultur nennen wir *Mythologien* (griech. = Ordnungen von Mythen). Für die westeuropäischen Kulturen sind vor allem zwei Mythologien wichtig: die *antike Mythologie* und die *christliche Mythologie* (die sich teilweise mit der jüdischen deckt). Bestimmte antike und christliche Mythen (z. B. Sisyphos, Ödipus, Herakles usw., Paradies, Judith, Magdalena, Verlorener Sohn usw.) sind von den westeuropäischen Literaturen häufig wieder aufgegriffen oder konnotiert worden. Ohne Kenntnis dieser Mythologien sind viele Konnotationen nicht als solche erkennbar.

*3.5.2./A (Distinktionsübung):*

Bitte versuchen Sie festzustellen, welche antiken bzw. christlichen Mythen von den folgenden literarischen Texten konnotiert werden.

*Beispiele mit Modellantworten:*

a) Lotte hatte ihre zweite Schwester mitgenommen. Als wir in den mit zwei hohen Nußbäumen überschatteten Pfarrhof traten, saß der gute alte Mann auf einer Bank vor der Haustür, und da er Lotte sah, ward er wie neu belebt, vergaß seinen Knotenstock und wagte sich auf, ihr entgegen. (Goethe, *Die Leiden des jungen Werthers*)

*Antwort:* Konnotation: Heilung der Lahmen durch Jesus

b) *Moor.* Es ist unglaublich, es ist ein Traum, eine Täuschung – So eine rührende Bitte, so eine lebendige Schilderung des Elends und der zerfließenden Reue – die wilde Bestie wär in Mitleid zerschmolzen! (. . .)
*Roller.* So höre doch, Moor, was ich dir sage!
*Moor.* Weg, weg von mir! Ist dein Name nicht Mensch? Hat dich das Weib nicht geboren? – Aus meinen Augen, du mit dem Menschengesicht! – Ich hab ihn so unaussprechlich geliebt! So liebte kein Sohn, ich hätte tausend Leben für ihn –, (Schiller, *Die Räuber*)

*Antwort:* Konnotation: Mythos vom Verlorenen Sohn

*Fahren Sie bitte fort:*

1. Was ist es anders als Menschenschicksal, sein Maß auszuleiden, seinen Becher auszutrinken? – Und ward der Kelch dem Gott im Himmel auf seiner Menschenlippe zu bitter, warum soll ich groß tun und mich stellen, als schmeckte er mir süß? Und warum sollte ich mich schämen in dem schrecklichen Augenblick, da mein ganzes Wesen zwischen Sein und Nichtsein zittert, da die Vergangenheit wie ein Blitz über dem finstern Abgrunde der Zukunft leuchtet und alles um mich her versinkt und mit mir die Welt untergeht? – Ist es da nicht die Stimme der ganz in sich gedrängten, sich selbst ermangelnden und unaufhaltsam hinabstürzenden Kreatur, in den innern Tiefen ihrer vergebens aufarbeitenden Kräfte zu knirschen: Mein Gott! Mein Gott! warum hast du mich verlassen? (Goethe, *Die Leiden des jungen Werthers*)

Konnotation: Mythos von Jesus am Ölberg

2. Das Leben suchst du, suchst, und es quillt und glänzt
   Ein göttlich Feuer tief aus der Erde dir,
   Und du in schauderndem Verlangen
   Wirfst dich hinab in des Ätna Flammen. (Hölderlin)

– Konnotation: Mythos von Empedokles

3. *Fritz (fällt vor ihm auf die Knie).* Mein Vater!
   *Geh. Rat (hebt ihn auf und umarmt ihn).* Mein Sohn!
   *Fritz.* Haben Sie mir vergeben?
   *Geh. Rat.* Mein Sohn!
   *Fritz.* Ich bin nicht wert, daß ich Ihr Sohn heiße. (Lenz, *Der Hofmeister)*

– Konnotation: Mythos vom Verlorenen Sohn

### *3.5.2./C (Kritische Diskussion)*

Problematisierung der Definition von mythischer Rede: ist diese Definition nicht zu unhistorisch? Ist mythische Rede nicht gebunden an archaische und antike Zeitepochen? Was ist von der Annahme zu halten, es gebe auch heute "Mythen des Alltags" (Roland Barthes)?

Frage zur Schulpraxis: welche Rolle sollten die klassische und die christliche Mythologie in der Schule noch spielen? Ist eine solide gesellschaftswissenschaftliche Bildung ohne ihre Kenntnis denkbar?

## 3.6. Ideologische Rede

Der Begriff 'ideologisch' hat verschiedene Inhalte, je nach dem Gegenpol der Binäropposition, in der er sich findet. Wird die Opposition 'ideologisch' vs 'materiell' zugrunde gelegt, so deckt der Begriff überhaupt alle Bewußtseins-Phänomene, einschließlich z. B. der exakten Wissenschaften. Diese Bedeutung des Begriffs soll im folgenden nicht zugrunde gelegt werden. Weiter gibt es die Opposition 'ideologisch' vs 'wissenschaftlich', wobei unter 'wissenschaftlich' verstanden wird: 'exakt die empirische Realität beschreibend'. Mit dieser Opposition läuft eine andere großenteils parallel: 'kurzfristige gesellschaftliche Partialinteressen reflektierend' vs 'langfristige gesellschaftliche Globalinteressen reflektierend'. Beide Oppositionen sollen im folgenden zugrunde gelegt werden, wobei nähere Erläuterungen folgen. (Vgl. *Ls P*, Lektion 3)

### 3.6.1. Elementare ideologische Rede

Eine Rede, die mit dem Anspruch der Faktizität auftritt, aber nicht im entferntesten die Ansprüche wissenschaftlicher Rede erfüllt, die zweitens mit dem Anspruch auftritt, langfristige gesellschaftliche Globalinteressen zu reflektieren, in Wahrheit aber (leicht erkennbar) kurzfristige Partialinteressen reflektiert, soll *elementare ideologische Rede* heißen. (Ideologie zu griech. eidos und logos = Anschauungs-Ordnung.) Die Isotopie der elementaren ideologischen Rede ist dadurch gekennzeichnet, daß in der Hierarchie ihrer Klasseme wichtige Oppositionen mit Wertungsoppositionen eines bestimmten sozialen Trägers identisch sind.

*3.6.1./A (Distinktionsübung):*

Versuchen Sie, grundlegende Klassem-Oppositionen der folgenden Texte zu erkennen, die Wertungs-Oppositionen bestimmter sozialer Träger entsprechen. Umreißen Sie auch diese Träger.

*Beispiele mit Modellantworten:*

a) Woher und wer sind die Leistungsmenschen, die die Welt seit 150 Jahren aufschließen und in leidlicher Ordnung halten? Wo werden heute die Krankheiten geheilt? Wo wird Gerechtigkeit gedacht, wo hat alles Rechtsbewußtsein seinen Ursprung? (...) Haben in diesen großen Angelegenheiten der Menschheit in den letzten entscheidenden Jahrzehnten etwa die Massen Asiens an der Spitze gestanden und die Neger Afrikas? Haben in diesen entscheidenden Jahrzehnten die Südländer an der Spitze gestanden und die Russen und Slawen? Oder ist die ganze Ordnung und das ganze Glück und der ganze Fortschritt der Welt von den Menschen nordischen Wesens geleistet worden, die in Deutschland und Holland und Flamland und Skandinavien und die in England und Amerika vor allem ihren Sitz haben? Ja, ich darf mich noch kürzer und schärfer ausdrücken und darf sagen, wenn die ganze Erde in den letzten siebenzig Jahren zu dem geworden ist, was man im besten Sinne a white man's country nennen mag, dann haben das in eben diesen letzten siebenzig Jahren die Engländer, die Amerikaner und die Deutschen geleistet trotz dem Wahnsinne des Weltkrieges. (Hans Grimm, Rede am 6. 10. 1935)

*Antwort:* Klassem-Oppositionen 'weiß' vs 'farbig'; innerhalb von 'Weiß': 'nordisch' vs 'südländisch', 'slawisch';
'Leistungsmenschen' vs 'Menschen ohne Leistung';
'Ordnungsmenschen' vs 'Menschen ohne Ordnung'
sozialer Träger: deutscher Faschismus, der innerhalb des Klassem-Schemas selbst die höchste Stelle erhält.

b) In Anzeigen und auf Plakaten wird mit den Schlagworten "Preiswillkür", "Lohnraub", "Gewinnexplosion" Stimmung gegen Unternehmer gemacht. (...) Dabei stellen SPD und Jusos unterschiedslos zweieinhalb Millionen Bürger unter Anklage. So groß ist die Zahl der Menschen in der Bundesrepublik, auf die die Definition "Unternehmer" zutrifft. Denn Unternehmer ist: Jede Persönlichkeit, die eine berufliche oder gewerbliche Tätigkeit selbständig und verantwortlich ausübt und dabei persönliches Risiko oder Kapitalrisiko übernimmt, ist Unternehmer. So kommt es, daß sowohl Zahnarzt Lehmann als auch Bankier Abs unter den Begriff Unternehmer fallen. Nicht nur Aktionäre und Manager großer Konzerne, Fabrikbesitzer, Eigentümer mittlerer Familienunternehmen, Teilhaber kleiner Personal- und Kapitalgesellschaften, sondern auch Taxi- und Kioskbesitzer, kleine Einzel- und Straßenhändler, Fleischer und Bäcker, Bauern und Handwerker und viele andere sind selbständig und verantwortlich tätig, tragen ein Risiko. Sie sind somit ebenfalls Zielscheiben der Kampagnen. (Toni Thilmann, *Zweieinhalb Millionen Angeklagte,* WELT, 10. 10. 1973)

*Antwort:* Klassem-Opposition: 'selbständig' vs 'unselbständig'
'verantwortlich' vs 'ohne Verantwortung'
'risikobereit' vs 'risikolos'
'SPD' vs 'selbständig', 'verantwortlich', 'risikobereit'
sozialer Träger: 'Unternehmer' im engeren Sinne, die sich zum eigenen Schutz mit Taxifahrern usw. gleichsetzen.

*Fahren Sie bitte fort:*

1. Der Ansatzpunkt für die Gründung des Bundes war die Besorgnis einiger jüngerer Hochschullehrer, der Dogmatismus, oder sagen wir besser Totalitarismus, den sie als Schüler und Studenten unter dem Nationalsozialismus erlebt hatten, könnte von neuem in den deutschen Hochschulen zur Macht gelangen und damit eine kritische, freie Gestaltung unserer wissenschaftlich fundierten Lebensbedingungen unmöglich machen. (...) Wir waren in diesem ersten Jahr dazu gezwungen, vor allem aufklärerisch und auch apologetisch tätig zu sein, weil wir bereits bei unserem ersten öffentlichen Auftreten in einer Weise verketzert wurden, die ein erhebliches Maß an Dogmatismus der Gegenseite erkennen ließ. Darüber hinaus ist nicht zu verkennen, daß die Dogmatisierung an den Hochschulen einen Grad erreicht hat, der eine unmittelbare Aufklärung der Öffentlichkeit als dringend erforderlich erscheinen läßt. (...) (Prof. Walter Rüegg, Bund Freiheit der Wissenschaft, PUBLIK, 19. 11. 1971)

–

2. Die Pekinger Führer setzen nach wie vor, wider die Vernunft, ihre Linie des zügellosen Antisowjetismus und des Widerstandes gegen die Minderung der internationalen Spannung fort. Nach wie vor ertönen aus Peking unsinnige, phantastische Beschuldigungen der Sowjetunion, sie hege irgendwelche aggressiven Pläne gegenüber China, die bis zu der Absicht reichen, sich "China einzuverleiben" – Beschuldigungen, deren volle Verlogenheit der ganzen Welt bereits seit langem klar ist. Nach wie vor werden verlogenes Geschwätz von "zwei Supermächten", unsinnige Erfindungen über unser Land und unsere sozialistische Gesellschaft, Erfindungen laut, deren Absurdität für alle offenkundig ist. (Leonid Breshnew, UNSERE ZEIT, 10. 10. 1973)

–

3. In Chile haben nicht "machtlüsterne" Generäle geputscht und die Demokratie zerstört, sondern sehr besorgte und vaterländisch eingestellte Führer der Streitkräfte haben das getan, worum sie seit Wochen und Monaten der weitaus größere Teil der chilenischen Bevölkerung aller Schichten gebeten und in den letzten Tagen fast schon von ihnen gefordert hatte, nämlich die Demokratie zu retten, die ernsthaft durch ein Weiterbestehen der Regierung von Salvador Allende bedroht gewesen wäre. (Leserbrief an die *FAZ*, 4. 10. 1973)

–

*3.6.1./B (Generative Übung):*

Versuchen Sie im folgenden, elementare ideologische Texte so zu transformieren, daß eine andere Klassem-Hierarchie zum Ausdruck kommt. Gehen Sie dabei mit aller Freiheit und Improvisationslust zu Werke.

*Beispiele mit Modellantworten:*

a) Der Vorstand der IG Metall erklärte, Gesetz und Recht hätten unzweifelhaft auf Seiten der Regierung Allende gestanden, der alle Reformkräfte einschließlich der Linkskatholiken angehörten. Empörend sei es, daß sich konservative Kräfte in der Bundesrepublik auf die Seite der privilegierten Schichten in Chile stellten, die bereit waren, zur Verteidigung ihrer Vorteile die Demokratie abzuschaffen und mit rechtsextremen Terrorgruppen Sozialreformen boykottierten. (METALL, 2. 10. 1973)

zu transformieren in einen Text mit den Klassem-Oppositionen 'freie Welt' vs 'totalitärer Marxismus'; 'Ordnung' vs 'Chaos'; 'Wohlstand' vs 'Mangel'
*Antwort:* (z. B.) Unter dem Deckmantel von Gesetz und Recht habe die Regierung alle Marxisten und sonstigen Prediger des Totalitarismus einschließlich der sog. Linkskatholiken unter einen Hut gebracht. Deshalb müßten die wirklich demokratischen Kräfte in der Bundesrepublik sich ernsthaft überlegen, ob sie sich aus Mangel an Zivilcourage daran hindern lassen sollten, der neuen Regierung Chiles die Hand zu reichen. Diese Regierung habe schließlich nur im Moment der äußersten Bedrohung dem totalitären Marxismus Einhalt geboten, die demokratische Ordnung bewahrt und das endgültige Versinken Chiles ins Chaos des linksextremen Terrors verhütet. Die Solidarität der gesamten freien Welt gehöre der neuen Regierung, die vom ersten Augenblick die Weichen zurückgestellt habe in Richtung wachsenden Wohlstands für das chilenische Volk.

b) Aus dem Arbeiter von Gestern ist der sozial gesicherte Arbeitnehmer, der Sozialpartner von heute geworden. Er unterscheidet sich äußerlich kaum noch von seinem Arbeitgeber. Es bildet sich an Stelle der alten Klassengesellschaft immer mehr eine Verbrauchergesellschaft heraus, die eigentlich nur eine einzige große Mittelklasse kennt. Sie umfaßt die gut verdienenden Arbeiter, vor allem die Facharbeiter, die Angestellten und auch die Vertreter des früheren Bürgertums. Sie alle streben nach einem Ziel: das eigene Haus mit Kühlschrank, Farbfernseher und einem Auto. (Diktat im Deutschkurs für Ausländer der Ruhr-Universität Bochum, WS 1973/74)

zu transformieren in einen Text mit den Klassem-Oppositionen 'selbständig' vs 'unselbständig'; 'verantwortlich' vs 'ohne Verantwortung'; 'risikobereit' vs 'ohne Risiko'; dabei der Wertakzent auf 'selbständig'
*Antwort* (z. B.): Seit ein Proletariat im Sinne von Marx aufgehört hat zu existieren, da heute jeder ein eigenes Haus mit Kühlschrank, Farbfernseher und Auto besitzt, ist der eigentliche gesellschaftliche Gegensatz noch klarer hervorgetreten: Heute ist für jeden klar, daß die Trennungs-

linie nicht zwischen arm und reich verläuft, sondern zwischen selbständig und unselbständig. In der heutigen Verbrauchergesellschaft stehen auf der einen Seite diejenigen, die unter persönlichem Risiko den Fortschritt vorantreiben, auf der anderen Seite die Masse der Betreuten, die ohne persönliche Verantwortung und ohne persönliches Risiko einen sicheren Arbeitsplatz und einen hohen Lebensstandard garantiert bekommen.

*Fahren Sie bitte fort:*

Wählen Sie sich selbst neue Klassem-Oppositionen aus, um die vorgeschlagenen Texte zu transformieren.

1. Der Weltkreuzzug der demokratischen Zivilisation gegen den deutschen Geist hatte seinen blutigen Sieg erreicht und dann in 14jähriger Drangsalierung, durch Entrechtung und Erniedrigung versucht, aus einem heldischen Volke eine Millionenhorde von Heloten zu machen. Unter dem großen Sachwalter deutscher Kraft und deutschen Sinnes ist nun, vor einem Jahr, der gewaltige Umschwung gekommen. (...) Wir haben hinter uns das erschlaffende und zum Untergang treibende Stimmviehgedränge öffentlicher Versammlungen, die so lange nötig waren, als nicht Deutschland einen Bund selbstgewisser Stämme darstellte, und seine Stämme nicht Männer hatten, die sich aus freier Entschließung der Notwendigkeit in einer nationalen Religion fanden, die alle Deutschen eint und bindet, auf einem transzendenten Wege; denn nur auf diesem Wege ist Vaterland überhaupt zu finden. (Hermann Stehr 1934; in: *Das Stundenglas* 1936)

–

2. Heute akzeptieren Zehntausende katholische Nordiren nur noch die völlige Loslösung vom britischen vereinigten Königreich und ein demokratisch-sozialistisches, wiedervereinigtes Irland. Die von Barrikaden abgegrenzten Gebiete von "Free Derry" und "Free Belfast" waren Symbole dieser Entwicklung. (...) Das "irische Problem" ist ein Problem Englands, ein Kolonialproblem. Die religiösen Widersprüche innerhalb des irischen Volkes sind Ergebnis jahrhundertealter britischer Kolonialpolitik. Eine dauerhafte Lösung des Konfliktes wird es nur geben, wenn dieser Kolonialismus und all seine Folgeerscheinungen von der Insel verbannt sind. (METALL, 2. 10. 1973)

–

3. Pragmatisch ist unsere Ordnung nicht zu verteidigen. Dafür geht die geistige Krise, die heute ein Land nach dem anderen erfaßt hat, zu tief. Wir stehen in einer weltanschaulichen Auseinandersetzung, die von den Gegnern mit dem Fanatismus einer Pseudoreligiosität geführt wird. Auf ihrer Seite: der Kampf für eine vage vorgestellte, bes-

sere Welt – bei uns: die Verteidigung in Jahrhunderten mühsam erworbener Freiheitsrechte. (E. Eucken-Erdsik, FAZ, 10. 8. 71)

–

4. Oft habe ich in der DDR in Gesprächen mit Arbeitern erlebt, daß sie meine Fragen nach der Stabilität der Währung, der Preise, der Sicherheit des Arbeitsplatzes überhaupt nicht richtig erfaßten, weil das für sie Selbstverständlichkeiten sind. In der Tat: das alles ist in der DDR voll durchgesetzt. Keiner kommt unter den Schlitten, die sozialistische Gesellschaft garantiert eine hohe Lebensqualität für alle. (...) Natürlich spielt in der DDR das Kollektiv eine große Rolle. Darin liegt ja gerade die Stärke der sozialistischen Gesellschaft. Das Kollektiv ermöglicht das Vorwärtsschreiten aller, keiner bleibt zurück, alle werden mitgenommen. (Henry Meyer, UNSERE ZEIT, 22. 6. 1973)

–

5. Die Vertreter des Wissenschaftspluralismus machen geltend, bislang sei, den eben erläuterten Grundsätzen zuwider, der Marxismus an den Hochschulen unterdrückt gewesen und erklärte Marxisten seien ohne Chance geblieben, und das begründe ihren Anspruch auf nunmehr angemessene Vertretung. Dieses Argument ist ernst, obwohl es, auch wenn es in seiner Tatsachenbehauptung zutrifft, die Forderung nach Herstellung des Wissenschaftspluralismus nicht stützt. Trifft es zu? Um diese Frage wirklich zureichend beantworten zu können, wären universitätsgeschichtliche Kenntnisse in einem Ausmaß erforderlich, über die ad hoc niemand verfügt. (Hermann Lübbe, Bund Freiheit der Wissenschaft, *Hochschulreform und Gegenaufklärung* 1972)

–

*3.6.1./C (Kritische Diskussion):*

Problematisierung des Begriffs 'elementare ideologische Rede': wie verhält sich das Kriterium der wissenschaftlichen Exaktheit zum Kriterium des gesellschaftlichen Globalinteresses? Welche Konflikte sind dabei denkbar oder ggf. nachweisbar? – Diskussion der Transformationsübungen unter dem Aspekt der Vermittlung kritischer Distanz und Kreativität in der Schule – besteht die Gefahr, daß die Schüler durch solche Transformationsübungen zu einer 'ironischen' Haltung gelangen können, die notwendiges Engagement verhindern würde?

### 3.6.2. Elaborierte ideologische Rede

Eine Rede, die mit dem Anspruch der Wissenschaftlichkeit und der Unabhängigkeit von kurzfristigen gesellschaftlichen Partialinteressen auftritt, deren Isotopie-Struktur aber zur mythischen Rede und zur indirekten Verknüpfung mit Partialinteressen offen ist, soll *elaborierte ideologische Rede* heißen. Als entscheidendes Kriterium der elaborierten ideologischen Rede soll die Verwendung von anthropomorphen Kategorien als isotopiekonstitutive Aktanten in ansonsten *systematischen* Texten gelten, wobei die anthropomorphen Kategorien als abstrakte Kategorien ausgegeben und/oder mit abstrakten Kategorien vermischt werden.

*3.6.2./A (Distinktionsübung):*

Versuchen Sie festzustellen, ob in folgenden Texten eine solche Vermengung vorliegt oder nicht.

*Beispiele:*

a) "Halten wir alles Theologische fern, so scheint es richtig, diesem Menschlichen, das in der Literaturwissenschaft den Namen 'lyrisches Element' erhält, im allgemeinen Sinne den guten alten Namen 'Seele' zu geben und es dem Epischen als dem Körper, dem Dramatischen als dem Geist gegenüberzustellen." (Staiger)

isotopiekonstitutive Aktanten: Menschliches, lyrisches Element, Seele
*Antwort:* ja

b) "Die Kenntnis einer Sprache schließt die Fähigkeit ein, einer unendlichen Anzahl von Sätzen Tiefen- und Oberflächenstrukturen zuzuordnen, diese Strukturen auf angemessene Art in Beziehung zu setzen und den gekoppelten Tiefen- und Oberflächenstrukturen eine semantische Interpretation und eine phonetische Interpretation zuzuordnen." (Chomsky)

isotopiekonstitutive Aktanten: Sprache, Tiefenstruktur, Oberflächenstruktur

*Antwort:* nein

*Fahren Sie bitte fort:*

1. "Die Bezeugung des Menschseins und damit sein eigentlicher Vollzug geschieht aus der Freiheit der Entscheidung. Diese ergreift das Notwendige und stellt sich in die Bindung eines höchsten Anspruchs. Das Zeugesein der Zugehörigkeit in das Seiende im Ganzen geschieht als Geschichte." (Heidegger)

isotopiekonstitutive Aktanten: Freiheit der Entscheidung, Notwendiges, Zeugesein, Geschichte

– ja

2. "Es geht nicht um die Alternative, ob Hellas schön und Deutschland häßlich sei, sondern darum, daß sich beide vor dem Geist der Natur zu verantworten haben und der griechischen Erfüllung eine deutsche Erwartung antwortet." (Böckmann)

isotopiekonstitutive Aktanten: Hellas, Deutschland, Geist der Natur
– ja

3. "Alle im wahren Sinne schöpferischen Geister erleiden das Ungeheure des Seins an sich und müssen in seinem Feuer die Gestalt, das Wort, die Melodie gebären, die es in der Menschenwelt heimisch macht." (Walther F. Otto)

isotopiekonstitutive Aktanten: schöpferische Geister, das Ungeheure des Seins
– ja

4. Die autoriale Erzählsituation. Das auszeichnende Merkmal dieser Erzählsituation ist die Anwesenheit eines persönlichen, sich in Einmengung und Kommentaren zum Erzählten kundgebenden Erzählers. Dieser Erzähler scheint auf den ersten Blick mit dem Autor identisch zu sein. Bei genauerer Betrachtung wird jedoch fast immer eine eigentümliche Verfremdung der Persönlichkeit des Autors in der Gestalt des Erzählers sichtbar. Er weiß weniger, manchmal auch mehr, als vom Autor zu erwarten wäre, er vertritt gelegentlich Meinungen, die nicht unbedingt auch die des Autors sein müssen. Dieser auktoriale Erzähler ist also eine eigenständige Gestalt, die ebenso vom Autor geschaffen worden ist, wie die Charaktere des Romans. (Franz K. Stanzel, *Typische Formen des Romans*, 1964)

– (?)

5. Nur ein Erzähler, der vom "external view-point" aus, genauer: aus der "vision par derrière" erzählt, kann durch Zwischenbemerkungen aus einer Erzählgegenwart in den Verlauf des erzählten Geschehens ordnend oder kommentierend eingreifen. Und nur er kann überhaupt *Umstellungen* der Handlungsstränge, also eine Schichtung von Zeiten in der Erzählung vornehmen! Die angelsächsische Forschung spricht anschaulich vom "Olympian point of view", der Einsicht in die Personen und Gesamtübersicht über den Vorgang in sich schließt. (Eberhard Lämmert, *Bauformen des Erzählens*, 1967)

– (?)

*3.6.2./C (Kritische Diskussion):*

Problematisierung des Begriffs 'elaborierte ideologische Rede': Steht dieser Begriff noch im Einklang mit der vorausgeschickten Definition von 'ideologisch'? Ist die Öffnung der Isotopiestruktur zur mythischen Rede und vor allem zur indirekten Verknüpfung mit Partialinteressen wirklich nachweisbar?

Anwendung des Instrumentariums auf die Literaturwissenschaft: wieweit kann hier von Öffnung zu mythischer Rede gesprochen werden? Wenn teilweise davon gesprochen werden kann, liegt der Grund nicht im Wesen des zu behandelnden Gegenstandes, der Literatur selbst? Oder läßt sich ein wissenschaftshistorischer Prozeß nachweisen, der die literaturwissenschaftliche Rede mehr und mehr gegen den Mythos schließen würde?

## Wiederholung der Grundbegriffe aus Lektion 3

Bitte ergänzen Sie folgende Sätze sinngemäß:

*Beispiel mit Modellantwort:*

| | |
|---|---|
| a) Die Wiederholung von Elementen in Texten nennen wir ... | *Antwort:* Rekurrenz |

*Bitte fahren Sie fort:*

| | |
|---|---|
| 1. Die Struktur der Klasseme eines Textabschnittes bezeichnen wir als ... | – Isotopie |
| 2. In den Texten heißen die Träger von Prädikaten ... | – Aktanten |
| 3. Aktanten, die identisch sind mit rekurrierenden Klassemen der zugrunde liegenden Isotopie, nennen wir ... | – isotopiekonstitutive Aktanten |
| 4. Der "freudsche Versprecher" stellt ein Beispiel dar für ... | – Bruch der Isotopie |
| 5. Wird bewußt ein Bruch der Isotopie produziert, so nennen wir das ... | – Isotopienmodulation |
| 6. Kategorien, die ihre Gegenstände als generell und Gesetzen unterworfen abbilden, bezeichnen wir als ... | – abstrakte Kategorien |

| | |
|---|---|
| 7. Mythische Rede verwendet statt abstrakter Kategorien als isotopiekonstitutive Aktanten ... | – anthropomorphe Kategorien |
| 8. Als Textkonstituentien bezeichnen wir Beziehungen ... | – die einen Text immanent zusammenhalten und nach außen isolieren |
| 9. Mythologien sind ... | – synchrone Systeme von Mythen einer bestimmten Kultur |
| 10. Als elaborierte ideologische Rede definieren wir ... | – eine Rede, die mit dem Anspruch der Wissenschaftlichkeit und der Unabhängigkeit von kurzfristigen gesellschaftlichen Partialinteressen auftritt, deren Isotopie-Struktur aber zur mythischen Rede und zur indirekten Verknüpfung mit Partialinteressen hin offen ist, obwohl sie ansonsten den Regeln eines systematischen Textes entspricht. |

## LEKTION 4

## (INHALT: VERFREMDUNG, LITERARISCHE VERFREMDUNG, LITERARISCHE REDE, LITERARISCHE VERFREMDUNGEN I)

### 4.1. Die Verfremdung

Wir sind bisher vom Allgemeinen zum Besonderen fortgeschritten, von der Semiologie zur Linguistik. Bevor wir einen Schritt weiter in dieser Richtung gehen und uns der literarischen Sprache zuwenden, müssen wir noch eine wichtige Erscheinung aus dem Gebiet der Semiologie behandeln. Als Beispiel nehmen wir ein einfarbig weißes, quadratisches Bild, das jedoch um 45 Grad gedreht aufgehängt ist, so daß die Ecken extrem zu liegen kommen. Wir wollen sagen, daß diese Drehung des Bildes eine *Verfremdung* darstellt. Die Struktur der Verfremdung besteht offenbar in folgendem: der Betrachter nimmt nicht nur das realisierte, gedrehte Bild auf, sondern in der inneren Vorstellung auch ein normal aufgehängtes Bild. Diese zwei Bestandteile jeder Verfremdungsstruktur wollen wir als *automatisierte Folie* und *Novum* bezeichnen. Der Betrachter vergleicht beide und stellt den Unterschied zwischen automatisierter Folie und Novum fest. Diesen Unterschied nennen wir *Differenzqualität.* Da der Betrachter all das gleichzeitig aufnimmt, entsteht insgesamt ein neues, komplexes Zeichen, das sich als verfremdetes Zeichen bzw. als Verfremdung definieren läßt. (Zusatz: die Struktur der Verfremdung läßt sich auch mit Hilfe der dialektischen Terminologie beschreiben: die automatisierte Folie wäre dann die *These* / griech. Thesis = erste Aufstellung /, das Novum bildete die *Antithese* / griech. antíthesis = Gegen-Aufstellung /, während das Zeichen insgesamt eine *Synthese* / griech. synthesis = Zusammenstellung / darstellen würde.)

*4.1./A (Distinktionsübung):*

Bitte versuchen Sie, zu folgenden Verfremdungen die automatisierte Folie zu benennen.

*Beispiele mit Modellantworten:*

a) Die Maximode? *Antwort:* die Minimode
b) ein einfarbiges Bild? *Antwort:* ein vielfarbiges Bild

*Fahren Sie bitte fort:*

| | |
|---|---|
| 1. lange Haare? | – kurze Haare |
| 2. geschlossener Kragen der Kleriker? | – offener Kragen der Laien |
| 3. Nacktheit beim Strip-Tease? | – obligatorische Kleidung in der Öffentlichkeit |
| 4. Duzen einer Respektsperson? | – obligatorisches Siezen von Respektspersonen |
| 5. Siezen eines Kindes? | – obligatorisches Duzen von Kindern |

### 4.1.1. Der Erwartungshorizont und der historische Aspekt der Verfremdung

Ein synchrones System automatisierter Folien, das insgesamt an einen bestimmten historischen Moment gebunden ist, bezeichnen wir als *Erwartungshorizont*. Ein *neuer Stil* läßt sich demgegenüber definieren als synchrones System von Nova, das insgesamt einen gegebenen Erwartungshorizont verfremdet. So war z. B. das synchrone System der elementaren Kultur in Frankreich vor der Revolution gekennzeichnet durch Elemente wie 'Perücke', 'Schnürhosen', 'Reifröcke', 'geschwungene Linien bei der Außen- und Innenarchitektur', 'Betonung der Hierarchien', 'obligatorisches Siezen' usw. Durch die Revolution wurde dieser Erwartungshorizont insgesamt verfremdet; es entstand ein neuer Stil der elementaren Kultur, gekennzeichnet z. B. durch 'offnes, natürliches Haar', 'offne, lange Hosen', 'anliegende Kleider', 'Betonung der Gleichheit', 'obligatorisches Duzen' usw. (Vgl. *Ls P*, Lektion 3, 5, 8)

### 4.1.2. Soziale Erwartungshorizonte und soziale Verfremdungen

Einen Erwartungshorizont, der an einen bestimmten sozialen Träger gebunden ist, bezeichnen wir als *sozialen Erwartungshorizont*. In der Gesellschaft koexistieren immer mehrere soziale Erwartungshorizonte. Als *soziale Verfremdungen* wären dementsprechend Verfremdungen zu bezeichnen, die durch Interpenetration (lat. interpenetratio, frz. interpénétration = gegenseitige Durchdringung) verschiedener sozialer Erwartungshorizonte entstehen. So stellte etwa die Einführung des obligatorischen Duzens in der französischen Revolution in Wirklichkeit eine soziale Verfremdung dar, da diese Sitte bereits vorher in den bürgerlichen Zirkeln entwickelt worden war.

*4.1.2./A (Distinktionsübung):*

Versuchen Sie, Struktur und Bedeutung folgender sozialer Verfremdungen kurz zu umreißen.

*Beispiele mit Modellantworten:*

a) Mode des Uniformtragens im wilhelminischen Kaiserreich?

*Antwort:* Erwartungshorizont zivile Kleidung des Bürgertums; Sinn der Verfremdung: Bekenntnis des Bürgertums zur Einheit der Nation unter preußischem Vorzeichen; Bekenntnis zum stark aristokratischen Militarismus

b) Mode, mit "Heil Hitler!" zu grüßen?

*Antwort:* Erwartungshorizont Gruß "Guten Tag"; Sinn der Verfremdung: den Sieg des Faschismus herauszustellen, psychologischen Druck und ggf. Provokationen vorzunehmen.

*Fahren Sie bitte fort:*

1. Mode von Minirock, Blue Jeans, langen Haaren, Beatmusik usw. in der DDR?

–

2. Tragen von Lederhosen, Dirndln usw. In Bayern?

–

3. Tragen von blauen Anzügen im sog. Mao-Look in China?

–

4. Tragen von sog. Mao-Look im Westen?

–

5. Mode von Gebirgswanderungen und Gebirgsfahrten im 18. Jahrhundert?

–

## 4.2. Literarische Verfremdung

Verfremdung von Sprachzeichen jeder Art bezeichnen wir als *literarische Verfremdung*. Sprachzeichen können auf sehr verschiedene Weise und auf ganz verschiedenen Ebenen verfremdet werden: Beispiele wären etwa gesungene Sprache oder auf der Bühne gesprochene Sprache, wären Wortfolgen wie "Schalke vor – Noch ein Tor" oder "Gelber Punkt. Roter Markt. Toter Markt" – wären schließlich aber auch auf Textebene angesiedelte Verfremdungen wie die bereits behandelten Isotopienmodulationen.

*4.2./A (Distinktionsübung):*

Versuchen Sie, unter den folgenden Textbeispielen solche mit literarischen Verfremdungen zu erkennen. Kennzeichnen Sie kurz die Verfremdungen.

*Beispiele mit Modellantworten:*

a) Rußland ließ die Tauben gurren und die Falken fliegen. Amerika läßt die Tauben gurren und Henry Kissinger fliegen. (Peter Boenisch, BILD AM SONNTAG, 14. 10. 1973)

*Antwort:* Verfremdungen durch Rekurrenzen von Sememen und Rekurrenzen von Binäroppositionen in auffälliger Weise.

b) Schmeckt weich nach Weite und Wind. (Old Family-Reklame)

*Antwort:* Verfremdung durch auffällige Rekurrenz des Phonems /w/.

*Fahren Sie bitte fort:*

1. Bitte etwas weniger Respekt! Vielleicht sind die Müllers die einzigen Sekthersteller, die über die Hochachtung klagen, die man ihrem Sekt allgemein entgegenbringt. Aber die Eltviller Herren meinen, es sei zuviel der Ehre, daß man mit dem Öffnen der Flaschen lange auf Kindtaufen, Silberhochzeiten und Lotteriegewinne wartet. (Reklame für MM-Sekt)

– Automatisierte Folie: obligatorisch fordert jeder Respekt vor Leistung; hier wird aber das Gegenteil gesagt.

2. In acqua veritas. Im Wasser liegt die Wahrheit. Nirgendwo braut man ein besseres Pils. Seinem Felsquellwasser verdankt Krombacher Pils sein hohes Ansehen unter den besten Bieren. (Reklame für Krombacher Pils)

– Automatisierte Folie: in einer Reklame hat kein Latein zu erscheinen; automatisierte Folie: Der Spruch heißt "in vino veritas".

3. In Moskau leitet ein Kapitalist unsere Geschäftsstelle. (Reklame der Chase Manhattan Bank)

– automatisierte Folie: in Rußland ist der Kapitalismus abgeschafft.

4. Reden ist Silber. Liebe ist Gold. Gold ist Liebe. (Gold-Reklame)

– Automatisierte Folie: "Reden ist Silber. Schweigen ist Gold."

5. Reden ist Silber. Schweigen ist Gold. (Redewendung des Volkes)

– Verfremdung die auffällige Anordnung zweier Binäroppositionen auf engstem Raum.

### 4.2.1. Literarische Rede

Als literarische Rede kann im strikten Sinne nur die Menge aller Texte definiert werden, die die in einer gegebenen Kultur und für einen gegebenen sozialen Träger institutionalisiert gültigen Vorstellungen von "Literatur" deutlich konnotieren. Diese strikte Definition ist also *literatursoziologischer* Art (s. *LsP*, Lektionen 4, 5). – In vielen Fällen trifft jedoch gleichzeitig die folgende Definition zu, nach der literarischen Rede aus der Menge aller Texte besteht, zu deren wichtigsten Textkonstituentien (im kleinen und/oder im großen) literarische Verfremdungen gehören. Solche Verfremdungen dienen in den meisten Kulturen als Konnotatoren für das System "Literatur". In diesem Sinne stellt die literarische Rede also ein *sekundäres semiologisches System* dar, da ihre Elemente primär bereits Zeichen des linguistischen Systems sind. Dem entspricht in der Regel also eine komplexere Struktur der literarischen Rede. (Zusatz: *Literarische* Texte sind nicht deckungsgleich mit sogenannt *"fiktionalen"* Texten: s. dazu *Anhang 4.2.1./E.)* (Zur *sozialen Funktion* literarischer Rede vgl. *LsP*, Lektion 4, 5, 10, 11)

*4.2./C (Kritische Diskussion):*

Problematisierung der getroffenen Definitionen: sind sie operational? Welche anderen Definitionen von Literatur sind bekannt? Konfrontation mit den Definitionen aus Lektion 3: inwieweit wäre literarische Rede gleichzeitig ideologische Rede? Oder ist Literatur völlig eigengesetzlich? Welche Argumente ließen sich dafür ins Feld führen?

## 4.3. Verfremdungen des sprachlichen Signifikanten

Da das Sprachzeichen aus Signifikant und Signifikat besteht, kann die Verfremdung sich auf jedes von beiden oder auf beide gemeinsam erstrecken. Zudem kann die Verfremdung sich auf einzelne oder wenige Sememe beschränken oder ganze Textabschnitte bzw. Texte umfassen. Wir beginnen mit der Beschreibung von Verfremdungen des Signifikanten, also der phonologischen Strukturen im weitesten Sinne.

### 4.3.1. Verfremdung der phonologischen Gesamtstruktur

Wenn die phonologische Gesamtstruktur einer natürlichen Sprache, etwa des Deutschen, als automatisierte Folie aufgefaßt wird, dann kann der Versuch unternommen werden, ein völlig neues phonologisches System als Novum dagegenzustellen. In diese Richtung gehen die Experimente des Dadaismus.

Versuchen Sie bitte, an folgenden dadaistischen Texten Differenzqualitäten zum Deutschen festzustellen. Antworten Sie mit ja oder nein.

*Beispiele mit Modellantworten:*

a) jolifanto bambla ô falli bambla
grossiga m'pfa habla horem
égiga goramen
higo bloiko russla huju (Hugo Ball)

Differenzqualität in der Form der Wortendungen?
*Antwort:* ja

Differenzqualität Aufeinanderfolge von Konsonanten am Wortanfang (Beispiel m'pfa)?
*Antwort:* ja

b) CO BESOSO PASOJE PTOROS
CO ES ON HAMA PASOJE BOAN. (Stefan George)

Differenzqualität in der Form der Wortendungen?
*Antwort:* ja

Differenzqualität Aufeinanderfolge von Konsonanten am Wortanfang (Beispiel 'PTOROS')?
*Antwort:* ja

*Fahren Sie bitte fort:*

1. fümmsböwötääzää Uu pögöff
fümmsbowotääzää Uu pögöff
fümmes böwö tää zää Uu,
pögöff
kwiiee (. . .) (Schwitters)

Differenzqualität Aufeinanderfolge von Konsonanten am Wortanfang (Beispiel 'kwiiee')?
– nein (z. B. 'Qual')

2. lauke tr gl
pe pe pe pe pe
ooka ooka ooka ooka
lauke tr gl (. . .) (Schwitters)

Differenzqualität in der Lexembildung?
– ja: Vokallosigkeit von Lexemen ('tr')

3. Arbeit
Arbeit
brä brä brä brä brä
brä brä brä brä brä
sokobanno sokobanno sokobanno
Schikaneder Schikaneder Schikaneder
dick werden die Ascheneimer sokobanno sokobanno (...) (Richard Huelsenbeck)

welche auffallende Verfremdung?
– Mischung realer und fiktiver Zeichen

*4.3.1./B (Generative Übung):*

Komponieren Sie selbst einige 'dadaistische' Texte; variieren Sie z. B. in verfremdender Weise bestimmte exotisch klingende Namen von Markenartikeln.

4.3.2. Verfremdung durchschnittlicher Rekurrenzen

Das phonologische System einer Sprache legt die möglichen Phonemkombinationen fest und führt dadurch zu einer typischen Gestalt der Distribution von Phonemen. Es gibt dementsprechend statistische Wahrscheinlichkeiten für die *Rekurrenz von Phonemen.* Im Deutschen z. B. ist es unwahrscheinlich, daß auf einer Seite Text das Phonem w häufiger als das Phonem n begegnet. Betrachtet man diese durchschnittliche Rekurrenz als automatisierte Folie, so läßt sich durch *erhöhte Rekurrenz einzelner Phoneme* ein Verfremdungseffekt erzielen.

4.3.2.1. Die Alliteration

Als Alliteration bezeichnen wir die erhöhte Rekurrenz des gleichen konsonantischen Phonems am Anfang von tontragenden Silben. Wir können die Sache auch anders erklären. Wir halten etwa das Phonem b am Anfang einer tontragenden Silbe konstant. Wir erhalten dann eine Serie, z. B. ba, be, bi, bo, blu, bla, ble, bli, blo, blu usw. Wir bezeichnen eine solche Serie als Serie von Alliterationen. Wo Glieder dieser Serie in erhöhter Rekurrenz in einem Text distribuiert sind, treten Alliterationen im Text auf.

Bitte bestimmen Sie die alliterierenden Phoneme folgender Texte.

*Beispiele mit Modellantworten:*

a) Winterstürme wichen
dem Wonnemond,

in mildem Lichte
leuchtet der Lenz;
auf lauen Lüften
lind und lieblich,
Wunder webend
er sich wiegt. (Wagner)

*Antwort:* w, l

b) Freude am Leben. Das Leben leben. Erleben. (Reklame für "Milde Sorte")

*Antwort:* l

*Bitte fahren Sie fort:*

1. Nirgends ein Laut. Nirgends Leben.
Nur die Luft und die Landschaft. (Holz)

– l, n

2. Fischreiche Wässer! Schönbäumige Wälder!
Birken- und Beerenduft! (Brecht)

– w, b

3. O heilig Herz der Völker, o Vaterland! (Hölderlin)

– h, f

4. Aus gebläuten Augen
Himmeln sie ihn hündisch an.
Der Hintern zuckt vor Schmerz
Die Scham vor Begierde. (Brecht)

– /ao/, h, /š/

5. o dorthin nimmt mich,
Purpurne Wolken! und möge droben
In Licht und Luft zerrinnen mir Lieb und Leid! – (Hölderlin)

– d, l

*4.3.2.1./B (Generative Übung):*

Bilden Sie zum Zeitvertreib alliterierende Slogans, Reklamesprüche oder Sensationsfilmtitel.

*Beispiele:*

a) Filmtitel "Sieben süße Sünden"
b) Reklame "Wunderbar weiße Wäsche"

Stellen Sie sich selbst Aufgaben, die Ihnen einfallen.

### 4.3.2.2. Die Assonanz

Wir bilden eine neue Serie von Phonemkombinationen, wobei wir den betonten Vokal konstant halten und alle übrigen Phoneme variieren lassen, z. B.: ba, da, fa, ga, ha, ka, la, bra, aal, baal, braad usw. Wir bezeichnen diese Serie als Serie von *Assonanzen.* Wo Elemente dieser Serie in einem Text mit erhöhter Rekurrenz distribuiert sind, haben wir es mit Assonanzen zu tun.

*4.3.2.2./A (Distinktionsübung):*

Bitte bestimmen Sie die Assonanzen in folgenden Texten:
*Beispiele mit Modellantworten:*

a) Und nun schweigen sie. Langsam wandelt
Die schwarze Wolke. (Klopstock)

*Antwort:* a

b) O Hoffnung! holde! gütiggeschäftige!
Die du das Haus der Trauernden nicht verschmähst. (Hölderlin)

*Antwort:* o, /ao/

*Fahren Sie bitte fort:*

1. Weiße Kinder schleifen leis
Überm See auf blindem Eis. (George)

– ei

2. Myrtengebüsch, Steineichen, in Trümmer zerfallenes Kloster,
Leuchtturm, felsige Bucht, liebliche Welle des Meers. (Platen)

– ü, /ae/, e

3. Schweigend saß ich in verlassener Schenke unter verrauchtem Holzgebälk und einsam beim Wein. (Trakl)

– /ae/

*4.3.2.2./B (Generative Übung):*

Bilden Sie wiederum einige assonierende Slogans, Reklamesprüche oder Sensationsfilmtitel:
*Beispiele:*

a) Filmtitel "Verscharrt im nackten Sand"
b) Slogan: "Die Preise steigen schweigend und steil."

Stellen Sie sich selbst Aufgaben.

4.3.2.3. Kombination von Alliteration und Assonanz

Beide Verfahren lassen sich kombiniert anwenden, wodurch der Verfremdungseffekt noch gesteigert wird. Beispiele dafür finden sich bereits in den oben verwendeten Texten: Suchen Sie einige Beispiele heraus.

#### 4.3.2.4. Der Reim

Es lassen sich auch Serien bilden, bei denen ganze Gruppen von Phonemen konstant gehalten werden. Solche Rekurrenzen sind in der Normalsprache extrem unwahrscheinlich. Sie erwecken also besonders stark die Aufmerksamkeit und haben daher eine stark verfremdende Wirkung.

Besonders beliebt in der Literatur ist die Serie, die durch Konstanthaltung des betonten Vokals und aller folgenden Phoneme entsteht: es ist eine Serie von *Reimen*, z. B.: einer, beiner, deiner, feiner, geiner, heiner, jeiner usw., kleiner, schreiner, breiner usw.

Versuchen Sie bitte mindestens zwei Reime zu folgenden Serien zu finden.

*Beispiel mit Modellantwort:*

a) Reich? — *Antwort:* Deich, Scheich, Teich, Streich, bleich, gleich usw.

*Fahren Sie bitte fort:*

1. Kinder? — Finder, linder, Rinder, Schinder, blinder, gelinder, Erfinder usw.
2. gehen? — Lehen, sehen, stehen, Zehen, flehen, geschehen usw.
3. Haus? — Laus, Maus, raus, Saus, Braus, Strauß usw.

Bitte bestimmen Sie die Reime in folgenden Texten.

*Beispiel mit Modellantwort:*

a) Wie ein Schaum auf schwanker Welle,
Wie ein Hauch auf blanker Klinge. (Platen)

*Antwort:* anker

Fahren Sie bitte fort; verlassen Sie sich dabei ganz auf ihr Ohr:

1. Jetzt seht ihr Franz Biberkopf nicht saufen und sich verstecken. Jetzt seht ihr ihn lachen: man muß sich nach der Decke strecken. Er ist in einem Zorn, daß man ihn gezwungen hat, es soll ihn keiner mehr zwingen, der Stärkste nicht. Er hebt gegen die dunkle Macht die Faust, er fühlt etwas gegen sich stehen. Aber er kann nicht sehen, es muß noch geschehen, daß der Hammer gegen ihn saust. (Döblin)

– ecken, ehen, aust.

2. Wie Sonn und Mond uns stets getrennt zu halten,
Verschworen Sitte sich und Pflicht zusammen;
Laß Haupt an Haupt uns lehnen, denn es taugen
Dein dunkles Haar, mein hell Gesicht zusammen! (Platen)

– icht zusammen

3. Hier erlebt Franz Biberkopf, der anständige, gutwillige, den ersten Schlag. Er wird betrogen. Der Schlag sitzt. Biberkopf hat geschworen, er will anständig sein, und ihr habt gesehen, wie er wochenlang anständig ist, aber das war gewissermaßen nur eine Gnadenfrist. Das Leben findet das auf die Dauer zu fein und stellt ihm hinterlistig ein Bein. Ihm aber, dem Franz Biberkopf, scheint das vom Leben nicht besonders schick, und er hat eine geraume Zeit lang solch gemeines, hundsföttisches, aller guten Absicht widersprechendes Dasein dick. Warum das Leben so verfährt, begreift er nicht. Er muß einen langen Weg gehen, bis er es sieht (Döblin)

– ist, ein ick.

4. Die Gassen hallen
Von unseren Schritten,
In unsere Mitten
Ein Stern fiel ein.
Brand blieb in den Herzen,
Licht auf den Stirnen;
Vom Meer zu den Firnen
Leuchtet sein Schein. (Hans Friedrich Blunck)

– itten, ein, irnen

5. Unser China! Unser Jangtse!
Wo er fließt, ist alles unser bis zum Meer.
Wo er fließt, gehn lustig wir zur Arbeit
Lustig bei der Arbeit ist auch er.
Und er war nicht immer unser.
Sehr bittrer Kampf war not.
Der Schaufel voran flog die Fahne
Und die ist rot. (Brecht)

– er, ot

### 4.3.2.5. Reiner und unreiner Reim

Wenn sich die Elemente der Reimserie lautlich genau entsprechen (Beispiel: rein – kein – Stein), sprechen wir von *reinem Reim*. Entsprechen sie sich nur annähernd, aber nicht vollständig (Beispiel: neige – Schmerzensreiche), so handelt es sich um *unreinen Reim*.

*4.3.2.5./A (Distinktionsübung):*

Unterscheiden Sie bitte bei folgenden Beispielen reinen und unreinen Reim.

*Beispiel mit Modellantwort:*

a) Zugzug, Zugzug Eisenbahn,
Wer will mit nach Köllen fahrn?

*Antwort:* unreiner Reim.

*Fahren Sie bitte fort:*

1. Sah ich doch manche strack und schön
Mit Eselsköpfen gen Himmel gehn. (Goethe)

– unreiner Reim

2. Ich ging im Felde
So für mich hin,
Und nichts zu suchen,
Das war mein Sinn. (Goethe)

– reiner Reim

3. Ich wollt es brechen,
Da sagt' es schleunig:
Ich habe Wurzeln,
Die sind gar heimlich. (Goethe)

– unreiner Reim

4. Wer will einen Kuchen backen,
Der muß haben sieben Sachen.

– unreiner Reim

5. Während die Kleine von Himmelslust
Getrillert und musizieret,
Ward von den preußischen Douaniers
Mein Koffer visitieret. (Heine)

– reiner Reim

### 4.3.2.6. Reicher Reim

Wir bilden eine neue Serie. Dabei seien der betonte Vokal, alle ihm folgenden Phoneme sowie das ihm vorausgehende Phonem konstant. Wir nennen eine solche Serie eine Serie von *reichen Reimen*, z. B.: Leichen, bleichen, gleichen, schleichen, erschleichen, vergleichen usw.

*4.3.2.6./B (Generative Übung):*

Bitte versuchen Sie, mindestens zwei reiche Reime zu folgenden Serien zu finden:

*Beispiel mit Modellantwort:*

Rücken? *Antwort:* Brücken, drücken, Krücken

*Fahren Sie bitte fort:*

1. Rand? – Brand, Strand
2. raus? – Braus, kraus, Strauß
3. lecken? – blecken, Flecken, schlecken
4. Laus? – Klaus, Applaus
5. lut? – Blut, Flut, Glut
6. ließen? – fließen, schließen
7. lau? – blau, flau, klau, schlau

*4.3.2.6./A (Distinktionsübung):*

Versuchen Sie nun, in folgenden Texten die reichen Reime festzustellen.

*Beispiel mit Modellantwort:*

a) Wo es immer, wenn der Mond sich überschlägt, so gellend lacht,
Drüben haust in einem Panzer aus der allerletzten Schlacht
Jener Kerl mit lauter Haaren auf dem Kopf und im Gesicht. (Degenhardt)

*Antwort:* lacht

*Fahren Sie bitte fort:*

1. Das Aug' ist blutumflossen,
Der Wangen Rot entflohn,
Die Lippen fest geschlossen. (Bänkellied)

– lossen

2. Ein Jahr später sah mit Schrecken
Man den Jäger in der Luft
Schweben, wo empor sich strecken
Riesengletscher – unter Gruft. (Bänkellied)

– recken

3. Vorm Fenster tönendes Grün und Rot.
Im schwarzverräucherten, niederen Saal
Sitzen die Knechte und Mägde beim Mahl;
Und sie schenken den Wein und sie brechen das Brot. (Trakl)

– rot

4. Wo die Strahlen schnell verschleißen
Leichentuch der kahlen Auen
Wasser sich in Furchen stauen
In den Sümpfen schmelzend gleißen. (George)

– leißen

5. Und zum strom vereinigt laufen:
Türm ich für erinnerungen
Spröder freuden die zersprungen
Und für dich den scheiterhaufen. (George)

– rungen

4.3.2.7. Homonymer Reim

Einen Sonderfall unter den reichen Reimen bilden die *homonymen Reime,* bei denen Homonyme als Reime verwendet werden. Versuchen Sie bitte, in folgenden Beispielen homonyme Reime zu finden.

*Beispiel mit Modellantwort:*

a) Wie ein Schaum auf schwanker Welle
Wie ein Hauch auf blanker Klinge.
Nicht Unsterblichkeit verlang' ich,
Sterben ist das Los der Dinge:
Meine Töne sind zerbrechlich
Wie das Glas, an das ich klinge. (Platen)

*Antwort:* Klinge (Substantiv), klinge (Verb)

*Fahren Sie bitte fort:*

1. Schreit: "Rasch holt die Sensen, sonst ist es zu spät.
Schlagt sie tot, noch ehe der Hahn dreimal kräht."
Doch wer hört schon auf einen alten Hut
Und ist auf der Hut. (Degenhardt)

– Hut (Maskulinum), Hut (Femininum)

2. Ich kam, weil deine Dunkelheit ich kannte,
Mit hunderttausend hellen Helden her.
So unterwirf dich, eh er dich berannte
Mit seinem unbesiegten Engelheer. (Klabund)

– her (Präposition), Heer (Substantiv)

3. Dich erfleht das Land als Segen,
Schnöder, unwillkommner Regen!
Mich nur störst du sehr auf meinen
Abendlichen Liebeswegen.

Eitle Reime muß ich schmieden,
Statt der Liebe Gunst zu pflegen:
Sonst erheitert kein Geschäft mich
Meiner tiefen Wunde wegen. (Platen)

– Wegen (Plural des Substantivs), wegen (Präposition)

### 4.3.2.8. Überreim

Ein aus zwei Lexemen bestehender Reim, bei dem auf einen normalen Reim noch ein homonymer Reim folgt, heißt *Überreim*. Versuchen Sie bitte, in folgenden Beispielen die Überreime zu erkennen.

*Beispiel mit Modellantwort:*

a) Will mich freun der Jugendschranke,
Glaube weit, eng der Gedanke,
Wie das Wort so wichtig dort war,
Weil es ein gesprochen Wort war. (Goethe)

*Antwort:* ort war

*Bitte fahren Sie fort:*

1. Und Kaninchenställe riß er
Ab. An ihre Stelle ließ er
Gärten für die Kinder bauen. (Degenhardt)

– iß er

2. Ich trat die Straße der Gefahren an,
Sie reihen sich zu ganzen Scharen an!
Als Unerfahrner ward ich eingeschifft,
Und kam im Hafen unerfahren an! (Platen)

– ahren an

3. Von jenem Gamaschenrittertum,
Das ekelhaft ein Gemisch ist
Von gotischem Wahn und modernem Lug,
Das weder Fleisch noch Fisch ist. (Heine)

– isch ist

### 4.3.2.9. Schüttelreim

Als *Schüttelreim* bezeichnet man zwei ununterbrochen aufeinander folgende, nach dem Schema ab ab verflochtene Reime, die gleichzeitig chiastisch alliterieren (a'b' b'a'), z. B.: 'Fink und Star – stink und fahr!'

*4.3.2.9./B (Generative Übung):*

Komponieren Sie selbst einige (möglichst witzige) Schüttelreime.

## 4.4. Verfremdung des sprachlichen Signifikats

Es gibt verschiedene Arten von Verfremdung des sprachlichen Signifikats, also der semantischen Struktur. Wir wollen hier zunächst nur diejenigen betrachten, die durch erhöhte Rekurrenz von Semen entstehen. Durch Konstanthaltung des Sems 'Farbqualität' entsteht etwa die Serie 'gelb, blau, rot, grün' usw. Tritt eine solche Serie mit erhöhter Rekurrenz in einem Text auf, so erregt sie die Aufmerksamkeit. Für die Analyse literarischer Texte ist es oft von größter Bedeutung, Serien semantischer Rekurrenzen zu erfassen.

Versuchen Sie deshalb bitte, die Serien erhöhter semantischer Rekurrenz in folgenden Texten festzustellen. Nennen Sie bitte das zugrunde liegende Sem, gegegebenenfalls auch seine Binäropposition, und ergänzen Sie die Serie.

*Beispiele mit Modellantworten:*

a) Die Bläue meiner Augen ist erloschen in dieser Nacht,
Das rote Gold meines Herzens. O! wie stille brannte das Licht.
Dein blauer Mantel umfing den Sinkenden;
Dein roter Mund besiegelte des Freundes Umnachtung. (Trakl)

Serie Bläue?
*Antwort:* konstantes Sem 'Farbqualität'; Ergänzung der Serie: rot, Gold, blau, rot

b) Wir spielten mit dem Schicksal und es tat mit uns ein Gleiches. Vom Bettelstabe bis zur Krone warf es uns auf und ab. Es schwang uns, wie man ein glühend Rauchfaß schwingt, und wir glühten, bis die Kohle zur Asche ward. Wir haben aufgehört, von Glück und Mißgeschick zu sprechen. Wir sind emporgewachsen über die Mitte des Lebens, wo es grünt und warm ist. Aber es ist nicht das Schlimmste, was die Jugend überlebt. Aus heißem Metalle wird das kalte Schwert geschmiedet. Auch sagt man, auf verbrannten, abgestorbenen Vulkanen gedeihe kein schlechter Most. (Hölderlin)

Serie glühend Rauchfaß, Kohle, Asche?
*Antwort:* konstantes Sem heiß, Binäropposition kalt; Ergänzung der Serie: warm, Jugend, heißes Metall, kaltes Schwert, abgestorbener Vulkan

*Fahren Sie bitte fort:*

1. Bläuliche Schatten. O ihr dunklen Augen,
Die lang mich anschaun im Vorübergleiten.
Gitarrenklänge sanft den Herbst begleiten
Im Garten, aufgelöst in braunen Laugen.

Des Todes ernste Düsternis bereiten
Nymphische Hände, an roten Brüsten saugen
Verfallne Lippen und in schwarzen Laugen
Des Sonnenjünglings feuchte Locken gleiten. (Trakl)

Serie Bläulich, braun?
– konstantes Sem Farbqualität; Ergänzung der Serie: rot, schwarz

2. Ein neues Lied, ein besseres Lied,
O Freunde, will ich euch dichten!
Wir wollen hier auf Erden schon
Das Himmelreich errichten.

Wir wollen auf Erden glücklich sein
Und wollen nicht mehr darben;
Verschlemmen soll nicht der faule Bauch,
Was fleißige Hände erwarben!

Es wächst hienieden Brot genug
Für alle Menschenkinder,
Auch Rosen und Myrten, Schönheit und Lust
Und Zuckererbsen nicht minder. (Heine)

Serie 'Brot'?
– konstante Sem-Opposition 'irdisch' vs 'himmlisch'; Ergänzung der Serie 'irdisch': 'Erde', 'fleißige Hände', 'Rosen', 'Myrten', 'Schönheit', 'Lust', 'Zuckererbsen'.

3. *Grabschrift aus dem Krieg des Hitler*

Vater, du ließest mich zu den Soldaten
Mutter, du hast mich nicht versteckt
Bruder, du hast mir falsch geraten
Schwester, du hast mich nicht aufgeweckt! (Brecht)

Serie 'Vater'?
– konstantes Sem 'Verwandtschaftsbeziehung'; Ergänzung der Serie: 'Mutter', 'Bruder', 'Schwester'.

### 4.4.1. Das Oxymoron

Eine besonders starke Verfremdung des Signifikats ergibt sich, wenn die zwei Glieder einer semantischen Binäropposition auf der syntagmatischen Ebene des Textes identisch gesetzt (vereinigt) werden, z. B. 'dein Schweigen spricht sehr laut' ('lautlos' vs 'laut'). Eine solche Verfremdung heißt *Oxymoron* (griech. = 'scharfer Unsinn').

*4.4.1./A (Distinktionsübung):*

Versuchen Sie bitte, Oxymora zu identifizieren; nennen Sie ggf. die Binäropposition.

*Beispiele mit Modellantworten:*

a) Traurigfroh, wie das Herz, wenn es, sich selbst zu schön,
   Liebend unterzugehn
      In die Fluten der Zeit sich wirft. (Hölderlin)

*Antwort:* ja; Binäropposition 'traurig' vs 'froh'

b) Dujardin. Der Weinbrand der Weinkenner. – Genießen Sie sein mildes Feuer. (Reklame)

*Antwort:* ja; Binäropposition 'mild' vs 'feurig'

*Fahren Sie bitte fort:*

1. mon Chéri. Frische, leichte Köstlichkeit voll südlicher Sonne. (Reklame)

– kein Oxymoron

2. Guten Abend! rief der Rüstige, sah mit zärtlichwildem Blicke mich an und drückte mit seiner nervigen Faust die meine, daß mein Innerstes den Sinn davon empfand. (Hölderlin, Hyperion)

– ja; Binäropposition 'zärtlich' vs 'wild'

3. Laßt Milde walten. Gordon's mit Tonic. Bitter. Frisch. Mild. (Reklame)

– ja; Binäropposition 'bitter' vs 'mild'

*4.4.1./B (Generative Übung):*

Versetzen Sie sich an die Stelle eines Reklamedichters, der seine Produkte mittels auffallender Oxymora verkaufen möchte.

*Beispiele zur Anregung:*

a) (ein Parfum): z. B. 'herb und süß wie die Liebe';
b) (Rasierklinge): z. B. 'die schärfste Zärtlichkeit, die es je gab'.

*Fahren Sie nach gusto fort.*

## 4.5. Gleichzeitige Verfremdung von Signifikant und Signifikat

Nach dem bisher Gesagten ist es möglich, daß mit Rekurrenzverfremdungen auf der Seite des Signifikanten (z. B. Reimen) Rekurrenzverfremdungen des Signifikats gekoppelt werden (.z. B. Reim 'blau'/'grau'). Solche Parallelität der Verfremdung erlaubt zusätzliche, komplexe Strukturen und Effekte. Betrachtet man in einem gegebenen Text die Verfremdungen des Signifikanten als eine Menge und die des Signifikats als eine zweite Menge und entsprechen sich jeweils die Elemente beider Mengen, so sprechen wir von *lautlich-semantischer Isomorphie* (zu griech. ísos = gleich, morphé = Gestalt).

### 4.5.1. Leitmotive

Einen besonderen Fall lautlich-semantischer Isomorphie stellt die erhöhte Rekurrenz von Morphemen oder Lexemen dar. Wir nennen eine solche Serie eine Serie von *Leitmotiven.*

#### 4.5.1.1. Leitmotivserien mit vollständiger lautlich-semantischer Isomorphie

Handelt es sich bei der Serie von Leitmotiven um Elemente, die sämtlich der gleichen lexikalischen Wurzel zugehören, dann besteht zwischen den lautlichen und den semantischen Rekurrenzen vollständige Isomorphie.

Bitte versuchen Sie zu bestimmen, ob es sich bei folgenden Leitmotiven um solche Fälle handelt. Antworten Sie mit ja oder nein; nennen Sie anschließend das Leitmotiv.

*Beispiele mit Modellantworten:*

a) Zuletzt, entziehend sich dem letzten Triebe,
Fällt ach! zum letztenmal im kurzen Leben,
Auf jenes Angesicht ein Blick der Liebe. (Platen)

*Antwort:* ja; Leitmotiv letzt

b) Und ein Kinder Kuß gleicht linden
Rosen um ein Perlengitter.
Komm und schreib: Mit meinem Blute,
Das die Linde hat versüßet. (Brentano)

*Antwort:* nein; Leitmotiv lind (Adjektiv), Linde (Substantiv)

*Fahren Sie bitte fort:*

1. In den Tagen, als ihr Fall gewiß war –
Auf den Mauern begann schon die Totenklage
Richteten die Troer Stückchen grade, Stückchen
In den dreifachen Holztoren, Stückchen.
Und begannen Mut zu haben und gute Hoffnung. (Brecht)

– ja; Leitmotiv 'Stückchen'

2. Das Inclusiv-Auto. Inclusive aller Kilometer. Inclusive
Volldeckung ohne Eigenhaftung. Inclusive Insassen-Unfallschutz.
DM 61,– (incl. Mwst.)
(Reklame für Inter-Rent)

– ja; Leitmotiv 'inclusive'

3. Deutschlands Genius, Deuschlands Herz und Haupt,
Ehre Deutschlands, ihm solang' geraubt.
Macht des Schwerts, daran die Erde glaubt. (Weinheber)

– ja! Leitmotiv 'Deutschlands'

### 4.5.1.2. Besondere Typen von Leitmotiven

Aufgrund ihrer Stellung werden besondere Typen von Leitmotiven hervorgehoben: stehen die Glieder einer Serie von Leitmotiven jeweils am Beginn einer syntaktischen oder anderen sprachlichen Einheit, so sprechen wir von *Anapher* (griech. = Wiederaufnahme); stehen die Elemente der Serie jeweils am Ende einer syntaktischen oder anderen sprachlichen Einheit, so nennen wir das *Epipher* (griech. = Nachtrag). Wir führen hier auch eine Figur an, die nicht im engeren Sinne zu den Leitmotiven gehört, da sie nur aus zwei Gliedern besteht. Bei dieser Figur steht das gleiche Element am Anfang und am Ende einer Einheit. Sie heißt *Kyklos* (griech. = Kreis).

Bitte unterscheiden Sie im folgenden Anapher, Epipher und Kyklos:

*Beispiele mit Modellantworten:*

a) Ich hör die Bächlein rauschen
Im Walde her und hin,
Im Walde in dem Rauschen
Ich weiß nicht, wo ich bin. (Eichendorff)

*Antwort:* Anapher

b) Da ihr noch die schöne Welt regieret,
...
Wie ganz anders, anders war es da! (Schiller)

*Antwort:* Kyklos

*Fahren Sie bitte fort:*

1. An der Liebe Busen sie zu drücken,
Gab man höhern Adel der Natur.
Alles wies den eingeweihten Blicken,
Alles eines Gottes Spur. (Schiller)

– Anapher

2. Wer sich einmal treiben lassen kann, weil er kein Getriebener ist.
Wer auch ohne zu steuern nicht außer Kurs gerät.
Wer sich auf einem fröhlichen Floß freier fühlt als auf einer bestückten Fregatte. (Gauloises)

– Anapher

3. Sturm und Meeresgefährde trifft nie
Dich den Klugen, der geschifft nie;
Wer in Furcht sogar den Wein scheut,
Trinkt das eingemischte Gift nie. (Platen)

– Epipher

4. *Milde Sorte.* Die Zigarette mit dem vollen Tabakaroma.
*Milde Sorte.* (Milde Sorte)

– Kyklos

5. Ja, da kann man sich doch nicht nur hinlegen,
Ja, da muß man kalt und herzlos sein.
Ja, da könnte so viel geschehen.
Ach, da gibts überhaupt nur: nein! (Brecht)

– Anapher

*4.5.1.2.1./E:* Der Chiasmus *(s. Anhang)*

*4.5.1./B (Generative Übung):*

Versuchen Sie selbst, mit Leitmotiven zu hantieren und entsprechende phantasievolle Reklametexte oder Slogans zu komponieren.

*Beispiele mit Modellantworten:*

a) (Reklame Wein; Leitmotiv 'herb')

*Antwort:* (z. B.)
Herb ist der Wind eines Herbstabends.
Herb ist die Erinnerung an den Sommer.
Herb ist der Wein X.

b) (Slogan Aktion "progrün")

*Antwort:* (z. B.)
Grün ist jede Hoffnung –
Sie kommt und geht mit dem Grün.

Stellen Sie sich selbst Aufgaben, die Ihnen einfallen.

### 4.5.2. Partielle lautlich-semantische Isomorphie

Wenn in Serien erhöhter lautlicher und semantischer Rekurrenz die lautlichen Wiederholungen nicht den gesamten Signifikanten umfassen, sprechen wir von Serien partieller lautlich-semantischer Isomorphie. Die lautliche Rekurrenz kann sich auf Alliterationen und Assonanzen, gegebenenfalls auch auf Phonemkombinationen, darunter Reime, erstrecken. Dieses Verfahren begegnet auch in literarischen Wendungen der Umgangssprache wie Haus und Hof, Mann und Maus. Auch die semantische Rekurrenz beschränkt sich dabei auf eins oder wenige Seme, wie z. B. 'Lebewesen' in der Wendung Mann und Maus.

*4.5.2./A (Distinktionsübung):*

Bitte versuchen Sie, die partiellen lautlich-semantischen Isomorphien folgender Texte zu erkennen. Kennzeichnen Sie das gemeinsame Phonem und das gemeinsame Sem.

*Beispiele mit Modellantworten:*

a) Wenn süß und schwül die Dämmerungssterne blicken (George)

Serie: süß, schwül?
*Antwort:* Assonanz /ü/; gemeinsames Sem: intensive sinnliche Qualität

b) Der Frühling kommt; es dämmert das neue Grün. (Hölderlin)

Serie: Frühling, Grün?
*Antwort:* Assonanz /ü/; gemeinsames Sem: 'Frühphase'

*Fahren Sie bitte fort:*

1. Schmeckt weich nach Weite und Wind (Old Family-Reklame)

Serie: Weite, Wind?

– Alliteration /š/, gemeinsame Seme 'ästhetisch', 'visuell'

2. Du schaust in fixe Sterne:
Augen.
Schöne Aussicht.
Belvedere.
Schleier fallen. (Reklame für Belvedere)

Serie: schaust, Sterne, schöne, Schleier?

3. Purpurne Wolken! Und möge droben
In Licht und Luft zerrinnen mir Lieb und Leid! (Hölderlin)

Serie: Licht, Luft, Lieb, Leid?
– Alliteration /l/; gemeinsame Seme 'Gefühlsintensität'; Opposition 'äußerlich' vs 'innerlich'

*4.5.2./B (Generative Übung):*

Versuchen Sie sich selbst in der freien Komposition von Texten mit partieller lautlich-semantischer Isomorphie (Reklame, Filmtitel, romantisches Tagebuch, poetische Texte usw.).

*Beispiele mit Modellantworten:*

a) ("romantische Tagebuchnotiz"): (z. B.)

*Antwort:* Draußen stauen sich grau die Autos; an dem rauhen Beton klebt Himmel, unverheilt.

b) (Filmtitel) (z. B.) Die Nacht des kalten Stahls.

*4.3., 4.4., 4.5./C (Kritische Diskussion):*

Problematisierung formaler literarischer Mittel als Studien- und Lernziele: besteht hier etwa ein 'formaler Überhang'? Ist es heute überflüssig, sich noch mit Reim-Verfahren zu beschäftigen? Welchen Platz sollten solche Dinge noch in der Schule haben?

*4./D Exemplarische historische Anwendungen):*

Vorschläge:

a) die Lyrik Stefan Georges;
b) Texte der Warenreklame.

## Wiederholung der Grundbegriffe aus Lektion 4

Bitte ergänzen Sie folgende Sätze sinngemäß:

*Beispiel mit Modellantwort:*

| | |
|---|---|
| a) Differenzqualität ist ... | *Antwort:* der Unterschied zwischen automatisierter Folie und Novum |

*Fahren Sie bitte fort:*

| | |
|---|---|
| 1. Die durch automatisierte Folie und Novum gebildete Struktur heißt ... | – Verfremdung |
| 2. Erwartungshorizont definieren wir als ... | – synchrones System automatisierter Folien |
| 3. Als soziale Verfremdung bezeichnen wir ... | – eine Verfremdung, die durch Interpenetration verschiedener sozialer Erwartungshorizonte entsteht |
| 4. Eine Alliteration definieren wir als ... | – Teil einer Serie mit konstantem konsonantischem Phonem zu Beginn einer tontragenden Silbe |
| 5. Das Gegenstück der Alliteration bildet ... | – die Assonanz |
| 6. Der Reim läßt sich definieren als ... | – Teil einer Serie mit konstantem Tonvokal und konstanten folgengenden Phonemen |
| 7. Ist auch das dem Tonvokal eines Reims vorangehende Phonem konstant, so sprechen wir von ... | – reichem Reim |
| 8. Entspricht in den Mengen lautlicher und semantischer Verfremdungen eines Textes jedem Element der einen ein Element der anderen Menge, so handelt es sich um ... | – lautlich-semantische Isomorphie |
| 9. Anapher ist zu definieren als ... | – Leitmotiv, das jeweils zu Beginn einer syntaktischen oder anderen sprachlichen Einheit plaziert ist |
| 10. Das Gegenstück der Anapher bildet ... | – die Epipher |
| 11. Steht das gleiche Sprachzeichen zu Beginn und am Ende einer sprachlichen Einheit, so handelt es sich um ... | – einen Kyklos |

LEKTION 5

(INHALT: LITERARISCHE VERFREMDUNGEN II; KOMPLEXE VERFREMDUNGEN; IRONIE, PARODIE)

## 5.1. Komplexe literarische Verfremdungen

Dienen literarische Verfremdungen ihrerseits wieder als automatisierte Folien für neue Verfremdungen, so entstehen *komplexe literarische Verfremdungen.* Als Beispiel diene der Text: 'Trotz Schuften und trotz Schweiß / Ist die Bezahlung Schiebung.' Hier dient die Erwartung eines Reims, der selbst bereits eine literarische Verfremdung darstellt, nur als automatisierte Folie für ein unerwartetes Novum, das in der Sprache der Dialektik mehrere Thesen gemeinsam "aufhebt": sowohl den erwarteten Reim, als seine Negation, als auch die Synthese von beiden. Dementsprechend nennen wir das erste Novum ("Scheiß") *aufgehobenes Novum,* das zweite ("Schiebung") *komplexes Novum.*

*5.1./A (Distinktionsübung):*

Versuchen Sie unter folgenden Beispielen die komplexen Verfremdungen zu erkennen und nennen Sie ggf. das aufgehobene und das komplexe Novum.

*Beispiele mit Modellantworten:*

a) Das ist so rittertümlich und mahnt
An der Vorzeit holde Romantik,
An die Burgfrau Johanna von Montfaucon,
An den Freiherrn Fouqué, Uhland, Tieck. (Heine)

*Antwort:* komplexe Verfremdung; aufgehobenes Novum ein normaler Reim auf Romantik; komplexes Novum ein 'unmöglicher' Reim, der gleichzeitig doch reimt.

b) Jaja, der Helm gefällt mir, er zeugt
Vom Allerhöchsten Witze!
Ein königlicher Einfall war's!
Es fehlt nicht die Pointe, die Spitze! (Heine)

*Antwort:* keine komplexe Verfremdung

*Fahren Sie bitte fort:*

1. Wer mir den Vogel herunterschießt,
Mit Zepter und Krone belehn ich

Den wackern Mann! Wir blasen Tusch
Und rufen: "Es lebe der König!" (Heine)

– komplexe Verfremdung; aufgehobenes Novum der reine Reim "Keenig" (Dialekt); komplexes Novum 'König'

2. Sie stelzen noch immer so steif herum,
So kerzengrade geschniegelt,
Als hätten sie verschluckt den Stock,
Womit man sie einst geprügelt. (Heine)

– keine komplexe Verfremdung; normaler unreiner Reim

3. *Hollywood*
Jeden Morgen, mein Brot zu verdienen
Gehe ich auf den Markt, wo Lügen gekauft werden.
Hoffnungsvoll
Reihe ich mich ein zwischen die Verkäufer. (Brecht)

– komplexe Verfremdung; aufgehobenes Novum am Ende: 'Käufer', komplexes Novum: 'Verkäufer'

*5.1./B (Generative Übung):*

Versuchen Sie sich selbst in der Erfindung komplexer literarischer Verfremdungen. Wählen Sie sich Angriffsziele selbst aus.

*Beispiele:*

a) (z. B.)
Demokratisierung fordern sie stur
Aber was sie bezwecken ist nur
Die Zerstörung unserer Demokratie.

b) (z. B.)
Morgenrot, Morgenrot
Leuchtest mir zum frühen Ruhm.

### 5.1.1. Scheinbare lautlich-semantische Isomorphien

Von der Fülle denkbarer komplexer Verfremdungen sollen nur einige behandelt werden. Z. B. können die partiellen lautlich-semantischen Isomorphien als automatisierte Folie dienen, die verfremdet wird. Nehmen wir eine Wortfolge wie 'Wüste und Wildnis', bei der dem rekurrenten Phonem /w/ ein rekurrentes Sem 'zivilisiert' entspricht. Vergleichen wir damit etwa eine Folge wie 'Wüste und Wesen': hier gibt es keinen semantischen Mengendurchschnitt der beiden Lexeme; trotzdem suggeriert die phonologische Rekurrenz eine semantische Vereinigung beider Zeichen. Diese komplexe Verfremdung stellt eines der wichtigsten poetischen Verfahren dar.

*5.1.1./A (Distinktionsübung):*

Versuchen Sie bitte, wirkliche und scheinbare partielle lautlich-semantische Isomorphien zu unterscheiden.

*Beispiele mit Modellantworten:*

a) Da er steinern sich vor rasende Rappen warf (Trakl)

*Antwort:* 'rasende Rappen': allenfalls gemeinsames Sem 'vital'

b) Oder wenn er an der harten Hand des Vaters
Stille den finstern Kalvarienberg hinanstieg (Trakl)

*Antwort:* 'harten Hand des Vaters': keine gemeinsamen Seme; scheinbare lautlich-semantische Isomorphie

*Fahren Sie bitte fort:*

1. Josef Stalin sprach von Hirse
Zu Mitschurins Schülern, sprach von Dung und Dürrewind.
(Brecht)

– 'Dung und Dürrewind': keine gemeinsamen Seme; scheinbare lautlich-semantische Isomorphie

2. Im Schatten des Baums
Heben die rosigen Lider Liebende. (Trakl)

– 'Lider Liebende'; kein gemeinsames Sem; scheinbare lautlich-semantische Isomorphie

3. Näher rauscht der blaue Quell die Klage der Frauen. (Trakl)

– 'rauscht', 'blaue', 'Frauen'; allenfalls gemeinsames Sem 'auf Flüssigkeit bezogen' zwischen 'rauscht' und 'blau' (Konnotat 'Wasser')

4. Man ließ im schwebenden Schiffe die Erde hinter sich liegen, wie eine köstliche Speise, wenn der heilige Wein gereicht wird.
(Hölderlin)

– 'schwebendes Schiff': gemeinsames Sem 'von Schwerkraft getragenes Fahrzeug'; 'Speise', 'heiliger Wein gereicht': gemeinsames Sem: 'Nahrungsaufnahme'

5. Minute stummer Zerstörung; auflauscht die Stirne des Aussätzigen unter dem kahlen Baum. (Trakl)

– 'stummer', '-störung', 'Stirne': kein gemeinsames Sem; 'auflauscht', 'Aussätzigen', 'Baum': kein gemeinsames Sem: scheinbare lautlich-semantische Isomorphien

## 5.2. Die Ironie

Als *Ironie* (griech. eironía = Verstellung) bezeichnen wir eine komplexe Verfremdung, als deren aufgehobenes Novum ein *Zitat* dient, das durch das komplexe Novum *negiert* wird. Für die Negation gilt jedoch ein *Denotations-Verbot,* sie darf nur dem Kontext bzw. sozialen Kontext entnehmbar sein. Beispiel: "Ich bin Ihnen zutiefst dankbar" sagt ein Arbeiter seinem Chef, der ihm die Entlassung mitgeteilt hat. Die erste Verfremdung besteht darin, daß dieser Chef offenbar Dankbarkeit in einer Situation erwartet, in der sie nicht erwartet werden kann; der Arbeiter zitiert diese Verfremdung und überläßt es dem Kontext, die Negation hinzuzugeben. In der Gesamtstruktur der Ironie sind all diese Elemente in komplexer Weise gleichzeitig enthalten. Die Ironie ist also die Formulierung eines explosiven Widerspruchs auf kleinstem Raum. Aus dem Gesagten ergibt sich, daß es allerdings keinen Mechanimus gibt, der jedem Rezipienten eine Ironie als solche kenntlich machen müßte.

Zur Verdeutlichung dienen kontextuelle Hinweise, die wir als *Ironiesignale* bezeichnen wollen: dazu gehört vor allem die Übertreibung der Bejahung, die *Hyperbel* (griech. hyperbolé = Schuß übers Ziel hinaus). (Vgl. auch *LsP,* Lektion 10, 11)

**Bitte versuchen Sie, unter den folgenden Textbeispielen Strukturen der Ironie zu erkennen. Kennzeichnen Sie ggf. Ironiesignale.**

*Beispiele mit Modellantworten:*

a) Nicht übel gefiel mir das neue Kostüm
Der Reiter, das muß ich loben,
Besonders die Pickelhaube, den Helm
Mit der stählernen Spitze nach oben.

Das ist so rittertümlich und mahnt
An der Vorzeit holde Romantik. (Heine)

*Antwort:* Lob der Uniformen Ironie; Ironiesignale wiederholtes Lob, außerdem Heines bekannte antipreußische Haltung

b) Der Führer wacht auch über die Preise. Nur darum
Ist zum Beispiel ein Mantel noch für den alten Preis zu haben,
Wenn er auch nicht mehr so lange hält wie früher.
Ohne den Führer wäre er aber teurer geworden. (Brecht)

*Antwort:* Lob des Führers Ironie; Ironiesignale Zusatz mit "wenn auch"; außerdem Brechts bekannte antifaschistische Haltung

*Fahren Sie bitte fort:*

1. *Was hat dieser Vogel mit ihrem Geld zu tun?*
Sehr viel! Man muß nur fest daran glauben: Eine Habichtskralle im Portemonnaie, so ist es überliefert, läßt das Geld nie ausgehen. Wir meinen zwar, daß eine V-Versicherung die bessere Vorsorge ist. Aber es muß ja nicht sein, daß Sie sich gleich bei uns versichern. Fordern Sie ruhig erst einmal eine Habichtskralle bei uns an. (Reklame für V-Versicherungen)

– Propagierung der Habichtskralle Ironie; Ironiesignale Zusatz "Wir meinen zwar", außerdem bekannte Reklameabsicht

2. So gibt es überall Verbesserungen, und die Rede davon
Stopft auch dem Hungrigen den Mund, wenn es
Statt einem Tropfen auf den heißen Stein jetzt zwei Tropfen gibt
Ist das nicht eine Verbesserung? Nicht alle erkennen
Daß, was da verbessert wurde, nur das System der Ausbeutung ist.
(Brecht)

– keine Ironie, da die Negation denotiert ist

3. Ich habe mich mit dem Kaiser gezankt,
Im Traum, im Traum versteht sich –
Im wachenden Zustand sprechen wir nicht
Mit Fürsten so widersetzig. (Heine)

– Rücknahme der Fürstenkritik Ironie; Ironiesignale: vor allem die Tatsache der Verse selbst; dann Heines bekannte antiabsolutistische Haltung

4. Die Liebe des Volkes zum Führer ist sehr groß.
Überall wo er hingeht
Ist er umringt von Leuten in schwarzen Uniformen
Die ihn so lieben
Daß sie kein Auge von ihm lassen.
Wenn er sich in ein Kaffeehaus setzt
Setzen sich sogleich fünf Hünen zu ihm, damit er
Unterhaltung hat. (Brecht)

– Liebe zum Führer Ironie; Ironiesignale doppelte Isotopie; außerdem Brechts bekannte antifaschistische Haltung

5. Nach der Ansicht vieler kleiner Leute
Weiß der Führer auch nicht
Daß in seinen Gefängnissen und Lagern Menschen totgeprügelt werden (...) (Brecht)

– keine Ironie; da das Zitat als Zitat denotiert ist und nicht übernommen wird

## 5.2.1. Ironische Verwendung von Alliterationen, Assonanzen, Reimen u. ä.

Alle literarischen Verfremdungen können der Ironie als Ansatzpunkt dienen; besonders häufig gilt das für eingefahrene Verfahren wie Alliterationen, Assonanzen, Reime u. ä. Nach den Erwartungen größtmöglicher lautlich-semantischer Isomorphie gelten z. B. Reime als gut, die lautlich rein und semantisch harmonisch sind (Musterbeispiel 'Herz'/'Schmerz'; 'Liebe'/'Triebe'). Diese Erwartung kann verfremdet werden durch bewußt unreine Reime bzw. bewußt semantisch-disharmonische Reime. Auch dafür soll ein Beispiel von Heine exemplarisch stehen:

> Das alte Heil'ge Römische Reich
> Stell's wieder her, das ganze,
> Gib uns den modrigsten Plunder zurück
> Mit allem Firlefanze.

*5.2.1./B (Generative Übung):*

Versuchen Sie sich selbst in der ironischen Verfremdung von Alliterationen, Assonanzen, Reimen u. ä. Wählen Sie nach gusto Zielscheiben der Ironie und strengen Sie ihre Phantasie an.

*Beispiele zur Anregung:*

a) (z. B.)
Herz in Herz und Hand in Hand
So schreiten wir zum Standesamt.

b) (z. B.)
Oma, runter vom Balkon,
Unterstütz den Vietcong!

*Fahren Sie fort.*

## 5.2.2. Ironische Verwendung von Sprachebenen

Innerhalb des binären oder ternären Systems der Sprachebenen ist eine bestimmte Sprachebene jeweils für den Sprecher die *Basisebene.* Eine davon abweichende Sprachebene kann er nun verfremdend zitieren und gleichzeitig ironisch negieren. Wenn ein Sprecher, dessen Basisebene die offizielle Normalsprache ist, von seiner 'Gemahlin' bzw. 'Gattin' spricht, so negiert er diese Zeichen implizit durch das Semem 'Frau', verwendet sie also ironisch.

*5.2.2./A (Distinktionsübung):*

Kennzeichnen Sie im folgenden die Basisebene des Sprechers sowie die ironisch verwendete Sprachebene.

*Beispiele mit Modellantworten.*

a) *Vorne große Schnauze. Hinten große Klappe.*
Der VW Variant ist eine Luxuslimousine, die es von vorn bis hinten in sich hat. (VW-Reklame)

*Antwort:* Basisebene offizielle Normalsprache, ironisch verwendete Sprachebene inoffizielle Familiärsprache

b) Es war ein schöner Abend, als ich
Mich hinbegab mit Campen;
Wir wollten miteinander dort
In Rheinwein und Austern schlampampen. (Heine)

*Antwort:* Basisebene offizielle Normalsprache; ironisch verwendete Ebene inoffizielle Familiärsprache

*Fahren Sie bitte fort:*

1. Ich hatte noch ganz andere Sachen auf der Pfanne. Old Werther zum Beispiel. Ich analysierte kurz die Lage und stellte fest, daß ich Addis schwächsten Punkt erwischt hatte mit der Spritze.
Zaremba sagte denn auch: Mußt ihn verstehen, no. Ist sein Einfall, die Spritze. Jesus, nicht dran rühren. Entweder es wird der Knüller oder *der* Reinfall, no? – Sein erster!
Und ich:
Er ist der pünktlichste Narr, den es nur geben kann; Schritt vor Schritt und umständlich wie eine Base, ein Mensch, der nie mit sich zufrieden ist und dem es daher niemand zu Danke machen kann. Das war endlich mal wieder Old Werther. Zaremba riß seine Schweinsritzen auf und knurrte: No! Das sag du nicht! (Plenzdorf)

– Basisebene inoffizielle Familiärsprache; ironisch verwendete Ebene gewählte Hochsprache

2. Der Tisch war gedeckt. Hier fand ich ganz
Die altgermanische Küche.

Sei mir gegrüßt, mein Sauerkraut,
Holdselig sind deine Gerüche! (Heine)

– Basisebene offizielle Normalsprache; ironisch verwendete Ebene gewählte Hochsprache

3. Trotzdem hatte ich sie immerzu im Kopf. Ich weiß nicht, ob das einer begreift, Leute. Mein erster Gedanke war sofort Old Werther. Der hatte doch in einer Tour Briefe an seine Charlotte geschrieben. Ich brauchte denn auch nicht lange zu suchen, bis ich einen passenden fand: Wenn Sie mich sähen, meine Beste, in dem Schwall von Zerstreuung! Wie ausgetrocknet meine Sinne werden; ... nicht eine selige Stunde! nichts! nichts! (Plenzdorf)

– Basisebene inoffizielle Familiärsprache; ironisch verwendete Ebene gewählte Hochsprache

### 5.2.3. Soziale Ironie

Wird die Ironie von einem bestimmten sozialen Träger gegen einen anderen verwendet, so sprechen wir von *sozialer Ironie*. Manche der bisher erwähnten Beispiele gehörten bereits zu dieser Kategorie: so zitierte Brecht etwa in ironischer Absicht Aussagen des sozialen Trägers Faschismus. Die soziale Ironie spielt eine eminent wichtige Rolle im Rahmen der kulturellen Auseinandersetzungen und Konflikte innerhalb der Gesellschaft. Als Beispiele können etwa gewisse Verhaltensweisen der studentischen Protestbewegung in der Bundesrepublik dienen wie der Slogan "Wir sind eine kleine radikale Minderheit", gerufen von möglichst großen Demonstrationszügen; oder die ironische Verwendung des faschistischen Grußes "Sieg Heil!"

### *5.2.3./C (Kritische Diskussion):*

Vertiefung und Problematisierung des Begriffs der 'sozialen Ironie': Behandlung weiterer Beispiele aus dem Erfahrungsbereich der Leser (z. B. sog. 'Generationskonflikt'), daran anschließend Diskussion der Bedeutung des Phänomens im Rahmen von sozialen und kulturellen Konflikten; Frage der Behandlung in der Schule (auch unter dem Aspekt 'Kreativität').

## 5.3. Parodistische Formen

Erstrecken sich bestimmte komplexe Verfremdungen (wie z. B. die Ironie) auf größere Texte, so entstehen *parodistische Formen* (zu griech. parodia = Gegengesang). Dient z. B. der Stil des romantischen Volksliedtons (etwa Eichendorff: "Du weißts, dort in den Bäumen / Schlummert ein Zauberbann / Und nachts oft, wie in Träumen, / Fängt der Garten zu singen an.") insgesamt als automatisierte Folie, und wird dieser Stil insgesamt ironisch verfremdet wie bei Heine, so entsteht etwa folgender parodistischer Effekt:

Der Postillon stößt in sein Horn,
Ich kenne das alte Getute –:
"Es reiten drei Reiter zum Tore hinaus!"
Es wird mir so dämmrig zumute.

*5.3./A (Distinktionsübung):*

Bitte versuchen Sie, die parodistischen Texte unter den folgenden Beispielen zu erkennen. Kennzeichnen Sie kurz einige der jeweils typischen komplexen Verfremdungen.

*Beispiele mit Modellantworten:*

a) Soll der Bau sich hoch erheben
Muß es Unten und Oben geben.
Darum bleib an seinem Ort
Jeder, wo er hingehört.
Fort und Fort
Tue er das ihm Gemäße
Da er, wenn er sich vergäße
Unsre Harmonien stört.
(Brecht, Die heilige Johanna der Schlachthöfe)

*Antwort:* automatisierte Folie Ton von Schillers *Glocke*; Verfremdungen: doppeldeutige Banalitäten ("muß es unten und oben geben"), Doppeldeutigkeiten ("wenn er sich vergäße")

b) Es stand auf dem Tische eine Gans,
Ein stilles, gemütliches Wesen.
Sie hat vielleicht mich einst geliebt,
Als wir beide noch jung gewesen.

Sie blickte mich an so bedeutungsvoll,
So innig, so treu, so wehe!
Besaß eine schöne Seele gewiß,
Doch war das Fleisch sehr zähe. (Heine)

*Antwort:* automatisierte Folie platonisch-deutsche Liebeslieder; Verfremdungen: durchgehender Bezug auf 'materielle Basis', dadurch durchgehend Doppeldeutigkeiten

*Fahren Sie bitte fort:*

1. Aber tu es:
Immer mit Gewissensbissen
Denn als Betrachtender
Selbst dich Verachtender
Hast du Gewissen!
Merkt auf, Handelnde!
Bei euren Einkäufen
Vergeßt nicht das herrliche
Vor allem bei Scheinkäufen
Ganz unentbehrliche
Fort und fort
Immer sich wandelnde
Gotteswort. (Brecht, Die heilige Johanna)

– automatisierte Folie: Ton aus Faust II, letzter Akt; Verfremdungen: durchgehender Bezug auf 'materielle Basis' (Käufe)

2. Da kam einmal ein großer roter Bär einher
Der wußte nichts von den Bräuchen hier, das brauchte er nicht als Bär.
Doch er war nicht von gestern und ging nicht auf jeden Teer
Und der fraß die Vöglein im Walde.

Da schwiegen die Vöglein nicht mehr
Über allen Wipfeln ist Unruh
In allen Gipfeln spürest du
Jetzt einen Hauch. (Brecht, Liturgie vom Hauch)

– automatisierte Folie Goethes Gedicht "Über allen Gipfeln ist Ruh"; Verfremdungen: inoffizielle Familiärsprache; Veränderungen des Goethe-Textes

3. Den lispelnd westfälischen Akzent
Vernahm ich mit Wollust wieder.
Viel süße Erinnrung dampfte der Punsch,
Ich dachte der lieben Brüder,

Der lieben Westfalen, womit ich so oft
In Göttingen getrunken,
Bis wir gerührt einander ans Herz
Und unter die Tische gesunken! (Heine)

– automatisierte Folie: Heimatschnulze; Verfremdungen: 'realistische' Wörter wie 'lispeln', 'Punsch', 'unter die Tische'

*5.3./B (Generative Übung):*

Versuchen Sie sich selbst in der Komposition parodistischer Texte. Wählen Sie sich geeignete Objekte selbst aus (z. B. Modeschlager o. ä.).

*Beispiele zur Anregung:*

a) (Tagebuchnotiz im Trakl-Stil über eine Vorlesung:)
Jahrlang tönt die blecherne Stimme ferne der purpurnen Welt: du: ein träumender Stein oder ein müdes Haupt, o wie lange leuchtet das Neonlicht. (oder ähnlich)

b) (Antwort eines konservativen Ordinarius auf die Frage eines Studenten nach sozialen und politischen Implikationen)
Lieber Kommilitone, lassen Sie mich angesichts der zur Verfügung stehenden beschränkten Zeit in aller gebotenen Kürze zu Ihrer Frage Stellung nehmen. Ich möchte betonen, daß ich Ihre Frage an und für sich, grundsätzlich, nicht nur für keineswegs uninteressant, sondern im Gegenteil für außerordentlich interessant halte. Nur gestatten Sie eine Gegenfrage: ist Ihre Frage noch auf unsere gemeinsame Sache ausgerichtet – oder, wenn nicht, sollte sie nicht, auch und gerade in Ihrem eigenen Interesse, an geeigneter Stelle, z. B. in einer politischen Versammlung gestellt werden? Unsere gemeinsame Sache ist – ich hoffe, soweit gehen wir noch konform – die Literatur. Das ist eine Sache, die ist da, und damit beschäftigen wir uns, das ist unsere Aufgabe. (oder ähnlich)

*Fahren Sie bitte fort.*

### 5.3.1. Parodie, Travestie, Kontrafaktur

Herkömmlicherweise unterscheidet man unter den parodistischen Formen noch genauer: als *Parodie* im engeren Sinne gilt ein parodistischer Text 'mit Beibehaltung der Form und Änderung des Inhalts'; umgekehrt nennt man einen parodistischen Text 'mit Beibehaltung des Inhalts und Änderung der Form' eine *Travestie* (frz. travestie = Verkleidung). Diese Begriffe sind nicht unbedingt operational zu verwenden, da die Kategorien 'Form' und 'Inhalt' nicht deutlich genug sind. Außerdem läßt sich bei vielen parodistischen Texten diese Scheidung gar nicht anwenden. Im folgenden bleiben wir daher bei den Begriffen parodistischer Text und Parodie. – Einen Sonderfall stellt die *Kontrafaktur* (lat. = Gegen-Verfertigung) dar: dabei wird auf eine gleiche Melodie bzw. auf ein gleiches Versschema ein neuer, geänderter Text verfertigt. (Vgl. *LsP,* Lektion 10, 11)

*5.3.1./A (Distinktionsübung):*

Unterscheiden Sie im folgenden Parodien und Kontrafakturen.

*Beispiele mit Modellantworten:*

a) Minden ist eine feste Burg,
Hat gute Wehr und Waffen!

Mit preußischen Festungen hab ich jedoch
Nicht gerne was zu schaffen. (Heine)

*Antwort:* Parodie; automatisierte Folie Choral "Ein feste Burg"

b) Ich glaub an Deutschland wie an Gott!
Wie Gott – so lieb ich dich!
Mein großes Volk wie bitterlich
Trägst du des Schicksals Spott!
Du trotzest, ob das Herz dir springt,
Du fühlst, daß dir dein Kampf gelingt.
Denn, Deutscher, horch! dein Herz, das singt:
"Ich glaub an Deutschland wie an Gott!" (Heinrich Lersch)

*Antwort:* Kontrafaktur; automatisierte Folie "Ein feste Burg"

*Fahren Sie bitte fort:*

1. Lobet die Nacht und die Finsternis, die euch umfangen!
Kommet zuhauf
Schaut in den Himmel hinauf:
Schon ist der Tag euch vergangen. (Brecht)

– Kontrafaktur; automatisierte Folie "Lobet den Herren, den mächtigen König der Ehren"

2. Marie Farrar, geboren im April
Unmündig, merkmallos, rachitisch, Waise
Bislang angeblich unbescholten, will
Ein Kind ermordet haben in der Weise:
Sie sagt, sie habe schon im zweiten Monat
Bei einer Frau in einem Kellerhaus
Versucht, es abzutreiben mit zwei Spritzen
Angeblich schmerzhaft, doch ging's nicht heraus. (Brecht)

– Parodie; automatisierte Folie juristischer Protokollstil

3. Über dieses alles betrachtet das Geflügel unter dem Himmel! Betrachtet die unterschiedlichen Gebäue ihrer artlichen Nester (. . .): Wer sagt den Sommervögeln, wann sie gegen den Frühling zu uns kommen und Junge hecken?
(Grimmelshausen, Der abenteuerliche Simplicissimus)

– Parodie; automatisierte Folie Bibel (Bergpredigt)

4. Ihr drängt euch um den Nächsten und habt schöne Worte dafür. Aber ich sage euch: eure Nächstenliebe ist eure schlechte Liebe zu euch selber.
Ihr flüchtet zum Nächsten vor euch selber und möchtet euch daraus eine Tugend machen: aber ich durchschaue euer "Selbstloses". (. . .)

Rate ich euch zur Nächstenliebe? Lieber noch rate ich euch zur Nächsten-Flucht und zur Fernsten-Liebe!

(Nietzsche, *Also sprach Zarathustra*)

– Parodie; automatisierte Folie Bibel (Bergpredigt)

5. Beiß, Greifer, beiß
Die Kohle hat 'nen Preis
Die Kohle, die ist schon bestellt
Der Millionär braucht wieder Geld
Das kostet uns viel Schweiß
Beiß, Greifer, beiß. (Brecht)

– Kontrafaktur; automatisierte Folie "Maikäfer flieg"

## 5.4. Verfremdungen von Isotopien

Zu den komplexen literarischen Verfremdungen gehören auch solche, die sich auf die semantische Gesamtstruktur einer Isotopie beziehen. Der Effekt partieller oder totaler Unverständlichkeit eines Textes, resultierend aus mangelnder Aufnahme der Isotopie, kann künstlich und bewußt herbeigeführt werden.

### *5.4.1. Texte mit schwach gefügter Isotopie*

Eine der stärksten semantischen Verfremdungen besteht darin, Nuklearseme aneinanderzureihen, ohne sie durch entsprechende Klasseme zu einer Isotopie zu integrieren. Als Beispiel diene folgender Text von Oswald Wiener *(Die Verbesserung von Mitteleuropa)*:

"*Allah Kherim! Die Erscheinungen sind gerettet*
reportage vom fest der begriffe[3])
(tse-kung eilte hinein und rief: "ich erlaube mir zu fragen, ob es mit den regeln übereinstimmt, bei einer leiche zu singen?")

Offenbar soll die Aufmerksamkeit des Lesers bei einem solchen Text auf die einzelnen Lexeme und Nuklearseme als solche gelenkt werden, da alle möglichen Klasseme sich als unzureichend erweisen, um den ganzen Text zu integrieren. Das schließt übrigens nicht aus, daß sich nach einem anderen, erst zu erratenden System eine Isotopie ergeben kann – in diesem Fall gehörte der Text bereits zur nächsten Kategorie, den Idiolekten.

---

[3]) deutschlands unverlierbarer kant, durch den die deutsche sprache so manches machtwort sprach, räumt ja dem 'prinzip zeit' eine 'höhere allgemeinheit' ein, als dem 'prinzip raum'.

### 5.4.2. Idiolekte

Texte ohne offensichtliche Isotopie, die aber eine verschlüsselte Isotopie besitzen, deren sozialer Träger aus einem oder wenigen Individuen besteht, sollen *Idiolekte* (griech. = Einzellesarten) heißen. Manche Texte der sogenannten esoterischen Poesie gehören zu den Idiolekten. Vgl. dazu ein Beispiel des späten Hölderlin:

> Nah ist,
> Und schwer zu fassen der Gott.
> Wo aber Gefahr ist, wächst
> Das Rettende auch.
> Im Finstern wohnen
> Die Adler, und furchtlos gehn
> Die Söhne der Alpen über den Abgrund weg
> Auf leichtgebaueten Brücken.
> Drum, da gehäuft rings
> Die Gipfel der Zeit, und die Liebsten
> Nah wohnen, ermattend auf
> Getrenntesten Bergen,
> So gib unschuldig Wasser,
> O Fittiche gib uns, treuesten Sinns
> Hinüberzugehen und wiederzukehren.

Hier sind zwar einzelne Nuklearseme und Nuklearsem-Komplexe deutlich erkennbar, überzeugende Klassem-Hierarchien wollen sich aber nicht bilden. Dennoch kann man davon ausgehen, daß Hölderlin keinen Text ohne Isotopie nach Art eines Experiment-Literaten des 20. Jahrhunderts schreiben wollte, daß der Text vielmehr für ihn eine strenge Isotopie besessen haben muß.

*5.4.2./B (Generative Übung):*

Experimentieren Sie, wenn Sie Zeit und Lust haben, selbst mit Texten ohne Isotopie bzw. mit Idiolekten. Sie werden dabei sehen, daß es gar nicht leicht ist, einen absolut sinnlosen Text zustande zu bringen!

*5.4.2./C (Kritische Diskussion):*

Problematisierung der Texte ohne Isotopie und der Idiolekte: welche kulturelle und soziale Funktion besitzen sie eigentlich? Genügt es zu sagen, daß es sich um Spielereien oder Grübeleien handelt? Wie wirkt ein isotopieloser Text, der als Buch erscheint? Wie wirkt sich dabei die Tatsache aus, daß auch ein solcher Text von der sozialen und kulturellen Institution 'Literatur' getragen wird?

5.4.3. Texte mit mehrfacher Isotopie

Ein weiteres Mittel semantischer Verfremdung besteht in bewußt hergestellter Doppel- oder Mehrdeutigkeit eines Textes. Als Beispiel diene folgender Trakl-Text: Unter dem Titel "Abendland" heißt es dort:

Gewaltig ängstet
schaurige Abendröte
im Sturmgewölk.
Ihr sterbenden Völker!
Bleiche Woge
zerschellend am Strande der Nacht
fallende Sterne.

Wenn man "Abendland" hier im Sinne des Klassems "Europa" versteht, so ergibt sich eine Isotopie 1. Entsprechend dieser Isotopie kann unser Textabschnitt als Erster Weltkrieg gelesen werden. Andere Seme deuten jedoch darauf hin, daß "Abendland" auch im Sinne des Klassems 'Land des Abends, d. h. des Verfalls und der Dekadenz' gelesen werden kann. Dadurch entsteht eine Isotopie 2, derzufolge unser Text etwa im Sinne des 'Übergangs in den Nihilismus' verstanden werden müßte. Nun ist der Text absichtlich semantisch so strukturiert, daß keine von den beiden Isotopien ausgeschlossen werden kann, daß also beide gleichzeitig zu lesen sind.

*5.4.3./A (Distinktionsübung):*

Bitte versuchen Sie, in folgenden Texten, die doppelten Isotopien durch die zugrunde liegenden Klasseme zu bestimmen:

*Beispiel:*

Der kühne Reichstag Galliens dämmert schon (Fr. G. Klopstock)

*Antwort:* Klassem 1: Reichstag im Sinne von Generalstände
Klassem 2: Reichstag gleich "Tag des Reiches" im Sinne von 'neue Epoche'
Fahren Sie bitte fort. Ihre Antwort braucht nur dem Sinne nach, nicht wörtlich mit der korrigierten Antwort übereinzustimmen.

Das Gewitter
1. Angst, du giftige Schlange,
Schwarze, stirb im Gestein!
Da stürzen der Tränen
Wilde Ströme herab,
Sturm-Erbarmen,
Hallen in drohenden Donnern

Die schneeigen Gipfel rings.
Feuer
Läutert zerrissene Nacht. (Georg Trakl)

*Antwort:* Klassem 1: "Gewitter" gleich Naturerscheinung
Klassem 2: "Gewitter" gleich psychische Erscheinung

2. Aber schwer in das Tal hing die gigantische,
Schicksalskundige Burg, nieder bis auf den Grund
Von den Wettern zerrissen;
Doch die ewige Sonne goß
Ihr verjüngendes Licht über das alternde
Riesenbild, und umher grünte lebendiger
Efeu; freundliche Wälder
Rauschten über die Burg herab, (...) (Hölderlin)

– Isotopie 1: Beschreibung einer realen Szenerie
Isotopie 2: mythischer Vorgang zwischen anthropomorphen Kategorien (Burg, Wetter, Sonne, Wälder)

3. Und die Menschen gingen aus ihren Türen heraus, und fühlten wunderbar das geistige Wehen, wie es leise die zarten Haare über der Stirne bewegte, wie es den Lichtstrahl kühlte, und lösten freundlich ihre Gewänder, um es aufzunehmen an ihre Brust, atmeten süßer, berührten zärtlicher das leichte, klare, schmeichelnde Meer, in dem sie lebten und webten. O Schwester des Geistes, der feurigmächtig in uns waltet und lebt, heilige Luft! Wie schön ists, daß du, wohin ich wandre, mich geleitest. Allgegenwärtige, Unsterbliche!
(Hölderlin, *Hyperion*)

– Isotopie 1: Beschreibung einer realen Szenerie
Isotopie 2: mythischer Vorgang zwischen anthropomorphen Kategorien (vgl. Konnotation des christlichen Mythos von Pfingsten)

*5.4.3./B (Generative Übung):*

Versuchen Sie, um die Mechanismen mehrfacher Isotopien (die in der Literatur eine große Rolle spielen) besser zu begreifen, selbst Texte mit mehrfacher Isotopie herzustellen. Gehen Sie dabei von Lexemen aus, an die mehrfache Klasseme anschließbar sind.

*Beispiele zur Anregung:*

a) Ausgangs-Lexem 'Kindergarten'; Klassem 1: Wortsinn der offiziellen Normalsprache; Klassem 2: 'Garten'
Text (z. B.): Steinig sind die Gärten unserer Kinder: was soll im Beton gedeihen? (usw.)

b) Ausgangs-Lexem 'Entspannung'; Klassem 1: 'Ruhepause'; Klassem 2: 'politisch'
Text (z. B.): Auch Supermächte brauchen Entspannung, stehen sie doch Tag und Nacht im Einsatz. (usw.)

*Fahren Sie bitte fort.*

*5.4.3./C (Kritische Diskussion):*

Diskussion über die Möglichkeiten einer Literatur mit mehrfachen Isotopien im 20. Jahrhundert: ist eine solche Literatur (z. B. Trakl), die 'reale' mit mythischen Isotopien koppelt, nicht eigentlich überholt? Welche Funktion erfüllt sie trotzdem, welche Rolle kann sie spielen?

Ließe sich auch eine engagiert-kritische Literatur (à la Brecht) denken, die den Kunstgriff der mehrfachen Isotopie anwenden könnte?

### 5.4.4. Literarische Montage

Als literarische Montage (frz. montage = Montieren von Teilen) bezeichnen wir eine Textkonstitution mittels wiederholter übergangsloser Isotopienbrüche. Auf einen Abschnitt des Textes, dem eine Isotopie 1 zugrunde liegt, folgt also plötzlich (wie ein "Schnitt" im Film) ein Abschnitt auf Basis einer Isotopie 2 usw. Die Einschnitte sollen *Montage-Zäsuren* (Zäsur lat. = Schnitt) heißen.

*5.4.4./A (Distinktionsübung):*

Bitte versuchen Sie, in den folgenden Textbeispielen literarische Montagen zu erkennen. Bezeichnen Sie die Montage-Zäsuren.

*Beispiel:*

Es ist die Liebe, die alles bewirkt, sie ist meßbar,
ihre Farbe ist blau, sie bewegt die Gestirne, die Frösche,
die Wolken. (Dieses Rauschen in seinem Knabenschädel verließ ihn nie.
(Enzensberger)

*Antwort:* ja; Montage-Zäsur vor "(Dieses Rauschen"

*Fahren Sie bitte fort:*

1. Abstinenzler, Nichtraucher, weder Kaffee noch Tee. *Ein Leben ganz geweiht der Wohlfahrt des arbeitenden Menschen.* Ja, Mama. Bethlehem heißt das erste Stahlmonopol. (Enzensberger)

– ja; Montage-Zäsuren vor *"Ein Leben"*, vor "Ja, Mama", vor "Bethlehem"

2. ( . . .) Ein scheues Kind,
allergisch, oft dem Ersticken nah. Kämpfte mit seinem Körper,
rauchte Zigarren, wurde (was immer das sein mag) ein Mann.
(Enzensberger)

– nein

*5./D (Exemplarische historische Anwendungen):*

Vorschläge:
a) Heine, Deutschland ein Wintermärchen;
b) Brecht, Hauspostille;
c) Nietzsche, Also sprach Zarathustra;
d) Trakl, Gedichte.

Wiederholung der Grundbegriffe aus Lektion 5:

Bitte ergänzen Sie die folgenden Sätze sinngemäß:

*Beispiel mit Modellantwort:*

a) Als komplexe literarische Verfremdungen bezeichnen wir ...

*Antwort:* Verfremdungen, bei denen Verfremdungen ihrerseits als automatisierte Folien für neue Verfremdungen dienen.

*Fahren Sie bitte fort:*

1. Als komplexes Novum bezeichnen wir ...
   – das Novum einer komplexen Verfremdung.
2. Als Ironie bezeichnen wir ...
   – eine komplexe Verfremdung, als deren aufgehobenes Novum ein Zitat dient, das durch das komplexe Novum negiert wird.
3. Die kontextuellen Hinweise auf eine Ironie heißen ...
   – Ironiesignale.
4. Wird die Ironie von einem bestimmten sozialen Träger gegen einen anderen verwendet, so sprechen wir von ...
   – sozialer Ironie.
5. Parodistische Formen entstehen, wenn ...
   – sich bestimmte komplexe Verfremdungen auf ganze Texte erstrecken.
6. Die traditionelle Unterscheidung zwischen Parodie und Travestie?
   – Parodie: Form gleich, Inhalt geändert; Travestie: Inhalt gleich, Form geändert.
7. Als Kontrafaktur bezeichnen wir ...
   – die Verfertigung eines neuen Textes auf die Melodie bzw. das Versschema eines anderen Textes.
8. Idiolekte definieren wir als ...
   – Texte mit versteckter Isotopie, deren sozialer Träger nur aus einem oder wenigen Individuen besteht.

# LEKTION 6

## (INHALT: LITERARISCHE VERFREMDUNGEN III: TROPEN)

### 6.1. Verfremdung einzelner Sprachzeichen (= Tropen)

Die literarische Rede verfremdet auch die semantische Struktur einzelner Sprachzeichen (Lexeme bzw. Sememe), indem sie den Signifikanten statt ihres üblichen Signifikats ein anderes, erweitertes und modifziertes Signifikat zuordnet.

Nehmen wir ein Beispiel: in einem Liebesgedicht soll formuliert sein "in ihrem Gesicht/blühen zwei Rosen/strahlen zwei Sterne". Dem Signifikanten "Rosen" entspricht als übliches Signifikat 'rote Blumenart'. Dieses übliche Signifikat wird in dem Beispiel als automatisierte Folie aufgefaßt und verfremdet. Der Verfremdungseffekt wird deutlich durch den Isotopiebruch signalisiert, der bei einer Lektüre im Sinne des normalen Signifikats entstünde: der Text gäbe dann keinen Sinn. Durch die Klasseme des Kontextes erhält der Leser die Anweisung, statt des Denotats ein *Konnotat* zu lesen, also das übliche Signifikat durch ein anderes zu ersetzen: 'rote, zarte Wangen'. Wir haben es also scheinbar mit einem semantischen Substitutionsvorgang zu tun, bei dem die automatisierte Folie als *Substituendum* (lat. = zu Ersetzendes), das Novum als *Substituens* (lat. = Ersetzendes) zu dienen scheint.

Nun hatten wir allerdings die Verfremdung nicht als einfache Substitution, sondern als *Synthese* von Substituens und Substituendum definiert. Das gilt auch für die hier zu behandelnden Verfremdungen, die wir *Tropen* (griech. tropos = Wendung) nennen wollen: ginge es nur darum, "Rosen" durch "Wangen" und "Sterne" durch "Augen" zu *ersetzen*, so hätte der 'Dichter' sich die Mühe sparen können. Das Entscheidende ist vielmehr die semantische *Vereinigung* scheinbar unvereinbarer Komplexe. Durch diese Vereinigung leistet die literarische Rede einen Beitrag zur Integration nicht nur verschiedener Isotopien, sondern auch verschiedener Praxisbereiche (dazu *LsP*, Lektion 4).

Sämtliche Tropen lassen sich auch als intra-textuelle, komplexe Konnotate auffassen.

#### 6.1.1. Semantisch und pragmatisch motivierte Tropen

Der Substitutionsmechanismus "Rosen"/"Wangen" und "Sterne"/"Augen" läßt sich rein semantisch erklären: Substituendum und Substituens gehören zu semantischen Serien, die durch Konstanthaltung der Seme 'rot', 'zart' bzw. 'glänzend', 'funkelnd' gebildet werden können. Wir wollen in solchen Fällen von semantisch motivierten Tropen sprechen.

Nehmen wir ein anderes Beispiel: "Düsseldorf lehnte die Forderungen des Bochumer Lehrstuhls X als überzogen ab." Substituentien wären: "das Wissenschaftsministerium" bzw. "Professor X". Hier läßt sich der Substitutionsmechanismus nicht rein semantisch erklären. Die Verbindung läßt sich vielmehr nur *außersprachlich*, über den *sozialen Kontext* (das Ministerium befindet sich in Düsseldorf, X besitzt den Lehrstuhl) herstellen. Wir wollen in solchen Fällen von *pragmatisch* (griech. pragma = Sache, Vorgang) motivierten Tropen sprechen. Im folgenden werden wir die Tropen sowohl nach der Einteilung semantisch/pragmatisch als auch nach der textuellen Form des Signifikanten gliedern. Im *Anhang* geben wir ein Schema: s. *6.1.1./E.*

## 6.2. Der Signifikant der Trope liegt in analytischer Form vor

### 6.2.1. Signifikanten in analytischer oder synthetischer Form

Ein *Signifikant*, der sich aus mehreren unabhängigen Signifikanten (Lexeme, Sememe) zusammensetzt, liegt in *analytischer Form* vor. Beispiele dafür bilden die im Deutschen häufigen Komposita. Nehmen wir etwa den Signifikanten "blitzschnell". Er setzt sich aus zwei unabhängigen Signifikanten zusammen. Läßt sich ein Signifikant nicht in dieser Weise zerlegen (Beispiel: "Rose"), so liegt er in *synthetischer Form* vor. Wir können den Unterschied auch anders erklären: der synthetische Signifikant faßt alle seine Seme in eins zusammen, der analytische gibt einzelne Seme bzw. Sem-Komplexe getrennt wieder.

*6.2.1./A (Distinktionsübung):*

Bitte unterscheiden Sie im folgenden analytische und synthetische Signifikanten.

*Beispiele mit Modellantworten:*

a) "lendenlahm" *Antwort:* analytisch
b) "Epos in Versform" *Antwort:* analytisch

*Fahren Sie bitte fort:*

1. "Schornstein"? – synthetisch
2. "Bordstein"? – analytisch
3. "etwas zum Essen"? – analytisch
4. "Gedicht"? – synthetisch
5. "Quelle der Kultur"? – analytisch

*6.2.1./B (Generative Übung):*

Transformieren Sie bitte synthetische Signifikanten in analytische und umgekehrt.

*Beispiele mit Modellantworten:*

a) 'etwas zum Essen"? — *Antwort:* "Speise"
b) "Gedicht"? — *Antwort:* "Text in Versform"

*Fahren Sie bitte fort:*

1. "Wahrsager"? – ("Prophet")
2. "Roman"? – ("Epos in Prosa")
3. "Bürgersteig"? – ("Trottoir")
4. "Arbeitsniederlegung"? – ("Streik")
5. "Rundfunk"? – ("Radio")

### 6.2.2. Die Definition

Bei einer ersten Gruppe von Tropen liegt der im Text vorgefundene Signifikant in analytischer Gestalt vor; er ist nach Anweisung des Kontextes durch einen synthetischen Signifikanten zu ersetzen. Gibt der analytische Signifikant dabei die wesentliche Seme bzw. Semkomplexe des synthetischen Signifikanten wieder, so handelt es sich um eine *Definition.* Zu unterscheiden sind *wissenschaftliche Definitionen* von rein *linguistischen Definitionen.* Für die wissenschaftliche Definition gelten die genannten Kriterien, vor allem die Möglichkeit, die Definition und ihre Elemente auf ein Instrumentarium zur empirischen Beobachtung zu beziehen. Demgegenüber ist die linguistische Definition nur die Semanalyse des Lexems bzw. Semems. Als Beispiel mag etwa dienen: 'an Schienen gebundenes öffentliches Fernverkehrsmittel', was durch "Bahn" zu substituieren ist.

*6.2.2./C (Kritische Diskussion):*

Problematisierung der Kategorie 'wissenschaftliche Definition': wurde sie nicht zu streng gefaßt (zu 'naturwissenschaftlich')? Diskussion anhand folgender *Definitionen von "Literatur"*:

a) Es scheint das beste, nur jene Werke als Literatur zu betrachten, in denen die ästhetische Funktion das Übergewicht hat, während wir zur gleichen Zeit anerkennen, daß es ästhetische Elemente wie Stil und Komposition in Werken gibt, die einem völlig anderen, nichtästhetischen Zweck dienen, wie z. B. wissenschaftliche Abhandlungen und philosophische Traktate, politische Broschüren oder Predigten. (R. Wellek/A. Warren, Theorie der Literatur, Ullstein-Buch 420/21, Frankfurt, Berlin 1966, S. 19.)

b) Man unterscheidet einen extensiven Literaturbegriff, der auch alle Randerscheinungen des literarischen Lebens mit erfaßt, von einem intensiven, durch den nur die literarisch relevante Produktion gewürdigt wird. Literatur im extensiven Sinne ließe sich auf überhaupt alle schriftlichen Äußerungen einer Epoche beziehen. Bei einer solchen bis zum Absurden gehenden Ausdehnung des Begriffs wären auch unsere Papierkörbe schutzbedürftig. (Werner Krauss, Grundprobleme der Literaturwissenschaft 29091, Reinbek bei Hamburg 1968, S. 25.)

c) Bekanntlich wurden auf die Frage "Was ist Literatur?" im Laufe der Wissenschaftsgeschichte die verschiedensten Antworten gegeben. Literatur wurde verstanden als Zeuge der nationalen Entwicklung, als Katalysator und Träger individuellen Erlebens, als Vermittler der großen "Ideen" und "Menschheitsprobleme", als Ausdruck der gesellschaftlichen Widersprüche, als Waffe im Klassenkampf etc. Die jeweils gegebene Antwort, die wissenschaftstheoretisch und -praktisch gesetzte Definition des Gegenstands, bestimmt in jedem Fall als richtungweisende, methodenbildende Vorentscheidung die Arbeit und auch die Ziele dessen, der mit ihm umgeht. (Dieter Richter, Ansichten einer marktgerechten Germanistik, in: Das Argument, 14. Jg. 1972, Heft 3/4, S. 320.)

### 6.2.3. Rätsel und Kreuzworträtsel

Beim *Rätsel* liegt der Signifikant ebenfalls in analytischer Gestalt im Text vor. Im Unterschied zur Definition umfaßt dieser Signifikant aber nicht die wesentlichen Seme bzw. Semkomplexe vollständig, sondern nur teilweise. Der Spielraum erstreckt sich von der Nähe zur linguistischen Definition (z. B. "von einem Kuli gezogenes zweirädriges Gefährt" = 'Rikscha'; *Quick*, 18. 10. 1973) bis zu einzelnen Semen, und zwar meistens den für das ganze genus gleichen Semen: "christlicher Begriff" = 'Gnade' (*Quick* 18. 10. 73), "Alpenblume" = 'Enzian'. Vor allem das Kreuzworträtsel verwendet daneben auch verfremdete Sem-Komplexe, die wir im folgenden als *Periphrasen* (griech. = Umschreibung) kennenlernen werden (z. B. "Hühnerprodukt" = 'Ei'; "Gehilfe des Unparteiischen" = 'Linienrichter'; a. a. O.).

*6.2.3./B (Generative Übung):*

Komponieren Sie Rätselfragen; gegeben wird die Lösung.

*Beispiele mit Modellantworten:*

a) Lösung 'Maniküre'? *Antwort:* (z. B.) "kosmetische Nagelpflege"

b) Lösung 'Tenno'? *Antwort:* "japanischer Kaiser"

*Fahren Sie bitte fort:*

1. Lösung 'Energie'? –
2. Lösung 'Neffe'? –
3. Lösung 'Pigalle'? –
4. Lösung 'Ware'? –
5. Lösung 'Zaunkönig'? –

### 6.2.4. Die Periphrase

Einen Schritt weiter als das Kreuzworträtsel geht die literarische Rede. So muß man schon einige Zeit überlegen, bis man versteht, daß mit "Ratgeber der Anmut" etwa ein 'Spiegel' gemeint ist. Im Text erscheinen gerade nicht die Nuklearseme von 'Spiegel' wie etwa 'reflektierend', 'Fläche', sondern Zeichen, aus denen man diese Nuklearseme erst indirekt erschließen muß. Die *Periphrase* (griech. = Umschreibung) läßt sich also als Trope definieren, bei der ein analytischer Signifikant im Text erscheint, der einer verfremdeten Auswahl von Semen bzw. Konnotaten entspricht. Nehmen wir wieder das Beispiel "Ratgeber der Anmut": hier handelt es sich um *Konnotate,* die nur über einen *sozialen Kontext* mit dem Substituens vermittelt sind. Diese Relation über den sozialen Kontext ist *pragmatisch* (griech. pragma = Sache, Vorgang) d. h. geschieht über die außersprachliche soziale Realität. Bei der Periphrase handelt es sich also generell um eine *pragmatisch motivierte* Trope.

*6.2.4./A (Distinktionsübung):*

Bitte unterscheiden Sie im folgenden Definition und Periphrase:

*Beispiele mit Modellantworten:*

a) 'vierbeinige Sitzgelegenheit mit Lehne'

*Antwort:* Definition

b) 'der Whisky der Unbestechlichen' = White Label

*Antwort:* Periphrase

Fahren Sie bitte fort:

1. 'Vater des Wirtschaftswunders' = Erhard

– Periphrase

2. 'durch Verbrennungsmotor angetriebenes, nicht schienengebundenes Fahrzeug'

– Definition

3. 'die Echten aus Frankreich' = Gauloises

– Periphrase

4. 'Augensaft' = Tränen

– Periphrase

5. 'viersaitiges, mit Bogen gespieltes Musikinstrument in Sopranlage'

– Definition

*6.2.4./B (Generative Übung):*

Komponieren Sie zu Spaß und Training Periphrasen für fiktive Waren-Reklamen.

*Beispiele mit Modellantworten:*

a) 'Certina-Uhr'? *Antwort:* "die große Schweizer Marke in Deutschland"

b) 'VW-Variant'? *Antwort:* "Vorne große Schnauze, hinten große Klappe"

*Fahren Sie bitte fort:*

(Wählen Sie sich selbst Beispiele aus.)

### 6.2.5. Soziale Funktion der Periphrase

Die Periphrase spielt eine nicht unwichtige Rolle in der Auseinandersetzung zwischen verschiedenen sozialen Trägern. Da es sich bei ihr im wesentlichen um die Ersetzung eines synthetischen Lexems handelt, wird sie überall dort häufig benutzt, wo man bestimmte Lexeme aus verschiedenen Gründen vermeiden möchte. Ein häufiger Grund ist das Fehlen eines Synonyms auf einer bestimmten Sprachebene, meistens der der gewählten Hochsprache. Um nicht ein Lexem niedrigerer Sprachebenen verwenden zu müssen, wird dann eine Periphrase aus Ausdrükken der gewählten Hochsprache benutzt. So galt etwa in der aristokratischen Hofgesellschaft Ludwigs XIV. sogar das Wort 'Stuhl' als zu niedrig. Man sagte statt dessen: 'Bequemlichkeit der Konversation'. Ein weiterer Grund ist das Fehlen eines nationalsprachlichen bzw. seiner Herkunft nach nationalsprachlichen Lexems. Hierher gehört die Deutschtümelei der chauvinistischen Sprachreiniger, besonders während der Nazizeit. Bekannt ist die Periphrase 'Gesichtserker' statt Nase.

Schließlich können Periphrasen auch in *politisch-apologetischer Rede* (griech. apología = Verteidigung vor Gericht), die einen Sonderfall elementar-ideologischer Rede darstellt, auftauchen. Solche Periphrasen sollen den Eindruck von Definitionen wecken. So werden etwa Aggressionen als 'Verteidigung der freien Welt' (Vietnam) bzw. 'Verteidigung des Sozialismus' (Tschechoslowakei) bezeichnet. Schließlich kann die Periphrase dazu dienen, einen sozial *tabuierten Begriff* zu ersetzen (z. B. "ein oder zwei Supermächte" = 'USA und UdSSR', "gewisse Unruhestifter in der SPD" = 'Jusos' usw.).

*6.2.5./A (Distinktionsübung):*

Bitte unterscheiden Sie im folgenden, ob die Ursache der Periphrase die Sprachebene, die sogenannte Sprachreinheit oder der politisch-apologetische Charakter ist.

*Beispiele mit Modellantworten:*

a) Jene Zwingburg ...
   Wo des Weltherrn Zepter dem Inquisitor
   Schürte den Holzstoß

= spanisches Reich (Platen)
*Antwort:* Sprachebene

b) soziale Marktwirtschaft

*Antwort:* politisch-apologetisch

c) 'Rundspruch' = Radio

*Antwort:* Sprachreinheit

Fahren Sie bitte fort:

1. 'proletarischer Internationalismus' = Aggression gegen die Tschechoslowakei

– politisch-apologetisch

2. 'goldenes Naß' = Wein (Platen)

– Sprachebene

3. 'Wittenbergs stahlharter Mönch' = Luther (Platen)

– Sprachebene

4. 'Verteidigung des Abendlandes' = portugiesischer Kolonialismus

– politisch-apologetisch

5. 'Bildberichterstatter' = Reporter

– Sprachreinheit

*6.2.5./B (Generative Übung):*

Stellen Sie sich fiktiv auf den Standpunkt eines bestimmten sozialen Trägers, der gegen einen anderen polemisiert (etwa in einer Rede). Komponieren Sie einige entsprechende Periphrasen.

*Beispiele mit Modellantworten:*

a) 1. sozialer Träger: linker Fachschaftsrat; 2. sozialer Träger: Dozenten des "Bundes Freiheit der Wissenschaft";

*Antwort:* (1/2); (z. B.) 'die Ritter in den traurigen Talaren', 'die Vorreiter des Faschismus an den Hochschulen', usw.; (2/1); (z. B.) 'die Chaoten und Terroristen', 'der Vietkong der Universitäten', 'die Wirrköpfe im wörtlichen und übertragenen Sinn' usw.

*Fahren Sie fort:*
(Wählen Sie selbst Beispiele und Aufgaben aus.)

### 6.2.6. Die Antonomasie I

Eine Periphrase, deren Substituens ein Eigenname ist, wird traditionell *Antonomasie* (griech. = Umnennung) genannt. Beispiele sind etwa: "der Prophet aus Galiläa" = 'Jesus'; "der Dichterfürst" = 'Homer' usw. Für die Antonomasie (I) gilt im übrigen alles über die Periphrase Gesagte, vor allem auch die mögliche soziale Funktion. Im politischen Leben werden Antonomasien oft sogar zu gängigen Namen historischer Personen (z. B. "der eiserne Kanzler", "Stalin", "der Wüstenfuchs" usw.).

### 6.2.7. Die Synekdoche und die pars pro toto

Wird der Signifikant der Periphrase auf den eines einzigen Sems bzw. Sem-Komplexes reduziert, so haben wir es mit einer *semantisch motivierten Synekdoche* (griech. = Mitaufnahme weiterer Bedeutungen) zu tun. Wir nehmen wieder ein Beispiel: 'Solange es Sterbliche gibt, hat es Kriege gegeben'. Der Kontext weist den Hörer/Leser an, 'Sterbliche' durch 'Menschen' zu ersetzen, d. h. ein Sem durch das zugehörige synthetische Lexem. Wenn wir sagen, daß 'Sterbliche' hier in analytischer Form vorliegt, so ist das nicht absolut, sondern relativ zu verstehen. Absolut gesehen, wäre 'Sterbliche' ein synthetischer Signifikant, bezogen auf sein Substituens ('Menschen'), stellt er jedoch ein analytisches Element dar. Das Substituens dient also als Maßstab. Neben 'sterblich' muß man sich andere Seme wie 'Zweibeiner', 'Säugetier', 'vernunftbegabt' denken, die in der Nullstufe vorliegen. In mengentheoretischer Sprache ließe sich die Synekdoche folgendermaßen definieren: Abbildung der gesamten Sem-Menge des Substituens auf ein einzelnes Element der Menge. Der semantisch motivierten steht die *pragmatisch motivierte Synekdoche* gegenüber: dabei stehen Substituendum und Substituens nicht im Verhältnis Sem/Lexem, sondern Teil/Ganzes eines *pragmatischen* (realen) Komplexes. So pflegte man im 19. Jahrhundert zu sagen, ein Kapitalist be-

schäftige "100 Hände" (für: "Arbeiter"). Die pragmatisch motivierte Synekdoche läßt sich auch als *pars pro toto* (lat. = der Teil fürs Ganze) bezeichnen.
Häufig ist die Synekdoche Ausdruck eines bestimmten *ideologischen* Standpunkts, so etwa in obigem Beispiel der "Hände", wo ein krasser Nützlichkeitsstandpunkt herrscht.

*6.2.7./A (Distinktionsübung):*

Bitte unterscheiden Sie im folgenden Periphrase und Synekdoche. Kennzeichnen Sie semantisch und pragmatisch motivierte Synekdochen.

*Beispiele mit Modellantworten:*

a) 'Er kam um durch das Eisen'; Eisen = Schwert

*Antwort:* pragmatisch motivierte Synekdoche

b) 'Leg das Schießeisen weg'; Schießeisen = Pistole

*Antwort:* Periphrase

Fahren Sie bitte fort:

1. 'Er steht unter dem Pantoffel'; Pantoffel = Frau
– pragmatisch motivierte Synekdoche
2. 'unterm Krummstab ist gut leben'; Krummstab = geistliche Fürsten
– pragmatisch motivierte Synekdoche
3. 'der große Klare aus dem Norden' = Schnapssorte X
– Periphrase
4. 'der Allwissende' (für: 'Gott')
– semantisch motivierte Synekdoche
5. 'Fahrbarer Untersatz' (für: 'Auto')
– Periphrase
6. 'Komm unter mein Dach'; Dach = Haus
– pragmatisch motivierte Synekdoche

### 6.3. Der Signifikant der Trope liegt in synthetischer Form vor

Bei den bisher behandelten Tropen lagen jeweils im Text Signifikanten vor, die gegenüber dem Substituens analytischen bzw. partiellen Charakter hatten. Anders ist das in folgendem Beispiel: 'Vor diesem Mann mußt du dich in acht nehmen, das ist ein Fuchs.' Hier ist Fuchs ein synthetischer Signifikant, der gegenüber seinem Substituens 'raffinierter Mensch' keinen analytischen, partiellen Charakter besitzt. Unter den Tropen, bei denen sowohl Substituendum wie Substituens synthetische Form tragen, sind Metapher und Metonymie zu unterscheiden:

### 6.3.1. Die Metapher

Liegt im Text ein synthetischer Signifikant vor, der durch einen anderen synthetischen Komplex zu substituieren ist, wobei beide ein oder mehrere Seme gemeinsam haben, so sprechen wir von einer *Metapher* (griech. metaphorá = Übertragung). Nehmen wir wieder das Beispiel "Fuchs" = 'raffinierter Mensch': das Substituendum wäre folgendermaßen semantisch zu analysieren: "Fuchs" = 'Lebewesen', 'Säugetier', 'Vierbeiner', 'intelligent', usw.; das Sem 'intelligent' ist auch im Substituens enthalten. Mengentheoretisch formuliert: bei der Metapher ist der semantische Mengendurchschnitt von Substituendum und Substituens nicht leer. Metaphern sind also stets *semantisch motiviert.*

*6.3.1./A (Distinktionsübung):*

Bitte benennen Sie die gemeinsamen Seme folgender Metaphern.

*Beispiele mit Modellantworten:*

a) "Löwe in der Schlacht"; Löwe = Held
*Antwort:* gemeinsames Sem 'stark'
b) "ein Kuß auf diese Rubine"; Rubine = Lippen
*Antwort:* gemeinsames Sem 'rot'

Fahren Sie bitte fort:

1. "des Lebens Mai"; Mai = Jugend
– gemeinsames Sem 'früh'
2. "seinen Ärger hinunterschlucken"; 'hinunterschlucken' = verschweigen
– gemeinsames Sem 'Erscheinung auslöschen'
3. "das Blühen eines Reiches"; Blühen = Höhepunkt
– gemeinsames Sem Maximum
4. "Opium des Volkes"; Opium = Religion
– gemeinsames Sem Ausschaltung der Vernunft

5. "Bremsen der Konjunktur"; Bremsen = Verringern
– gemeinsames Sem quantitatives Abnehmen

*6.3.1./B (Generative Übung):*

Bestimmte poetische Stilarten (z. B. die sog. Barocklyrik) sind durch aufwendigen Gebrauch von Metaphern gekennzeichnet. Stellen Sie sich vor, Sie sollten solche Gedichte schreiben und müßten entsprechende Metaphern finden.

*Beispiele mit Modellantworten:*

a) Metaphern für 'Liebe'?

*Antwort:* (z. B.) "Flamme", "Sünde", "Herz der Natur" usw.

b) Metaphern für 'Wald'?

Antwort: (z. B.) "grüne Lust", "Naturdom", usw.

*Fahren Sie bitte fort:* (mit Freiheit und Ironie)

1. 'Ehe'? –
2. 'Professoren'? –
3. 'Lehrer'? –
4. 'Bücher'? –
5. 'Fernsehapparat'? –

### 6.3.1.1. Kühne und absolute Metapher

Als *kühne Metapher* wollen wir eine Metapher mit geringem semantischem Mengendurchschnitt von Substituendum und Substituens und als *absolute Metapher* eine Metapher mit nahezu leerem semantischem Mengendurchschnitt bezeichnen. Nehmen wir das Beispiel 'der Purpur seiner verzückten Tage' (Trakl) – Substituendum dieser kühnen und bereits nahezu absoluten Metapher ist 'der Purpur'; Substituens ist offenbar eine psychische Qualität, etwa 'psychische Intensität'. Der semantische Durchschnitt mit 'Purpur' ist also sehr gering: etwa: 'intensive Qualität'.

*6.3.1.1./A (Distinktionsübung):*

Unterscheiden Sie im folgenden normale, kühne und absolute Metaphern.

*Beispiele mit Modellantworten:*

a) "In kahlen Gezweigen feiert der Himmel." (Trakl)

Metapher 'feiert'?

*Antwort:* absolute Metapher, kein semantischer Durchschnitt;

b) "Wer vor dem Fels die Hände ringt
Und eines Hirten Liedes fluchet,
Vom Brunn des Mondes nicht mehr trinkt" (Brentano)

Metapher 'Brunn'?
*Antwort:* absolute Metapher, kein semantischer Durchschnitt

*Fahren Sie bitte fort:*

1. "Unter morschem Geäst, an Mauern voll Aussatz hin" (Trakl)

Metapher 'Aussatz'?
– kühne Metapher; semantischer Durchschnitt 'rauh', 'pockenartig'

2. Kühlrauschend unterm hellen
Tiefblauen Himmelsdom
Treibt seine klaren Wellen
Der ewgen Jugend Strom. (Eichendorff)

Metapher 'Strom'?
– normale Metapher; semantischer Durchschnitt 'zeitlich dimensioniert', 'dynamisch', 'energisch' usw.

3. Wer in dem Taue auf der Flur,
Um einer Hirtin Tugend anzuschwärzen,
Verrät der nächt'gen Liebe Spur,
Der nährt den Wurm des Neids in bösem Herzen. (Brentano)

Metapher 'Wurm'?
– normale Metapher; semantischer Durchschnitt 'intern', 'unsichtbar', 'ununterbrochen in Aktion', 'destruktiv' usw.

4. "Tönende Bündel vergilbten Korns" (Trakl)

– Metapher 'tönende'?
– kühne Metapher; semantischer Durchschnitt: 'sinnlich intensiv'

5. "Purpurn zerbrach der Gesegneten Mund" (Trakl)

Metapher 'zerbrach'?
– absolute Metapher; kein semantischer Durchschnitt.

*6.3.1.1./B (Generative Übung):*

Um den Produktionsmechanismus kühner und absoluter Metaphern zu erproben, komponieren Sie verfremdete, fiktive und poetische Reklameslogans.

*Beispiele mit Modellantworten:*

a) (Waschmittel X): (z. B.) "X sprengt Ihre Wäsche mit Azur!"
b) (Parfum Y): (z. B.) "Der sonore Klang von Y überall, wo Sie gehen."

Fahren Sie nach gusto fort.

6.3.1.2. Metapher und Synästhesie

Einen besonderen Typ kühner bzw. absoluter Metaphern, bei dem als Substituendum der Bereich eines anderen Sinnes als der des Substituens dient, nennt man *Synästhesie* (griech. = Zugleichempfinden). Beispiel: "Golden wehn die Töne nieder" (Brentano): 'golden' ist Metapher, deren semantischer Durchschnitt mit dem Substituens gering ist (etwa 'intensiv sinnlich', 'auffallend').

*6.3.1.2./A (Distinktionsübung):*

Versuchen Sie, unter folgenden Beispielen die Synästhesien zu erkennen.

*Beispiele mit Modellantworten:*

a) Abend kehrt in alten Garten;
Sonjas Leben, blaue Stille. (Trakl)

Metapher 'blaue'?
*Antwort:* Synästhesie.

b) Sonnenblume, sanftgeneigte
Über Sonjas weißes Leben. (Trakl)

Metapher 'weißes'?
Antwort: keine Synästhesie.

*Fahren Sie bitte fort:*

1. Durch die Nacht, die mich umfangen
Blickt zu mir der Töne Licht. (Brentano)

Metapher: 'Licht', 'blickt'?
– Synästhesie

2. Wenn der Sturm das Meer umschlinget,
Schwarze Locken ihn umhüllen. (Brentano)

Metapher 'schwarze Locken'?
– keine Synästhesie

3. Abendwind leise ans Fenster rauscht,
Blaues Orgelgeleier. (Trakl)

Metapher 'blau'?
– Synästhesie

4. Jägerruf und Blutgebell (Trakl)

Metapher 'Blutgebell'?
– Synästhesie

5. Über Stoppelfeld und Pfad
Banget schon ein schwarzes Schweigen. (Trakl)

Metapher 'schwarz'?
– Synästhesie

*6.3.1.2./B (Generative Übung):*

Versuchen Sie sich selbst in der Produktion von Synästhesien. Transformieren Sie entsprechend die vorgeschlagenen Komplexe.

*Beispiele mit Modellantworten:*

a) "intensive Wollust"? *Antwort:* (z. B.) 'rote Wollust'
b) "auffällige Farbe"? *Antwort:* (z. B.) 'schreiende Farbe'

*Fahren Sie bitte fort:*

1. "stechender Schmerz"? –
2. "harmonischer Akkord"? –
3. "blauer Himmel"? –
4. "ekliger Geschmack"? –
5. "strahlendes Weiß"? –

*6.3.1.1./C (Kritische Diskussion):*

Problematisierung des Effekts, der mithilfe kühner oder absoluter Metaphern bzw. Synästhesien erreicht werden kann: handelt es sich dabei bloß um 'belanglose Spielerei' und 'Formalismus'? Oder werden damit gar 'metaphysische Wesenheiten zum Ausdruck gebracht'? Oder lassen sich andere Erklärungen geben (auch was den sozialen Sinn solcher Tropen angeht)?

### 6.3.2. Die Metonymie

Die *Metonymie* (griech. metonymía = Namensvertauschung) läßt sich zunächst rein formal in Opposition zur Metapher definieren: Liegt im Text ein synthetischer Signifikant vor, der durch einen anderen synthetischen Komplex zu substituieren ist, wobei ihr semantischer Mengendurchschnitt leer ist, so sprechen wir von Metonymie. Diese Trope scheint schwer erklärlich zu sein; sie ist auch rein linguistisch nicht zu erklären. Nehmen wir ein Beispiel: 'Bonn meldete, daß die Preise bereits im Griff seien.' Hier ist der Signifikant "Bonn" zu substituieren durch 'Regierungssprecher'. Es gibt keine gemeinsamen Seme. Wohl aber stehen 'Bonn' und 'Regierungssprecher' in *pragmatischer* Relation, d. h. in einunddemselben *sozialen Kontext*. Stets sind Metonymien also *pragmatisch motiviert*. Linguistisch spiegelt sich diese Tatsache in hoher Rekurrenz einer *syntaktischen Verbindung* zwischen Substituendum und Substituens wider: in der mit dem sozialen Kontext verbundenen Menge von Sätzen gibt es viele Sätze nach dem Muster 'der Regierungssprecher meldete aus Bonn', 'die Regierung in Bonn ließ erklären' usw. Wir halten fest, daß 'aus Bonn', 'in Bonn' adverbiale Erweiterungen darstellen.

Es gilt also: bei der Metonymie ist ein Lexem durch ein anderes zu substituieren, wobei es möglich sein muß, einen Satz zu bilden, in dem das im Text vorgefundene Lexem als adverbiale Bestimmung und das zu substituierende Lexem als Subjekt oder Objekt auftritt.

*6.3.2./B (Generative Übung):*

Bitte versuchen Sie, den entsprechenden Satz für folgende Metonymien zu bilden. Ihr Satz muß nur im Prinzip, nicht wörtlich, mit der Modellantwort übereinstimmen.

*Beispiele mit Modellantworten:*

a) "Trink noch ein Glas!"

*Antwort:* "Trink den Wein aus dem Glas!"

b) "Das Theater applaudiert"

*Antwort:* "Die Zuschauer im Theater applaudieren."

Fahren Sie bitte fort:

1. "Das gesamte Stadion protestiert."
– "Das gesamte Publikum im Stadion protestiert."
2. "Das Schauspielhaus spielt Brecht."
– "Das Ensemble im Schauspielhaus spielt ein Stück von Brecht."
3. "Sollen wir Pankow anerkennen?"
– "Sollen wir die Regierung in Pankow anerkennen?"
4. "Das Weiße Haus ist noch schwankend."
– "Der Präsident im Weißen Haus ist noch schwankend."
5. "Unser Nachbar ist abgebrannt."
– "Das Haus, in dem unser Nachbar wohnt, ist abgebrannt."

*6.3.2./A (Distinktionsübung):*

Versuchen Sie nun im folgenden, Metaphern und Metonymien zu unterscheiden.

*Beispiele mit Modellantworten:*

a) "Von der Wiege bis zur Bahre"; Wiege = Geburt; Bahre = Tod
*Antwort:* Metonymie

b) "Auch ich war in Arkadien geboren
Doch Tränen gab der kurze Lenz mir nur." (Schiller)
'Lenz' = Jugend
*Antwort:* Metapher

Fahren Sie bitte fort:

1. "Erloschen sind die heitern Sonnen,
Die meiner Jugend Pfad erhellt." (Schiller)

'Sonnen' = Ideale
– Metapher

2. "Ganz Griechenland ergreift der Schmerz,
Verloren hat ihn jedes Herz." (Schiller)

'ganz Griechenland' = alle Griechen
– Metonymie

3. 'Wenn die Aufwertung noch länger verzögert wird, erhöht sich die Gefahr, daß die außenwirtschaftliche Flanke aufgerissen wird."
(Karl Schiller)

'außenwirtschaftliche Flanke' = Exportüberschüsse
– Metapher

4. "mein Schatz"

'Schatz' = Liebling
– Metapher

5. "Das Weiße Haus verhält sich weiterhin abwartend."

'Weißes Haus' = Regierung der USA
– Metonymie

6. "Dabei hat wiederum die Erfahrung gezeigt, daß erst die einer Überhitzung zwangsläufig folgende Rezession zu schweren Einbußen im Wachstum führt."

'Überhitzung' = exzessive Konjunktur
– Metapher

### 6.3.2.1. Soziale Metonymien

Spiegeln Metonymien die Perspektive einzelner sozialer Träger, so sprechen wir von *sozialen Metonymien.* Ein Beispiel: "Bangkok hat solide wirtschaftliche Interessen am Verbleib von US-Soldaten" (*Welt*-Titel 21. 10. 1973): "Bangkok" ist hier eine Metonymie für 'Bevölkerung von Thailand'. In Wahrheit kann es sich vermutlich nur um einen mehr oder weniger begrenzten Teil der Bevölkerung handeln, der "solide wirtschaftliche Interessen" hat, weshalb eine andere soziale Metonymie, diesmal aus anderer Perspektive, etwa sein könnte: (z. B.) 'Bangkoks Wallstreet (bzw. Entsprechung) hat solide wirtschaftliche Interessen' usw. Vgl. dazu auch das folgende Gedicht von Brecht, das bestimmte soziale Metonymien ironisiert:

*Fragen eines lesenden Arbeiters*
(. . .)
Der junge Alexander eroberte Indien.
Er allein?
Cäsar schlug die Gallier.
Hatte er nicht wenigstens einen Koch bei sich?
Philipp von Spanien weinte, als seine Flotte
Untergegangen war. Weinte sonst niemand?
(. . .)

*6.3.2.1./B (Generative Übung):*

Transformieren Sie die folgenden sozialen Metonymien, indem Sie jeweils den sozialen Träger ändern.

*Beispiele mit Modellantworten:*

a) "Washington will die Verstaatlichung der Aramco nicht hinnehmen."
*Antwort:* (z. B.) "Aramco will die Verstaatlichung von Aramco nicht hinnehmen."
b) "Ostberlin begrüßt die gemeinsame Aktion in der CSSR."
*Antwort:* (z. B.) "Der SED-Apparat begrüßt . . ."

*Fahren Sie bitte fort:*

(Wählen Sie Beispiele selbst aus; lassen Sie sich ggf. von Zeitungen inspirieren.)

### 6.3.3. Produktionsmechanismen für Metaphern

#### 6.3.3.1. Der metonymische Produktionsmechanismus

Im Wirtschaftsteil einer Zeitung begegnen zu Hunderten Metaphern folgenden Typus: 'Rost auf der Stahlkonjunktur', 'Zeiss Ikon macht die

Blende dicht', 'Der "Panther" von Krauss-Maffei springt über die Grenzen' usw. Überall gibt es zwischen Substituendum und Substituens eine metonymische Beziehung: beide (z. B. "Rost" und 'schlechte Konjunktur') sind in einunddemselben sozialen Kontext (Stahlproduktion) enthalten. Es ist einleuchtend, daß der Metaphernproduzent, der für ein bestimmtes Substituens ein Substituendum sucht, zuerst an den gleichen sozialen Kontext denkt. Es zeigt sich, wie hier die soziale Praxis die Auswahl der Metaphern bestimmt.

*6.3.3.1./B (Generative Übung):*

Stellen Sie sich vor, Sie seien Wirtschaftsjournalist und sollten bestimmte Fakten in einprägsame Metaphern fassen.

*Beispiele mit Modellantworten:*

a) Aufgabe: 'Die Produktion von Segelbooten stagniert'

*Antwort:* "Schlaffe Segel auf dem Bootmarkt."

b) Aufgabe: 'Triumph entläßt 1000 Arbeiterinnen.'

*Antwort:* "Triumph bekommt eine schlankere Linie."

*Fahren Sie bitte fort:*

(Stellen Sie sich selbst entsprechende 'Aufgaben'. Die Übung fordert natürlich geradezu ein ironisches Herangehen.)

6.3.3.2. Der ideologische Produktionsmechanismus

Der zuvor behandelte metonymische Produktionsmechanismus verbindet sich, wie besonders die Beispiele aus dem Wirtschaftsjournalismus zeigten, durchaus mit massiver ideologischer Strategie. Davon zu unterscheiden ist dennoch ein Auswahlmechanismus, wie er in folgendem Beispiel vorliegt: "Ein Unwetter zieht am Ölmarkt auf." "Unwetter" und 'schlechte Versorgung' sind nicht in einunddemselben sozialen Kontext situiert, dennoch ist ihre Verbindung alles andere als originell oder genial. Die Auswahl erfolgte vielmehr nach der Regel: das Substituendum muß etwas möglichst Natürliches sein. Und diese Regel wiederum entsprang einer Ideologie, für die gesellschaftliche Prozesse, besonders Wirtschaftsprozesse, als natürliche Vorgänge zu betrachten sind.

*6.3.3.2./B (Generative Übung):*

Versetzen Sie sich in die Lage eines Journalisten, dessen Ideologie gesellschaftliche Prozesse als natürliche Prozesse betrachtet. Produzieren Sie entsprechende Metaphern (Sie können ruhig ironisch-polemisch übertreiben).

*Beispiele mit Modellantworten:*

a) Aufgabe: 'Bombardement einer Frauenklinik.'

*Antwort:* (z. B.) "Es regnet Tod auf neues Leben."

b) Aufgabe: 'Dollarspekulation gefährdet Mark-Kurs.'

*Antwort:* (z. B.) "Springflut von Dollars gefährdet unsere Deiche."

*Fahren Sie bitte fort:*

(Stellen Sie sich selbst entsprechende 'Aufgaben'.)

### 6.3.3.3. Der polemische Produktionsmechanismus

Der im folgenden erläuterte polemische Produktionsmechanismus gehört zur elementar-ideologischen Rede. Ein Beispiel: "Die Wiedertäufer der Wohlstandsgesellschaft" (Erwin K. Scheuch über die studentische Protestbewegung) – der Begriff 'Wohlstandsgesellschaft' zeigt deutlich, welche elementar-ideologische Perspektive vorherrscht; die Metapher 'Wiedertäufer' ist auf dieser Basis nach folgenden Kriterien ausgesucht worden: der Gegner, der gegen mittelalterliche Irrationalität und feudale Überreste zu kämpfen erklärt, ist besonders stark zu treffen, wenn man ihm Metaphern aus eben diesem Bereich anhängt. Dieses Verfahren läßt sich für den polemischen Produktionsmechanismus generalisieren: im Konflikt zwischen verschiedenen sozialen Trägern werden Metaphern für den Gegner aus dem Bereich eindeutig negativer Konnotationen und nach Möglichkeit aus einem vom Gegner selbst bekämpften Bereich gewählt. Wir können von einer Strategie sprechen, die darauf aus ist, 'den Gegner auf eigenem Felde zu schlagen'. Ein Musterbeispiel dafür ist die Polemik des sozialen Trägers 'konservative Intelligenz' gegen den sozialen Träger 'progressive Intelligenz': bevorzugtes Metaphern-Reservoir ist dabei der Bereich der Religion ('Dogmatiker', 'Sektierer', 'Heilsbringer' usw.), der von den Progressiven eher kritisch und von den Konservativen eigentlich eher positiv eingeschätzt wird.

*6.3.3.3./B (Generative Übung):*

Gegeben werden sollen zwei soziale Träger; wählen Sie entsprechende Metaphern in polemischer Absicht aus (und zwar aus beiden Perspektiven).

*Beispiele mit Modellantworten:*

a) sozialer Träger 1: 'linke SPD' / sozialer Träger 2: 'rechte SPD'

*Antwort:* (z. B.) 1/2: z. B. Bereich Zirkus usw.: 'Polit-Clown', 'Bauchredner' usw.
2/1: z. B. Bereich Dynamit usw.: 'System-Sprenger', 'Psychoterror' usw.

b) sozialer Träger 1: 'Bund Freiheit der Wissenschaft' / sozialer Träger 2: 'GEW'

*Antwort:* (z. B.) 1/2: z. B. Bereich Religion: 'Dogmatiker', 'Fortschrittsprediger' usw.
2/1: z. B. Bereich Religion: 'Dunkelmänner', 'Obskurantisten'

*Fahren Sie bitte fort:*

(Wählen Sie selbst soziale Träger aus.)

### 6.3.4. Die metaphorische Katachrese

Wenn das Substituens der Metapher nur als Idee, nicht aber sprachlich existiert, sprechen wir von *metaphorischer Katachrese* (griech. katáchreisis = Mißbrauch). Durch metaphorische Katachresen füllt die Sprache bestehende Lücken aus: vgl. Lexeme wie 'Stuhlbein' und 'Schlüsselbart'.

*6.3.4./A (Distinktionsübung):*

Unterscheiden Sie im folgenden metaphorische Katachresen von normalen Metaphern.

*Beispiele mit Modellantworten:*

a) 'Baumschule'? *Antwort:* metaphorische Katachrese
b) 'Brillenschlange'? *Antwort:* Metapher

*Fahren Sie bitte fort:*

1. 'Rolling Stones'? – Metapher
2. 'Flaschenhals'? – metaphorische Katachrese
3. 'Vatermörder'? – metaphorische Katachrese
4. 'Bergesfuß'? – metaphorische Katachrese
5. 'dufte Biene'? – Metapher

## 6.4. Die Emphase und das totum pro parte

Liegt im Text ein synthetischer Signifikant vor, der durch einen analytischen Komplex zu substituieren ist und zwar durch ein oder wenige Seme des gleichen Komplexes, so haben wir es mit einer *semantisch motivierten Emphase* (griech. émphasis=deutliches Sagen) zu tun. Als Beispiel diene: "Den letzten Männern gewidmet" (Reklame für Rodeo After-Shave). 'Männer' ist ein synthetisches Zeichen, dem jedoch ein neues Signifikat substituiert werden muß. Das Substituens umfaßt nur wenige, vielleicht nur ein Sem von 'Mann', nämlich 'stark', 'potent'. Das Substituens ('stark', 'potent') liegt deshalb in analytischer Gestalt vor, weil es einen Teil der semantischen Analyse von 'Mann' darstellt. Die Emphase ist also, je nachdem, ob es sich um ein oder mehrere Seme handelt, eine umgekehrte Synekdoche bzw. eine umgekehrte Periphrase. Mengentheoretisch formuliert läßt sich sagen: die *semantisch motivierte* Emphase ist die Abbildung eines einzelnen Elements der semantischen Menge auf die Gesamtmenge. Der semantisch motivierten steht die *pragmatisch motivierte Emphase* gegenüber: dabei stehen Substituendum und Substituens nicht im Verhältnis Lexem/Sem, sondern Ganzes/Teil eines *pragmatischen* (realen) Komplexes. So pflegt man zu sagen, "Wallstreet sei verstimmt" (für: "die Kapitalisten in der Börse, die in der Wallstreet liegt"). Die pragmatisch motivierte Emphase läßt sich auch als *totum pro parte* (lat. = das Ganze gilt für den Teil) bezeichnen.
Häufig ist eine Emphase Ausdruck eines bestimmten *ideologischen* Standpunkts, so etwa, wenn das bürgerliche 18. Jahrhundert die Emphase "Mensch" (für: "Bürger") verwandte.

*6.4./A (Distinktionsübung):*

Bitte unterscheiden Sie im folgenden Emphase, Synekdoche und Periphrase. Kennzeichnen Sie semantisch und pragmatisch motivierte Emphasen.

*Beispiele mit Modellantworten:*

a) "Männer sind nicht immer Soldaten, Soldaten aber sind immer Männer!" (Bundeswehr-Anzeige)

*Antwort:* semantisch motivierte Emphase

b) "Kein Sterblicher hat ihn je gesehen."

*Antwort:* Synekdoche

Bitte fahren Sie fort:

1. "Erst eine Hirschmann-Antenne macht aus ihrem Wagen einen Wagen." (Reklame)

– semantisch motivierte Emphase

2. "Unsere Stewardessen sind überall auf dem Globus zuhause."

'Globus' = Erde
– Synekdoche

3. "Der erste Mensch, der den Erdtrabanten betrat."

'Erdtrabant' = Mond
– Periphrase

4. "Frauen haben ein sicheres Gefühl für Männlichkeit." (Prestige-Reklame)

– semantisch motivierte Emphase

5. "Auch der Papst ist Mensch."

– semantisch motivierte Emphase

6. "In Portugal hat die Straße das Parlament besiegt."

– pragmatisch motivierte Emphase

*6.4./B (Generative Übung):*

Versetzen Sie sich in die Rolle eines Reklame-Poeten, der für seine Ware einen Slogan mit einschlagender Emphase finden soll.

*Beispiele mit Modellantworten:*

a) Aufgabe: Waschmittel;
*Antwort:* (z. B.) 'Zaubert Schnee auf Ihre Wäsche'
b) Aufgabe: Parfüm;
*Antwort:* (z. B.) 'Macht aus Ihrer Frau ein Weib.'

Fahren Sie nach gusto fort.

### 6.5. Kombination von Tropen

In einem Text treten häufig mehrere Tropen, sei es von gleichem, sei es von verschiedenem Typ, zu einem synchronen System zusammen.

#### 6.5.1. Die Katachrese

Die Katachrese, nicht zu verwechseln mit der metaphorischen Katachrese, stellt ein synchrones Subsystem von Tropen dar, das in sich widersprüchlich gefügt ist. Ein Beispiel: "Der Zahn der Zeit, der schon so manche Träne getrocknet hat, wird auch über diese Wunde Gras wachsen lassen." Die Widersprüchlichkeit der Katachrese besteht nur auf der

Ebene der im Text vorgefundenen Zeichen, sie würde durch die Substituierung verschwinden. Dennoch lehnt die klassische Stilistik die Katachrese außer als Mittel der Komik ab.

*6.5.1./A (Distinktionsübung):*

Entscheiden Sie, ob es sich im folgenden um Katachresen handelt. Antworten Sie mit ja oder nein.

*Beispiele mit Modellantworten:*

a) "Wenn alle Stricke reißen, hänge ich mich auf."

*Antwort:* ja

b) Einsamkeit, du Geister Bronnen
Mutter aller heilgen Quellen,
Zauberspiegel innerer Sonnen,
Die berauschet überschwellen. (Brentano)

*Antwort:* ja

Fahren Sie bitte fort:

1. "Es ist erfreulich, daß die politischen Extremitäten in Deutschland keinen Fuß fassen können." (Erhard)

– ja

2. In deinem Auge schwamm ein lichter Funken,
Der Farben schuf, den Pinsel drein zu tunken,
Den reine Dichterhände Gott geloben. (Platen)

– ja

3. Rom jedoch, kaum neigte dem Untergang sich's,
Als das Saatkorn neuer Gewalt gesät ward. (Platen)

– nein

4. Daß des Lichtes Quelle wieder
Rein und heilig in mir flute,
Träufle einen Tropfen nieder
Jesus mir von deinem Blute. (Brentano)

– ja

5. Den giergen Geier, der dich lang zerfleischt,
Bannt ein gottselig Kind, und deckt ganz stille
Die schreinde Wunde dir mit Taubenflügeln. (Brentano)

– ja

*6./C (Kritische Diskussion):*

Problematisierung des analytischen Werts der Tropen: was kann die Deskription der Tropen zur Literaturkritik beitragen, was nicht? Sollte man in der Schule Tropenlehre behandeln? In welchen denkbaren Zusammenhängen? Was ließe sich für die Ansicht ins Feld führen, die Tropenlehre sei zumindest für den Schulunterricht obsolet geworden?

*6./D (Exemplarische historische Anwendung):*

Vorschläge:
a) Barocklyrik;
b) Warenreklame.

Wiederholung der Grundbegriffe aus Lektion 6:

Ergänzen Sie bitte die folgenden Sätze:
a) Die Verfremdung der semantischen Struktur einzelner Sprachzeichen, bei der das Signifikat nach Anweisung des Kontextes zu substituieren ist, nennen wir ...

*Antwort:* Trope.

*Bitte fahren Sie fort:*

1. Der Signifikant der Trope kann in verschiedener Textgestalt vorliegen und zwar in ...

– synthetischer und analytischer Gestalt.

2. Als linguistische Definition bezeichnen wir eine Trope, bei der ...

– der Signifikant in analytischer Textgestalt gegeben ist und alle wesentlichen Seme und Semkomplexe des Substituens darstellt.

3. Liegt der Signifikant ebenfalls in analytischer Textgestalt vor, gibt aber die Seme nur teilweise wieder, so handelt es sich um ...

– ein Rätsel.

4. Als Periphrase bezeichnet man ...

– eine Trope, bei der der Signifikant in analytischer Textgestalt vorliegt und eine verfremdete Auswahl von Semen bzw. Konnotate repräsentiert.

5. Eine Periphrase, deren Substituens ein Eigenname ist, heißt ...

– Antonomasie.

6. Als Synekdoche bezeichnen wir die Trope, bei der ...

– der Signifikant nur ein einziges Sem bzw. einen einzigen Sem-Komplex repräsentiert.

7. Liegt im Text ein synthetischer Signifikant vor, der durch einen anderen synthetischen Komplex zu substituieren ist, wobei beide ein oder mehrere Seme gemeinsam haben, so handelt es sich ...

– um eine Metapher.

8. Als absolute Metapher bezeichnen wir ...

– eine Metapher mit leerem semantischem Mengendurchschnitt.

9. Synästhesie definieren wir als ...

– kühne bzw. absolute Metapher, bei der als Substituendum der Bereich eines anderen Sinnes als der des Substituens dient.

10. Bei der Metonymie stehen Substituendum und Substituens ...

– in pragmatischer Beziehung.

11. Emphase ist eine Trope ...

– deren Substituendum einen synthetischen Komplex und dessen Substituens ein oder wenige Seme des gleichen Komplexes repräsentiert.

## LEKTION 7

## (INHALT: LITERARISCHE VERFREMDUNGEN IV: SYMBOLE)

### 7.1. Die Pictura

**Eine kohärente Gruppe von Zeichen, deren Signifikat u. a. durch einen** komplexen visuellen Signifikanten dargestellt werden kann, nennen wir eine *Pictura* (lat. = Bild). Visuelle Signifikanten heißen auch *ikonische* (griech. ikón = Bild) Signifikanten. Für literarische und andere Picturae gilt also die Bedingung, daß sie in ikonische Darstellung übertragbar sein müssen. Einige Beispiele: "der Brunnen vor dem Tore", "ein sinkendes Schiff im Ozean", "das kleine Haus unter Bäumen am See" (Brecht). Beispiele für ikonische Picturae bilden die meisten Waren-Reklamen.

*7.1./A (Distinktionsübung):*

Bitte versuchen Sie, unter den folgenden Beispielen die Picturae festzustellen.

*Beispiele mit Modellantworten:*

a) Wenn zu der Regenwand
Phöbus sich gattet,
Gleich steht ein Bogenrand
Farbig beschattet. (Goethe)

*Antwort:* ja

b) So sollst du, muntrer Greis,
Dich nicht betrüben,
Sind gleich die Haare weiß,
Doch wirst du lieben. (Goethe)

*Antwort:* nein

Fahren Sie bitte fort:

1. Die Sonne kommt! Ein Prachterscheinen!
Der Sichelmond umklammert sie. (Goethe)

– ja

2. Liebe, wunderschönes Leben,
Willst du wieder mich verführen,

Soll ich wieder Abschied geben
Fleißig ruhigem Studieren? (Eichendorff)

– nein

3. Durch schwankende Wipfel
Schießt güldner Strahl,
Tief unter den Gipfeln
Das neblige Tal. (Eichendorff)

– ja

4. Sah ein Knab ein Röslein stehn,
Röslein auf der Heiden. (Goethe)

– ja

5. Das kleine Haus unter Bäumen am See.
Vom Dach steigt Rauch. (Brecht)

– ja

6. Es steht ein Berg im Feuer,
In feurigem Morgenbrand,
Und auf des Berges Spitze
Ein Tannenbaum überm Land. (Eichendorff)

– ja

### 7.1.1. Syntagmatische Beziehungen auf einer Pictura

Alle Beziehungen zwischen Elementen einer Pictura sind *syntagmatische Beziehungen* auf dieser Pictura. Unter diesen Beziehungen lassen sich *semantisch* und *pragmatisch* motivierte unterscheiden. Häufig sind die wichtigsten semantisch motivierten syntagmatischen Beziehungen Binäroppositionen oder Ternäroppositionen. Ein Beispiel für eine dreigliedrige pragmatisch motivierte Beziehung liefert die Brechtische Pictura "das kleine Haus unter Bäumen am See".

*7.1.1./A (Distinktionsübung):*

Bitte benennen Sie auffallende syntagmatische Beziehungen auf den im folgenden genannten Picturae. Unterscheiden Sie dabei semantisch und pragmatisch motivierte Relationen.

*Beispiele mit Modellantworten:*

a) Doch siehe! Dort im Mondenschein
Den kolossalen Gesellen!
Er ragt verteufelt schwarz empor,
Das ist der Dom von Köllen. (Heine)

*Antwort:* Binäropposition 'Domsilhouette' vs 'Mondschein'; 'dunkel' vs 'hell' (pragmatisch und semantisch)

b) Es ist eine Insel der Südsee,
Den Sonnengott zu empfangen. Man rührt die Trommeln.
Die Männer führen kriegerische Tänze auf.
Die Frauen wiegen die Hüften in Schlinggewächsen und
Feuerblumen,
Wenn das Meer singt. O unser verlorenes Paradies. (Trakl)

*Antwort:* semantische Binäropposition 'Männer' vs 'Frauen'; pragmatischer Komplex 'Insel' vs 'Sonne' vs 'Meer'

*Fahren Sie bitte fort:*

1. Es sind kleine Mädchen in einem Hof in Kleidchen voll herzzerreißender Armut! (Trakl)

– pragmatische Relation 'Mädchen' vs 'Hof'; pragmatische Relation 'Mädchen' vs 'Kleidchen'

2. Und als der Morgennebel zerrann,
Da sah ich am Wege ragen
Im Frührotschein das Bild des Manns,
Der an das Kreuz geschlagen. (Heine)

– pragmatische Relation 'Nebel' vs 'Weg' vs 'Licht' vs 'Silhouette'; Binäropposition 'Kreuzsilhouette' vs 'Licht-Hintergrund' (pragmatisch und semantisch)

3. Auf die Dächer zwischen blassen
Wolken scheint der Mond herfür,
Ein Student dort auf der Gassen
Singt vor seiner Liebsten Tür. (Eichendorff)

– pragmatische Relation 'Wolken' vs 'Mond'; 'Dächer' vs 'Gassen'; 'Dächer' vs 'Himmel'; 'Student' vs 'Hintergrund'

4. Erscheinung der Nacht: Kröten tauchen aus silbernen Wassern. (Trakl)

– pragmatische Relation 'Kröten' vs 'Wasser'; ('dunkel') vs 'silbern'

5. Da steht eine Burg überm Tale
Und schaut in den Strom hinein. (Eichendorff)

– Binäropposition 'Burg' vs 'Tal', 'Strom'; 'oben' vs 'unten'; 'fest' vs 'bewegt' (pragmatisch und semantisch)

*7.1.1./B (Generative Übung):*

Nehmen Sie an, Sie schrieben ein poetisches Tagebuch (bzw. Briefe) und notierten darin auffallende und deutlich strukturierte Picturae aus Ihrem Erfahrungsbereich.

*Beispiele zur Anregung:*

a) (z. B.) 'Draußen schneidet das Stangenwerk der Baukräne das Filigran der nackten Äste.'

b) (z. B.) 'Das Rot der Ampel im nebligen Weiß des Herbsttages.'

Fahren Sie nach gusto fort.

### 7.2. Das Symbol

Unter *Symbol* (griech. symbolon = Merkzeichen) verstehen wir eine in bestimmter Weise verfremdete Pictura: und zwar wird dabei das komplexe Signifikat einer Pictura auf ein anderes komplexes Signifikat, das wir *Subscriptio* (lat. = Unterschrift) nennen, *abgebildet*. Das Symbol stellt insgesamt die semantische *Vereinigung* der beiden komplexen Signifikate dar. Als Beispiel diene die Eichendorff-Stelle:

Da steht eine Burg überm Tale
Und schaut in den Strom hinein.

Würde das komplexe Signifikat dieser Pictura vom Leser auf folgende Subscriptio abgebildet

'Hoch oben die festen ritterlichen Werte,
Darunter die Welt in ihrer raschen Bewegung'

so läse der Leser die Stelle als Symbol.

Wie sich zeigt, gehören Pictura und Subscriptio jeweils zu zwei deutlich verschiedenen *Isotopien* (bei Eichendorff Isotopie 1 = Landschaftsdeskription, Isotopie 2 = ideologische Rede). Ein Symbol läßt sich also auch als die semantische Vereinigung von parallelen Texten mit je eigener Isotopie definieren. (Vgl. auch *Anhang 7.2./E.)*

*7.2./B (Generative Übung):*

Bitte versuchen Sie die folgenden Picturae als Symbole zu lesen; produzieren Sie entsprechende Subscriptiones.

*Beispiele mit Modellantworten:*

a) Pictura: "Länderspiel Deutschland – Rußland; die deutschen Spieler machen viele Einzelaktionen, die russische Mannschaft spielt sehr koordiniert."

*Antwort:* Subscriptio (z. B.): 'Wettkampf der Systeme; westliche Eigeninitiative vs östliche Planwirtschaft'

b) Pictura:
O Täler weit, o Höhen,
O schöner, grüner Wald,
Du meiner Lust und Wehen

Andächtiger Aufenthalt!
Da draußen, stets betrogen,
Saust die geschäftge Welt,
Schlag noch einmal die Bogen
Um mich, du grünes Zelt! (Eichendorff)

*Antwort:* Subscriptio (z. B.):
'Oben die ursprüngliche, heilige Natur als göttlicher Raum – unten die Welt der Zivilisation, der widergöttliche Raum.'

*Fahren Sie bitte fort:*

1. Pictura:
Sah ein Knab ein Röslein stehn,
Röslein auf der Heiden,
War so jung und morgenschön
Lief er schnell, es nah zu sehn. (Goethe)

–

2. Pictura:
Wer hat dich, du schöner Wald,
Aufgebaut so hoch da droben?
(. . .)
Tief die Welt verworren schallt,
Oben einsam Rehe grasen. (Eichendorff)

–

3. Pictura:
*Im Bade*
Der Kabinettminister liegt in der Badewanne. Er versucht mit der Hand
Die holzrückige Bürste unter den Wasserspiegel zu drücken.
Im kindlichen Spiel
Verbirgt sich ein Ernst. (Brecht)

–

4. Pictura:
Immer klingen die weißen Mauern der Stadt.
Unter Dornenbogen
O mein Bruder klimmen wir blinde Zeiger gen Mitternacht.
(Trakl)

–

5. Pictura:
*Der Pflaumenbaum*
Im Hofe steht ein Pflaumenbaum
Der ist klein, man glaubt es kaum.
Er hat ein Gitter drum

So tritt ihn keiner um.
Der Kleine kann nicht größer wer'n.
Ja größer wer'n, das möcht er gern.
's ist keine Red davon
Er hat zu wenig Sonn.

Den Pflaumenbaum glaubt man ihm kaum
Weil er nie eine Pflaume hat
Doch er ist ein Pflaumenbaum
Man kennt es an dem Blatt. (Brecht)

–

*7.2./C (Kritische Diskussion):*

Problematisierung der Tatsache, daß "Interpretieren" weitgehend Produktion von Subscriptiones zu sein scheint. Lassen sich daraus Kriterien für korrekte Interpretationen ableiten? Oder ist damit der Willkür Tür und Tor geöffnet? Kann man beliebig jede Pictura als Symbol lesen? Und in beliebiger Weise als Symbol für alles mögliche? Wenn das so ist, wie kommen dann Interpretationen zustande? Läßt sich sagen, daß die Ideologie des Interpreten dabei eine starke Rolle spielt? Gegenprobe: Was spräche für die Annahme, daß Interpretationen verifizierbar/falsifizierbar (lat. = beweisbar/widerlegbar) sein könnten? Oder was spräche dafür, daß sie rein zufällig, ohne sachliche noch ideologische Begründung, zustande kommen?

### 7.3. Symboltypen aufgrund der medialen Gestalt der Pictura

Je nach dem *Medium*, in dem die Pictura gegeben ist, lassen sich verschiedene Typen von Symbolen unterscheiden. Die Subscriptio ist immer im sprachlichen Medium gegeben.

#### 7.3.1. Visuell-literarische Symbole

Bei diesem Typ ist das Medium der Pictura visuell (ikonisch), das der Subscriptio sprachlich (literarisch). Beispiele sind barocke *'Embleme'* (griech. émblema = Goldschmiedebild), viele Zeitungsfotos und -karikaturen sowie Reklamebilder und andere Plakate. Als Beispiel diene eine "White Label"-Reklame: dort stellt die Pictura einen skeptisch blickenden Mann dar, der mit gerunzelten Brauen an einem Whiskyglas riecht. Dies ist ein komplexes visuelles Zeichen, das aus Signifikant und Signifikat besteht. Unter dem Foto steht die Subscriptio: "Der Whisky der Unbestechlichen." Das Symbol besteht in der Vereinigung beider Komplexe.

*7.3.1./A (Distinktionsübung):*

Versuchen Sie kurz, die Symbolstruktur der folgenden visuell-literarischen Symbole zu analysieren.
*(Abbildungen)*

*7.3.1./B (Generative Übung):*

Versuchen Sie, sich für die folgenden Subscriptiones passende visuelle Picturae auszudenken.

*Beispiele mit Modellantworten:*

a) Subscriptio: "Rauschgift ist der Tod."

*Antwort:* (z. B.) Pictura: 'ein blasses Gesicht, hinter dem ein Totenkopf hervorscheint'

b) Subscriptio: 'Waschmittel X wäscht noch weißer'

Antwort: Pictura (z. B.): "Wäsche mit Strahlen, Frauen, die durch Gesten zeigen, daß sie geblendet sind."

*Fahren Sie bitte fort:*

1. Subscriptio: 'Der Arbeiter wird ausgebeutet'?

–

2. Subscriptio: 'Der Arbeiter wird nicht ausgebeutet'?

–

3. Subscriptio: 'In Chile herrscht Faschismus'?

–

4. Subscriptio: 'In Chile herrscht kein Faschismus, sondern Wohlstand'?

–

5. Subscriptio: 'Brot für die Welt'?

–

### 7.3.2. Literarische Symbole

Liegt auch die Pictura in sprachlicher Gestalt vor, so handelt es sich um *literarische Symbole.*

### 7.3.3. Pragmatische Symbole

Dient ein Komplex des pragmatischen Bereichs, also der sozialen Realität als Pictura für ein Symbol, so entsteht ein *pragmatisches Symbol (Pragmasymbol).* Beispiel: "Mao Tse-tung durchschwimmt in hohem Alter den Yangtsekiang." – mit der Subscriptio: 'Mao Tse-tung ist in hohem Alter immer noch revolutionär und stürzt sich in die Fluten der Kulturrevolution.' An der Grenze des pragmatischen Symbols liegt das Happening, das meistens vom Rezipienten eher außerhalb des pragmatischen Bereichs situiert wird.

7.3.3./A *(Distinktionsübung):*

Bitte versuchen Sie, Subscriptiones folgender Pragmasymbole zu umreißen.

*Beispiele mit Modellantworten:*

a) Pictura: "Reichstagsbrand 1933"

*Antwort:* Subscriptio: 'Das Deutsche Reich und seine Gesellschaft wird von den Kommunisten in Brand gesteckt.'

b) Pictura: "Berliner Mauer"

*Antwort:* Subscriptio (z. B.) 'Antifaschistischer Schutzwall gegen die heranrollende braune Flut' oder: 'Mauer eines KZ'

Wie sich zeigt, spielt der jeweilige soziale Träger eine entscheidende Rolle bei der Produktion der Subscriptio.

*Fahren Sie bitte fort:*

1. Pictura: "Brandt und Barzel trinken nach dem Mißtrauensvotum ein Bier zusammen."

–

2. Pictura: "Mit Wandzeitungen beklebte und mit Parolen bemalte Mauer einer Universität"?

–

3. Pictura: "Kaufhausbrandstiftung"?

–

4. Pictura: "Marxistische Literatur in Chile wird aus dem Fenster geworfen und verbrannt."

–

5. Pictura: "Bilderstürmer zerschlagen Heiligenfiguren."

–

*7.3.3./C (Kritische Diskussion):*

Diskussion über die Frage, welche politischen Bewegungen Vorliebe für pragmatische Symbolik zeigen (z. B. Anarchisten, Faschisten) – läßt sich das erklären? Wie ist es einzuschätzen? Oder wird man sagen müssen, daß auch andere Strömungen (z. B. Kommunisten, Sozialdemokraten usw.) starken Gebrauch davon machen? Gibt es Unterschiede? Welche? Problematisierung der Abgrenzung von pragmatischem und rein kulturellem Bereich.

7.3.4. Pragmatisch-literarische Symbole

Literarische Symbole, deren Pictura *implizite Handlungsanweisungen* an den Leser enthält, nennen wir *pragmatisch-literarische Symbole.* Beispiel: "Der Kampf um die Ostpolitik zwischen Regierungsmehrheit und Opposition ist bei aller Härte eine Auseinandersetzung zwischen guten Nachbarn. Es ist deshalb normal, wenn nach dem härtesten Kampf Brandt und Barzel einen Versöhnungsschnaps trinken." Hier enthält die Pictura (Nachbarn-Motiv) implizite Handlungsanweisungen an jeden potentiellen Nachbarn, sich gegenüber seinem eigenen Nachbarn genauso zu verhalten. Ein beliebtes Verfahren der Waren-Reklame ist es, eine bestimmte Pictura mit impliziten Handlungsanweisungen zu angenehmen Verrichtungen mehr oder minder geschickt auf eine Subscriptio abzubilden, in der der angepriesene Artikel dominiert.

*7.3.4./A (Distinktionsübung):*

Bitte geben Sie eine grobe Analyse der folgenden Reklame-Symbole. Umreißen Sie Pictura und Subscriptio, nennen Sie implizite Handlungsanweisungen.
(Abbildungen: Gauloises-Reklamen)

*7.3.4./C (Kritische Diskussion):*

Problematisierung der Rolle pragmatisch-literarischer Symbole bei der Verklammerung von Kultur und Produktion/Reproduktion: welche Picturae werden in pragmatisch-literarischen Symbolen bevorzugt? Läßt sich sagen, daß dabei Handlungen des Bereichs der sozialen Produktion/Reproduktion, die gesetzmäßig und massenhaft geschehen, dominierend sind? Könnte man dann sagen, daß durch solche Symbole die automatisierten Handlungen ideologisch aufgeladen werden sollen? Gegenprobe: was spräche gegen eine solche Annahme?

## 7.4. Symboltypen nach der Textgestalt der Subscriptio

(Wir behandeln im folgenden Symbole mit verschiedener medialer Gestalt der Pictura gemeinsam, vorzugsweise aber literarische Symbole.)

### 7.4.1 Das Emblem

Ist die Subscriptio eines Symbols textuell voll realisiert, so sprechen wir von einem *Emblem* (griech. émblema = Goldschmiedebild). Historisch knüpft der Begriff an Renaissance und Barock an, als visuell-literarische und literarische Embleme zu den dominierenden Formen gehörten.

*Beispiel:*

Der komplizierte technische Überbau, den sich die moderne Gesellschaft geschaffen hat, fordert entschlossene Aktionsgruppen zur Anwendung von Gewalt geradezu heraus. Sie brauchen nur ein Minimum einzusetzen, um ein Maximum zu erreichen.

Der nur mit einer Tränengaspistole bewaffnete Flugzeugentführer und der ihm ausgelieferte Pilot vor den hundert Hebeln seiner Kanzel sind für den Gesamtzustand symbolisch. (Giselher Wirsing)

Hier steht die Subscriptio vor der Pictura.

#### *7.4.1./A (Distinktionsübung):*

Bitte kennzeichnen Sie bei folgenden Emblemen kurz Pictura und Subscriptio. Ihre Antwort braucht nur dem Sinn nach, nicht wörtlich, mit der Modellantwort übereinzustimmen.

*Beispiele mit Modellantworten:*

a) Wenn zu der Regenwand
Phöbus sich gattet,
Gleich steht ein Bogenrand
Farbig beschattet.

Im Nebel gleichen Kreis
Seh' ich gezogen,
Zwar ist der Bogen weiß,
Doch Himmelsbogen.

So sollst du, muntrer Greis,
Dich nicht betrüben,
Sind gleich die Haare weiß,
Doch wirst du lieben. (Goethe)

*Antwort:* Pictura: Regenbogen und weißer Bogen im Nebel sind ähnlich
Subscriptio: Nicht nur die Jugend, auch das Alter kann lieben

b) In den ersten Dezembertagen nahmen die Engländer Abschied vom Stolz ihrer Handelsflotte, der "Queen Elizabeth", dem mit 83 000 Tonnen größten Passagierdampfer der Welt. Zur gleichen Zeit, als die "Queen Elizabeth" ihrem letzten Ankerplatz zusteuerte, verließ ihre Nachfolgerin, die 65 000 Tonnen große "Queen Elizabeth II" die Werft zu ihrer ersten Probefahrt. Sie mußte nach wenigen Stunden wegen eines Maschinenschadens beidrehen.

   ...

   Dieser Vorgang ist von tiefer Symbolik. Die Werte, die Großbritannien einmal geschaffen hat und die in der politischen und wirtschaftlichen Struktur des Inselreiches so fest gegründet schienen, wandern nach Amerika ab. Was an die Stelle tritt, ist von Beginn an mit Defekten beladen. (Hans Georg von Studnitz)

*Antwort:* Pictura: defektes Schiff
Subscriptio: dekadentes Reich

Fahren Sie bitte fort:

1. *Suleika*
   Als ich auf dem Euphrat schiffte,
   Streifte sich der goldne Ring
   Fingerab in Wasserklüfte,
   Den ich jüngst von dir empfing.

   Also träumt' ich. Morgenröte
   Blitzt ins Auge durch den Baum,
   Sag' Poete, sag' Prophete!
   Was bedeutet dieser Traum?

   *Hatem*
   Dies zu deuten bin erbötig,
   Hab ich dir nicht oft erzählt,
   Wie der Doge von Venedig
   Mit dem Meere sich vermählt?

   So von deinen Fingergliedern
   Fiel der Ring dem Euphrat zu.
   Ach zu tausend Himmelsliedern
   Süßer Traum, begeisterst du!

   Mich, der von den Indostanen
   Streifte bis Damaskus hin,
   Um mit neuen Karawanen
   Bis ans Rote Meer zu ziehn,

Mich vermählst du deinem Flusse,
Der Terrasse, diesem Hain,
Hier soll bis zum letzten Kusse
Dir mein Geist gewidmet sein.

– Pictura: Der Ring fällt ins Wasser
Subscriptio: Vermählung, Bindung des Landreisenden an das Wasser

2. Unser Land, wohl ist's ein Garten; doch der Gärtner, sorgenvoll,
Zog ein starres Eisengitter, das ihn rings verschließen soll;
Doch auch draußen wohnen Leute, solch ein Garten lockt herein;
Wer sich freut an schönen Fluren, kann der schlimmste Gast nicht sein!

Schwarz und gelbe Schranken halten unsre Grenzen rings umspannt,
Schergenwacht und Mautner hüten so bei Tag als Nacht das Land,
Sitzen untertags vorm Zollhaus, liegen nachts im feuchten Gras
Still und lauschend auf dem Bauche, spähen rings ohn' Unterlaß.

Daß nur ja kein fremder Krämer, fremder Knaster, fremder Wein,
Fremde Seide, fremde Linnen schleichen in das Land herein!
Daß ein arger Gast vor allem unsern Grund betrete nicht:
Der Gedanke, der entsprossen fremdem Boden, fremdem Licht!
(Anastasius Grün, österreichischer Dichter)

– Pictura: Garten, Zaun, Gärtner, Gast
Subscriptio: Österreich, Zoll, Absolutismus, Ware

3. Fast immer endet die Rede Kiesingers mit der Apotheose des CDU-Kanzlers, der am Steuer des Staatsschiffes steht und es auf klarem Kurs in die Siebziger Jahre steuert. Kiesinger ist dann ganz Kapitän auf der Kommandobrücke, hoch aufgerichtet, den Blick auf den Horizont der Zukunft gerichtet.

...

Und dann entschwindet Kiesinger, huldvoll winkend – Kanzler, Königliche Hoheit und Volkstribun – zu seinem nächsten Auftritt.
*(Die Zeit)*

– Pictura: Kapitän und Schiff
Subscriptio: Kanzler und Staat

4. (Abbildung VW-Reklame)
*Das Auto ist ein Stück Freiheit.* Das Auto macht seinen Besitzer in einem nie gekannten Maße zum Herrn über Raum und Zeit. Es gibt ihm die Freiheit zu entscheiden, wann und wohin die Reise geht. Es befördert Millionen von Menschen, die dem Alltag entrinnen wollen und in einer anderen Umgebung wohlverdiente Erholung suchen (...). Im modernen Menschen wohnt ein ausgeprägter Freiheitsdrang.

Man will frei sein von zeitlicher und örtlicher Bindung und sich bewegen können. (...)

—

5. (Abbildung *Gauloises*-Reklame)
Wer mit Gelassenheit nach oben kommt. Wer aufsteigt, ohne auszurutschen, weil er den geraden Weg für den schnellsten hält. Wer das Ehrliche schätzt. Wer das Echte liebt. Der raucht Gauloises.

—

*7.4.1./B (Generative Übung):*

Versetzen Sie sich in die Rolle eines Journalisten (abwechselnd verschiedener sozialer Träger), der unter Zeitungsfotos symbolische Subscriptiones zu setzen hat. Sammeln Sie entsprechende Zeitungsfotos und machen Sie Embleme daraus.

### 7.4.2. Das Goethe-Symbol

Ist die Subscriptio eines Symbols textuell nicht voll realisiert, muß sie also vom Leser ergänzt werden, so sprechen wir von einem *Goethe-Symbol*, weil Goethe diesen Typ in emphatischem Sinne als Symbol bezeichnet hat.

Wir erläutern die Struktur an einem Beispiel:

Ein Strom entrauscht umwölktem Felsensaale,
Dem Ozean sich eilig zu verbinden;
Was auch sich spiegeln mag von Grund zu Gründen,
Er wandelt unaufhaltsam fort zu Tale.

Dämonisch aber stürzt mit einem Male –
Ihr folgen Berg und Tal in Wirbelwinden –
Sich Oreas, Behagen dort zu finden,
Und hemmt den Lauf, begrenzt die weite Schale.

Die Welle sprüht und staunt zurück und weichet
Und schwillt bergan, sich immer selbst zu trinken;
Gehemmt ist nun zum Vater hin das Streben.

Sie schwankt und ruht, zum See zurückgedeichet;
Gestirne, spiegelnd sich, beschaun das Blinken
Des Wellenschlags am Fels, ein neues Leben. (Goethe)

Daß hier nicht nur eine Pictura (Naturbild) gegeben ist, geht aus dem Element "Vater" hervor, das als Subscriptio für "Ozean" zu substituieren ist. Dieses Element dient als Signal, aufgrund dessen eine umfassende Subscriptio zu postulieren ist, für die es im Text jedoch keine weiteren Anhaltspunkte gibt. Die Subscriptio eines Goethe-Symbols läßt sich mehr oder weniger vollständig erschließen, da sie durch die *notwen-*

*dige Parallelität beider Isotopien* ('Ozean' muß sich verhalten zu 'Strom' wie 'Vater' zu 'x') *relativ fest konnotiert* ist (und zwar intra-textuell). Die doppelt (als Pictura und als Subscriptio) realisierten Elemente dienen also als *Konnotatoren*.

*7.4.2./A (Distinktionsübung):*

Bitte versuchen Sie, bei folgenden Goethe-Symbolen die Pictura und die Elemente der Subscriptio zu benennen. Stellen Sie auch eine Hypothese über die zu ergänzende Subscriptio auf.

*Beispiele mit Modellantworten:*

a) AN SULEIKA
Dir mit Wohlgeruch zu kosen,
Deine Freuden zu erhöhn,
Knospend müssen tausend Rosen
Erst in Gluten untergehn.

Um ein Fläschchen zu besitzen
Das den Ruch auf ewig hält,
Schlank wie deine Fingerspitzen,
Da bedarf es einer Welt; (...) (Goethe)

*Antwort:* Pictura 'der Tod von tausend Rosen ist notwendig zur Herstellung eines Fläschchens Parfum'; Element für die Subscriptio: 'ewig' (konnotiert die Redeweise vom 'ewigen Dauern der Poesie'); Hypothese über die Subscriptio: 'der Untergang der lebendigen Realität ist notwendig zur Produktion eines Gedichts';

b) GEFUNDEN
Ich ging im Walde
So für mich hin,
Und nichts zu suchen,
Das war mein Sinn.

Im Schatten sah ich
Ein Blümlein stehn,
Wie Sterne leuchtend,
Wie Äuglein schön. (...) (Goethe)

*Antwort:* Pictura: 'Dichter findet im Wald eine schöne Blume'; Element für die Subscriptio: Anthropomorphismus 'Äuglein'; Hypothese über die Subscriptio: 'Dichter findet ein schönes Mädchen'.

*Fahren Sie bitte fort:*

1. IM SPÄTBOOT
Auf der Schiffsbank mach ich meinen Pfühl,
Endlich wird die heiße Stirne kühl!

O wie süß erkaltet mir das Herz!
O wie weich verstummen Lust und Schmerz!
Über mir des Rohres schwarzer Rauch
Wiegt und biegt sich in des Windes Hauch.
Hüben hier und wieder drüben dort
Hält das Boot an manchem kleinen Port:
Bei der Schiffslaterne kargem Schein
Steigt ein Schatten aus und niemand ein.
Nur der Steurer noch, der wacht und steht!
Nur der Wind, der mir im Haare weht!
Schmerz und Lust erleiden sanften Tod:
Einen Schlummrer trägt das dunkle Boot.

(C. F. Meyer)

– Pictura: 'Dichter fährt nachts mit dem letzten Boot über den See'; Elemente für die Subscriptio: Konnotationen des Acheron-Mythos (griech. = Todesfluß); Hypothese über die Subscriptio: 'Übergang vom Leben zum Tod'.

2. AUF DEM CANAL GRANDE
Auf dem Canal grande betten
Tief sich ein die Abendschatten,
Hundert dunkle Gondeln gleiten
Als ein flüsterndes Geheimnis.

Aber zwischen zwei Palästen
Glüht herein die Abendsonne,
Flammend wirft sie einen grellen
Breiten Streifen auf die Gondeln.

In dem purpurroten Lichte
Laute Stimmen, hell Gelächter,
Überredende Gebärden
Und das frevle Spiel der Augen.

Eine kurze kleine Strecke
Treibt das Leben leidenschaftlich
Und erlischt im Schatten drüben
Als ein unverständlich Murmeln.

(C. F. Meyer)

– Pictura: 'Die Nacht sinkt auf Venedig, in einem letzten Sonnenstrahl sieht man eine Gondel mit farbenprächtigen, schönen Menschen'; Elemente für die Subscriptio: letzte Strophe ('das Leben'); Hypothese über die Subscriptio: 'nur in kurzen Intervallen gewinnt das Leben, das sonst aus Schmerz und Tod besteht, sinnliche Intensität'.

3. DER RÖMISCHE BRUNNEN
Aufsteigt der Strahl und fallend gießt
Er voll der Marmorschale Rand,
Die, sich verschleiernd, überfließt
In einer zweiten Schale Grund;
Die zweite gibt, sie wird zu reich,
Der dritten wallend ihre Flut,
Und jede nimmt und gibt zugleich
Und strömt und ruht.

(C. F. Meyer)

– Pictura: 'Brunnen mit drei hierarchisch angeordneten Schalen'; Elemente der Subscriptio: Konnotationen von 'geben', 'nehmen', 'reich' (Anthropomorphismen); Hypothese über die Subscriptio: (etwa) 'harmonische soziale Kommunikation' ('Austausch').

*7.4.2./B (Generative Übung):*

Versuchen Sie sich selbst in der Produktion von Goethe-Symbolen. Setzen Sie sich an die Stelle eines Tagebuchschreibers, der poetische Glanzstücke liebt, oder an die eines Liebesbriefeschreibers mit ähnlichen Ambitionen. Wählen Sie Picturae aus Ihrem Erfahrungsumkreis.

*Beispiele mit Modellantworten:*

a) Pictura: "der im Popart-Stil bunt bemalte Bunker in Bochum."

*Antwort:* (z. B.) 'Der Hochbunker ist mit allen Farben des Frühlings bemalt, aber in der lebendigen Buntheit erscheinen Risse, die offenbar sehr viel älteren Datums sind.'

b) Pictura: (FAZ 26. 10. 73): Subscriptio:
"Die letzte Rettung für diesen Baum auf dem Kölner Wallrafplatz ist nicht gerade schön; aber sie ist notwendig geworden: Man mußte den Baum vor Menschen schützen und schützte ihn mit einem Eisengitter."

Fahren Sie fort.

*7.4.2./C (Kritische Diskussion):*

Zur Frage der *Interpretation* von Goethe-Symbolen: welche Kriterien lassen sich für operationale Interpretationen nennen? Was hat es mit dem 'geheimnisvollen' Charakter der Goethe-Symbole auf sich? Was ist bei der Interpretation von der Methode der 'Einfühlung' zu halten? –

Wie läßt sich überhaupt feststellen, ob es sich bei einer Pictura um die eines Goethe-Symbols handelt? Oder ist das der 'Einfühlung' bzw. Willkür des Lesers überlassen? –

Gegenprobe: wird durch die hier gegebene Erklärung der Struktur von Goethe-Symbolen deren Eigentliches nicht verfehlt? Tritt nicht eine 'Verkürzung' und ein 'Reduktionismus' des Wesentlichen ein?

### 7.4.3. Das Chiffren-Symbol

Wenn bei einem literarischen Symbol kein einziges konkretes Element der Subscriptio im Text realisiert wird, wenn statt dessen der Kontext nur vage signalisiert, daß das Signifikat der Pictura durch ein anderes zu substituieren ist, sprechen wir von *Chiffren-Symbol.* Ein Beispiel bildet folgender Text von Trakl:

> Auf schwarzer Wolke
> Befährst du trunken von Mohn
> Den nächtigen Weiher,
> Den Sternenhimmel.

Es handelt sich um eine Pictura: Fahrt auf der Wolke im Sternenhimmel, der identisch mit Weiher gesetzt wird. Die Identifikation von Weiher und Sternenhimmel ist ein kontextuelles Signal, das vage eine Subscriptio postuliert. Für eine hypothetische Subscriptio gibt es jedoch keinen konkreten Anhaltspunkt. (Chiffren-Symbole sind typisch für Idiolekte.)

*7.4.3./A (Distinktionsübung):*

Bitte unterscheiden Sie im folgenden literarisches Emblem, Goethe-Symbol und Chiffren-Symbol.

*Beispiele mit Modellantworten:*

a) Wenn der Wächter dem Gefangnen einen Festtag will bereiten,
Aus dem Kerker auf ein Stündchen läßt er an die Luft ihn schreiten,
Daß er seh', wie sie der Freiheit auf der Welt viel Raum noch gönnen,
Da die Wolken frei noch segeln, frei die Vögel singen können!

Also bin auch ich gestiegen auf der Hügel sonn'ge Rücken,
Wenn's wie Nacht der Blindheit unten dunkelte vor meinen Blicken,

Also sucht ich freie Bergluft, wenn ich Kerkerluft gewittert,
Und das Grün, der Hoffnung Farbe, wenn mein Herz krank und zersplittert. (Anastasius Grün)

*Antwort:* literarisches Emblem

b) Im Finstern wohnen
Die Adler, und furchtlos gehn
Die Söhne der Alpen über den Abgrund weg.
Auf leichtgebauten Brücken. (Hölderlin)

*Antwort:* Chiffren-Symbol

*Fahren Sie bitte fort:*

1. *Rudern, Gespräche*
Es ist Abend. Vorbei gleiten
Zwei Faltboote, darinnen
Zwei nackte junge Männer: Nebeneinander rudernd
Sprechen sie. Sprechend
Rudern sie nebeneinander. (Brecht)

– Goethe-Symbol

2. Es ist ein Weinberg, verbrannt und schwarz mit Löchern voll Spinnen. (Trakl)

– Chiffren-Symbol

3. Preßt der Zitrone
Saftigen Stern!
Herb ist des Lebens
Innerster Kern. (Schiller)

– Emblem

4. Das kleine Haus unter Bäumen am See.
Vom Dach steigt Rauch.
Fehlte er
Wie trostlos dann wären
Haus, Bäume und See. (Brecht)

– Goethe-Symbol

5. Am kahlen Tor am Schlachthaus stand
Der armen Frauen Schar;
In jeden Korb
Fiel faules Fleisch und Eingeweid;
Verfluchte Kost! (Trakl)

– Chiffren-Symbol (?) / (oder gar kein Symbol?)

### 7.4.4. Die Allegorie

Die Kategorie der *Allegorie* (griech. = andere Sageweise) wurde von Goethe und der traditionellen Literaturwissenschaft als Binäropposition zu 'Symbol' (= Goethe-Symbol) verwendet. Dieser Gebrauch war widersprüchlich und nicht operational, da zwei Kriterien vermengt wurden: einmal wurde die Allegorie als Symbol mit *Rollen* (= soziale Funktion mit individuellem Träger) als Aktanten der Pictura und abstrakten Kategorien als entsprechenden Aktanten der Subscriptio definiert (in diesem Sinne wird der Begriff im folgenden verstanden); zweitens ging man davon aus, daß der Produktionsvorgang der Allegorie bei der Subscriptio ansetze (im Gegensatz zum Goethe-Symbol, wo er bei der Pictura ansetze).

*7.4.4./A (Distinktionsübung):*

Bitte benennen Sie die Rollen in der Pictura und die entsprechenden abstrakten Kategorien in der Subscriptio anhand der folgenden Beispiele:

*Beispiele mit Modellantworten:*

a) Freude, schöner Götterfunken,
  Tochter aus Elysium,
Wir betreten feuertrunken
  Himmlische, dein Heiligtum.
Deine Zauber binden wieder,
  Was der Mode Schwert geteilt;
Bettler werden Fürstenbrüder,
  Wo dein sanfter Flügel weilt. (Schiller)

*Antwort:* Rollen Göttin, Bettler, Fürst
abstrakte Kategorien: Freude, Unterprivilegierte, Privilegierte

b) Freiheit, die erkorne Jungfrau, schwingt das Banner unsrer Zeit;
Daß ihr fortan blind euch stellet, o fürwahr, es hilft nicht weit!
Da ihr nicht gesehn das Banner, als es weiß und rein und hell,
Ei was Wunder, wenn mit Blute sie's gefärbt nun rot und grell!
Ihr nur habt die schöne Jungfrau mit dem Kriegesgott gepaart:
Waffenspiel und Blutgewänder sind wohl sonst nicht ihre Art.
(Anastasius Grün)

*Antwort:* Rollen Jungfrau, Freiheit, Kriegsgott
abstrakte Kategorien: Freiheit, Gewalt

*Bitte fahren Sie fort:*

1. Ich selbst, wenn ich am Schreibtisch saß
Des Nachts, hab ich gesehen
Zuweilen einen vermummten Gast
Unheimlich hinter mir stehen.

Unter dem Mantel hielt er etwas
Verborgen, das seltsam blinkte,
Wenn es zum Vorschein kam, und ein Beil,
Ein Richtbeil, zu sein mir dünkte.

(...)
Doch jener erwiderte trockenen Tons,
Sogar ein bißchen phlegmatisch:
(...)
Ich bin von praktischer Natur,
Und immer schweigsam und ruhig.
Doch wisse: Was du ersonnen im Geist,
Das führ ich aus, das tu ich.

Und gehn auch Jahre drüber hin,
Ich raste nicht, bis ich verwandle
In Wirklichkeit, was du gedacht;
Du denkst, und ich, ich handle. (...) (Heine)

– Rollen: Schriftsteller; Schatten als Henker;
abstrakte Kategorien: Theorie, Praxis

2. *Das Mädchen aus der Fremde*

In einem Tal bei armen Hirten
Erschien mit jedem jungen Jahr,
Sobald die ersten Lerchen schwirrten,
Ein Mädchen, schön und wunderbar.

Sie war nicht in dem Tal geboren,
Man wußte nicht, woher sie kam,
Und schnell war ihre Spur verloren,
Sobald das Mädchen Abschied nahm.
(...)
Und teilte jedem eine Gabe,
Dem Früchte, jenem Blumen aus;
Der Jüngling und der Greis am Stabe,
Ein jeder ging beschenkt nach Haus.

Willkommen waren alle Gäste,
Doch nahte sich ein liebend Paar,
Dem reichte sie der Gaben beste,
Der Blumen allerschönste dar. (Schiller)

– Rollen: fremdes Mädchen; Hirten;
abstrakte Kategorien: Natur (bzw. Liebe?), Menschheit

3. Zweierlei Genien sind's, die dich durchs Leben begleiten;
Wohl dir, wenn sie vereint helfend zur Seite dir gehn!
Mit erheiterndem Spiel verkürzt dir der eine die Reise,

Leichter an seinem Arm werden dir Schicksal und Pflicht.
Unter Scherz und Gespräch begleitet er bis an die Kluft dich,
Wo an der Ewigkeit Meer schaudernd der Sterbliche steht.
Hier empfängt dich entschlossen und ernst und schweigend der andre,
Trägt mit gigantischem Arm über die Tiefe dich hin.
Nimmer widme dich *einem* allein! Vertraue dem erstern
Deine *Würde* nicht an, nimmer dem andern dein *Glück!* (Schiller)

– Rollen: ein charmanter und ein ernster Begleiter;
abstrakte Kategorien: Glück, Würde (?)

*7.4.4./C (Kritische Diskussion):*

Problematisierung der klassischen Opposition von 'Symbol' und 'Allegorie' (bei Goethe und der traditionellen Germanistik): wieweit ist diese Opposition wissenschaftlich haltbar und wieweit ist sie ideologisch? Welche ideologischen Positionen kommen ggf. darin zum Ausdruck? – Inwieweit und in welcher Form sollten diese Kategorien heute in der Schule behandelt werden?

## 7.5. Symboltypen aufgrund der semantischen Struktur

Für die semantische Struktur eines Symbols ist die Art der Beziehung zwischen zugeordneten Elementen der Pictura und der Subscriptio von großer Bedeutung (z. B. die Beziehung zwischen 'Röslein' und 'Mädchen' in Goethes "Sah ein Knab ein Röslein stehn"). Je nach der Struktur dieser Beziehung in einem Symbol lassen sich strukturell begründete Symboltypen unterscheiden.

### 7.5.1. Metaphorische Symbole

Herrscht zwischen zugeordneten Elementen eines Symbols eine metaphorische Beziehung, so sprechen wir von einem metaphorischen Symbol. Das gilt z. B für Goethes 'Heideröslein'-Symbol: 'Röslein' und 'Mädchen' haben den semantischen Mengendurchschnitt 'jung und morgenschön'. Metaphorische Symbole begegnen jedoch nicht nur in der Kunstliteratur, sondern auch etwa in der Sprache des Journalismus; so etwa, wenn die Wirtschaftskonjunktur als Berg- und Talfahrt eines Autos symbolisiert wird.

*7.5.1./A (Distinktionsübung):*

Bitte versuchen Sie, die Struktur der folgenden metaphorischen Symbole grob zu analysieren. Umreißen Sie wichtige zugeordnete Elemente sowie ihren semantischen Mengendurchschnitt.

*Beispiele mit Modellantworten:*

a) Über allen Gipfeln
Ist Ruh,
In allen Wipfeln
Spürest du
Kaum einen Hauch;
Die Vöglein schweigen im Walde.
Warte nur, balde
Ruhest du auch. (Goethe)

*Antwort:* Pictura: Unbeweglichkeit der Natur, Schweigen der Natur, Leblosigkeit in der Natur;
Subscriptio: Tod des Menschen
semantischer Durchschnitt: 'unbeweglich', 'lautlos', 'leblos'

b) *Das Distichon*
Im Hexameter steigt des Springquells flüssige Säule,
Im Pentameter drauf fällt sie melodisch herab. (Schiller)

*Antwort:* Pictura: Steigen und Fallen einer Fontäne;
Subscriptio: Auf und Ab des Rhythmus
semantischer Durchschnitt: 'crescendo' vs 'decrescendo'

*Fahren Sie bitte fort:*

1. *Zwei Segel*
Zwei Segel erhellend
Die tiefblaue Bucht!
Zwei Segel sich schwellend
Zu ruhiger Flucht!

Wie eins in den Winden
Sich wölbt und bewegt,
Wird auch das Empfinden
Des andern erregt.

Begehrt eins zu hasten,
Das andre geht schnell,
Verlangt eins zu rasten,
Ruht auch sein Gesell. (C. F. Meyer)

– Pictura: zwei Segel, harmonisch-parallele Bewegung
Subscriptio: (These) zwei Liebende, harmonisches Erleben
semantischer Durchschnitt: 'Zweiheit', 'Harmonie'

2. "Wir wollen die Kuh melken, aber sie muß in guter Verfassung sein. Und wir müssen dafür sorgen, daß sie auf der Weide bleibt oder im Stall."
   Das mit der Kuh sagte der Parteivorsitzende Willy Brandt. Und er wollte mit seiner Kuh-Formel die zum Euter der Nation drängenden Genossen davon abhalten, die Kuh – die deutsche Wirtschaft – blutig zu melken. (Peter Boenisch, BamS 21. 11. 1971)

– Pictura: Kuh, Euter, melken, blutig melken
Subscriptio: Nation, deutsche Wirtschaft, Steuern, 'sozialistische' Besteuerung
semantischer Durchschnitt: 'Struktur mit input/output', 'output'

3. *Verloren*
   Still bei Nacht fährt manches Schiff,
   Meerfey kämmt ihr Haar am Riff,
   Hebt von Inseln an zu singen,
   Die im Meer dort untergingen.

   Wann die Morgenwinde wehn,
   Ist nicht Riff noch Fey zu sehn,
   Und das Schifflein ist versunken,
   Und der Schiffer ist ertrunken. (Eichendorff)

– Pictura: Meer, Meeresfee, Riff, Schiffer, Untergang
Subscriptio: (These) Leben, Sinnlichkeit, Sünde, Mensch, Verlust der Gnade
semantischer Durchschnitt: 'Umwelt', 'kritische Situation', 'Lebewesen', 'Versagen'

*7.5.1./B (Generative Übung):*

Setzen Sie sich an die Stelle eines Journalisten, der im Auftrag eines bestimmten sozialen Trägers tätig ist und bestimmte Fakten metaphorisch symbolisieren soll.

*Beispiele mit Modellantworten:*

a) Subscriptio: 'Es ist besser, daß im Zuge des Konjunkturrückgangs jetzt 3 Prozent Arbeitslosigkeit eintritt, als daß die Inflation weiter steigt und unser Wirtschaftssystem kaputtmacht.'

*Antwort:* (z. B.) Pictura: "Es ist besser, daß der Bus unserer Wirtschaft, in dem wir alle sitzen, notfalls auch durch eine etwas harte Bremsung zum Stehen kommt, als daß die Talfahrt mit einem tödlichen Unfall endet."

b) Subscriptio: 'Der Beamtenapparat gehört zu den Strukturdominanten unseres staatlichen Systems. Es kann deshalb nicht geduldet werden, daß auch nur potentielle Gegner des Systems Beamte werden.'

*Antwort:* (z. B.) Pictura: "Wir wollen nicht, daß unser Haus, das wir mühevoll nach dem Krieg wieder aufgebaut haben, eines Tages zusammenbricht. Deshalb müssen wir auf alle Wühlmäuse, die an seinen Fundamenten nagen wollen, achten und sie rechtzeitig mit den geeigneten Mitteln beseitigen."

*Fahren Sie bitte fort:*

1. Subscriptio: 'Die Dollarspekulation gefährdet die Stabilität der D-Mark und darüber hinaus unsere Exportchancen. Die USA sind zwar unser wichtigster Partner, aber irgendwo kommt der Punkt, wo wir unsere legitimen nationalen Interessen gegen sie verteidigen müssen.'

–

2. Subscriptio: 'Die Abhängigkeit unserer hochentwickelten Industriegesellschaft von den Erdölquellen der arabischen Länder stellt ein großes Risiko dar. Es ist unerträglich, daß die Funktionsfähigkeit unserer Wirtschaft jederzeit durch einen Boykott lahmgelegt werden kann.'

–

3. (anderer sozialer Träger) Subscriptio: 'Die imperialistischen Staaten haben unsere Länder in Monokulturen verwandelt und dadurch in strukturelle Abhängigkeit gebracht. Auf diese Weise können sie die Rohstoffpreise manipulieren und unsere Reichtümer nach Belieben ausplündern.'

(Wählen Sie weitere Beispiele selbst aus.)

### 7.5.2. Repräsentative Symbole

Herrscht zwischen zugeordneten Elementen eines Symbols die Beziehung semantischer Hierarchie, so sprechen wir von einem *repräsentativen Symbol*. Als Beispiel diene folgendes Gedicht von Schiller:

*Kolumbus*
Steure, mutiger Segler! Es mag der Witz dich verhöhnen,
Und der Schiffer am Steur senken die lässige Hand –
Immer, immer nach West! Dort *muß* die Küste sich zeigen,
Liegt sie doch deutlich und liegt schimmernd vor deinem Verstand.
Traue dem leitenden Gott und folge dem schweigenden Weltmeer!
Wäre sie noch nicht, sie stieg jetzt aus den Fluten empor.
Mit dem Genius steht die Natur in ewigem Bunde:
Was der eine verspricht, leistet die andre gewiß.

Den Elementen der Pictura (Kolumbus, Meer, Schiff und Schiffer, Amerika) entsprechen die Elemente der Subscriptio: Genie, Natur, technisches Instrument, Werk des Genies. Daß zwischen den zugeordneten Elementen die Beziehung semantischer Hierarchie herrscht, läßt sich leicht nachweisen: 'Kolumbus' – 'Entdecker' – 'Innovator' – 'Genie'; 'Meer' – 'Naturelement' – 'Natur' usw. (Selbstverständlich sind solche semantischen Hierarchien vom jeweiligen soziokulturellen Kontext und manchmal auch vom ideologischen Standpunkt abhängig.)

*7.5.2./A (Distinktionsübung):*

Bitte versuchen Sie, die Struktur der folgenden repräsentativen Symbole grob zu analysieren. Umreißen Sie wichtige zugeordnete Elemente und geben Sie die semantische Hierarchie an.

*Beispiele mit Modellantworten:*

a) Ich grüße dort den Ozean, den blauen,
Und hier die Alpen, die im weiten Bogen
Auf die Laguneninseln niederschauen.

Und sieh! Da kam ein mut'ges Volk gezogen,
Paläste sich und Tempel sich zu bauen
Auf Eichenpfähle mitten in die Wogen. (Platen)

*Antwort:* Pictura: 'Ozean und Alpen', 'mut'ges Volk', 'Paläste und Tempel von Venedig'
Subscriptio: (These) 'Natur', 'Künstler', 'Kunstwerk'
semantische Hierarchien: 'Ozean und Alpen' – 'Wasser und Erde' – 'Naturelemente' – 'Natur';
'Paläste und Tempel' – 'architektonische Kunstwerke' – 'Kunstwerke' usw.

b) Der komplizierte technische Uberbau, den sich die moderne Gesellschaft geschaffen hat, fordert entschlossene Aktionsgruppen zur Anwendung von Gewalt geradezu heraus. Sie brauchen nur ein Minimum einzusetzen, um ein Maximum zu erreichen.
Der nur mit einer Tränengaspistole bewaffnete Flugzeugentführer und der ihm ausgelieferte Pilot vor den hundert Hebeln seiner Kanzel sind für den Gesamtzustand symbolisch.
(Giselher Wirsing, Christ und Welt, 19. 9. 1969)

*Antwort:* Pictura: 'Flugzeug', 'Entführer', 'Tränengaspistole', 'hundert Hebel der Kanzel'
Subscriptio: 'moderne Gesellschaft', 'entschlossene Aktionsgruppen', 'Gewalt', 'komplizierter technischer Überbau'

Hierarchien: (z. B.) 'Flugzeug' – 'Transportmittel' – 'Dienstleistungssektor' – 'Wirtschaft' – 'Gesamtgesellschaft'; (usw.)

*Fahren Sie bitte fort:*

1. *Der Schneider von Ulm*
Bischof, ich kann fliegen
Sagte der Schneider zum Bischof.
Paß auf, wie ich's mach!
Und er stieg mit so 'nen Dingen
Die aussahn wie Schwingen
Auf das große, große Kirchendach.
  Der Bischof ging weiter.
  Das sind lauter so Lügen
  Der Mensch ist kein Vogel
  Es wird nie ein Mensch fliegen
  Sagte der Bischof vom Schneider.
Der Schneider ist verschieden
Sagten die Leute dem Bischof.
Es war eine Hatz.
Seine Flügel sind zerspellet
Und er liegt zerschellet
Auf dem harten, harten Kirchenplatz.
  Die Glocken sollen läuten
  Es waren nichts als Lügen
  Der Mensch ist kein Vogel
  Es wird nie ein Mensch fliegen
  Sagte der Bischof den Leuten. (Brecht)

– Pictura: 'Schneider von Ulm', 'Flugzeug', 'Bischof'
Subscriptio: 'Innovator', 'Neuerung' ('Revolution'), 'Konservativer'
semantische Hierarchien: 'Schneider von Ulm' – 'Erfinder' – 'Innovator allgemein' (– 'Revolutionär');
'Bischof' – 'Dogmatiker' – 'Konservativer';
'Flugzeug' – 'Erfindung' – 'Neuerung allgemein' ('Revolution')

2. *Gewohnheiten, noch immer*
Die Teller werden hart hingestellt
Daß die Suppe überschwappt.
Mit schriller Stimme
Ertönt das Kommando: Zum Essen!

Der preußische Adler
Den Jungen hackt er
Das Futter in die Mäulchen. (Brecht)

– Pictura: 'Essenausteilung', 'Unfreundlichkeit'
Subscriptio: 'Konsumgüterversorgung', 'Bürokratismus'

semantische Hierarchien: 'Essenausteilung' – 'Distribution von Lebensmitteln' – 'Konsumgüterversorgung';
'Unfreundlichkeit bei der Essenausteilung' – 'unfreundliche Bedienung' – 'unfreundlicher Staat' – 'Bürokratismus'.

3. *Unglücklicher Vorgang*

Hier ist ein Haus, das für euch gebaut ist.
Es ist weit. Es ist dicht.
Es ist gut für euch, tretet ein.
Zögernd nähern sich
Zimmerleute und Maurer
Klempner und Glaser. (Brecht)

– Pictura: 'Haus', 'Maurer etc.', 'Zögern'
Subscriptio: 'DDR-Gesellschaft', 'Arbeiterklasse', 'Mißtrauen'
Hierarchien: 'Haus' – 'Gebäude' – 'Institutionen' – 'Gesellschaft';
'Maurer etc.' – 'Arbeiter' – 'Arbeiterklasse'

### 7.5.3. Soziale Funktion der repräsentativen Symbolisierung

Jeder soziale Träger ist im sozialen Konflikt bestrebt, möglichst viele Fakten, Vorgänge, Bilder usw. zu repräsentativen Symbolen im Dienste seiner Ideologie zu machen. Diese Tendenz zeigt sich vor allem im Journalismus, wo nach Möglichkeit alle Fakten und Fotos repräsentativ-symbolische Komponenten erhalten. Ein Beispiel: Im "Stern" vom 25. 10. 73 ist ein ganzseitiges Foto des körperlichen Angriffs eines CSU-Mannes auf Gustav Heinemann abgebildet. Die Subscriptio, in großen Lettern, lautet: "Ein Schlag ins Gesicht der Demokratie." Ähnlich stehen Tausende von Fotos der Berliner Mauer für die 'DDR als Zuchthaus- bzw. KZ-Staat' u. ä. (Vgl. *LsP*, Lektion 2)

*7.5.3./B (Generative Übung):*

Setzen Sie sich an die Stelle eines Journalisten, der im Auftrage eines bestimmten sozialen Trägers Fakten, Vorgänge, Bilder zu repräsentativen Symbolen verarbeiten soll.

*Beispiele mit Modellantworten:*

a) Pictura: 'Die russische Weltraumfahrt versucht im Gegensatz zur amerikanischen möglichst wenige Entscheidungen den Astronauten zu überlassen; sie versucht, möglichst alles per Computer fernzusteuern vom Boden aus.'

*Antwort:* Subscriptio: (z. B.) "Darin spiegelt sich das tief eingewurzelte Mißtrauen der Sowjets gegen private Freiheit und Eigenverantwortlichkeit sowie der Wille, alle Lebensäußerungen des Einzelnen von einer zentralen Bürokratie aus zu planen und zu kontrollieren."

b) Pictura: Foto, das umgestürzte Autos nach einer Demonstration von Faschisten in Santiago de Chile zur Zeit der Regierung Allende zeigt.

*Antwort:* (z. B.) "Hier zeigt sich sinnfällig das Chaos, in das Allende die chilenische Gesellschaft gestürzt hat."

Fahren Sie bitte fort; wählen Sie selbst Fotos bzw. Fakten aus.

*7.5.3./C (Kritische Diskussion):*

Problematisierung der Funktion repräsentativer Symbolisierung im Leben der Gesellschaft (Beispiele: 'Mauer'-Symbol; 'Dollarflut'-Symbol; 'Ölhahn'-Symbol; 'Chaos'-Symbol u. ä.); welcher Zusammenhang zwischen Produktion/Reproduktion – elementarer Kultur – elaborierter Kultur läßt sich dabei feststellen? Mit welchen Dominanzen? Welche Möglichkeiten der kritischen 'Umfunktionierung' solcher Symbole wären denkbar?

Welche Rolle könnte die Symbol-Analyse in der Schule spielen?

## 7.6. Kollektiv-Symbole

Außer nach Strukturmerkmalen lassen sich Symbole auch nach ihrem sozialen Träger kategorisieren: vor allem in der Kunstliteratur begegnet die Erscheinung, daß der soziale Träger eines Symbols zahlenmäßig eng begrenzt ist und im Extremfall bis auf wenige Individuen zusammenschmilzt; dagegen handelt es sich bei den Symbolen der journalistischen Texte um ausgedehnte soziale Träger, die meistens große Teile einer Gesellschaft umfassen – solche Symbole sollen *Kollektiv-Symbole* heißen. Die Pictura von Kollektiv-Symbolen braucht nicht jedesmal insgesamt denotiert zu werden, da ihre Grundstruktur allgemein bekannt ist; es genügen wenige Elemente der Pictura, um die gesamte Pictura zu konnotieren. Beispiel: wenn es heißt, das 'Durchstarten' der Konjunktur sei gefährlich, so ist das ganze 'Auto'-Symbol (Berg- und Talfahrt usw.) mit konnotiert.

Kollektiv-Symbole bilden einen Spezialfall der *Topoi* (Singular *Topos* zu griech. topos = Allgemeinplatz), d. h. der kollektiv verankerten literarischen Klischees.

*7./D (Exemplarische historische Anwendungen):*

Vorschläge:

a) Barockliteratur;

b) Goethe-Lyrik;
c) Lyrik von C. F. Meyer;
d) Brecht (besonders *Kriegsfibel*);
e) Warenreklame;
f) aktueller Journalismus.

Wiederholung der Grundbegriffe aus Lektion 7:

Bitte ergänzen Sie die folgenden Sätze sinngemäß:

*Beispiel mit Modellantwort:*

a) Eine kohärente Gruppe von Zeichen, deren Signifikat u. a. durch einen komplexen visuellen Signifikanten darstellbar ist, nennen wir ...

*Antwort:* Pictura.

*Fahren Sie bitte fort:*

1. Unter Symbol verstehen wir ...

– eine Verfremdung, bei der das komplexe Signifikat einer Pictura auf ein anderes komplexes Signifikat, das wir Subscriptio nennen, abgebildet wird.

2. Aufgrund der medialen Gestalt der Pictura lassen sich folgende Symboltypen unterscheiden ...

– visuell-literarische, literarische, pragmatische Symbole.

3. Als pragmatisch-literarische Symbole bezeichnen wir ...

– Symbole, deren Pictura implizite Handlungsanweisungen an den Leser enthält.

4. Als Emblem bezeichnen wir ein Symbol, ...

– dessen Subscriptio textuell voll realisiert ist.

5. Ist die Subscriptio eines Symbols textuell nicht voll realisiert, sprechen wir ...

– von einem Goethe-Symbol.

6. Als Chiffren-Symbol bezeichnen wir ein Symbol, ...

– bei dem kein einziges Element der Subscriptio textuell realisiert ist.

7. Sind die Aktanten der Pictura Rollen und die der Subscriptio abstrakte Kategorien, so handelt es sich um ...

– eine Allegorie.

8. Bei metaphorischen Symbolen ...

– herrscht zwischen zugeordneten Elementen der Pictura und Subscriptio eine metaphorische Beziehung.

9. Herrscht zwischen zugeordneten Elementen der Pictura und Subscriptio die Beziehung semantischer Hierarchie, so sprechen wir von ...

– einem repräsentativen Symbol.

10. Ist der soziale Träger eines Symbols quantitativ erheblich, so handelt es sich um ...

– ein Kollektiv-Symbol.

## LEKTION 8

## (INHALT: PROSA UND POESIE)

### 8.1. Der Vers

In der gewöhnlichen Rede werden Pausen bei Sinneinschnitten gesetzt. In schriftlicher Rede werden solche Einschnitte, die wir *Zäsuren* nennen, durch Auslaufen der Zeile vor Ende der Druckzeile plus *Zeilenneuansatz* signalisiert. Literarische Rede, in der die großen Zäsuren, gekennzeichnet durch Zeilenneuansatz, isomorph zu den Sinneinschnitten liegen, nennen wir *Prosa*.

Die Distribution der Zeilenneuansätze in der Prosa kann als automatisierte Folie betrachtet und verfremdet werden. Die gebräuchlichste Verfremdung besteht in regelmäßigem Auslaufen der Zeile vor Ende der Druckzeile plus Zeilenneuansatz ohne Rücksicht auf Sinneinschnitte. So entsteht *Poesie*. Ihre Einheit heißt *Vers*.

#### 8.1.1. Das Enjambement

Die Isomorphie zwischen syntaktischen Einschnitten und Verseinschnitten, zwischen Satz und Vers kann auf verschiedene Weise durchbrochen werden. Eine der gebräuchlichsten Verfremdungen ist das Hinauslaufen des Satzes über das Versende. Statt

> Ich liebe dich.
> Liebst du mich?

kann die Aufteilung gewählt werden:

> Ich liebe
> Dich. Liebst du
> Mich?

Wir nennen die Durchbrechung der Isomorphie von Versende und Satzende *Enjambement* (frz. = Hineinspringen).

Bitte geben Sie die Anzahl von Enjambements in folgenden Texten an. (Als syntaktischer Einschnitt gelten Punkt und Komma.)

*Beispiele mit Modellantworten:*

a) Hoch über dem See fliegt ein Bomber.
Von den Ruderbooten auf
Schauen Kinder, Frauen, ein Greis. Von weitem
Gleichen sie jungen Staren, die Schnäbel aufreißend
Der Nahrung entgegen. (Brecht)

*Antwort:* 3

b) Du weißt, daß Hannibal, als er ein Knabe war,
Auf seines Vaters Wort bei Opfer und Altar
Den schweren Eid getan, uns Römer stets zu hassen;
Dich will ich Cäsars Haß und Tod beschweren lassen! (Gottsched)

*Antwort:* 1

*Fahren Sie bitte fort:*

1. Des Ganges Ufer hörten des Freudengotts
Triumph, als allerobernd vom Indus her
Der junge Bacchus kam, mit heilgem
Weine vom Schlafe die Völker weckend. (Hölderlin)

– 3

2. Sie fahren Autobahn.
Schnell und bequem!
Eine Stunde, zwei Stunden.
Erholsam und zügig.
Seitenwind. Nicht zu spüren.
(Optimales Fahrwerk,
Hinterachse, Prinzip de Dion!)
Plötzlich eine Stauung!
Bremsen! Sie stehen – sicher.
(4 belüftete Scheibenbremsen
und Bremskraftverstärker.)
Start: in 10,5 sec. auf 100.
(Neuer, elektronisch-gesteuerter
Einspritzmotor, 2,8 Ltr.-E, 165 PS!)
Sie fahren drei Stunden, vier
Stunden. Müde? Keine Spur! (Opel-Reklame)

– 2

3. Was kümmern mich Gesetz und Ordnung,
Gewerb' und bürgerliche Band?
Was euer König, eure Kammern?
Sagt, hab' ich denn ein Vaterland?
Und dennoch, als in euern Mauern
Der Fremde Herr zu sein gemeint,
Der Fremde, der mich reichlich speiste,
Ich Narr, wie hab' ich da geweint! (Chamisso)

– 1

4. Daß ihr hier sitzen könnt: So manche Schlacht
Wurd drum gewagt. Ihr mögt sie gern vergessen.

Nur wißt: Hier haben andre schon gesessen.
Die saßen über Menschen dann. Gebt acht! (Brecht)

– 1

5. Der Baum
größer als die Nacht
mit dem Atem der Talseen
mit dem Geflüster über
der Stille (Bobrowski)

– 1

*8.1.1./B (Generative Übung):*

Stellen Sie zum Spaß "Gedichte" her, indem Sie in möglichst banale Prosatexte möglichst starke Enjambements bringen. Wählen Sie selbst Beispiele aus.

### 8.1.2. Die Verszäsur

Beim Enjambement wird die Isomorphie von Prosasyntax und Vers an der Versgrenze durchbrochen. Es ist auch möglich, diese Isomorphie im Versinneren zu durchbrechen, und zwar dadurch, daß ein scharfer Einschnitt der Prosasyntax, d. h. vor allem ein Satzende, im Versinneren erscheint. Wir nennen diese Verfremdung *Verszäsur*. Ein Beispiel dafür findet sich in der zweiten Zeile des schon bekannten Beispiels:

Ich liebe
Dich. Liebst du
mich?

(Zäsur, lat. = Schnitt)

*8.1.2./A (Distinktionsübung):*

Bitte zählen Sie die Anzahl von Verszäsuren in folgenden poetischen Texten. Als Verszäsur soll dabei nur ein Satzende im Versinneren gelten.

*Beispiele mit Modellantworten:*

a) Ist nicht heilig mein Herz, schöneren Lebens voll,
Seit ich liebe? Warum achtetet ihr mich mehr,
Da ich stolzer und wilder,
Wortereicher und leerer war? (Hölderlin)

*Antwort:* 1

b) Seid umschlungen, Millionen!
Diesen Kuß der ganzen Welt!
Brüder – überm Sternenzelt
Muß ein lieber Vater wohnen. (Schiller)

*Antwort:* 0

*Fahren Sie bitte fort:*

1. O das grünende Kreuz. In dunklem Gespräch
Erkannten sich Mann und Weib.
An kahler Mauer
Wandelt mit seinen Gestirnen der Einsame.

Über die mondbeglänzten Wege des Walds
Sank die Wildnis
Vergessener Jagden; Blick der Bläue
Aus verfallenen Felsen bricht. (Trakl)

– 2

2. Schon tönet's aber ihm in der Brust. Tief quillts,
Wie damals, als hoch oben im Fels er schlief,
Ihm auf. Im Zorne reinigt aber
Sich der Gefesselte nun, nun eilt er. (Hölderlin)

– 2

3. Schlaf und Tod, die düstern Adler
Umrauschen nachtlang dieses Haupt:
Des Menschen goldnes Bildnis
Verschlänge die eisige Woge
Der Ewigkeit. An schaurigen Riffen
Zerschellt der purpurne Leib.
Und es klagt die dunkle Stimme
Über dem Meer. (Trakl)

– 1

## 8.2. Prosarhythmus und Versrhythmus

Die Verfremdung der Zeileneinteilung durch den Vers ist die grundlegende Verfremdung, durch die Poesie gekennzeichnet ist. Häufig treten weitere Verfremdungen hinzu. Eine der wichtigsten Verfremdungen ist die Verfremdung des Prosarhythmus.

(*Rhythmus* von griech. Rhythmós = Fließen)

### 8.2.1. Der Prosarhythmus

Der *Rhythmus* einer sprachlichen Folge besteht aus der Distribution von akzentuierten Silben, nicht akzentuierten Silben und Pausen. Die Akzentdistribution eines Prosatextes ist durch verschiedene Regeln bestimmt. Erstens spielt der *Wortakzent* eine Rolle. So liegt zum Beispiel bei dem deutschen Wort "Zimmer" der Wortakzent immer auf der ersten, niemals auf der zweiten Silbe. Zweitens spielt der *syntaktische Akzent* eine Rolle. So tragen enklitische Wörter wie z. B. Artikel usw. im Satzzusammenhang keinen Akzent. Schließlich gibt es drittens den *Sinnakzent*, durch den eine semantische Opposition realisiert wird. Ob z. B. die Akzente in folgendem Satz so oder so distribuiert sind, entscheidet über den Sinn:

> Híer ist ein Stúhl.
> oder:
> Híer ist éin Stúhl.

Im ersten Falle handelt es sich um die semantische Oppositionsserie Stuhl vs. Sessel vs. Tisch usw. Im zweiten Falle um die Serie eins vs. zwei vs. drei usw.

Bitte versuchen Sie, auf die folgenden Fragen zu antworten, ob es sich um Wortakzent, syntaktischen Akzent oder Sinnakzent handelt.

*Beispiele mit Modellantworten:*

1. Es war im dritten Jahrzehnt unseres Jahrhunderts, an einem Októbernachmittag – so begann der damalige Erzähler –, als ich bei starkem Unwetter auf einem Nordfriesischen Deich entlang ritt. (Storm)

Warum Októbernachmittag statt Oktobernáchmittag?
*Antwort:* Sinnakzent

2. Ich fügte mich in die Antwort und ritt hinter ihm her, so gut ich konnte. (Stifter)

Warum "mich in die" ohne Akzent?
*Antwort:* syntaktischer Akzent

*Fahren Sie bitte fort:*

1. Aus dem Wege! Nun komme ích!

Warum Akzent auf "ich"?
– Sinnakzent

2. Die Häuser der Vórstädte sind niedrig.

Warum Akzent "Vorstädte"?
– Wortakzent

3. Nun weiß jedermann, daß im Jahr 1803, als der General Dessalines mit 30000 Negern gegen Port au Prince vorrückte, alles, was die weiße Farbe trug, sich auf diesen Platz warf, um ihn zu verteidigen. (Kleist)

Warum kein Akzent auf "um ihn zu"?

– syntaktischer Akzent

*8.2.1./A 2 (Distinktionsübung):*

Bitte achten Sie in folgenden Texten auf die falschen Betonungen. Nennen Sie sie und geben Sie an, gegen welche Akzentregel verstoßen wurde.

*Beispiele mit Modellantworten:*

a) Die Mutter bemerkte, indem sie nach der Wanduhr sah, daß es überdies nahe an Mitternacht sei, nahm éin Licht in die Hand, und forderte den Fremden auf, ihr zu folgen. (Kleist)

*Antwort:* éin Licht; Verstoß gegen Sinnakzent

b) Warum huldigest du, heiliger Sókratés (Hölderlin)

*Antwort:* Sókratés; Verstoß gegen Wortakzent

*Fahren Sie bitte fort:*

1. Ihr milden Lüfte! Boten Itáliéns!
Und du mit deinen Pappeln, geliebter Strom! (Hölderlin)

– Itáliéns; Verstoß gegen Wortakzent

2. Wäre das Gespenst in der Wehle versúnken, hätte der Reiter im Wasser noch die Bewegung sehen müssen, die wegen des unmittelbar davor liegenden Deiches nicht so schnell verebben konnte. Darum kann das Gespenst nicht in dem Wásser úntergegángen séin, und um so auffälliger ist sein Verschwinden. (Storm)

– Ton auf "versúnken"; Verstoß gegen Sinnakzent

3. Schon tönets aber ihm in der Brúst. Tief quillts. (Hölderlin)

– Tief ohne Akzent; Verstoß gegen Wortakzent

*8.2.1./B (Generative Übung):*

Einige politische Redner verfremden den Prosarhythmus, um die Aufmerksamkeit auf ihre Redeweise und damit auch auf ihre Rede zu lenken (Beispiel: Willy Brandt läßt die Stimme bereits vor Satzende sinken, hebt sie dann und geht direkt in den nächsten Satz über). Versuchen

Sie, sich an die Stelle eines solchen Politikers zu setzen; probieren Sie entsprechende Verfremdungen aus. (Welche ironischen Effekte lassen sich dabei erzielen?)

### 8.2.2. Versrhythmus, Metrum

Der Prosarhythmus, der sich aus Wortakzent, syntaktischem Akzent und Sinnakzent ergibt, kennt keine regelmäßige *Akzentrekurrenz*. Die unregelmäßige Akzentrekurrenz des Prosarhythmus wird in der Poesie häufig durch ein Schema regelmäßiger Akzentrekurrenz verfremdet. Ein solches Schema regelmäßiger Akzentrekurrenz heißt *Metrum*. Das Metrum ist eine außersprachliche, musikalische Struktur. Ein Beispiel dafür ist etwa der sogenannte "Marschrhythmus", nach dem Schema "links rechts, links rechts" mit dem Akzent auf "links".
(*Metrum* zu griech. métron = Maß)

#### 8.2.2.1. Alternierendes Metrum

Die regelmäßige Folge akzentuierter und nichtakzentuierter Silben, wie sie sich etwa im "Marschrhythmus" findet, nennen wir *alternierendes Metrum* (lat. = abwechselnd).

Bitte stellen Sie fest, bei welchem der folgenden Texte ein alternierendes Metrum zugrunde liegt. Antworten Sie mit ja oder nein.

*Beispiele mit Modellantworten:*

a) O dú, so dácht ich, mit deinen Göttern, Natúr! Ich háb
ihn áusgeträumt, von Ménschendíngen, den Tráum. (Hölderlin)

*Antwort:* nein

b) Wie ánders gíng es mír! (Hölderlin)

*Antwort:* ja

*Fahren Sie bitte fort:*

1. Ich sáh sie án; mein Lében híng
Mit díesem Blíck an íhrem Lében:
Ich fühlt es wóhl, und wúßt es nícht. (Klopstock)

– ja

2. Cáli, du wéinest, únd ích schlúmmre sícher,
Wó im Sánde der Wég verzógen fórtschléicht. (Klopstock)

– nein

3. Es íst umsónst; ich kánns mir nícht verbérgen. (Hölderlin)

– ja

4. Ich fühle Wóch an Wóche mír verstreíchen,
Und kánn mich nícht von dír, Venédig trénnen. (Platen)

5. Veréhrtes Públikúm, jetzt kéin Verdrúß;

– ja

Wir wíssen wóhl, das íst kein réchter Schlúß. (Brecht)

– ja

6. Vórschwébte úns: die góldene Legénde.
ùnter der Hánd náhm sie ein bítteres énde. (Brecht)

– nein

7. Das Spíel ist áus, der Béifall ist verklúngen;
jetzt hát der Krítiker das Wórt,
und sórgsam prüft er die Notízen
am stárken éindruck der Erínnerung.
Bei éinem áusgeréiften Wéinbrand
gewínnt er sélber jéne Réife,
in dér Verstánd Verständnis zéugt
Ja – Nóris íst ein gúter Wéinbrand! (Noris-Reklame)

– ja

*8 2.2.1./B (Generative Übung):*

Lassen Sie sich von dem letzten Beispiel inspirieren und versuchen Sie, fingierte (und parodistische) Reklametexte in alternierendem Metrum zu dichten.

8.2.2.2. Daktylisches Metrum

Die regelmäßige Distribution eines Akzentes auf die erste von je drei Silben ist als "Walzertakt" bekannt. Wir nennen dieses Schema *daktylisches Metrum.*

Bitte stellen Sie fest, bei welchem der folgenden Texte ein daktylisches Metrum zugrunde liegt. Antworten Sie mit ja oder nein.

*Beispiele mit Modellantworten:*

a) Jésus verbárg sich vor díesen Entwéihten. Zwar lágen hier Pálmen. (Klopstock)

*Antwort:* ja

b) Wélche des Háins Wéihe verbárg. (Klopstock)

*Antwort:* nein

Fahren Sie bitte fort, verlassen Sie sich auf Ihr Gehör.

1. Ihr Quéllen der érd! ihr Blúmen! und ihr Wälder und ihr ádler und dú, brüderliches Lícht! (Hölderlin)

– nein

2. Blútige Bóten, Erschlágne des Héer(e)s, und bérstende Schiffe (Hölderlin)

– ja

3. Es schéiden und kéhren im Hérzen die ádern und éiniges, éwiges, glühendes Lében ist álles. (Hölderlin)

– ja

4. Trümmer und ásche. Veréinzelter Féuer
zúckt noch am Hímmel in Gárben empór.
Témpel und Stráßen und Víllen und Schéuer
álles zertréten in Schmútz und Geschmór. (Liliencron)

– ja

5. Und es empfiehlt eure blutigen Spuren, ihr Mörder
Unserm Vergessen der blinde (und) freundliche Staub. (Brecht)

– ja

8.2.2.3 Akzentakkumulation (spondeisches Metrum)

Als deutlich akzentuierende Sprache hat das Deutsche die Möglichkeit, den Prosarhythmus durch auffällige Häufung von Akzenten zu verfremden; wir sprechen dann von *Akzentakkumulation* (lat. = Häufung). Für diese Erscheinung wird auch der Begriff des *Spondeus* (griech. = feierlicher Vers) verwendet (bzw. *spondeisch*). Der Grenzfall einer Folge von vier oder mehr Akzenten begegnet selten, so daß bereits bei Folgen von drei Akzenten von Akzentakkumulation gesprochen werden muß: vgl. Klopstock "das Gewánd wéiß, blúthéll zum Thrón".

*8.2.2.3./A (Distinktionsübung):*

Bitte versuchen Sie, unter den folgenden Textbeispielen solche mit Akzentakkumulationen (spondeischem Metrum) zu erkennen.

*Beispiele mit Modellantworten:*

a) Ein zusegnender Laut, der mir rief, wie ein Schatten dem Schatten
Liebend ruft weissagt, dich, die mich hörete, mir. (Klopstock)

– ja

b) Die Bläue meiner Augen ist erloschen in dieser Nacht,
Das rote Gold meines Herzens. O! wie stille brannte das Licht.
(Trakl)

– nein

*Fahren Sie bitte fort:*

1. Unter Eichen
Sprachlos! O grollende Schwermut
Des Heers; ein strahlender Helm
Sank klirrend von purpurner Stirne. (Trakl)

– ja

2. Mordet getrost, Bluthunde! Der Tod ist süß wie die Liebe
Nicht um den Thron, glaubt uns, tauschen wir ein das Schafott!
(Platen)

– ja

3. Freiheit ruft die Vernunft, Fréihéit die wilde Begierde. (Schiller)

– ja

### 8.3. Prosawortfolge und Verswortfolge

Für die Prosawortfolge gelten bestimmte Regeln. So steht im Deutschen etwa ein Genitivattribut nach seinem regierenden Bezugswort: "das Haus meines Vaters". Oder für trennbare Verbkomposita gilt etwa die typische Klammerstellung: "Ich behalte mir weitere Schritte vor." Diese und andere Regeln der Prosawortfolge kann die Poesie als automatisierte Folie betrachten und durch veränderte Wortfolge verfremden.

#### 8.3.1. Die Inversion

Die verfremdende Umstellung der Prosawortfolge nennen wir *Inversion* (lat. = Umstellung). Statt "das Haus meines Vaters" entsteht durch Inversion die Folge: "Meines Vaters Haus." Statt: "Ich behalte mir weitere Schritte vor" ließe sich sagen: "Ich behalte mir vor weitere Schritte." (Wir benutzen den Begriff hier in engerem Sinne: im Sinne von *poetischer Inversion*; davon zu unterscheiden ist der allgemeine, grammatische

Begriff: danach heißt Inversion die *regelmäßige* Umstellung von Subjekt und Prädikat in vielen deutschen Sätzen.)

*8.3.1./A (Distinktionsübung):*

Versuchen Sie die Inversionen in den folgenden Textbeispielen zu erkennen; nennen Sie die normale Wortfolge zum Vergleich.

*Beispiele mit Modellantworten:*

a) Oftmals wurde geehrt und ausgiebig
Der Genosse Lenin. (Brecht)

*Antwort:* Inversion; normal: 'Der Genosse Lenin wurde oftmals und ausgiebig geehrt.'

b) Aber an Salamis Ufern, o Tag! an Salamis Ufern,
Harrend des Endes, stehn die Athenerinnen, die Jungfraun.
(Hölderlin)

*Antwort:* Inversion; normal: 'Aber – o Tag! – die Athenerinnen stehn an Salamis Ufern, harrend des Endes.'

*Fahren Sie bitte fort:*

1. Kehren die Kraniche wieder zu dir? und suchen zu deinen
Ufern wieder die Schiffe den Lauf? (Hölderlin)

– eher normal

2. In den entfernteren Straßen
Wenn der Zug ins Halten kommt
Leben Tänze auf und Wettspiele. (Brecht)

– Inversion; normal: 'Wenn der Zug ins Halten kommt, leben in den entfernteren Straßen Tänze und Wettspiele auf.'

3. Wo er sich zu Tisch setzt
Setzt sich die Unzufriedenheit zu Tisch
Das Essen wird schlecht
Und als eng wird erkannt die Kammer. (Brecht)

– Inversion: 'und die Kammer wird als eng erkannt'.

*8.3.1./C (Kritische Diskussion):*

Problematisierung des Sinns von Inversionen: handelt es sich eine rein formale Verfremdung – oder ließen sich 'formalistische' Inversionen von anderen unterscheiden (Beispiel Brecht)?

*8.3.1./B (Generative Übung):*

Am deutlichsten rein dekorativ sind Inversionen in Reklametexten (Beispiel: "Aufflammt der Sommer", Reklame für Allyn-Teppichböden). Erproben Sie im folgenden selbst verschiedene Möglichkeiten der Inversion (fingierte Reklamen, politische Epigramme im Brecht-Stil u. ä.).

*Beispiele mit Modellantworten:*

a) (z. B. Reklame): "Mit höchstem Komfort von Kontinent zu Kontinent führt Sie der Jumbo-Jet von X."
b) (z. B. Verfremdung einer politischen Nachricht): "Zu streng defensiven Zwecken, sagte der Präsident, und zur Gewährleistung unseres schnelleren Rückzugs sichern unsere Truppen seit gestern einen Teil von Kambodscha."

*Fahren Sie fort.*

### 8.4. Harte und glatte Fügung

Die Durchbrechungen der Isomorphie von poetischen Texten zur Prosaordnung lassen sich statistisch erfassen und für jeden Text resümieren. Dabei spielen alle Ebenen, die des Verses, d. h. hauptsächlich Enjambement und Verszäsur, die der Wortfolge, d. h. hauptsächlich die Inversion, sowie die des Rhythmus, d. h. hauptsächlich einfaches oder kompliziertes Metrum, eine Rolle. Wenn bestimmte Eigenschaften gebündelt auftreten, so erhält der Vers einen bestimmten qualitativen Gesamtcharakter.

#### 8.4.1. Harte Fügung

Ein poetischer Text, in dem die Frequenz an Enjambements und Verszäsuren hoch ist, in dem die Frequenz an Inversionen hoch ist, bei dem unregelmäßige Metren, d. h. kein alternierendes oder daktylisches Metrum vorherrscht, und dessen durchschnittliche Verslänge variiert, bezeichnen wir als Text *harter Fügung.*

*8.4.1./A (Distinktionsübung):*

Bitte versuchen Sie, gestützt auf Ihren Gesamteindruck, unter folgenden Texten die Texte harter Fügung zu erkennen.

*Beispiele mit Modellantworten:*

a) Nah ist,
Und schwer zu fassen der Gott.
Wo aber Gefahr ist, wächst
Das Rettende auch.
Im Finstern wohnen
Die Adler, und furchtlos gehn
Die Söhne der Alpen über den Abgrund weg. (Hölderlin)

*Antwort:* ja

b) Im Hofe steht ein Pflaumenbaum
Der ist klein, man glaubt es kaum.
Er hat ein Gitter drum
So tritt ihn keiner um. (Brecht)

*Antwort:* nein

*Fahren Sie bitte fort:*

1. Wenn die Räder rasselten,
Rad an Rad rasch ums Ziel weg,
Hoch flog
Siegdurchglühter
Jünglinge Peitschenknall,
Und sich Staub wälzt',
Wie vom Gebirg herab
Kieselwetter ins Tal,
Glühte deine Seel Gefahren, Pindar,
Mut. – Glühte? (Goethe)

– ja

2. Farbenstäubchen auf der Schwinge
Sommerlicher Schmetterlinge
Flüchtig sind sie, sind vergänglich
Wie die Gaben, die ich bringe,
Wie die Kränze, die ich flechte,
Wie die Lieder, die ich singe. (Platen)

– nein

3. Nachzudenken, woher sie kommen und
Wohin sie gehen, sind sie
An den schönen Abenden
Zu erschöpft. (Brecht)

– ja

### 8.4.2. Glatte Fügung

Der Gegentyp zur harten Fügung ist die *glatte Fügung*. Für sie sind also folgende Eigenschaften kennzeichnend: Erstens geringe Frequenz an Enjambements und Verszäsuren, zweitens geringe Frequenz an Inversionen, drittens regelmäßige Metren, viertens etwa gleiche durchschnittliche Verslänge.

*8.4.2./A (Distinktionsübung):*

Bitte versuchen Sie nun, gestützt auf Ihren Gesamteindruck, die Texte glatter Fügung zu identifizieren. Antworten Sie mit ja oder nein.

*Beispiele mit Modellantworten:*

a) Als Sonnenfeuer sprühte
Und heiß der Sommer glühte
Und süß die Linde blühte
Und lieb die Turtel girrte
Und licht der Glühwurm schwirrte
Sprach sterbend zu der Myrte
Das letzte Licht der Lilie:
"Geh' mit der Leidfamilie
Und heiß willkomm Ottilie." (Brentano)

Antwort: ja

b) Warum bist du so kurz? liebst du, wie vormals, denn
Nun nicht mehr den Gesang? fandst du als Jüngling doch
In den Tagen der Hoffnung,
Wenn du sangest, das Ende nie! (Hölderlin)

*Antwort:* nein

*Fahren Sie bitte fort:*

1. Schlafe Liebchen, weils auf Erden
Nun so still und seltsam wird!
Oben gehn die goldnen Herden,
Für uns alle wacht der Hirt. (Eichendorff)

– ja

2. Die Göttin hat mir Tee gekocht
Und Rum hineingegossen;
Sie selber aber hat den Rum
Ganz ohne Tee genossen. (Heine)

– ja

3. Da ergreift's ihm die Seele mit Himmelsgewalt,
Und es blitzt aus den Augen ihm kühn,
Und er siehet erröten die schöne Gestalt
Und sieht sie erbleichen und sinken hin –
Da treibt's ihn, den köstlichen Preis zu erwerben,
Und stürzt hinunter auf Leben und Sterben. (Schiller)

– ja

4. Der Bürge bleibt. Der Schuldner ist heraus.
Es weist sich, daß natürlich die Natur
Ihm manche Ausflucht bietet, jedoch stur
Kehrt er zurück und löst den Bürgen aus. (Brecht)

– nein

5. Ich les, daß Feuer eine Wohltat ist
Solang der Mensch es zähmet und bewacht
Daß es ihn aber, ungezügelt, frißt.
Ich frage mich: an was hat der gedacht? (Brecht)

– nein

*8.4.2./B (Generative Übung):*

Versuchen Sie, Texte glatter Fügung in solche harter Fügung zu transformieren.

*Beispiele mit Modellantworten:*

a) Der Tanz, der ist zerstoben,
Die Musik ist verhallt,
Nun kreisen Sterne droben,
Zum Reigen singt der Wald. (Eichendorff)

*Antwort:* (z. B.)
Zerstoben
der Tanz, ganz
Verhallt die Musik. Nun
Kreist ein Stern. Singt
der Wald Reigen.

b) O Mutter halte dein Kindlein warm,
Die Welt ist kalt und helle,
Und trag es fromm in deinem Arm
An deines Herzens Schwelle. (Brentano)

*Antwort:* (z. B.)
Warm halt das Kind! die Welt

o! ist hell und kalt! Fromm
trags im Arm (usw.)

*Fahren Sie bitte fort:*

1. Heilge Ordnung, segensreiche
Himmelstochter, die das Gleiche
Frei und leicht und freudig bindet,
Die der Städte Bau gegründet. (Schiller)

–

2. Von kühnen Wunderbildern
Ein großer Trümmerhauf,
In reizenden Verwildern
Ein blühnder Garten drauf. (Eichendorff)

–

3. Ein Fischer saß im Kahne,
Ihm war das Herz so schwer,
Sein Liebchen war gestorben,
Das glaubt er nimmermehr. (Brentano)

–

### 8.4.3. Semiologische Aspekte der glatten und harten Fügung

Unabhängig von der jeweiligen konkreten semantischen und sonstigen Struktur eines Gedichts wird die harte oder glatte Fügung häufig verwendet, um semiologische Signifikate zu tragen. Dabei steht die glatte Fügung (vgl. Metapher 'glatt') für 'Auflösung aller Widersprüche in Harmonie', die harte Fügung dagegen für 'Ausdruck von Widersprüchen'.

*8.4.3./A (Distinktionsübung):*

Nennen Sie bitte einige Ihnen bekannte Autoren, die die harte oder glatte Fügung semiologisch verwenden.

*Beispiele mit Modellantworten:*

a) Verflossen ist das Gold der Tage,
Des Abends braun und blaue Farben:
Des Hirten sanfte Flöten starben
Des Abends blau und braune Farben
Verflossen ist das Gold der Tage. (Trakl)

*Antwort:* glatte Fügung semiologisch für 'harmonischen Tod' (etwa)

b) Golden lodern die Feuer
Der Völker rings.
Über schwärzliche Klippen
Stürzt todestrunken
Die erglühende Windsbraut,
Die blaue Woge
Des Gletschers
Und es dröhnt
Gewaltig die Glocke im Tal:
Flammen, Flüche
Und die dunkeln
Spiele der Wollust,
Stürmt den Himmel
Ein versteinertes Haupt. (Trakl)

Antwort: harte Fügung semiologisch für 'unaufgelöste Antagonismen' (etwa)

Wählen Sie selbst weitere Beispiele aus.

*8./D (Exemplarische historische Anwendungen):*

Vorschläge:
a) romantische Lyrik (Brentano, Eichendorff)
b) Trakl
c) Brechts Lyrik

*8./C (Kritische Diskussion):*

Problematisierung der Versform in der Literatur: wie ist sie entstanden (mündliche Produktion!) und welche Funktion hat sie übernommen? Welche gesellschaftliche Rolle spielt sie heute noch? Was spräche dafür, Versliteratur für obsolet zu erklären und z. B. aus den Schulplänen zu streichen? Was spräche dagegen?

### Wiederholung der Grundbegriffe aus Lektion 8

Bitte ergänzen Sie folgende Sätze und beantworten Sie folgende Fragen:
*Beispiele mit Modellantworten:*

a) Kennzeichen von Prosa ist es, daß Zeilenneuansätze isomorph liegen zu ...

*Antwort:* Sinneinschnitten.

b) Versuchen Sie, folgende Kennzeichen entweder der harten oder der glatten Fügung zuzuordnen; Beispiel: die starke Variation der durchschnittlichen Verslänge?

*Antwort:* harte Fügung.

*Fahren Sie bitte fort:*

1. Poesie ist im Gegensatz zur Prosa dadurch gekennzeichnet, daß ...

– die Zeile regelmäßig vor Ende der Druckzeile ausläuft und unregelmäßiger Zeilenneuansatz herrscht.

2. Die Durchbrechung der Isomorphie von syntaktischen Einschnitten und Verseinschnitten am Zeilenende nennen wir ...

– Enjambement.

3. Als Verszäsur bezeichnen wir ...

– die Durchbrechung der Isomorphie von syntaktischen Einschnitten und Verseinheiten im Versinneren.

4. Folgende drei Akzentregeln bestimmen den Prosarhythmus:

– Wortakzent, syntaktischer Akzent, Sinnakzent.

5. Als Tonbeugung bezeichnen wir ...

– den Verstoß gegen den Wortakzent.

6. Unter Metrum verstehen wir ...

– ein außersprachliches Schema regelmäßiger Akzentrekurrenz.

7. Die regelmäßige Folge akzentuierter und nichtakzentuierter Silben heißt ...

– alternierendes Metrum.

8. Unter daktylischem Metrum verstehen wir ...

– die regelmäßige Distribution eines Akzentes auf die erste von je drei Silben.

9. Als Inversion bezeichnen wir ...

– die verfremdete Umstellung der Prosawortfolge.

Versuchen Sie, folgende Kennzeichen entweder der harten oder der glatten Fügung zuzuordnen:

10. eine hohe Frequenz an Inversionen?

– harte Fügung.

11. eine geringe Frequenz an Enjambements?

– glatte Fügung.

12. gleiche durchschnittliche Verslänge?
– glatte Fügung.
13. unregelmäßige Metren?
– harte Fügung.
14. Vermeidung von Akzentakkumulationen?
– glatte Fügung.

LEKTION 9

(INHALT: PROSA UND POESIE II, DIE WICHTIGSTEN METREN)

## 9.1. Invariables und variables Metrum

Die Einheit der poetischen Rede ist der Vers. Eine große Anzahl von Versen ist durch ein zugrunde liegendes metrisches Schema charakterisiert. In vielen poetischen Texten rekurrieren metrische Versschemata entweder in ununterbrochener Reihenfolge oder periodisch. Wenn rekurrierende Verse metrisch vollkommen, d. h. in Hebungen und Senkungen übereinstimmen, sprechen wir von *invariablem Metrum*. Stimmen rekurrierende Verse metrisch, d. h. in Hebungen und Senkungen, nicht völlig überein, so handelt es sich um *variables Metrum*.

Bitte versuchen Sie festzustellen, ob folgenden rekurrierenden Versen ein variables oder ein invariables Metrum zugrunde liegt.

*Beispiele mit Modellantworten:*

a) Mit áufgeschlóßnem Sínn, mit Géistesfülle,
Voll míldem érnsts, in tátenréicher Stílle. (Schiller)

*Antwort:* invariabel

b) Ach, láßt mich éine Wéile
Spazíeren auf grúner Héide. (Wunderhorn)

*Antwort:* variabel

*Bitte fahren Sie fort:*

1. Du hást die Schlácht geschlágen (...)
Es rásselt dein Síchelwágen. (Brentano)

– variabel

2. Schön ist, Mútter Natúr, déiner Erfíndung Prácht
áuf die Flúren verstréut, schöner ein fróh Gesícht (Klopstock)

– invariabel

3. Wenn ích nicht hóffen dárf, die Fréiheit zú erwérben
So bín ich ált genúg und wíll ganz fréudig stérben. (Gottsched)

– invariabel

4. Hábe nun, ách! Philosophíe
Júristeréi und Médizín

Und léider áuch Théologíe
Durcháus studíert, mit héißem Bemühn. (Goethe)

– variabel

5. Zum Kámpf der Wágen und Gesänge,
Der áuf Korínthus Lándesénge
Die Gríechenstämme fróh veréint. (Schiller)

– invariabel

## 9.2. Absolut invariable Metren

Sowohl die invariablen wie die variablen Metren lassen sich weiter differenzieren. Wir beginnen mit der Gruppe von Metren, bei denen sowohl Hebungen wie Senkungen invariabel sind. Wir sprechen von *absolut invariablen Metren.* Als Unterscheidungsmerkmale für die Typen absolut invariabler Metren dienen erstens die Anzahl der Hebungen und zweitens die Unterscheidung zwischen alternierendem, daktylischem und alternierend-daktylisch gemischtem Metrum.

### 9.2.1. Der Alexandriner

Sechshebige, alternierende, absolut invariable Metren heißen *Alexandriner.*

Versuchen Sie bitte, unter folgenden Versen die Alexandriner zu erkennen. Antworten Sie mit ja oder nein.

*Beispiele mit Modellantworten:*

a) Sitzt Pórtiá denn nícht mit Récht auf íhrem Thróne?
Die Gátten féhlen níe, die schénkten íhr die Króne! (Gottsched)

*Antwort:* ja

b) ítzo stieg über die Zédernwälder der Mórgen herúnter,
Jésus erhúb sich, ihn sáhn in der Sónnen die Séelen der Väter.
(Klopstock)

*Antwort:* nein

*Fahren Sie bitte fort:*

1. Du bíst die éinzigé, die ích zu spréchen schéue,
Néin! fódre núr von mír nicht Démut óder Réue.
(Johann Elias Schlegel)

– ja

2. Nicht wáffenträgend dúrften síe sich náhn,
Nicht ín densélben Máuren ûbernáchten. (Schiller)

– nein

3. Jétzt empfíng uns die áu ín die beschättendén
Kühlen árme des Wálds, wélcher die ínsel krönt. (Klopstock)

– nein

4. Ein júnges Hérz nimmt léicht den Éindruck vóm Román;
Allein ein Hérz das líebt, nimmt íhn noch léichter án. (Goethe)

– ja

5. áristokráten mögen noch géhn, ihr Stólz ist doch höflich;
áber dú, löbliches Vólk, bíst so voll Hóchmut und grób. (Schiller)

– nein

9.2.2. Der Blankvers

Fünfhebige, alternierende, absolut invariable Metren heißen *Blankverse*.
Versuchen Sie, unter folgenden Versen die Blankverse zu bestimmen. Antworten Sie mit ja oder nein.

*Beispiele mit Modellantworten:*

a) Umsónst! Mich réttet nícht Gewált, nicht Líst.
Der Féind ist wáchsam únd die Mácht ist séin. (Schiller)

*Antwort:* ja

b) Willst dú zu Stróphen wérden, o Háingesáng?
Willst dú gesétzlos, óssians Schwúnge gléich . . . (Klopstock)

*Antwort:* nein

*Fahren Sie bitte fort:*

1. Bequéme Sünd ist, fínd ich, sóviel wért
Als lästge Túgend; únd mein Wáhlspruch íst . . . (Kleist)

– ja

2. Ach! dáß die Zärtlichkéit, die méine Brúst entzündet,
In úlfos Hérzen dóch nicht gléiche Régung fíndet!
(Johann Elias Schlegel)

– nein

3. So kám nun díeser Ríng, von Sóhn zu Sóhne,
Auf éinen Váter éndlich vón drei Söhnen. (Lessing)

– ja

4. Ihr wünschet héut Gewíßheit éures Schícksals,
Gewíßheit bríngt euch séine Héiligkéit. (Schiller)

– ja

5. Im Frühlingsschátten fánd ich síe;
Da bánd ich síe mit Rósenbändern. (Klopstock)

– nein

### 9.2.3. Der Romanzenvers

Vierhebige, alternierende, absolut invariable Metren heißen dann *Romanzenverse*, wenn sie mit einer Hebung beginnen.

Versuchen Sie, unter folgenden Versen die Romanzenverse zu bestimmen. Antworten Sie mit ja oder nein.

*Beispiele mit Modellantworten:*

a) éinsamkéit, du stúmmer Brónnen
Héil'ge Mútter tíefer Quéllen. (Brentano)

*Antwort:* ja

b) Vergráben íst in éwige Nácht
Der Erfínder gróßer Náme zu óft. (Klopstock)

*Antwort:* nein

*Fahren Sie bitte fort:*

1. Méine Lyra íst umkränzet
únd ich síng in hóhem Tón (Brentano)

– ja

2. Doch Schläg ertéilen, óhne zú bekómmen,
Das íst kein Héldenstück, das ság ich éuch. (Kleist)

– nein

3. Und díeser Króne – ságt der Pátriárch –
Sei níemand würdger áls mein Hérr. (Lessing)

– nein

4. Nórd und Wést und Süd zersplíttern,
Thróne bérsten, Réiche zíttern, (Goethe)

– ja

5. Héute hást du gút gegéssen,
Dóch du hást noch méhr getrúnken. (Goethe)

– ja

### 9.2.4. Der dreihebige Anakreonteenvers

Dreihebige, alternierende, absolut invariable Metren nennen wir *dreihebige Anakreonteenverse.* (Es gibt daneben auch vierhebige Anakreonteenverse, die mit den Romanzenversen identisch sind.)

Versuchen Sie, aus folgenden Versen die dreihebigen Anakreonteenverse herauszufinden. Antworten Sie mit ja oder nein.

*Beispiele mit Modellantworten:*

a) O líebliché Therése!
Wie wándelt gléich ins Böse ... (Goethe)

*Antwort:* ja

b) án dem réinen Frühlingsmórgen
Gíng die Schäferín und sáng. (Goethe)

*Antwort:* nein

*Fahren Sie bitte fort:*

1. Du fáßtest mích aufs béste
Und híeltest mích so féste. (Goethe)

– ja

2. Ich kánn sie káum erwárten,
Die érste Blúm im Gárten. (Goethe)

– ja

3. Ich gíng im Wálde
So für mich hín. (Goethe)

– nein

4. Wéisheit mít dem Sónnenblíck,
Gróße Göttin, trítt zurück. (Schiller)

– nein

5. Wo hást du dás genómmen?
Wie kónnt es zú dir kómmen? (Goethe)

– ja

### 9.2.5. Der Asklepiadeus

Wir gehen nun zu absolut invariablen, alternierend-daktylisch gemischten Verstypen über.

Wir beginnen mit folgendem Metrum:

Kómm und léhre mein Líed júgendlich héiter séin. (Klopstock)

Dieses sechshebige, alternierend-daktylisch gemischte, absolut invariable Metrum heißt *Asklepiadeus.*

Versuchen Sie im folgenden, die Asklepiadeen zu erkennnen. Verlassen Sie sich auf ihr Ohr. Antwort: ja oder nein.

*Beispiele mit Modellantworten:*

a) Wäret ihr áuch bei úns, díe ihr mich férne líebt,
ín des Váterlands Schóß éinsam von mír verstréut. (Klopstock)

*Antwort:* ja

b) álso kámen sie wéiter bis áns Allerhéiligste Góttes,
Náh bei der Hérrlichkeit Góttes, auf éinsamem hímmlischem
Bérge. (Klopstock)

*Antwort:* nein

*Fahren Sie bitte fort:*

1. Der Séraph stámmelts, únd die Unéndlichkéit
Bebts dúrch den úmkreis íhrer Gefílde nách. (Klopstock)

– nein

2. Wíe mein Glück ist mein Líed. – Wíllst du im ábendrót
Fróh dich báden? Hinwég ísts und die érd ist kált. (Hölderlin)

– ja

3. Dénn o ságet, wo lébt ménschliches Lében sónst,
Dá die knéchtische jétzt álles, die Sórge, zwíngt? (Hölderlin)

– ja

4. Geh únter, schöne Sónne, sie áchtetén
Nur wénig déin, sie kánnten dich, Héilge, nícht. (Hölderlin)

– nein

5. "Wóran erkénnst du den bésten Stáat?" – Worán du die béste
Fráu kennst. Dáran, mein Fréund, dáß man von béiden nicht
sprícht. (Schiller)

– nein

### 9.2.6. Der Alkäus

Folgendes fünfhebige, alternierend-daktylisch gemischte, absolut invariable Metrum heißt *Alkäus*:

Du schwéigst und dúldest, dénn sie verstéhn dich nícht. (Hölderlin)

Versuchen Sie, unter folgenden Versen die Alkäen zu bestimmen. Antwort: ja oder nein.

*Beispiele mit Modellantworten:*

a) Wie láng ists, ó wie lánge! Des Kíndes Rúh
Ist hín und hín ist Júgend, und Líeb und Lúst. (Hölderlin)

*Antwort:* ja

b) Síehe, wie schwébenden Schrítts im Wéllenschwúng sich die Páare
Dréhen, den Bóden berührt káum der geflügelte Fúß. (Schiller)

*Antwort:* nein

*Fahren Sie bitte fort:*

a) In séiner Fülle rúhet der Hérbsttag nún,
Geläutert íst die Tráub, und der Háin ist rót. (Hölderlin)

– ja

2. Trénnen wóllten wir úns? wähnten es gút und klúg?
Dá wirs táten, warúm schréckte, wie Mórd, die Tát? (Hölderlin)

– nein

3. O Féld vom Aúfgang bís, wo sie úntergéht
Der Sónnen létzte, héiliger Tóten vóll. (Klopstock)

– ja

4. Zu lánge wáltest über dem Háupte mír
Du ín der dúnklen Wólke, du Gótt der Zéit! (Hölderlin)

– ja

5. Da bránnte Móskau, wídernatürlich wárf
In's éigne Háus die Fáckel das schnöde Vólk! (Platen)

– ja

### 9.3. Beschränkt variable Metren

Metren mit konstanter Anzahl von Hebungen, deren Senkungen an der gleichen Versposition einsilbige oder zweisilbige Füllung dulden, nennen wir *beschränkt variable Metren.*

#### 9.3.1. Der Hexameter

Ein sechshebiges, beschränkt variables Metrum heißt *Hexameter.* Dieses Metrum gleicht einem absolut invariablem, alternierend-daktylisch gemischten Metrum, also dem Asklepiadeus. Es unterscheidet sich dadurch vom Asklepiadeus, daß die Distribution von alternierender und daktylischer Füllung beliebig und nicht festgelegt ist. Wir geben ein Beispiel für den Hexameter:

> Síng, unstérbliche Séele, der sündigen Ménschen Erlösung,
> Díe der Messías auf érden in séiner Ménschheit volléndet.
>
> (Klopstock)

Nach der ersten Hebung steht im ersten der beiden Verse eine Senkung, im zweiten Vers stehen zwei Senkungen an der gleichen Stelle.

Versuchen Sie, unter folgenden Metren die Hexameter zu erkennen (Antwort: ja oder nein).

*Beispiele mit Modellantworten:*

a) Nún vernéhmet die Líst und wíe der Fúchs sich gewéndet,
Séine Frével wíeder zu décken und ándern zu schäden. (Goethe)

*Antwort:* ja

b) Die Wásser Hébrus wälzten mit ádleréil
Des Kélten Léier, wélcher die Wälder zwáng. (Klopstock)

*Antwort:* nein

*Fahren Sie bitte fort:*

1. Stáunend séh ich dich án, Stímmen und süßen Sáng,
Wíe aus vóriger Zéit, hör ich und Sáitenspíel. (Hölderlin)

– nein

2. Réich ist der Mánn fürwáhr! sein Hándel und séine Fabríken
Máchen ihn täglich réicher: denn wó gewínnt nicht der Káufmann?
(Goethe)

– ja

3. éiner von dénen, die Gótt als díenstbare Géister behérrschet,
Wírd, daß er Gótt sei, erkénnen, er wírd den Hímmel verlássen.
(Klopstock)

– ja

4. Der Káufmann nímmt, was séine Spéicher fássen,
Der ábt wählt sích den édlen Fírnewéin. (Schiller)

– nein

5. éhrengast ín den élendsquartíeren und Fúrcht der paläste
éwig zu bléiben gekómmen: sein Náme íst Kommunísmus.
(Brecht)

– ja

### 9.3.2. Der Pentameter

Der Pentameter ist eigentlich nur eine besondere Form des Hexameters. Wie der Hexameter besitzt er sechs Hebungen, wie dieser hat er beschränkt variable Senkungen. Sein besonderes Merkmal die starke Zäsur in der Versmitte, die er mit dem Asklepiadeus teilt. Außerdem endet er regelmäßig mit einer Hebung. Beispiel:

án des Hörers Gefühl / nährte der Sänger die Glút. (Schiller)

Versuchen Sie, im folgenden Pentameter, Hexameter und Asklepiadeen zu unterscheiden.

*Beispiele mit Modellantworten:*

a) Díe mit dem lébenden Wórt / hórchende Völker entzückt, (...)
únd getrágen den Géist / hóch auf den Flügeln des Líeds? (Schiller)

*Antwort:* Pentameter

b) Já, mein Hérrmann, du würdest mein álter höchlich erfréuen,
Wénn du mir báld ins Haus ein Schwíegertöchterchen brächtest. (Goethe)

*Antwort:* Hexameter

*Fahren Sie bitte fort:*

1. únd den fröhlichen Chór / dér auf den ästen sich wíegt (...)
úm das bráune Gebírg / über den grünenden Wáld. (Schiller)

– Pentameter

2. íst nicht héilig mein Hérz / schöneren Lébens vóll
Séit ich líebe, warúm / áchtetet íhr mich méhr. (Hölderlin)

– Asklepiadeus

3. Ságt, wo sínd die Vortréfflichen hín, wo fínd ich die Sänger (...)
Díe vom Hímmel den Gótt, zum Hímmel den Ménschen gesúngen? (Schiller)

– Hexameter

4. Lést ihr Geschíchte, so lést ihr von Táten enórmer Persónen;
íhrem Gestírn, sich erhébend und fállend; vom Zúg ihrer Héere. (Brecht)

– Hexameter

### 9.3.3. Vierhebiger Volksliedvers

Vierhebige, beschränkt variable Metren nennen wir *vierhebige Volksliedverse.*

Bitte versuchen Sie, unter folgenden Metren die vierhebigen Volksliedverse zu erkennen (Antwort: ja oder nein).

*Beispiele mit Modellantworten:*

a) So síngt ihr die Flöte, doch verstéhen
Kann Líebchen nícht des Líedes Léid. (Brentano)

*Antwort:* ja

b) Wohl dém, der fréi von Schúld und Féhle
Bewáhrt die kíndlich réine Séele! (Schiller)

*Antwort:* nein

*Fahren Sie bitte fort:*

1. Und áls der Tág graut, dúrch das Gehölz (...)
Ich schóß ihr áuf den núßbraunen Pélz. (Eichendorff)

– ja

2. Die árme, ich wíll sie dícht um dich schlíngen,
Wie Líebeszwéige, an Früchten schwér. (Brentano)

– ja

Wándern líeb ich für mein Lében,
Lébeében wíe ich kánn. (Eichendorff)

– nein

3. Ein féiner Régen príckelt heráb (...)
Die Pférde bewégen tráurig den Schwánz. (Heine)

– ja

4. Die Bäche géhen ráuschend níeder
Dúrch die dämmernde éinsamkéit. (Eichendorff)

– ja

5. Einen Blick
Nach dem Grabe
Seiner Habe
Sendet noch der Mensch zurück. (Schiller)

– nein

### 9.3.4. Der dreihebige Volksliedvers

Dreihebige, beschränkt variable Metren nennen wir *dreihebige Volksliedverse.*

Bitte versuchen Sie, unter folgenden Metren die dreihebigen Volksliedverse zu erkennen (Antwort: ja oder nein).

*Beispiele mit Modellantworten:*

a) Eine Lérche fährt durch die Lüfte
"Die Spíelleut sínd schon dá!" (Eichendorff)

*Antwort:* ja

b) O lásse Gelíebter mich éinsam lében!
Dem Tóde bín ich früh gewéiht! (Brentano)

*Antwort:* nein

*Fahren Sie bitte fort:*

1. Frühmórgens dúrch die Klüfte
Wir blásen Viktóriá! (Eichendorff)

– ja

2. Ich bín so gérne geséllig
Und dás ist híer der Fáll. (Goethe)

– ja

3. Wénn sich só die érde réget
Wénn die Lúft so sónnig wéhet. (Brentano)

– nein

4. Da dróben auf jénem Bérge,
Da stéh ich táusendmál. (Goethe)

– ja

5. Wíe mit ínnigstém Behágen,
Líed, empfínd ich déinen Sínn! (Goethe)

– nein

### 9.3.5./E Chevy-Chase-Verse *(s. Anhang)*

### 9.4. Absolut variable Metren

Metren, deren Hebungs- und Senkungszahl frei variiert, nennen wir *absolut variabel.* Solche Metren werden auch *"freie Rhythmen"* genannt.

### 9.4.1. Hart gefügte freie Rhythmen

Die absolut variablen Metren sind nur scheinbar völlig gesetzlos. In Wirklichkeit lassen sich auch bei ihnen verschiedene Typen unterscheiden. Am deutlichsten ist der Unterschied zwischen hart gefügten und weich gefügten freien Rhythmen.

Versuchen Sie im folgenden, unter den hart gefügten Metren die freien Rhythmen von den absolut oder beschränkt invariablen Metren zu unterscheiden.

*Beispiele mit Modellantworten:*

a) Tráumháft erschüttern des Wíldbáchs
Dúnkle Géister das Hérz,
Fínsternís,
Díe über die Schlúchten heréinbrícht! (Trakl)

*Antwort:* hart gefügte freie Rhythmen

b) áber ein wírkliches Báuwérk íst ein verstéinerter Rhythmus,
Déshalb sélten, wie áuch sélten ein gútes Gedícht. (Platen)

– beschränkt variables Metrum

*Fahren Sie bitte fort:*

1. Lénz des érdbálls! Pàrthenopäische Flúr! Stéts néue Stádt!
áufnímm den Fréund, géuß ráuschende Búchten umhér íhm.
(Platen)

– hart gefügte freie Rhythmen

2. Só
Háben sie éinen Verräter áufgezógen, íhn unterríchtet
In íhren Künsten, únd ér
Verrät sie dem Féind. (Brecht)

– hart gefügte freie Rhythmen

3. Dích als sólchen gewáhrt gérne der Blíck. Wíe dích
Schúf éinst áttische Kúnst jénes begéisterten (Platen)

– beschränkt variables Metrum

## 9.4.2. Glatt gefügte freie Rhythmen

Die glatt gefügten freien Rhythmen zeichnen sich am deutlichsten dadurch aus, daß ihre durchschnittliche Zeilenlänge relativ konstant ist. Dazu kommen die weiteren Merkmale der glatten Fügung.

Bitte versuchen Sie, unter folgenden Beispielen die glatt gefügten freien Rhythmen zu erkennen (Antwort: ja oder nein).

*Beispiele mit Modellantworten:*

a) Dráußen am órte,
Wo ich dich zuérst sprách,

Wácht ich óft an der Pfórte,
Dem Gebóte nách. (Goethe)

*Antwort:* ja

b) Schnell kéhr ich mich úm und wíeder
Verschwánd sie díe ich sáh;
Dann blíck ich in méine Líeder
Gleich íst sie wíeder dá. (Goethe)

*Antwort:* nein

*Fahren Sie bitte fort:*

1. éwig Gelíebte! wie zárt
Erínnerst du dích deines Tráuten!
Wás auch in írdischer Lúft und árt,
Für Töne láuten,
Die wóllen álle heráuf. (Goethe)

– ja

2. Es schwankt der Schwester Schatten durch den schweigenden Hain,
Zu grüßen die Geister der Helden, die blutenden Häupter
Und leise tönen im Rohr die dunklen Flöten des Herbstes. (Trakl)

– ja

3. Mönchin! schließ mich in dein Dunkel,
Ihr Gebirge kühl und blau!
Niederblutet dunkler Tau; (Trakl)

– nein

## 9.5. Prosanahe und prosaferne Metren

Mit statistischen Mitteln läßt sich bestimmen, welche Akzentdistribution in deutscher Prosa wahrscheinlich ist und welche unwahrscheinlich. Dabei läßt sich sagen, daß kürzere Ketten alternierender oder daktylischer Folgen wahrscheinlicher sind als lange Ketten. Weiter sind alternierend-daktylisch gemischte Folgen wahrscheinlicher als rein daktylische bzw. rein alternierende. Schließlich ist es in hohem Grade unwahrscheinlich, daß rhythmische Folgen in Prosa unverändert rekurrieren. Aus diesen Feststellungen folgt, daß man unter den Metren prosanahe und prosaferne Metren unterscheiden kann. Prosanah sind Metren, die zur Kürze, zur alternierend-daktylisch gemischten Form tendieren oder beschränkt variabel sind. Prosafern sind absolut invariable, lange Metren. Je nachdem, ob diese Kennzeichen voll oder teilweise zutreffen, lassen sich im großen und ganzen vier Gruppen von Metren unterscheiden: extrem prosaferne, relativ prosaferne, relativ prosanahe, extrem prosanahe.

### 9.5.1. Extrem prosaferne Metren

Als extrem prosafern wollen wir Metren mit sechs und mehr Hebungen, die absolut invariabel sind, bezeichnen.

Bitte versuchen Sie festzustellen, ob es sich bei folgenden Metren um absolut prosaferne Metren handelt oder nicht (Antwort: ja oder nein).

*Beispiele mit Modellantworten:*

a) Alexandriner?

*Antwort:* ja

b) Blankvers?

*Antwort:* nein

*Fahren Sie bitte fort:*

1. Hexameter?

– nein

2. Asklepiadeus?

– ja

3. Romanzenvers?

– nein

### 9.5.2. Relativ prosaferne Metren

Als relativ prosafern sollen vier- und fünfhebige Metren gelten, die absolut invariabel sind. Von den absolut invariablen zählen jedoch nur die alternierenden und alternierend-daktylisch gemischten dazu.

Bitte benennen Sie unter folgenden Metren die relativ prosafernen (Antwort: ja oder nein).

*Beispiele:*

a) Alkäus?

*Antwort:* ja

b) Romanzenvers?

*Antwort:* ja

*Fahren Sie bitte fort:*

1. Vierhebiger Volksliedvers?
– nein
2. Hexameter?
– ja
3. Blankvers?
– ja
4. Pentameter?
– ja
5. dreihebiger Volksliedvers?
– nein

9.5.3. Relativ prosanahe Metren

Als relativ prosanah sollen gelten:

Erstens vier- und fünfhebige Metren, die beschränkt oder absolut variabel sind.
Zweitens zwei- und dreihebige Metren.

Bitte versuchen Sie, unter folgenden Metren die relativ prosanahen festzustellen (Antwort: ja oder nein).

*Beispiele mit Modellantworten:*

a) Vierhebiger Volksliedvers?
*Antwort:* ja
b) Pentameter?
*Antwort:* nein

*Fahren Sie bitte fort:*

1. Dreihebiger Volksliedvers?
– ja
2. Dreihebiger Anakreonteenvers?
– ja
3. Blankvers?
– nein
4. Vierhebiger Volksliedvers?
– ja
5. Alexandriner?
– nein

### 9.5.4. Extrem prosanahe Metren

Hierzu zählen weich gefügte freie Rhythmen mit durchschnittlich drei bis fünf Hebungen.

*9.5.4./A (Distinktionsübung):*

Versuchen Sie, unter den folgenden Beispielen extrem prosanahe Metren auszumachen.

*Beispiele mit Modellantworten:*

a) Die Niedrigen müssen von der Erde gehen
Ohne vom guten Fleisch
Etwas gegessen zu haben. (Brecht)

– ja

b) Schlaf und Tod, die düstern Adler
Umrauschen nachtlang dieses Haupt. (Trakl)

– nein

*Fahren Sie bitte fort:*

1. Dies Feuer, diese Tochter der Natur
Die, ihrer Zügel los, durch eure Gassen wandelt
Mit roter Mütze auf, wer ist das nur? (Brecht)

– nein

2. *Die Oberen sagen: Friede und Krieg*
Sind aus verschiedenem Stoff.
Aber ihr Friede und ihr Krieg
Sind wie Wind und Sturm. (Brecht)

– ja

3. Auch unsre schöne Poesie
Erlischt, sie ist schon ein wenig
Erloschen; mit andern Königen stirbt
Auch Freiligraths Mohrenkönig. (Heine)

– nein

*9./C (Kritische Diskussion):*

Problematisierung des Kapitels 'Metrik': welche Bedeutung hat es für Literatur und Kultur besessen und welche besitzt es heute? Läßt sich ein historischer Trend zum extrem prosanahen Metrum ausmachen? Gegenprobe: Songs (z. B. Biermann) – läßt sich sagen, daß aufgrund der Gesangform metrische Poesie auch heute noch aktuell ist?

Frage, wo Schüler mit metrischer Poesie zu tun haben? Frage, welchen Stellenwert sie im Unterricht noch haben sollte.

*9./D (Exemplarische historische Anwendungen):*

Vorschläge:

a) das lange Hexametergedicht am Beispiel von Schiller ("Spaziergang"), Hölderlin ("Der Archipelagus"), Brecht ("Das Manifest");
b) der Trend zur Prosanähe am Beispiel Heine, Brecht;
c) der Gegentrend am Beispiel George, Celan;
d) zur metrischen Gestalt von Schlagern und Songs (z. B. Biermann).

Wiederholung der Grundbegriffe aus Lektion 9

Bitte definieren Sie die folgenden Metren.

*Beispiele mit Modellantworten:*

a) Alexandriner?

*Antwort:* absolut invariabel, sechshebig, alternierend

b) Romanzenvers?

*Antwort:* absolut invariabel, vierhebig, alternierend, zu Beginn eine Hebung

*Fahren Sie bitte fort:*

1. Asklepiadeus?
– absolut invariabel, sechshebig, alternierend-daktylisch gemischt
2. Vierhebiger Volksliedvers?
– beschränkt variabel, vierhebig
3. Pentameter?
– beschränkt variabel, sechshebig, Mittelzäsur, am Ende eine Hebung
4. Blankvers?
– absolut invariabel, fünfhebig, alternierend
5. dreihebiger Anakreonteenvers?
– absolut invariabel, dreihebig, alternierend

6. Alkäus?

– absolut invariabel, fünfhebig, alternierend-daktylisch gemischt

7. freie Rhythmen?

– absolut variabel

## LEKTION 10

## (INHALT: GATTUNGS- UND GENRE-THEORIE I; ALLGEMEINE KONSTITUENTIEN)

### 10.1. Die Konfiguration

#### 10.1.1. Die literarische Figur

Als *literarische Figuren* (zu lat. figura = Gestalt) bezeichnen wir fiktive anthropomorphe Individuen, die als isotopiekonstititutive Aktanten literarischer Texte verwendet werden. Wir können gröber formulieren, daß in literarischen Texten die Handlungen, Reden oder Gedanken solcher Figuren eine Rolle spielen.

*10.1.1./A 1 (Distinktionsübung):*

Bitte versuchen Sie, die literarischen Figuren folgender Texte zu benennen.

*Beispiele mit Modellantworten:*

a) Begriff Jenny denn nicht, daß sie etwas Unmögliches verlangte? Daß ich alles, einfach alles andere getan hätte? Während ich auf den Boden schaute und in eiserner Ablehnung und äußerstem Unbehagen den Kopf schüttelte, sprach Jenny in wütendem Flüsterton zu mir, wie ich es noch nie von ihr gehört hatte: "Du bist ein herzloses Biest", sagte sie. Und dann beendete sie das Telefonat mit meinem Vater, indem sie sagte: "Mr. Barrett, Oliver würde Ihnen gern sagen, daß er sie auf seine Art –." Sie hielt inne, um zu Atem zu kommen. (Segal)

*Antwort:* Jenny, Sohn, Vater

b) (aus Diderot/Schiller: "Merkwürdiges Beispiel einer weiblichen Rache":)
Der Weg führte sie durch eine Allee nach der Baumschule, wo Frau von P ... auf einmal ein lautes Geschrei erhub: "Sind sies? Sie sinds! Nein, ich täusche mich nicht? – Es sind wirklich dieselben", und mit den Worten entspringt sie dem Marquis und fliegt unsern beiden frommen Schwestern entgegen. Die junge Aisnon war heute zum Bezaubern; der bescheidene Anzug erlaubte es den Blicken, ganz in das Anschauen der Person hinzuschmelzen. –"

Antwort: Frau von P, Marquis, 2 fromme Schwestern

*Fahren Sie bitte fort:*

1. (aus Fontanes "Cécile":)
Der junge Mann, der sich von seinem Platz erhoben und mit so besonderer Artigkeit gegrüßt hatte, rief jetzt den Kellner heran und sagte: "Kennen Sie die Herrschaften?" – "Ja, Herr von Gordon." – "Nun?" – "Oberst a. D. von St. Arnaud und Frau. Sie kamen gestern mit dem Mittagszug und nahmen Diner 'a part. Die Dame scheint krank."

– von Gordon, Kellner, Herr und Frau St. Arnaud

2. (aus "Der Taucher")
Drauf der König greift nach dem Becher schnell,
In den Strudel ihn schleudert hinein:
"Und schaffst du den Becher mir wieder zur Stell,
So sollst du der trefflichste Ritter mir sein
Und sollst sie als Ehgemahl heut noch umarmen,
Die jetzt für dich bittet mit zartem Erbarmen."

– König, Königstochter, Taucher

3. (aus "Hyperion")
Wohin, mein Schwärmer? erwidert Alabanda trocken, und ein Schatte von Spott schien über sein Gesicht zu gleiten. Ich war, wie aus den Wolken gefallen. Geh! sagt ich, du bist ein kleiner Mensch!

In demselben Augenblicke traten etliche Fremde ins Zimmer, auffallende Gestalten, meist hager und blaß, soviel ich im Mondlicht sehen konnte, ruhig, aber in ihren Mienen war etwas, das in die Seele ging, wie ein Schwert.

– Hyperion, Alabanda, die Fremden

4. (aus "Die Mission" von Hans Habe)
Verschwunden war Elisabeth, die Tochter des Professors, mit samt ihren vier Kindern, vier Mädchen. War sie mit ihrem Mann und den Töchtern nach Palästina abgereist? Das war auch Bettinas Hoffnung gewesen, die jeden Tag in das Haus gegangen war, wo Elisabeth gewohnt hatte, doch konnte sie dem Professor so Tröstliches nicht berichten. Elisabeth hätte sich, wäre sie ausgewandert, von ihrer Stiefmutter, mit der die freundschaftlichsten Beziehungen sie verbanden, verabschiedet, die Hausbewohner hätten es gewußt, selbst die Behörden hätten es kaum verschwiegen.

– Professor, Bettina, Elisabeth, 4 Töchter, Hausbewohner, Behörden

5. (aus Elisabeth Langgässer, "Gang durch das Ried":)
In diesem Augenblick zuckte der Bauer argwöhnisch auf ihn los: "Wer seid Ihr denn und wo kommt Ihr her?"

"Das darf ich Euch erst sagen, wenn wir alleine sind", flüsterte Aladin.

Der Erlenhöfer verfärbte sich: "Hier kann jeder zuhören, Dummkopf", erwiderte er grob, "hier wird nichts versteckelt – oder?" Er blickte im Kreis herum.

– Aladin, Bauer

*10.1.1./A 2 (Distinktionsübung):*

Bitte versuchen Sie im folgenden, Figuren von normalen Aktanten zu unterscheiden.

*Beispiele mit Modellantworten:*

a) Und vom Boden springt er plötzlich,
Stellt sich auf die Hintertatzen,
Und wie ehmals tanzt er wieder
Seinen Leibtanz, die Gavotte.

Stumm, mit aufgesperrten Schnauzen,
Schauen zu die Bärenjungen,
Wie der Vater hin und her springt
Wunderbar im Mondenscheine. (Heine)

Aktant 'Bären-Vater'?
*Antwort:* Figur, da anthropomorph

b) In der Höhle, bei den Seinen,
Liegt gemütskrank auf dem Rücken
Atta Troll, nachdenklich saugt er
An den Tatzen, saugt und brummt: (...) (Heine)

Aktant 'Höhle'?
*Antwort:* normaler Aktant

*Fahren Sie bitte fort:*

1. Der schöne Maienmond begann,
Und alles wurde froh; (Hölty)

Aktant 'Maienmond'?
– normaler Aktant

2. Er irrte täglich durch den Hain,
Mit einer Brust voll Ruh,
Und sah dem Spiel' und sah dem Reihn
Der Dörferinnen zu; (...) (Hölty)

Aktant 'er'?
– Figur

3. "John Maynard war unser Steuermann,
Aus hielt er, bis er das Ufer gewann, (...)" (Fontane)

Aktant 'Ufer'?
– normaler Aktant

4. Die "Schwalbe" fliegt über den Eriesee,
Gischt schäumt um den Bug wie Flocken von Schnee,
Von Detroit fliegt sie nach Buffalo – (...) (Fontane)

Aktant "Schwalbe"?
– normaler Aktant (nicht anthropomorph!)

5. Mitwölfe! Ihr zweifeltet nie an mir,
Ihr ließet euch nicht fangen
Von Schelmen, die euch gesagt, ich sei
Zu den Hunden übergegangen, (...) (Heine)

Aktant 'ich'?
– Figur

### 10.1.2. Die literarische Konfiguration

Die Gesamtheit aller literarischen Figuren eines gegebenen Textes heißt *Konfiguration*. Innerhalb der Konfiguration stehen die Figuren nach bestimmten Gesetzmäßigkeiten in binären, ternären oder mehrgliedrigen Oppositionen. Jede Konfiguration insgesamt läßt sich also als synchrones System auffassen.

*10.1.2./A (Distinktionsübung):*

Bitte ziehen Sie aus folgenden Texten die Konfiguration heraus. Ordnen Sie sie vorläufig nach Serien aufgrund auffälliger Oppositionen.

*Beispiele mit Modellantworten:*

a) " 'So, so?' machte der Oberdeichgraf; 'und ihr meinet, er wäre nun auch der Mann, um in das Amt seines alten Herrn einzurücken?'
'Der Mann wäre er schon', entgegnete Jewe Manners; 'aber ihm fehlt das, was man hier 'Klei unter den Füßen' nennt; ...'
Der Pastor tat schon den Mund auf, als wolle er etwas einwenden, da trat Elke Volkerts, die eine Weile schon im Zimmer gewesen, plötzlich zu ihnen: 'Wollen Euer Gnaden mir ein Wort erlauben?' sprach sie zu dem Oberbeamten." (Storm)

*Antwort:* Oberdeichgraf, Jewe Manners, Pastor, Elke Volkerts
Serie A: Autoritätsperson (Oberdeichgraf) versus

Serie B einfache Person (die übrigen)
Serie C Frauen (Elke Volkerts) vs Serie D Männer (die übrigen)

b) *Julia (affektiert hereintretend).* Der Graf bot mir sein Palais an, den Zug nach dem Rathaus zu sehen ... Eh die Schokolade gemacht ist, Madam, unterhalten *Sie* mich! ...

*Leonore.* Befehlen Sie, daß ich Gesellschaft hieher bitte?

Julia. Abgeschmackt. Als wenn ich die hier suchen müßte? *Sie* werden mich zerstreuen, Madam! *(auf und ab, sich den Hof machend)* Wenn Sie das können, Madam! ...

*Leonore.* Es ist mein Unglück, Signora, daß meine Laune mir das Vergnügen Ihrer Gegenwart schmälert.

*Julia.* Eine häßliche Unart ist das, die Sie schwerfällig macht. Rasch! lebhaft und witzig! *Das* ist der Weg nicht, Ihren Mann anzufesseln ...

*Leonore* (...) Unmöglich hab' ich meinen Fiesko verloren. Oder ich habe nichts an ihm verloren.

*Julia.* Von *Verlieren* murmeln Sie etwas? Aber mein Gott! Wie kam Ihnen auch der tragische Einfall, den Fiesko zu nehmen? (Schiller)

*Antwort:* Julia, Leonore, Fiesko
Serie A: Frauen (Julia, Leonore) vs. Serie B: Männer (Fiesko); Serie C: kokette Frauen (Julia) vs. Serie D: anständige Frauen (Leonore)

*Fahren Sie bitte fort:*

1. Christian Wolf war der Sohn eines Gastwirts ... Die Natur hatte seinen Körper verabsäumt ... Er wollte ertrotzen, was ihm verweigert war; weil er mißfiel, setzte er sich vor, zu gefallen. Er war sinnlich und beredete sich, daß er liebe. Das Mädchen, das er wählte, mißhandelte ihn; er hatte Ursache, zu fürchten, daß seine Nebenbuhler glücklicher wären; doch das Mädchen war arm. Ein Herz, das seinen Beteurungen verschlossen blieb' öffnete sich vielleicht seinen Geschenken, aber ihn selbst drückte Mangel ... Seine Vaterstadt grenzte an eine landesherrliche Waldung, er wurde Wilddieb, und der Ertrag seines Raubes wanderte treulich in die Hände seiner Geliebten.

   Unter den Liebhabern Hannchens war Robert, ein Jägerbursche des Försters. Frühzeitig merkte dieser den Vorteil, den die Freigebigkeit seines Nebenbuhlers über ihn gewonnen hatte, und mit Scheelsucht forschte er nach den Quellen dieser Veränderung. (Schiller)

– Christian Wolf, Hannchen, Robert
Serie A: Männer (Christian, Robert) vs. Serie B: Frauen (Hannchen); Serie C: sexuell attraktive (Hannchen, Robert) vs. nicht attraktive (Christian); Serie E: Arme (alle) vs. Reiche

2. Ich hatte mit dem holden Mädchen noch vor ihrem Hause gezögert, bis das Licht der Nacht in die ruhige Dämmerung schien, nun kam ich in Notaras Wohnung zurück, gedankenvoll, voll überwallenden heroischen Lebens, wie immer, wenn ich aus ihren Umarmungen ging. Es war ein Brief von Alabanda gekommen.

Es regt sich, Hyperion, schrieb er mir, Rußland hat der Pforte den Krieg erklärt ... die Griechen sollen frei sein, wenn sie mit aufstehn, den Sultan an den Euphrat zu treiben ...

Bist du noch der Alte, so komm! ...

So schrieb er. Ich war betroffen im ersten Moment. Mir brannte das Gesicht vor Scham, mir kochte das Herz, wie heiße Quellen, und ich konnt auf keiner Stelle bleiben, so schmerzt' es mich, überflogen zu sein von Alabanda, überwunden auf immer. Doch nahm ich nun auch um so begieriger die künftige Arbeit ans Herz ...

Diotimas Erblassen, da sie Alabandas Brief las, ging mir durch die Seele. Drauf fing sie an, gelassen und ernst, den Schritt mir abzuraten. (Hölderlin)

– Hyperion, Alabanda, Diotima / Griechen, Türken, Russen
Serie A: individuelle Figuren (Hyperion, Alabanda, Diotima) vs Serie B: kollektive Figuren = Nationen (Griechen, Türken, Russen) Serie C: Männer (Hyperion, Alabanda) vs Serie D: Frauen (Diotima) Serie E: aktive Figuren (Alabanda, Hyperion) vs kontemplative Figuren (Diotima)

3. Ehe man noch hinausgesprungen war, den Bremsweg gemessen, berechnet hatte, schüttelte der Bremsmeister den Kopf, und aus den anderen Wagen kamen die alten Hasen der Probefahrten wie zufällig bei ihm zusammen – alle, die ohne Messung und Berechnung wußten: Der Bremsweg ist zu lang gewesen ...

Rita teilte die Unruhe und Besorgnis ... Hier war etwas, was sie nicht nur obenhin kannte: Diesem Wagen, der äußerlich glatt und glänzend war, sah sie unter die Haut. Sie war froh darüber. Ich gehöre dazu, dachte sie.

Manfred, den sie allein gelassen hatte, sah ihr das an, als er zu ihnen trat – gerade in dem Augenblick, da sich ihre Bestürzung in Lachen auflöste. Einer der Monteure hatte, als er hörte, der Bremsweg sei 200 m zu lang gewesen . . ., mit dem Daumen über die Schulter in die Höhe gezeigt und gesagt: "Wenn nun dem so etwas passierte!"

Manfred sah Rita lachen und wußte, daß sie jetzt ein Glück empfand, von dem er ausgeschlossen war ...

"Was jetzt kommt", sagte er ..., "das weiß ich schon. Eine Propagandaschlacht größten Stils um den ersten Kosmonauten."

(Christa Wolf)

– Rita, Manfred, Bremsmeister, Monteure
Serie A: ingroup der Sozialisten (alle außer Manfred) vs Serie B: outgroup der Antisozialisten (Manfred); Serie C: Frauen (Rita) vs Serie D: Männer (alle anderen)

> 4. Und die Sonne geht unter, da steht er am Tor
> Und sieht das Kreuz schon erhöhet,
> Das die Menge gaffend umstehet;
> An dem Seile schon zieht man den Freund empor,
> Da zertrennt er gewaltig den dichten Chor:
> "Mich Henker", ruft er, "erwürget!
> Da bin ich, für den er gebürget!"
>
> Und Erstaunen ergreifet das Volk umher,
> In den Armen liegen sich beide
> Und weinen vor Schmerzen und Freude.
> Da sieht man kein Auge tränenleer,
> Und zum Könige bringt man die Wundermär;
> Der fühlt ein menschliches Rühren,
> Läßt schnell vor den Thron sie führen. (Schiller)

– Freund 1, Freund 2, Volk, König
Serie A: individuelle Figuren (Freunde, König) vs Serie B: kollektive Figuren (Volk); Serie C: Autoritätspersonen (König) vs einfache Figuren (übrige) Serie E: Tugendhelden (die beiden Freunde) vs übrige.

### 10.1.3. Dialogische Rede

Die Figuren einer literarischen Konfiguration tauschen häufig *direkte Rede* aus; unter direkter Rede verstehen wir Textelemente, die Funktion (Äußerung) von Figuren sind und zwar derart, daß die Figur, deren Funktion das jeweilige Textelement ist, darin in der 1. Person, andere Figuren in der 2. und 3. bezeichnet werden (s. u.). Mengen von innerhalb einer Konfiguration ausgetauschter direkter Rede nennen wir *dialogische Rede* (griech. diálogos = Zwiegespräch). Die dialogische Rede gliedert sich in zusammenhängende Komplexe.

*10.1.3./A (Distinktionsübung):*

Bitte benennen Sie Komplexe dialogischer Rede in den folgenden Texten. Bezeichnen Sie Anfang und Ende.

*Beispiele mit Modellantworten:*

a) Man hatte mich zwischen zwo Weibspersonen sitzen lassen, welches der Ehrenplatz an der Tafel war ... Beide Weiber eiferten auf einander, meine Begierden zu entzünden, die schöne Margarete kam meiner Blödigkeit durch freche Scherze zuvor, aber das ganze Weib war mir zuwider, und mein Herz hatte die schüchterne Marie auf immer gefangen.

'Du siehst, Bruder Sonnenwirt', fing der Mann jetzt an, der mich hergebracht hatte, 'du siehst, wie wir untereinander leben, und jeder Tag ist dem heutigen gleich. Nicht wahr, Kameraden?'

'Jeder Tag wie der heutige!' wiederholte die ganze Bande.

'Kannst du dich also entschließen, an unserer Lebensart Gefallen zu finden, so schlag ein und sei unser Anführer. Bis jetzt bin ich es gewesen, aber dir will ich weichen. Seid ihrs zufrieden, Kameraden?'

Ein fröhliches 'Ja!' antwortete aus allen Kehlen.

Mein Kopf glühte, mein Gehirne war betäubt; von Wein und Begierden siedete mein Blut. (Schiller)

*Antwort:* Anfang "Du siehst, Bruder Sonnenwirt", Ende "ja"

b) Rita macht sich auf den Weg zu Rolf Meternagel, der schon wieder – zum wievielten Mal in seinem Leben! – am Boden liegt. Man kann sich ja ausrechnen, wie oft ein Mensch sich aufrappelt, der niemals in einer windstillen Ecke gestanden und mit Krämermiene dem Leben die offene Hand hingehalten hat: Ich nehme. Der nie kleinlich sein Guthaben nachgerechnet, der seinen Schuldnern immer großzügig gestundet hat, der mit seinem einzigen Besitz – der Kraft, tätig zu sein – nicht geknausert hat, als sei er unerschöpflich.

(Christa Wolf)

*Antwort:* keine dialogische Rede

*Fahren Sie bitte fort:*

1. Nun aber stand er mit seinen Papieren in der Mitte des Zimmers, sah noch auf die Tür hin, die sich nicht wieder öffnete, und wurde erst durch einen Anruf der Wächter aufgeschreckt, die bei dem Tischchen am offenen Fenster saßen und, wie K. jetzt erkannte, sein Frühstück verzehrten. "Warum ist sie nicht eingetreten?" fragte er. "Sie darf nicht", sagte der große Wächter. "Sie sind doch verhaftet." "Wie kann ich denn verhaftet sein? Und gar auf diese Weise?" "Nun fangen Sie also wieder an", sagte der Wächter und tauchte ein Butterbrot ins Honigfäßchen. "Solche Fragen beantworten wir nicht."

(Kafka)

– Anfang: "Warum ist sie nicht eingetreten?" Ende: Schluß des Textes

2. Ohne auf dieses Angebot zu antworten, stand K. ein Weilchen lang still. Vielleicht würden ihn die beiden, wenn er die Tür des folgenden Zimmers oder gar die Tür des Vorzimmers öffnete, gar nicht zu

hindern wagen. Vielleicht wäre es die einfachste Lösung des ganzen, daß er es auf die Spitze trieb. (Kafka)

– keine dialogische Rede

3. Und wenn mich oft um Mitternacht das heiße Herz in den Garten hinuntertrieb unter die traurigen Bäume, und der Wiegengesang des Quells und die liebliche Luft und das Mondlicht meinen Sinn besänftigte, und so frei und friedlich über mir die silbernen Gewölke sich regten, und aus der Ferne mir die verhallende Stimme der Meeresflut tönte, wie freundlich spielten da mit meinem Herzen all die großen Phantome seiner Liebe!

   Lebt wohl, ihr Himmlischen! sprach ich oft im Geiste, wenn über mir die Melodie des Morgenlichts mit seinem Laute begann, ihr herrlichen Toten, lebt wohl! ich möcht euch folgen, möchte von mir schütteln, was mein Jahrhundert mir gab, und aufbrechen ins freiere Schattenreich! (Hölderlin)

– Anfang: "Lebt wohl, ihr Himmlischen", Ende: Schluß des Textes

*10.1.3./B (Generative Übung):*

Bitte transformieren Sie die Textelemente *indirekter Rede* (dazu s. u.) der folgenden Beispiele in dialogische Rede.

*Beispiele mit Modellantworten:*

a) Seit Silvester nacht ging ein scharfer Nordost, der sich in den nächsten Tagen fast zum Sturm steigerte, und am 3. Januar nachmittags hieß es, daß ein Schiff draußen mit der Einfahrt nicht zustande gekommen und hundert Schritt vor der Mole gescheitert sei (...). Aber Johanna, die die Nachricht brachte, hatte doch auch Trost bei der Hand: Konsul Eschrich, mit dem Rettungsapparat und der Raketenbatterie, sei schon unterwegs, und es würde gewiß glücken; (...) (Fontane)

*Antwort:* (etwa) 'Am 3. Januar nachmittags kam Johanna und sagte: "Draußen ist ein Schiff nicht in die Einfahrt gekommen. Es ist hundert Schritt vor der Mole gescheitert ... (usw.)" '

b) Ein kleines Harfenmädchen sang.
Sie sang mit wahrem Gefühle
Und falscher Stimme, doch ward ich sehr
Gerühret von ihrem Spiele.

Sie sang von Liebe und Liebesgram,
Aufopfrung und Wiederfinden
Dort oben in jener besseren Welt,
Wo alle Leiden schwinden. (Heine)

*Antwort:* (etwa) 'Das kleine Harfenmädchen sang: "Ohne Leid keine Liebe, ich hab meine Liebe verlorn. Das Opfer ist groß, doch dort oben find ich ihn wieder (usw.)".'

*Fahren Sie bitte fort:*

1. Innstetten war erst vier Tage fort, als Crampas von Stettin wieder eintraf und die Nachricht brachte, man hätte höheren Orts die Absicht, zwei Schwadronen nach Kessin zu legen, endgültig fallengelassen; (...) (Fontane)

– (etwa) 'Crampas sagte: "Man hat höheren Orts die Absicht, zwei Schwadronen nach Kessin zu legen, endgültig fallenlassen." '

2. Um sein Brot nicht zu verlieren
In den Zeiten zunehmender Unterdrückung
Beschließt mancher, die Wahrheit
Über die Verbrechen des Regimes bei der Aufrechterhaltung der Ausbeutung
Nicht mehr zu sagen (...). (Brecht)

– (etwa) 'Mancher beschließt: "Ich werde die Wahrheit über die Verbrechen des Regimes nicht mehr sagen".'

3. Der eine bewegte sogar den Mund
Und hielt eine Rede, sehr lange;
Er setzte mir auseinander, warum
Er meinen Respekt verlange.
Zuerst weil er ein Toter sei
Und zweitens weil er ein König
Und drittens weil er ein Heil'ger – jedoch
Das alles rührte mich wenig. (Heine)

– (etwa) 'Er: "Ich verlange von dir Respekt: erstens, weil ich tot bin, zweitens weil ich König bin und drittens, weil ich heilig bin." – Ich: "Das alles rührt mich wenig." '

### 10.1.3.1. Dialogische Distribution der Personalpronomina

Die direkte Rede ist ein häufig verwendetes Mittel, um die Geschlossenheit einer literarischen Konfiguration zu verstärken. Diese Integration geschieht mittels einer nach festen Regeln vorgenommenen Distribution der Personalpronomina. Jede Figur einer Konfiguration kann in der dialogischen Rede *drei* verschiedene *dialogische Positionen* einnehmen: erstens die dialogische Position des *Senders*, zweitens die des *Empfängers*, drittens die des *Sendungsinhalts*. Anders ausgedrückt: jede dramatische Figur kann andere Figuren anreden, von anderen angeredet werden oder als Inhalt dienen, über den andere Figuren reden.

Die *dialogische Distribution der Personalpronomina* ist folgendermaßen definiert: der Sender repräsentiert sich selbst als 'ich', den Empfänger als 'du' (bzw. 'ihr', 'Sie') und Figuren als Sendungsinhalte als 'er' (bzw. 'sie', 'sie').

*10.1.3.1./A (Distinktionsübung):*

Bitte versuchen Sie festzustellen, ob es sich in folgenden Texten um dialogische Distribution der Personalpronomina handelt oder nicht (Antwort: ja oder nein).

*Beispiele mit Modellantworten:*

a) Schreitest unter deinen Fraun
Und du lächelst oft beklommen:
Sind so bange Tage kommen.
Weiß verblüht der Mohn am Zaun. (Trakl)

*Antwort:* nein

b) *Huri*
Heute steh ich meine Wache
Vor des Paradieses Tor,
Weiß nicht grade wie ichs mache,
Kommst mir so verdächtig vor! (...)
*Dichter*
Nicht so vieles Federlesen!
Laß mich immer nur herein!
Denn ich bin ein Mensch gewesen
Und das heißt ein Kämpfer sein. (Goethe)

*Antwort:* ja

*Fahren Sie bitte fort:*

1. Wie mein Glück, ist mein Lied. – Willst du im Abendrot
Froh dich baden? hinweg ists! und die Erd ist kalt,
Und der Vogel der Nacht schwirrt
Unbequem vor das Auge dir. (Hölderlin)

– nein

2. "Du schaust aus dem Fenster!" rief der Onkel mit erhobenen Armen, "um Himmels willen, Josef, anworte mir doch! Ist es wahr, kann es denn wahr sein?" "Lieber Onkel", sagte K. und riß sich von seiner Zerstreutheit los, "ich weiß ja gar nicht, was du von mir willst."

"Josef", sagte der Onkel warnend, "die Wahrheit hast du immer gesagt, soviel ich weiß. Soll ich deine letzten Worte als schlimmes Zeichen auffassen?" (Kafka)

– ja

3. Wenn es beginnt zu tagen,
Die Erde dampft und blinkt,
Die Vögel lustig schlagen,
Daß dir dein Herz erklingt:
Da mag vergehn, verwehen
Das trübe Erdenleid,
Da sollst du auferstehen
In junger Herrlichkeit!

Da steht im Wald geschrieben
Ein stilles, ernstes Wort
Von rechtem Tun und Lieben,
Und was des Menschen Hort.
Ich habe treu gelesen
Die Worte schlicht und wahr,
Und durch mein ganzes Wesen
Wards unaussprechlich klar. (Eichendorff)

– nein

### 10.1.3.2. Monologische Rede

Eine dialogische Rede mit fixer und identischer Ich-Position pflegt man als *monologisch* (griech. monólogos = Rede eines einzelnen allein) zu bezeichnen. Strukturell unterscheidet sie sich nicht von dialogischer Rede. Probleme ergeben sich im Zusammenhang mit monologischer Rede (bzw. *Monolog*) hauptsächlich dann, wenn die Forderung nach überzeugenden sozialen Kontexten für Monologe erhoben wird.

*10.1.3.2./B (Generative Übung):*

Versuchen Sie, soziale Kontexte (Situationen) zu skizzieren, in denen ein überzeugend motivierter Monolog auftreten kann.

*Beispiele zur Anregung:*

a) Situation: Küche einer Kleinbürgerwohnung; Figur: ältere, allein lebende Frau; Monolog: "Ei, ich hatte meine Brille doch hier auf den Schrank gelegt, ich konnte sie doch im Dunkeln finden, ei ei, wo ist sie nur?" usw.

b) Situation: nächtliche Straße; Figur: ein betrunkener Mann; Monolog: "Beleidigen lasse ich mich nicht, da hakt's bei mir aus! Da kenn' ich nichts!" usw.

*Fahren Sie nach gusto fort.*

### 10.2. Die Struktur der Konfiguration

Wir haben die Konfiguration bereits als synchrones System gekennzeichnet. Wir haben ebenfalls innerhalb einer Konfiguration bereits vorläufig bestimmte Serien von Figuren unterschieden (z. B. Männer vs. Frauen, Autoritätspersonen vs. einfache Figuren usw.). An einem einfachen System wollen wir nun die Gesetzmäßigkeit einer Konfiguration genauer analysieren. Dieses Beispiel ist das klassische *Dreiecksverhältnis* der bürgerlichen Trivialliteratur. Es scheint zunächst so zu sein, daß dieses System aus 3 Figuren (z. B. Ehemann, Ehefrau, Liebhaber wie im "Werther") besteht und daß als Elemente des Systems die 3 Figuren gelten können. Es zeigt sich jedoch bald, daß die Figuren noch weiter analysiert werden können. So sind bei den meisten Dreiecksgeschichten ja die Ehefrau und der Liebhaber "von Natur aus füreinander bestimmt", während sozial gesehen Ehemann und Ehefrau zusammengehören. Die Figuren sind also Träger elementarer Oppositionen. Diese Oppositionen sollen jetzt genauer betrachtet werden.

#### 10.2.1. Konfigurationskonstitutive Merkmale

Das Beispiel des Dreiecksverhältnisses zeigt, daß sich die Figuren einer Konfiguration in Elemente zerlegen lassen, aus denen sie sich zusammensetzen. So ist Lotte im "Werther" z. B. 'erotisch-attraktiv', 'gefühlvoll', 'verlobt', 'poesieliebend' usw., ihr Verlobter dagegen wird als 'unpoetisch' geschildert. Wie man sieht, bestimmen diese elementaren Merkmale die Konfliktstruktur der Konfiguration. Wir wollen sie *konfigurationskonstitutive Merkmale* nennen. Dann läßt sich jede Figur als ein Bündel konfigurationskonstitutiver Merkmale definieren. Die meisten konfigurationskonstitutiven Merkmale lassen sich nach Binäroppositionen ordnen, z. B. männlich vs. weiblich, alt vs. jung, sozial hoch vs. sozial niedrig. Die einzelnen Oppositionen lassen sich zu Serien ordnen. Z. B. könnte man die Opposition männlich vs weiblich zur Serie 'natürliche Eigenschaften' rechnen, die Opposition sozial hoch vs niedrig zur Serie 'soziale Eigenschaften'. Ist der Rahmen der Konfiguration auf den engen Rahmen der Familie oder Sippe beschränkt, gelten statt dessen 'blutsverwandt' (= 'natürl. Eigenschaft') und 'verheiratet' (= 'soziale Eigenschaft). (S. den Zusatz *10.2.1./E* im *Anhang.*)

*10.2.1./A 1 (Distinktionsübung):*

Bitte ordnen Sie folgende konfigurationskonstitutiven Merkmale Serien zu. Sie können mehrere, enger und weiter gefaßte Serien nennen.

*Beispiele mit Modellantworten:*

a) schön vs häßlich

*Antwort:* natürliche Eigenschaften

b) Generation der Eltern vs Generation der Kinder

*Antwort:* im weiteren Sinn: natürliche Eigenschaften, soziale Eigenschaften; im engeren Sinn: Blutsverwandtschaft per Abstammung

*Fahren Sie bitte fort:*

1. alt vs jung

– natürliche Eigenschaften

2. verheiratet vs unverheiratet

– soziale Eigenschaften

3. adlig vs bürgerlich

– soziale Eigenschaften

4. verschwistert vs verschwägert

– im weiteren Sinne: natürliche plus soziale Eigenschaften vs soziale Eigenschaften; eng: Blutsverwandtschaft nicht per Abstammung vs soziale Verwandtschaft

5. Deutscher vs Russe

– soziale Eigenschaften

6. hartherzig vs weichherzig

– natürliche plus soziale Eigenschaften

*10.2.1./A 2 (Distinktionsübung):*

Versuchen Sie nun, die folgenden Figuren aufgrund der fünf Oppositionen männlich vs weiblich, schön vs häßlich, alt vs jung, sozial hoch vs niedrig, reich vs arm zu analysieren.

*Beispiele mit Modellantworten:*

a) Major von Tellheim aus "Minna von Barnhelm"

*Antwort:* männlich, nicht determiniert, jung, sozial hoch, arm

b) Elisabeth in "Maria Stuart"

*Antwort:* weiblich, häßlich, jung, sozial hoch, reich

Fahren Sie bitte fort:

1. Maria Stuart in "Maria Stuart"
– weiblich, schön, jung, sozial hoch, arm
2. Minna in "Minna von Barnhelm"
– weiblich, schön, jung, sozial hoch, reich
3. Klärchen in "Egmont"
– weiblich, schön, jung, sozial niedrig, arm
4. Egmont in "Egmont"
– männlich, schön, jung, sozial hoch, reich
5. Josef K. im "Prozeß"?
– männlich; nicht determiniert; jung; mittlerer Rang; mittlerer Rang;

### 10.2.2. Ideologische Komponente konfigurationskonstitutiver Merkmale

Ob in einer literarischen Konfiguration bestimmte Merkmale z. B. als 'sozial' oder 'natürlich' dargestellt werden, hängt stark vom Einfluß der je zugrunde liegenden Ideologie ab. So läßt sich im Extremfall sogar die Opposition 'adlig' vs 'bürgerlich' als 'natürlich' darstellen: man muß dann von einem besonderen 'Blut' ausgehen. So stellt z. B. die faschistische Ideologie auch das Merkmal 'sehr intelligent' bzw. 'genial' durchgehend als 'natürlich' dar. Beispiel:

> (...) Warum denn ist es weder den Schwarzafrikanern noch den Rothäuten jemals eingefallen zu merken, die Erde sei rund und könne "entdeckt" und besiedelt werden? Nein, das taten ausschließlich die Europäer (...) Leserbrief an die *Welt*, 6. 11. 1973 (Vgl. *LsP*, Lektion 11)

*10.2.2./B (Generative Übung):*

Versuchen Sie, 'natürliche' und 'soziale' Merkmale einer global umrissenen Figur je nach der Ideologie verschiedener sozialer Träger zu distribuieren.

*Beispiel mit Modellantworten:*

a) global umrissene Figur: ein sog. 'kommerzieller Fluchthelfer'? z. B. sozialer Träger Faschismus: 'blond, blauäugig', 'von Natur physisch stark', 'von Natur risikobereit', 'von Natur vaterlandsliebend', 'von Natur hilfsbereit', 'sozial arm';

– z. B. sozialer Träger linksliberale Intelligenz: 'sexuell frustriert' (nicht determiniert nach der Opposition 'natürlich' vs 'sozial'), 'geltungsbedürftig' (ebenfalls nicht determiniert), 'Opfer der Bildungsmisere' ('sozial') usw.

*Fahren Sie bitte fort.* Wählen Sie selbst mehrere soziale Träger.

1. global umrissene Figur: ein sog. 'Rädelsführer eines wilden Streiks'?

–

2. global umrissene Figur: 'Ulrike Meinhof'?

–

3. global umrissene Figur: 'bankrotter Baulöwe'?

–

4. global umrissene Figur: 'Rainer Barzel nach seinem Sturz'?

–

5. global umrissene Figur: ein sog. 'randalierender Student'?

–

10.2.3. Figuren-Serien

Durch Konstanthaltung eines konfigurationskonstitutiven Merkmals in einer Konfiguration entstehen *Figuren-Serien.* Bitte bestimmen Sie solche Serien:

*Beispiele mit Modellantworten:*

a) Konfiguration von "Kabale und Liebe"; konstantes konfigurationskonstitutives Merkmal 'adlig'?

*Antwort:* Präsident, Kalb, Ferdinand

b) Konfiguration von "Maria Stuart"; konstantes konfigurationskonstitutives Merkmal 'weichherzig'?

*Antwort:* Maria, Hannah Kennedy, Shrewsbury, Paulet

*Fahren Sie bitte fort:*

1. Konfiguration von "Kabale und Liebe"; konstantes konfigurationskonstitutives Merkmal 'hartherzig'?

– Präsident, Wurm, eventuell Ferdinand

2. Konfiguration von "Maria Stuart"; konstantes konfigurationskonstitutives Merkmal 'sexuell attraktiv'?

– Maria

3. Konfiguration von "Wallenstein"; konstantes konfigurationskonstitutives Merkmal 'kalt berechnend'?
– Wallenstein; Octavio; Terzky; Gräfin Terzky; Illo; Buttler
4. Konfiguration von "Wallenstein"; konstantes konfigurationskonstitutives Merkmal 'genial'?
– Wallenstein
5. Konfiguration "Die Räuber"; konstantes konfigurationskonstitutives Merkmal 'genial'?
– Karl Moor, Franz Moor

### 10.2.4. Antagonistische und nichtantagonistische konfigurationskonstitutive Oppositionen

Konfigurationskonstitutive Merkmale, die innerhalb einer gegebenen Konfiguration als unversöhnlich gesetzt sind, bezeichnen wir als *antagonistische Oppositionen*, die übrigen als *nicht-antagonistische*. Ob die einen oder die anderen vorliegen, läßt sich immer nur aufgrund eines gegebenen literarischen Textes feststellen.

*10.2.4./A (Distinktionsübung):*

Bitte versuchen Sie festzustellen, ob es sich bei folgenden konkreten Oppositionen um Antagonismen oder nicht handelt. (Antworten Sie mit ja oder nein.)

*Beispiele mit Modellantworten:*

a) Konfiguration von "Love Story"; Opposition arm vs reich?

*Antwort:* nein

b) Konfiguration von "Die Weber"; Opposition arm vs reich?

*Antwort:* ja

*Fahren Sie bitte fort:*

1. Konfiguration von "Wallenstein"; Opposition 'kalt berechnend' vs 'weichherzig'?
– ja
2. Konfiguration von "Maria Stuart"; Opposition 'hartherzig' vs 'sexuell attraktiv'?
– ja

3. Konfiguration von "Maria Stuart"; Opposition 'weichherzig' vs 'sexuell attraktiv'?

– nein

4. Konfiguration von "Nathan der Weise"; Opposition 'Christ' vs 'Jude' vs 'Mohammedaner'?

– nein

5. Konfiguration von "Buddenbrooks"; Opposition 'bürgerlich' vs 'künstlerisch genial'?

– ja

6. Konfiguration von "Wilhelm Meisters Lehrjahre"; Opposition 'bürgerlich' vs 'künstlerisch genial'?

– nein

### 10.2.5. Ideologische Komponente antagonistischer konfigurationskonstitutiver Oppositionen

Ob in einer literarischen Konfiguration bestimmte Merkmale als antagonistisch oder nicht behandelt werden, hängt stark vom Einfluß der je zugrunde liegenden Ideologie ab. So behandelt der soziale Träger 'marxistische Arbeiterbewegung' bestimmte soziale Oppositionen z. B. durchgehend als antagonistisch.

*10.2.5./B (Generative Übung):*

Versuchen Sie, die Antagonismen bekannter Konfigurationen nach Maßgabe eines geänderten sozialen Trägers zu verändern.

*Beispiele mit Modellantworten:*

a) Konfiguration von 'Love Story"; neuer sozialer Träger: marxistische Arbeiterbewegung?

*Antwort:* Antagonismus zwischen 'Kapitalist' und 'armem Einwandererkind'; Ende z. B. Selbstmord von Oliver;

b) Konfiguration von "Puntila und sein Knecht Matti"; neuer sozialer Träger: Faschismus?

*Antwort:* neuer Antagonismus zwischen 'Finnen' und 'Juden'; Ende z. B. gemeinsamer Kampf von Puntila und Matti gegen jüdische Schnapshändler.

*Fahren Sie bitte fort:*

1. Konfiguration von "Nathan der Weise"; neuer sozialer Träger: orthodoxe Katholiken?

–

2. Konfiguration von Plenzdorfs "Neuen Leiden des jungen W."; neuer sozialer Träger: 'maoistische Bewegung'?

–

3. Konfiguration von "Leben des Galilei"; neuer sozialer Träger: orthodoxe Katholiken?

–

Wählen Sie selbst weitere Beispiele.

### 10.2.6. Dominante konfigurationskonstitutive Oppositionen

In einer gegebenen Konfiguration lassen sich die konfigurationskonstitutiven Oppositionen je nach ihrer Wichtigkeit zu Hierarchien über- und unterordnen. Diese Über- und Unterordnung ist ein wichtiges Verfahren der Interpretation der Konfiguration. Eine absolut übergeordnete Opposition bezeichnen wir als die *dominante konfigurationskonstitutive Opposition*. In der Konfiguration von "Maria Stuart" spielt z. B. die Opposition 'König' vs 'Untertan' nur eine untergeordnete Rolle, da Elisabeth, wie ihre geheimen Gedanken zeigen, Maria nicht als Königin, sondern nur als schönere Frau haßt. Die Opposition 'sexuell attraktiv' vs 'unattraktiv' spielt hier also eine wichtigere Rolle. Trotzdem könnte Maria gerettet werden, wenn Elisabeth 'weichherzig' wäre. Die Opposition 'hartherzig' vs 'weichherzig' scheint hier also dominant zu sein.

*10.2.6./A (Distinktionsübung):*

Bitte versuchen Sie, dominante Oppositionen der folgenden Konfigurationen festzustellen.
*Beispiele mit Modellantworten:*

a) Konfiguration von "Nathan der Weise"; Oppositionen Christ vs Jude vs Mohammedaner; Opposition männlich vs weiblich; Opposition alt vs jung; Opposition Kleriker vs Laie; Opposition König vs Untertan; Opposition hartherzig vs weichherzig; Opposition abergläubisch vs aufgeklärt?

*Antwort:* dominante Opposition hartherzig vs weichherzig

b) Konfiguration von "Der Prozeß"; Opposition männlich vs weiblich;

Opposition Priester vs Laien; Oppos. Geschäftsleute vs Beamte; Oppos. Angeklagte vs Nichtangeklagte; Oppos. Richter vs Anwälte?

*Antwort:* dominante Oppos. Angeklagte vs Nichtangeklagte

*Fahren Sie bitte fort:*

1. Konfiguration von "Buddenbrooks"; Opposition Generation 1 vs Generation 2 vs Generation 3; Oppos. männlich vs weiblich; Oppos. blutsverwandt vs sozial verwandt; Oppos. Patrizier vs Angestellte und Domestiken; Oppos. bürgerlich vs künstlerisch genial; Oppos. verheiratet vs unverheiratet vs geschieden?

– dominante Oppos. bürgerlich vs künstlerisch genial

2. Konfiguration von "Don Carlos"; Opposition männlich vs weiblich; Oppos. Genialität vs Durchschnittsmensch; Oppos. kalt rechnend vs weichherzig; Oppos. Hochadel vs niedriger Adel; Oppos. sexuell attraktiv vs nicht-attraktiv;

– dominante Oppos. Genialität vs Durchschnittsmensch

3. Konfiguration von "Werthers Leiden"; Oppos. adlig vs bürgerlich; Oppos. künstlerisch sensibel vs nicht-sensibel; Oppos. künstler. sensibel verheir. vs sexuell attraktiv vs verheiratet; Oppos. männlich vs weiblich; Oppos. bürgerlich vs arme Leute; Oppos. Erwachsene vs Kinder?

– dominante Opposition künstlerisch sensibel vs verheiratet

4. Konfiguration von "Die Jungfrau von Orleans"; Opposition adlig vs bürgerlich; Oppos. König vs Untertan; Oppos. Franzosen vs Engländer; Oppos. Genie vs Normalmensch; Oppos. männlich vs weiblich; Oppos. sexuell attraktiv vs nicht-attraktiv; Oppos. kalt rechnend vs weichherzig?

– Oppos. Genie vs Normalmensch dominant

5. Konfiguration von "Minna von Barnhelm"; Oppos. hartherzig vs weichherzig; Oppos. Sachsen vs Preußen; Oppos. Adlige vs Bürgerliche; Oppos. Deutsche vs Franzosen; Oppos. arm vs reich; Oppos. berechnend vs naiv?

– dominante Oppos. hartherzig vs weichherzig

### 10.2.7. Konfliktstruktur einer Konfiguration

Aus dem Zusammenwirken der antagonistischen Oppositionen mit der dominanten Opposition ergibt sich die Konfliktstruktur einer Konfiguration. Wenn die dominierende Opposition einer Konfiguraton antagonistisch ist, sprechen wir von einer *tragischen Konfliktstruktur*. Wenn die dominierende Opposition einer Konfiguration den Figuren als antagonistisch erscheint, ohne es in Wirklichkeit zu sein, sprechen wir von einer *komischen Konfliktstruktur*. Außerdem gibt es Konfliktstrukturen, die weder tragisch noch komisch sind: in "Love Story" z. B. ist die dominante Opposition die zwischen Jugend und Erwachsenenalter, nicht etwa die zwischen reich und arm. Die dominante Opposition ist jedoch nicht antagonistisch.

*10.2.7./A (Distinktionsübung):*

Bitte versuchen Sie, die folgenden Konfigurationen nach ihrer Konfliktstruktur einzuordnen (tragisch, komisch, weder noch).

*Beispiele mit Modellantworten:*

a) Konfiguration von "Wilhelm Meister"; Dominante bürgerlich vs künstlerisch sensibel?

*Antwort:* weder tragisch noch komisch

b) Konfiguration von "Buddenbrooks"; Dominante bürgerlich vs künstlerisch sensibel?

*Antwort:* tragisch

*Fahren Sie bitte fort:*

1. Konfiguration von "Der zerbrochene Krug"; Dominante Richter vs Angeklagter?

– komisch; die Dominante wird auf dem Dorf als nicht antagonistisch betrachtet;

2. Konfiguration von "Emilia Galotti"; Dominante bürgerlich vs sexuell affizierbar?

– tragisch

3. Konfiguration von "Der Prozeß"; Dominante Angeklagter vs Nichtangeklagter?

– tragisch

4. Konfiguration von "Leiden des jungen Werthers"; Dominante künstlerisch-genial vs bürgerlich?

– tragisch

5. Konfiguration "Neue Leiden des jungen W."; Dominante 'künstlerisch-genial' vs 'sozial organisiert'?

– weder tragisch noch komisch.

*10.2.7./B (Generative Übung):*

Bitte versuchen Sie, bekannte Konfigurationen so zu verändern (durch Änderung des Milieus, der Zeit usw.), daß eine tragische Konfliktstruktur in eine komische verwandelt wird.

*Beispiele mit Modellantworten:*

a) Konfiguration von "Emilia Galotti"?

*Antwort:* (z. B.) Milieu- und Zeit-Transformation in die USA des 20. Jhs.: General-Motors-Boß und Puritaner-Tochter.

b) Konfiguration von "Wallenstein"?

*Antwort:* (z. B.) Milieu- und Zeittransformation ins 20. Jh.: Ford-Manager, der mit General Motors heimlich verhandelt, um einen eigenen Konzern zu gründen und dabei scheitert.

*Fahren Sie bitte fort:*

1. Konfiguration von "Don Carlos"?

–

2. Konfiguration der "Räuber"?

–

3. Konfiguration des "Faust I"?

–

Wählen Sie selbst weitere Beispiele aus.

### 10.2.8. Tektonische und atektonische Konfiguration

Konfigurationen, die erstens eine geringe Anzahl von Figuren besitzen und deren Figuren zweitens aufgrund einer oder mehrerer Binäroppositionen in zwei annähernd symmetrische Gruppen (oder auch drei) einzuordnen sind, nennen wir *tektonische* Konfigurationen. *Atektonische* Konfigurationen sind nicht durch eine oder mehrere Binäroppositionen symmetrisch geteilt und besitzen meistens eine Vielzahl von Figuren.

*10.2.8./A (Distinktionsübung):*

Bitte versuchen Sie im folgenden, tektonische von atektonischen Konfigurationen zu unterscheiden.

*Beispiele mit Modellantworten:*

a) Konfiguration von "Simplicius Simplicissimus"?
*Antwort:* atektonisch
b) Konfiguration von "Werthers Leiden"?
*Antwort:* tektonisch

*Fahren Sie bitte fort:*

1. Konfiguration von "Der Prozeß"?
– atektonisch
2. Konfiguration von "Maria Stuart"?
– tektonisch
3. Konfiguration von "Dantons Tod"?
– atektonisch
4. Konfiguration von "Iphigenie"?
– tektonisch
5. Konfiguration von "Die Wahlverwandtschaften"?
– tektonisch

*10./C (Kritische Diskussion):*

Problematisierung des ideologischen Aspekts von Konfigurationsstrukturen: unter welchen Voraussetzungen ist die Fragestellung so legitim? Problematisierung des *Realismus*-Begriffs. Läßt sich sagen, daß nur 'realistische' Literatur Konfigurationen ideologisch deformieren kann? Oder gibt es ideologische Aspekte (im engen Sinn, s. o.) auch in phantastischer oder surrealistischer Literatur? Wie ließe sich das nachweisen?

*10./D (Exemplarische historische Anwendungen):*

Vorschläge:
a) Vergleich der Konfiguration Goethes "Werther" – Plenzdorf;
b) Vergleich der Konfiguration "Kabale und Liebe" – "Love Story";
c) Konzept des "sozialistischen Realismus".

Wiederholung der Grundbegriffe aus Lektion 10:

Bitte ergänzen Sie folgende Sätze:

*Beispiel mit Modellantwort:*

a) Fiktive anthropomorphe Individuen, die als isotopiekonstitutive Aktanten literarischer Texte verwendet werden, bezeichnen wir als ...

*Antwort:* literarische Figuren.

*Bitte fahren Sie fort:*

1. Unter einer Konfiguration verstehen wir ...
– die Gesamtheit aller literarischen Figuren eines gegebenen Textes
2. Bezeichnet sich innerhalb der Reden in einer Konfiguration der Sender sich selbst als ich, den Empfänger als du und den Sendungsinhalt als er, so sprechen wir von ...
– dialogischer Distribution der Personalpronomina
3. Die kleinsten Elemente einer Konfiguration heißen ...
– konfigurationskonstitutive Merkmale
4. Unter antagonistischen Oppositionen in einer Konfiguration verstehen wir ...
– Merkmale, die in der Konfiguration als unversöhnlich gesetzt sind
5. Wenn die dominierende Opposition einer Konfiguration antagonistisch ist, sprechen wir von ...
– einer tragischen Konfliktstruktur
6. Atektonische Konfigurationen sind gekennzeichnet durch ...
– eine Vielzahl von Figuren sowie fehlende symmetrische Aufteilung der Figuren
7. Spielt eine bestimmte Opposition innerhalb einer Konfiguration eine absolut übergeordnete Rolle, so sprechen wir von ...
– einer dominanten konfigurationskonstitutiven Opposition
8. Figuren-Serien entstehen durch ...
– Konstanthaltung eines konfigurationskonstitutiven Merkmals in einer Konfiguration
9. Unter monologischer Rede verstehen wir ...
– eine dialogische Rede mit fixer und identischer Ich-Position.

## LEKTION 11

## (INHALT: GATTUNGS- UND GENRE-THEORIE II; HANDLUNG, NARRATIVE TEXTE)

### 11.1. Die Handlung

Der Begriff der Handlung ist seit Aristoteles in vielfacher Weise definiert worden. All diese Definitionen behalten ihr Recht. Im folgenden wird eine eingeschränkte Definition vorgeschlagen, die möglichst operational sein soll:

Als *Handlung* definieren wir eine Menge semantischer Komplexe innerhalb eines Textes, die:

1. auf der Basis einer Konfiguration konstituiert sind,
2. nach dem Verfahren von 'vorher-nachher' in eine lineare (einfach oder mehrfach lineare) Serie zeitlicher Sukzession eingeordnet werden können,
3. aus einem darstellenden Medium (z. B. Literatur) in ein anderes (z. B. Film) transformiert werden können.

Einfacher gesagt, ist eine Handlung alles, was in und um eine Konfiguration in einem Text 'passiert', und zwar in chronologischer Sukzession. Nehmen wir als Beispiel einen Roman von Karl May, etwa "Von Bagdad nach Stambul". Man kann die Handlung nicht einfach aus dem Roman übernehmen, vielmehr muß man sie erst theoretisch konstruieren: Wenn z. B. der Autor seine Ansicht zur jüngsten Orientkrise äußert, so gehört das nicht zur Handlung, ebensowenig wenn er seine Philosophie entwickelt. Die Handlung besteht vielmehr ausschließlich aus den verfilmbaren Ereignissen, die innerhalb der Konfiguration Kara ben Nemsi, Hadschi Halef Omar, Sir David Lindsay sowie der Verbrecherbande vorkommen, und zwar in chronologischer Reihenfolge.

Daraus folgt, daß in einem Text die Darstellung anders verlaufen kann als die Handlung, z. B. dadurch, daß mit dem Ende angefangen wird oder durch die sogenannte Rückblendentechnik.

#### *11.1./A (Distinktionsübung):*

Bitte versuchen Sie festzustellen, ob in folgenden Texten die Sukzession der Darstellung der Sukzession der Handlung, grob gesehen, isomorph ist oder nicht.

*Beispiele mit Modellantworten:*

a) "Buddenbrooks"?

*Antwort:* ja

b) "Hyperion"?

*Antwort:* nein

*Fahren Sie bitte fort:*

1. "Werther"?
– ja
2. "Maria Stuart"?
– nein
3. "Ödipus" von Sophokles?
– nein
4. "Doktor Faustus" von Thomas Mann?
– nein
5. "Die Jungfrau von Orleans"?
– ja

### 11.1.1. Verhältnis von Konfiguration und Handlung

Im Verlaufe einer Handlung werden ständig konfigurationskonstitutive Oppositionen aktualisiert. Wenn im "Ödipus"-Mythos Ödipus seinen Vater erschlägt, werden konfigurationskonstitutive Oppositionen wie 'Blutsverwandt' vs 'nicht-blutsverwandt' und 'Generation der Eltern' vs 'Generation der Kinder' in bestimmter Weise aktualisiert. Durch jede derartige Aktualisierung entsteht eine neue *aktuelle Situation* der Konfiguration, die nicht wieder rückgängig zu machen (irreversibel) ist. Wir können das Verhältnis von Konfiguration und Handlung also folgendermaßen bestimmen: Im Verlauf der Handlung durchläuft die Konfiguration eine Reihe irreversibler aktueller Situationen; dabei spielt *jede* Modifikation eine Rolle: wenn etwa in einer Dreiecks-Geschichte die Frau zum drittenmal an die Möglichkeit des Ehebruchs gedacht hat, hat die Situation der Konfiguration sich gegenüber der zweiten Versuchung geändert.

*11.1.1./B (Generative Übung):*

Im folgenden werden Ihnen rudimentäre Konfigurationen gegeben. Sie sollen Handlungs-Elemente generieren, die konfigurationskonstitutive Oppositionen aktualisieren.

*Beispiele mit Modellantworten:*

a) Konfiguration: 'junger Mann' ('schön', 'reich', 'sehr sportlich'); 'junge Frau' ('schön', 'reich', 'sehr musikalisch')?

*Antwort:* (z. B.) "der junge Mann hört die junge Frau eines Abends per Zufall auf einer Wohltätigkeitsveranstaltung Klavier spielen."

b) Konfiguration: 'junger Mann' ('Student', 'links'); 'junger Mann' ('Arbeiter', 'sog. unpolitisch')?

*Antwort:* (z. B.) "der Student verteilt ein Flugblatt und der Arbeiter sagt: 'Mensch, sag mir mal, warum du so früh aufstehst, das kapier ich nicht' usw."

*Fahren Sie bitte fort:*

1. Konfiguration: 'junger Mann' ('schön', 'reich', 'verheiratet'); 'junge Frau' ('schön', 'arm', 'unverheiratet')?

–

2. Konfiguration: 'Vater' ('Arbeiter', 'autoritär'); 'Sohn' ('Student', 'Streber')?

–

3. Konfiguration: 'Gewerkschaftsfunktionär' ('reich', 'basisfern'); 'ehemaliger Arbeitskollege' ('arm', 'überarbeitet')?

–

(Stellen Sie sich weitere rudimentäre Konfigurationen selbst vor.)

### 11.1.2. Handlungselemente

Elemente der Handlung lassen sich rein theoretisch durch Segmentierung ihrer Sukzession gewinnen. Die Frage ist nur, wo solche Segmentierungen sinnvollerweise vorzunehmen sind. Dabei ist zunächst ein Mißverständnis auszuräumen: die Handlung ist zwar nicht mit dem Text identisch, sie ist aber nur durch den Text gegeben. Dementsprechend sind auch die Segmente nur aufgrund des Textes zu bestimmen. Nehmen wir als Beispiel die Fahrt einer Figur von Hamburg nach München. Wieweit ein solcher Teil einer Handlung segmentierbar ist, hängt einzig und allein von der Darstellung in einem Text ab. Es kann z. B. heißen: 'Am Tage darauf fuhr sie von Hamburg nach München. Sie hatte sich am Bahnhof mit Waldemar verabredet.' Bei einem solchen

Text gibt es keine Elemente der Art 'sie blickte aus dem Abteilfenster und sah unter sich den Main' u. ä. – Ausgehend vom Text lassen sich verschiedene Stufen der Segmentierung unterscheiden. Wir gehen zunächst von der Segmentierung in kleinste sinnvolle Elemente der Handlung aus. Solche Elemente nennen wir *Handlungselemente.* Wir erklären den Begriff an folgendem Beispiel aus Fontanes "Effi Briest":

> Im Laufe des andern Vormittags kam ein Telegramm von Instetten, worin er mitteilte, daß er erst mit dem zweiten Zug komme, also nicht vor Abend in Kessin eintreffen werde. Der Tag verging in ewiger Unruhe; glücklicherweise kam Gieshübler im Laufe des Nachmittags und half über eine Stunde weg. Endlich um sieben Uhr fuhr der Wagen vor, Effi trat hinaus, und man begrüßte sich.

Wir definieren ein Handlungselement als ein Segment, das sich zwischen einer aktuellen Situation der Konfiguration und der nächsten befindet. Dann ist das erste Handlungselement des Textbeispiels das Telegramm, und zwar samt Inhalt, da die Aufnahme des Inhalts nicht zu neuen Handlungselementen Anlaß gibt. Das Telegramm verändert die Konfiguration insofern, als es Effi in Unruhe versetzt. Das zweite Handlungselement ist Effis Unruhe vor Gieshüblers Besuch, das dritte dieser Besuch, das vierte Effis Unruhe nach dem Besuch und das fünfte Instettens Ankunft. Wie man sieht, wird der jeweils aktuelle Stand der Konfiguration durch solche Handlungselemente nur gering modifiziert, dennoch wird er deutlich genug modifiziert.

*11.1.2./A (Distinktionsübung):*

Bitte versuchen Sie anzugeben, ob folgende Textausschnitte Handlungselemente enthalten oder nicht. (Antwort: ja oder nein. Fügen Sie bitte hinzu, ob es sich um 1 oder mehr als 1 Element handelt.)

*Beispiele mit Modellantworten:*

a) (aus Brechts "Geschäften des Herrn Julius Caesar":)
"Als ich mich gegen Abend in der Villa des Bankiers meines Idols einfand, hatte ich schon Schritte zur Ordnung der Geldangelegenheit unternommen. Ich war am Nachmittag mit dem Boot in der nächsten Stadt gewesen, und die Bank dort hatte versprochen, meinen Kreditbrief sofort zu prüfen. Schon im Laufe des nächsten Tages sollte ich die Summe von 12000 Sesterzien überwiesen bekommen."

*Antwort:* ja, mehr als 1

b) (aus Schillers "Geisterseher":)
"Aber dieser nächste Brief blieb aus. Drei ganze Monate vergingen, ehe ich Nachricht aus Venedig erhielt – eine Unterbrechung, deren

Ursache sich in der Folge nur zu sehr aufklärte. Alle Briefe meines Freundes an mich waren zurückbehalten und unterdrückt worden. Man urteile von meiner Bestürzung, als ich endlich im Dezember dieses Jahrs folgendes Schreiben erhielt, das bloß ein glücklicher Zufall (weil Biondello, der es zu bestellen hatte, plötzlich krank wurde) in meine Hände brachte."

*Antwort:* ja; mehr als 1

*Fahren Sie bitte fort:*

1. (aus der "Glocke":)
   Vom Mädchen reißt sich stolz der Knabe,
   Er stürmt ins Leben wild hinaus,
   Durchmißt die Welt am Wanderstabe.
   Fremd kehrt er heim ins Vaterhaus,
   Und herrlich, in der Jugend Prangen,
   Wie ein Gebild aus Himmelshöhn,
   Mit züchtigen, verschämten Wangen
   Sieht er die Jungfrau vor sich stehn.

ja; mehr als 1

2. (aus der "Glocke":)
   Und dies sei fortan ihr Beruf,
   Wozu der Meister sie erschuf:
   Hoch überm niedern Erdenleben
   Soll sie in blauem Himmelszelt,
   Die Nachbarin des Donners, schweben
   Und grenzen an die Sternenwelt (...).

– nein

3. (aus dem "Hyperion":)
   "Verstand ist ohne Geistesschönheit, wie ein dienstbarer Geselle, der den Zaun aus grobem Holze zimmert, wie ihm vorgezeichnet ist, und die gezimmerten Pfähle aneinander nagelt, für den Garten, den der Meister bauen will. Des Verstandes ganzes Geschäft ist Notwerk. Vor dem Unsinn, vor dem Unrecht schützt er uns, indem er ordnet, aber sicher zu sein vor Unsinn und Unrecht ist doch nicht die höchste Stufe menschlicher Vortrefflichkeit."

– nein

4. (aus Christa Wolfs "Geteiltem Himmel":)
   "Sie fuhr schneller. Die Beine merkte sie nicht, von ihnen wußte sie nichts, sie taten ihre Arbeit. Aber der Wind! Der Wind nimmt zu, je schneller man wird. Sie glühte. Wer sagte, daß sie schwach war? Ja, ja, ich gehe dorthin. Wir werden sehen, was sich aus allem machen läßt ...

Sie sah schön aus, wie sie zuhause eintrat, erhitzt von der Fahrt und von innen her durchleuchtet. Die Mutter erschrak gewohnheitsmäßig, weil nach ihrer Erfahrung alles Neue schlechter war als alles Alte. Als Rita erzählt hatte, brach sie in Tränen aus."

ja; mehr als 1

5. (aus dem "Hyperion":)
"Ich stand nun über den Trümmern von Athen, wie der Ackersmann auf dem Brachfeld. Liege nur ruhig, dacht ich, da wir wieder zu Schiffe gingen, liege nur ruhig, schlummerndes Land! Bald grünt das junge Leben aus dir (...)."

ja; mehr als 1

*11.1.2./B (Generative Übung):*

Bitte versuchen Sie, die folgenden Beispiele so zu transformieren, daß entweder mehr oder weniger Handlungselemente entstehen.

*Beispiele mit Modellantworten:*

a) Text: "Otto las den Brief, in dem sein Chef ihm seine fristlose Entlassung mitteilte. Er schien einen Augenblick zu überlegen und zerriß ihn dann." – Zu transformieren in mehr Handlungselemente.

*Antwort:* (etwa) "Otto erfaßte mit einem Blick das Wesentliche des Briefes: 'sprechen wir Ihnen die fristlose Entlassung aus' – 'wir', dachte Otto, 'der Feigling! Er wagt nicht einmal, 'ich' zu sagen! Und unterschreiben läßt er von einem anderen! Na ja – wir sprechen uns noch! Glaub ja nicht, daß du jetzt vor mir Ruhe hast!' Otto lächelte und zerriß den Brief genüßlich."

b) Text: "Am Nachmittag ging Effi in die Stadt, bis auf den Marktplatz, und trat hier in die Apotheke und bat um eine Flasche *Sal volatile.* 'Man weiß nie, mit wem man reist', sagte sie zu dem alten Gehilfen, mit dem sie auf dem Plauderfuße stand und der sie anschwärmte wie Gieshübler selbst.

'Ist der Herr Doktor zu Hause?' fragte sie weiter, als sie das Fläschchen eingesteckt hatte.

'Gewiß, gnädigste Frau; er ist hier nebenan und liest die Zeitungen.'

'Ich werde ihn doch nicht stören?'

'Oh nie.'

Und Effi trat ein." – (Fontane, Effi Briest)

Zu transformieren zu weniger Handlungselementen.

*Antwort:* (etwa) "Am Nachmittag besuchte Effi den Apotheker Gieshübler."

*Fahren Sie bitte fort:*

1. Text: "Franz hatte Eva auf einer Studienreise der Geographen in die schwäbische Alb kennengelernt. Es war Liebe auf den zweiten Blick gewesen."
   Zu transformieren in mehr Handlungselemente.

–

2. Text: "Das Schiff, ein leichtes Segelschiff (die Dampfbote gingen nur sommers), fuhr um zwölf. Schon eine Viertelstunde vorher waren Effi und Instetten an Bord; auch Roswitha und Annie.
   Das Gepäck war größer, als es für einen auf so wenig Tage geplanten Ausflug geboten erschien. Instetten sprach mit dem Kapitän; Effi, in einem Regenmantel und hellgrauen Reisehut, stand auf dem Hinterdeck (...). Effi war ganz eigen zumute; das Schiff setzte sich langsam in Bewegung, und als sie die Landungsbrücke noch einmal musterte, sah sie, daß Crampas in vorderster Reihe stand (...)."
   (Fontane, Effi Briest)
   Zu transformieren in weniger Elemente.

–

3. Text: "Die Universitätsjahre hatten ihn mit dem Marxismus in Berührung gebracht, schließlich aber nur in seiner katholischen Überzeugung gestärkt."
   Zu transformieren in mehr Handlungselemente.

–

### 11.1.3. Handlungskonstitutive Elemente

Aus Fortsetzungsromanen in Illustrierten ist das Verfahren bekannt, daß den Fortsetzungen eine Raffung des bisherigen Verlaufs vorangesetzt wird. Dabei werden jeweils viele Handlungselemente zu Komplexen zusammengefaßt. Wir bezeichnen solche 'wesentlichen' Elemente, die durch Zusammenfassung einer bestimmten Menge von Handlungselementen entstehen, als *handlungskonstitutive Elemente.* Ihre Segmentierung ist selbstverständlich stark von der Einschätzung des jeweiligen Interpreten abhängig. Wir wollen definieren: handlungskonstitutive Elemente sind Handlungselemente bzw. zusammengefaßte Mengen von Handlungselementen, die eine Konfiguration erheblich modifizieren. In einem Kriminalroman etwa ist die dominante konfigurationskonstitutive Opposition 'Unterwelt' vs 'Welt der Legalität'. Jede Entdeckung einer neuen Spur z. B. (auch einer falschen) stellt eine erheblich modifizierte irreversible Situation der Konfiguration her (ein neues 'Kräfteverhältnis' zwischen den Polen der dominanten Opposition). Die Entdeckung einer neuen Spur wäre also in einem Kriminalroman sicherlich ein handlungskonstitutives Element. Ein anderes Beispiel: die Begegnung der beiden Königinnen in "Maria Stuart" umfaßt sicherlich mindestens ein handlungskonstitutives Element: die Beleidigung Elisabeths durch Marias Anrede "Bastard".

*11.1.3./A (Distinktionsübung):*

Bitte versuchen Sie, an folgenden Beispielen handlungskonstitutive Elemente auszugrenzen.

*Beispiele mit Modellantworten:*

a) (aus Schillers "Der Taucher":)

Das hörte die Tochter mit weichem Gefühl,
Und mit schmeichelndem Munde sie fleht:
"Laßt, Vater, genug sein das grausame Spiel!
Er hat euch bestanden, was keiner besteht,
Und könnt Ihr des Herzens Gelüsten nicht zähmen,
So mögen die Ritter den Knappen beschämen."

Drauf der König greift nach dem Becher schnell,
In den Strudel ihn schleudert hinein:
"Und schaffst du den Becher mir wieder zur Stell,
So sollst du der trefflichste Ritter mir sein
Und sollst sie als Ehgemahl heut noch umarmen,
Die jetzt für dich bittet mit zartem Erbarmen."

Da ergreift's ihm die Seele mit Himmelsgewalt,
Und es blickt aus den Augen ihm kühn,
Und er sieht erröten die schöne Gestalt
Und sieht sie erbleichen und sinken hin –
Da treibt's ihn, den köstlichen Preis zu erwerben,
Und stürzt hinunter auf Leben und Sterben.

*Antwort:* (etwa) handlungskonstitutive Elemente: 'Der König verspricht dem Knappen den Ritterschlag und seine Tochter zur Frau', 'die Tochter zeigt dem Knappen ihr Liebe', 'beides zusammen treibt den Taucher zum zweitenmal in das Abenteuer'.

b) (aus Fontanes "Effi Briest":)

Effi war einen Augenblick unschlüssig, rückte dann aber rasch von der einen Seite nach der anderen hinüber, und Crampas nahm links von ihr Platz.

All dies hätte mißdeutet werden können, Crampas selbst aber war zu sehr Frauenkenner, um es sich bloß in Eitelkeit zurechtzulegen. Er sah deutlich, daß Effi nur tat, was, nach Lage der Sache, das einzig

Richtige war. Es war unmöglich für sie, sich seine Gegenwart zu verbitten. Und so ging es denn im Fluge den beiden anderen Schlitten nach, immer dicht an dem Wasserlaufe hin, an dessen anderem Ufer dunkle Waldmassen aufragten (...). Effi schrak zusammen. Bis dahin waren Luft und Licht um sie her gewesen, aber jetzt war es damit vorbei, und die dunklen Kronen wölbten sich über ihr. Ein Zittern überkam sie (...).

"Effi", klang es jetzt leis an ihr Ohr, und sie hörte, daß seine Stimme zitterte. Dann nahm er ihre Hand und löste die Finger, die sie noch immer geschlossen hielt, und überdeckte sie mit heißen Küssen. Es war ihr, als wandle sie eine Ohnmacht an.

*Antwort:* (etwa) handlungskonstitutive Elemente: 'Effi gerät in eine Situation übermächtiger Versuchung', 'Crampas ist auf der Höhe der Situation', 'Effi kann nicht widerstehen'.

*Fahren Sie bitte fort:*

1. (Aus Bürgers "Lenore":)

   Lenore fuhr ums Morgenrot
   Empor aus schweren Träumen:
   "Bist untreu, Wilhelm, oder tot?
   Wie lange willst du säumen?"
   Er war mit König Friedrichs Macht
   Gezogen in die Prager Schlacht
   Und hatte nicht geschrieben:
   Ob er gesund geblieben.

–

2. (Aus Schillers "Bürgschaft":)

   Und schweigend umarmt ihn der treue Freund
   Und liefert sich aus dem Tyrannen,
   Der andere ziehet von dannen.
   Und ehe das dritte Morgenrot scheint,
   Hat er schnell mit dem Gatten die Schwester vereint,
   Eilt heim mit sorgender Seele,
   Damit er die Frist nicht verfehle.

–

3. (Aus Brechts "Legende von der Entstehung des Buches Taoteking ...":)

   Als er Siebzig war und war gebrechlich
   Drängte es den Lehrer doch nach Ruh
   Denn die Güte war im Lande wieder einmal schwächlich
   Und die Bosheit nahm an Kräften wieder einmal zu.
   Und er gürtete den Schuh.

   Und er packte ein, was er so brauchte:
   Wenig. Doch es wurde dies und das.

So die Pfeife, die er immer abends rauchte
Und das Büchlein, das er immer las.
Weißbrot nach dem Augenmaß.

Freute sich des Tals noch einmal und vergaß es
Als er ins Gebirg den Weg einschlug.
Und sein Ochse freute sich des frischen Grases
Kauend, während er den Alten trug.
Denn dem ging es schnell genug.

–

*11.1.3./C (Kritische Diskussion):*

Problematisierung der Kategorien 'Handlungselemente' und 'handlungskonstitutive Elemente' – wieweit sind sie operational, wieweit ist ihre Bestimmung eindeutig? Inwieweit gehört die Kenntnis des ganzen Textes zu ihrer Bestimmung? – Läßt sich ihre Bestimmung allein aufgrund des Textes treffen, oder spielt die Ideologie des Interpreten dabei eine Rolle?

### 11.1.4. Handlungskonstitutive Oppositionen

Ein wichtiges Kriterium bei der Segmentierung handlungskonstitutiver Elemente ist die Frage, ob solche Elemente Glieder von binären, ternären Oppositionen oder rekurrierenden Serien innerhalb der Handlung sind.

Wenn man sehr viele Handlungen miteinander vergleicht, kann man feststellen, daß bestimmte handlungskonstitutive Elemente häufig rekurrieren. Besonders in Märchenhandlungen und ähnlichen Handlungen begegnen viele Rekurrenzen. Dabei fallen weiter rekurrierende Folgen von Elementen, die sich zu binären oder ternären Oppositionen ordnen lassen, auf. So folgt etwa auf das handlungskonstitutive Element 'Kampf' mit logischer Notwendigkeit ein entsprechendes Element 'Ausgang des Kampfes' (= 'Sieg' oder 'Niederlage'); auf das Element 'Befehl' folgt entweder 'Ausführung' oder 'Verweigerung' des Befehls usw. Typisch ist die Y-Struktur der Binäropposition nach dem Schema 'Herausforderung' vs 'Antwort', wobei die 'Antwort' positiv oder negativ ausfallen kann.

Bitte versuchen Sie, sich die folgenden Oppositionen einzuprägen und in Textausschnitten wiederzuerkennen:

'Kampf' vs 'Ausgang des Kampfes'
'Befehl' vs 'Antwort auf den Befehl'
'Verbot' vs 'Antwort auf das Verbot'

'Verletzung eines Gesetzes' vs 'Antwort auf die Verletzung'
'Mangel' vs 'Beseitigung des Mangels'
'schwierige Aufgabe' vs 'Antwort auf die schwierige Aufgabe'
'Täuschungsversuch' vs 'Ausgang des Täuschungsversuchs'
'Aufbruch' vs 'Rückkehr'
'erotischer Annäherungsversuch' – 'Ausgang des Versuchs'

*11.1.4./A (Distinktionsübung):*

*Beispiele mit Modellantworten:*

a) (aus dem "Hyperion":)
"Es ist aus, Diotima! unsre Leute haben geplündert, gemordet, ohne Unterschied, auch unsre Brüder sind erschlagen, die Griechen in Misistra, die Unschuldigen, oder irren hilflos herum, und ihre tote Jammermiene ruft Himmel und Erde zur Rache gegen die Barbaren, an deren Spitze ich war."

*Antwort:* Opposition 'Kampf' vs 'Ausgang des Kampfes'

b) (aus den "Räubern":)
*Räuber Moor.* "(...) da steh ich am Rand eines entsetzlichen Lebens, und erfahre nun mit Zähneklappern und Heulen, daß zwei Menschen wie ich den ganzen Bau der sittlichen Welt zugrund richten würden. (...) Aber noch blieb mir etwas übrig, womit ich die beleidigten Gesetze versöhnen und die mißhandelte Ordnung wiederum heilen kann. Sie bedarf eines Opfers – eines Opfers, das ihre unverletzte Majestät vor der ganzen Menschheit entfaltet – dieses Opfer bin ich selbst. Ich selbst muß für sie des Todes sterben."

*Antwort:* Opposition 'Verletzung eines Gesetzes' vs 'Antwort auf die Verletzung'

*Fahren Sie bitte fort:*

1. (aus "Hyperion":)
"Lieber! Lieber! rief Diotima, sei doch still! Ich sage dir kein Wort mehr. Du sollst gehen, stolzer Mensch! Ach! Wenn du so bist, hab ich keine Macht, kein Recht auf dich. Sie weinte bitter und ich stand, wie ein Verbrecher, vor ihr. Vergib mir, göttliches Mädchen! rief ich, vor ihr niedergesunken, o vergib mir, wo ich muß! (...) Deine volle Seele gebietet dirs, antwortete sie. Ihr nicht zu folgen, führt oft zum Untergange, doch, ihr zu folgen, wohl auch. Das Beste ist, du gehst, denn es ist größer. Handle du; ich will es tragen."

– Opposition 'Aufbruch' vs 'Rückkehr'; Oppos. 'Kampf' vs 'Ausgang des Kampfes'

2. (aus Schiller, "Der Verbrecher aus verlorener Ehre":)

"Er wollte ertrotzen, was ihm verweigert war; weil er mißfiel, setzte er sich vor, zu gefallen. Er war sinnlich und beredete sich, daß er liebe. Das Mädchen, das er wählte, mißhandelte ihn; er hatte Ursache, zu fürchten, daß seine Nebenbuhler glücklicher wären; doch das Mädchen war arm. Ein Herz, das seinen Beteuerungen verschlossen blieb, öffnete sich vielleicht seinen Geschenken, aber ihn selbst drückte Mangel (...). Zu stolz, auch zu weichlich, den Herrn, der er bisher gewesen war, mit dem Bauer zu vertauschen und seiner angebeteten Freiheit zu entsagen, sah er nur einen Ausweg vor sich (...) – den Ausweg, honett zu stehlen."

– Opposition 'Mangel' vs 'Beseitigung des Mangels';
Opposition 'Verletzung eines Gesetzes' vs 'Antwort auf die Verletzung'
Opposition 'Verbot' vs 'Antwort auf das Verbot'
Opposition 'schwierige Aufgabe' vs 'Antwort auf die schwierige Aufgabe'

3. (aus dem "Taucher":)

"Wer wagt es, Rittersmann oder Knapp,
Zu tauchen in diesen Schlund?
Einen goldnen Becher werf ich hinab,
Verschlungen schon hat ihn der schwarze Mund.
Wer mir den Becher kann wieder zeigen,
Er mag ihn behalten, er ist sein eigen."

– Opposition 'schwierige Aufgabe' vs 'Antwort auf die schwierige Aufgabe'

4. (aus den "Kranichen des Ibykus":)

Und zwischen Trug und Wahrheit schwebet
Noch zweifelnd jede Brust und bebet,
Und huldiget der furchtbarn Macht,
Die richtend im Verborgnen wacht (...)

Da hört man auf den höchsten Stufen
Auf einmal eine Stimme rufen:
"Sieh da! Sieh da! Timotheus,
Die Kraniche des Ibykus!"

– Opposition 'Verletzung eines Gesetzes' vs 'Antwort auf die Verletzung'

5. (aus Goethes "Fischer":)

Das Wasser rauscht', das Wasser schwoll,
Netzt' ihm den nackten Fuß;
Sein Herz wuchs ihm so sehnsuchtsvoll,
Wie bei der Liebsten Gruß.
Sie sprach zu ihm, sie sang zu ihm;
Da war's um ihn geschehn:

Halb zog sie ihn, halb sank er hin,
Und ward nicht mehr gesehn.

– Opposition 'erotischer Annäherungsversuch' – 'Ausgang des Versuchs'

### 11.2. Die Struktur der Handlung

Die Reihenfolge der handlungskonstitutiven Elemente in der Sukzession einer Handlung ist nach bestimmten übergeordneten Gesichtspunkten festgelegt. Diese Gesichtspunkte kann man etwa an der Geschichte des Ödipus bestimmen: Dort ist z. B. die handlungskonstitutive Opposition 'Verbot' vs 'Antwort auf das Verbot' rekurrent: Ödipus tötet seinen Vater, was verboten ist; er heiratet seine Mutter, was ebenfalls verboten ist. Wie man sieht ist die handlungskonstitutive Opposition eng verknüpft mit der Dominante der konfigurationskonstitutiven Merkmale, der 'Blutsverwandtschaft'. Solche Oppositionen, die gleichzeitig eine wichtige Rolle für die Konfiguration und für die Handlung spielen, bestimmen damit die Struktur dieser Handlung. Diese Struktur ist identisch mit der Gesamtheit all solcher Oppositionen und ihrer semantisch-hierarchischen Ordnung.

#### 11.2.1. Handlungsstrukturkonstitutive Oppositionen

Die Oppositionen der Konfiguration, die gleichzeitig die rekurrenten handlungskonstitutiven Oppositionen bestimmen, heißen *handlungsstrukturkonstitutive Oppositionen.* Eine solche Opposition ist z. B. in jedem Kriminalroman die Opposition 'verstandesmäßig scharf' vs – 'emotionell-impulsiv'. Nach dieser Opposition ist die Konfiguration profiliert, und gleichzeitig bildet sie die Grundlage für die rekurrente handlungskonstitutive Opposition 'schwierige Aufgabe' vs 'Antwort auf die schwierige Aufgabe'.

*11.2.1./A (Distinktionsübung):*

Im folgenden werden Ihnen handlungsstrukturkonstitutive Oppositionen bekannter Texte genannt. Bitte nennen Sie entsprechende Elemente der Konfiguration und der Handlung.

*Beispiele mit Modellantworten:*

a) ("Wallenstein"; 'kalter Verstand' vs 'warmes Herz')

*Antwort:* Konfiguration: Wallenstein, Octavio = 'kalter Verstand'; Max Thekla = 'warmes Herz'
Handlung: Wallensteins Plan, König zu werden; Octavios Plan, Wallen

stein zu stürzen = 'kalter Verstand' Liebe Max und Thekla; Liebe Max zu Wallenstein = 'warmes Herz'

b) ("Herr Puntila und sein Knecht Matti"; 'Grundherr' vs 'Knecht'

*Antwort:* Konfiguration: Puntila vs Matti
Handlung: Klassenkampf

*Fahren Sie bitte fort:*

1. ("Die Kraniche des Ibykus": 'Natur' vs 'Kunst')

*Antwort:* Konfiguration: Ibykus
Handlung: durch Kunst (Theater) und Natur (Kraniche) wird der Mord enthüllt

2. (Brechts "Galilei"; 'wissenschaftliche Theorie' vs 'soziale Praxis')?

– Konfiguration: Galilei vs Papst
Handlung: besonders Galileis Widerruf

3. (Brechts "Legende von der Entstehung des Buches Taoteking": 'Basis' vs 'Überbau')?

– Konfiguration: Laotse vs Ochse, Laotse vs Zöllner;
Handlung: Zwang zum Niederschreiben der Theorie.

4. (Schillers "Maria Stuart"; 'natürliche Anmut' vs 'soziale Macht')?

– Konfiguration: Maria vs Elisabeth;
Handlung: äußerlich Sieg der Macht über die Anmut, innerlich umgekehrt.

5. (Plenzdorfs "Neue Leiden . . ."; 'natürlich-schöpferisch' vs 'sozial-organisiert')?

– Konfiguration: Edgar Wibeau vs Mutter, Meister, Nebenbuhler;
Handlung: Ausbruch aus der Gesellschaft; Kampf mit der Gesellschaft.

### 11.2.2. Serien von handlungsstrukturkonstitutiven Oppositionen

Mehrere rekurrente handlungskonstitutive Oppositionen, die auf der gleichen handlungsstrukturkonstitutiven Opposition beruhen, bilden eine *Serie.* So im oben erwähnten Beispiel aus dem "Ödipus". Ein weiteres einfaches Beispiel bietet die Serie der rekurrierenden Opposition 'Verführung einer Frau' vs 'Resultat der Verführung' vs 'Sitzenlassen der Frau' im "Don Juan".

*11.2.2./B (Generative Übung):*

Versuchen Sie, zu gegebenen handlungsstrukturkonstitutiven Oppositionen Serien handlungskonstitutiver Oppositionen zu generieren.

*Beispiele mit Modellantworten:*

a) handlungsstrukturkonstitutive Opposition 'sexuell attraktiv' vs 'herzlos'?

*Antwort:* (etwa) Konfiguration: ein schöner, herzloser Gangster; eine Serie von Frauen mit Herz;
Serie von handlungskonstitutiven Oppositionen: der Gangster verführt die Frauen der Reihe nach und verstößt sie dann –

b) handlungsstrukturkonstitutive Opposition 'intelligent' vs 'sexuell unattraktiv'?

*Antwort:* (etwa) in der Konfiguration eine unattraktive, sehr intelligente Frau, eine Reihe dummer Männer;
Serie von handlungskonstitutiven Oppositionen: die Frau versucht, durch raffinierte Arrangements Männer an sich zu fesseln, z. B. jeweils ohne Erfolg.

*Fahren Sie bitte fort:*

1. handlungsstrukturkonstitutive Opposition 'proletarisch' vs 'kleinbürgerlich-intellektuell'?

–

2. handlungsstrukturkonstitutive Opposition 'religiös-gebunden' vs 'aufgeklärt'?

–

3. handlungsstrukturkonstitutive Opposition 'poetisch veranlagt' vs 'praktisch veranlagt'?

–

(Stellen Sie sich weitere Aufgaben selbst.)

### 11.2.3. Ideologische Komponente der Struktur der Handlung

Bereits bei der Konfiguration wurde die ideologische Komponente der Distribution von Merkmalen wie 'sozial' bzw. 'natürlich' behandelt. Entsprechendes gilt für die gesamte Struktur einer Handlung: in den handlungskonstitutiven Oppositionen werden ideologisch gewertete Kategorien konfrontiert. Dabei ist die Opposition 'Sieg' vs 'Niederlage' keineswegs entscheidend für die ideologische Akzentuierung.

*11.2.3./C (Kritische Diskussion):*

Diskussion der Frage, wieweit die ideologische Strategie eine Handlungsstruktur determiniert (dahinter steht das Problem, inwieweit Literatur von 'normaler' elaboriert-ideologischer Rede zu unterscheiden ist: wo liegen die Unterschiede? Was ist identisch?). Weitere Frage: wieweit führt die Analyse der Handlungsstruktur bei der Analyse des literarischen Textes? – Zweifellos fehlen auf dieser Ebene ganz entscheidende Elemente wie der 'Stil' und die 'Darstellung'? Kann man deshalb sagen, daß die Handlungsstruktur noch 'ganz zum Inhalt gehört'? Oder gehört sie hauptsächlich zur literarischen Form? (Pro- und Gegenargumente konfrontieren.)

### 11.2.4. Tektonische und atektonische Handlungen

Handlungen, deren handlungskonstitutive Elemente sämtlich in Serien aufgehen, deren Serien zweitens sämtlich auf wenige handlungsstrukturkonstitutive Oppositionen bezogen sind und deren Sukzession um eine mittlere Symmetrieachse spiegelsymmetrisch geordnet ist, heißen tektonische Handlungen. Fast immer entspricht einer tektonischen Handlung auch eine tektonische Konfiguration. Handlungen, für die die genannten Bedingungen nicht gelten, heißen atektonisch. Zur Erläuterung konstruieren wir einen einfachen Fall von tektonischer Handlung: diese Handlung soll aus 5 Elementen bestehen: 1. der Held verläßt seine Heimat und bricht in die Welt auf; 2. er trifft eine schöne Frau, verliebt sich und wirbt um sie; 2b) sie stellt ihm die schwierige Aufgabe, erst Millionär zu werden; 3. der Held gewinnt das große Los; 4. er bringt die Million zur schönen Frau; 4b) sie antwortet positiv auf seine Werbung; 5. der Held kehrt mit der schönen Frau in seine Heimat zurück. Wie man sieht, verteilen sich die beiden Glieder der handlungskonstitutiven Oppositionen jeweils symmetrisch auf beide Seiten der Mittelachse. Eine ähnliche Handlungsstruktur besitzt das klassizistische Drama. In "Maria Stuart" z. B. bildet die Begegnung der Königinnen die Mittelachse, während die beiden Glieder der Opposition 'Verurteilung' vs 'Vollstreckung des Urteils' symmetrisch am Anfang und am Ende stehen.

*11.2.4./A (Distinktionsübung):*

Versuchen Sie bitte, tektonische von atektonischen Handlungen zu unterscheiden. Verlassen Sie sich dabei auf Ihren Gesamteindruck.

*Beispiele mit Modellantworten:*

a) Die Handlung der "Wahlverwandtschaften"?
*Antwort:* ja
b) Die Handlung der "Räuber"?
*Antwort:* ja

*Fahren Sie bitte fort:*

1. Die Handlung des "Nibelungenepos"?

– nein

2. Die Handlung von Kafkas "Prozeß"?

– nein

3. Die Handlung von Plenzdorfs "Neuen Leiden ..."?

– ja

4. Die Handlung von Goethes "Faust"?

– nein

5. Die Handlung von "Maria Stuart"?

– ja

*11.2.4./C (Kritische Diskussion):*

Fortsetzung der Diskussion 11.2.3./C: sind Oppositionen wie 'tektonisch' vs 'atektonisch' rein literarisch, sozusagen ideologiefrei? Oder haben sie bestimmte Funktionen innerhalb ideologischer Strategien? Gibt es 'natürliche' Zuordnungen dabei (etwa des Tektonischen zum Konservativen und des Atektonischen zum Revolutionären)? Wenn nicht, wie ist dann die Zuordnung? Etwa 'dialektisch'? Wenn ja, was heißt das genau?

### *11.2.5./E.* Chiasmus-Struktur der Handlung *(s. Anhang)*

## 11.3. Narrative Texte

Unter *Narrativik* (lat. = Bereich der Erzählungen und Geschichten) lassen sich verschieden umfangreiche Mengen von Texten zusammenfassen. Häufig versteht man darunter alle 'erzählenden Texte'. Abweichend davon wird hier eine weitere Definition vorgeschlagen, die den Vorzug besitzt, operational zu sein und sich nicht weitgehend mit 'episch' (s. u.) zu decken. Im folgenden sollen deshalb alle Texte, denen eine Handlung zugrunde liegt, *narrative Texte* heißen. Die Klasse der narrativen Texte ist dabei nicht auf literarische Texte beschränkt; ebenso gehören bestimmte Filme, Hörspiele, Comics usw. dazu.

*11.3./A (Distinktionsübung):*

Bitte bestimmen Sie, welche der im folgenden genannten Texte narrativ sind und welche nicht.

*Beispiele mit Modellantworten:*

a) eine Diapositivserie über berühmte Gemälde der Uffizien?

*Antwort:* nein

b) der Film "Doktor Schiwago"?

*Antwort:* ja

*Fahren Sie bitte fort:*

1. der Film "Die Wüste lebt"?

– nein

2. eine Sendung der Tagesschau?

– nein

3. ein "Lore"-Roman?

– ja

4. eine Qualtinger-Lektüre von "Mein Kampf"?

– nein

5. der Film "Panzerkreuzer Potemkin"?

– ja

6. der Film "Letztes Jahr in Marienbad"?

– ja

7. ein Werbefilm über synthetische Fasern?

– nein

## 11.4. Literarische narrative Texte

Literarische Texte, denen eine Handlung zugrunde liegt, sollen *literarische narrative Texte* heißen (dementsprechend gehören die meisten Dramen dazu; das unterscheidet die hier verwendete Definition von anderen gebräuchlichen Definitionen der 'Narrativik').

*11.4./A (Distinktionsübung):*

Versuchen Sie, unter den folgenden literarischen Texten zwischen narrativen und nicht-narrativen zu unterscheiden.

*Beispiele mit Modellantworten:*

a) "Die Glocke"?

*Antwort:* ja

b) "An die Freude"?

*Antwort:* nein

*Fahren Sie bitte fort:*

1. "Hyperion"?

– ja

2. "Heideröslein"?

– ja

3. "Über allen Gipfeln ist Ruh"?

– nein

4. "Grodek" von Trakl?

– nein

5. "Heinrich von Ofterdingen"?

– ja

6. "Todesfuge" von Celan?

– nein

7. Kleists Aufsatz "Über das Marionettentheater"?

– nein

8. "Faust"?

– ja

9. "Dichtung und Wahrheit"?

– ja

10. "Einfache Nachahmung der Natur, Manier, Stil" von Goethe?

– nein

*11.4.1./E.* Symbolische Narration (= Parabel)
*(s. Anhang)*

*11.3. und 11.4./C (Kritische Diskussion):*

Was spricht für, was gegen die hier gegebene Definition von Narrativik? – Darüber hinaus: sind Definitionen wie die von narrativen Texten einer wissenschaftlichen Literaturanalyse wirklich dienlich? Wie verhält sich der Erkenntniswert zum Banalitätsgrad?

## 11.5. Deskriptive Elemente in narrativen Texten

Es gibt in narrativen Texten bestimmte Elemente, die zwar mit der Konfiguration und der Handlung verbunden sind, aber nur indirekt. Als Beispiel dafür kann die Szene in einem Drama oder Film gelten. Es ist z. B. denkbar, daß die Szene sich kaum oder nicht im Verlauf der Handlung ändert. Solche Elemente sollen *handlungssituierend oder deskriptiv* heißen.

*11.5./A (Distinktionsübung):*

Bitte versuchen Sie, deskriptive Elemente der folgenden Texte zu kennzeichnen. Antworten Sie zunächst mit ja oder nein, und geben Sie ggf. eine kurze Kennzeichnung.

*Modellbeispiele mit Antworten:*

a) "Er sprach nicht weiter. Wir hörten Stimmen und das Scharren vieler Füße auf den Steinfliesen draußen. Die zweite Eßpause war zu Ende. Der kleine Gallier von gestern kam herein, und Spicer setzte ein riesiges S in ein Orderbuch, das der Sklave ihm hinhielt. Durch die Tür sah ich einen leichtbewölkten Himmel. Die Lorbeerhecken, gepflanzt, den Wind abzuhalten, zitterten im Wind. Der schmale, aber hohe Raum mit den weißgetünchten Wänden und den freundlichen ledernen Bücherkästen davor war angenehm warm."

(Brecht, "Die Geschäfte des Herrn Jul. Cäsar")

*Antwort:* ja; Garten und Haus als Szene

b) "Hier laßt uns Hütten bauen", sagte er, ohne zu verbergen, daß er ergriffen war.

Das unvergängliche in ihrer Liebe trat immer schärfer hervor, frei von Täuschung, Wunsch und Irrtum, durch Wissen und Entschluß gesichert. Das ist kein schwankender Boden mehr, auf dem ich gehe, dachte Manfred. Zum erstenmal betrete ich festes Land.

(Christa Wolf, "Der geteilte Himmel")

*Antwort:* nein

*Fahren Sie bitte fort:*

1. Zimmer in der Wohnung Heineckes. – Kleinbürgerliche, stark verschlissene Ausstattung, mit welcher etliche Prunkstücke: zwei seidene Sessel, anfangs in graue Überzüge gehüllt, und ein großer, goldener Trumeau kontrastieren. – Brüchiger Hausrat auf Kommode und Wandbrettern. (...)

*Frau Hebenstreit durch die Tür rechts* Es ist also wahr? – Ihr Sohn ist da? (Hermann Sudermann, "Die Ehre")

– ja; die Regieanweisung

2. Als Frau Grubach K. das Frühstück brachte – sie überließ, seitdem sie K. so erzürnt hatte, auch nicht die geringste Bedienung dem Dienstmädchen –, konnte K. sich nicht zurückhalten, sie zum erstenmal seit 5 Tagen anzusprechen. "Warum ist denn heute ein solcher Lärm im Vorzimmer?" fragte er, während er den Kaffee eingoß, "könnte das nicht eingestellt werden? Muß denn gerade am Sonntag aufgeräumt werden?" (Der Prozeß)

– nein

3. Sie fuhren über eine Ebene, deren tiefer Horizont von Pappeln begrenzt und die von geraden, mit flinken, lebendigen Autos befahrenen Straßen durchzogen war. Ein Feld von grünen und roten Hochspannungsmasten – schwarzes Filigran von Drähten gegen Himmelsgrau – drehte sich, da sie es in weitem Bogen umfuhren, langsam an ihnen vorbei. Dann tauchten sie übergangslos in das Chemie- und Kohlenrevier ein. (Christa Wolf, Der geteilte Himmel)

– ja; nahezu der ganze Text

### 11.5.1. Die Struktur der deskriptiven Elemente

Die Gesamtheit der deskriptiven Elemente eines Textes läßt sich als synchrones System auffassen. Ein solches System kann mehr oder weniger organisiert sein. So kann man sich einerseits Romane und Dramen denken, bei denen sehr viele deskriptive Elemente abwechseln, ohne daß eine Gesetzmäßigkeit erkennbar wäre – auf der anderen Seite Romane und Dramen mit gesetzmäßig aufgebauter Deskription.

*11.5.1./A (Distinktionsübung):*

Bitte versuchen Sie zu bestimmen, ob die deskriptiven Elemente folgender narrativer Texte eine auffallend gesetzmäßige Struktur besitzen oder nicht.

*Beispiele mit Modellantworten:*

a) Stifters "Nachsommer"?
*Antwort:* ja
b) Goethes "Götz von Berlichingen"?
*Antwort:* nein

Fahren Sie bitte fort. Verlassen Sie sich auf Ihren Gesamteindruck.

1. "Die Räuber"?
– ja
2. "Der Schimmelreiter"?
– ja
3. "Simplicius Simplicissimus"?
– nein
4. "Die Wahlverwandtschaften"?
– ja
5. Heines "Reisebilder"?
– nein

### 11.5.2. Deskriptionskonstitutive Oppositionen

In gesetzmäßig aufgebauten Deskriptionen lassen sich die Elemente zu Oppositionen ordnen, die wir *deskriptionskonstitutive Oppositionen* nennen wollen. So spielt in den Szenenbildern des "Wilhelm Tell" etwa die Opposition 'Burg' vs 'Hütte' die Rolle einer deskriptionskonstitutiven Opposition.

*11.5.2./A (Distinktionsübung):*

Versuchen Sie bitte, in folgenden Textausschnitten deskriptionskonstitutive Oppositionen zu entdecken.

*Beispiele mit Modellantworten:*

a) Hohes Felsenufer des Vierwaldstättersees, Schwyz gegenüber. Der See macht eine Bucht ins Land, eine Hütte ist unweit dem Ufer, Fischerknabe fährt sich in einem Kahn. Über den See hinweg sieht man die grünen Matten, Dörfer und Höfe von Schwyz im hellen Sonnenschein liegen. Zur Linken des Zuschauers zeigen sich die Spitzen des Haken, mit Wolken umgeben; zur Rechten im fernen Hintergrund sieht man die Eisgebirge. ("Wilhelm Tell")

*Antwort:* deskriptionskonstitutive Opposition Naturszene vs Siedlung

b) (aus Schillers "Spaziergang")

Muntre Dörfer bekränzen den Strom, in Gebüschen verschwinden
Andre, vom Rücken des Bergs stürzen sie jäh dort herab.

Nachbarlich wohnet der Mensch noch mit dem Acker zusammen,
Seine Felder umruhn friedlich sein ländliches Dach,
Traulich rankt sich die Reb empor an dem niedrigen Fenster,
Einen umarmenden Zweig schlingt um die Hütte der Baum.
(...)
Aber wer raubt mir auf einmal den lieblichen Anblick? Ein Fremder
Geist verbreitet sich schnell über die fremdere Flur.
Spröde sondert sich ab, was kaum noch liebend sich mischte,
Und das Gleiche nur ist's, was an das Gleiche sich reiht,
Stände seh ich gebildet, der Pappeln stolze Geschlechter
Ziehn in geordnetem Pomp vornehm und prächtig daher.
Regel wird alles, und alles wird Wahl, und alles Bedeutung,
Dieses Dienergefolg meldet den Herrscher mir an.
Prangend verkündigen ihn von fern die beleuchteten Kuppeln,
Aus dem felsigten Kern hebt sich die türmende Stadt. (...)

*Antwort:* deskriptionskonstitutive Opposition 'ländliches Idyll' vs 'zivilisierte Stadt-Szene'

*Fahren Sie bitte fort:*

1. "Laß uns gehen", sagte Effi, und den Arm ihres Mannes nehmend, ging sie mit ihm wieder auf das Gasthaus zurück, wo nun, an einer Stelle mit weitem Ausblick auf das Meer, das vorher bestellte Frühstück aufgetragen wurde. Die Bucht lag im Sonnenlicht vor ihnen, einzelne Segelboote glitten darüber hin, und um die benachbarten Klippen haschten sich die Möwen. Es war sehr schön, auch Effi fand es; aber wenn sie dann über die glitzernde Fläche hinwegsah, bemerkte sie, nach Süden zu, wieder die hell aufleuchtenden Dächer des langgestreckten Dorfes, dessen Name sie heute früh so sehr erschreckt hatte. (Fontane, Effi Briest)

– deskriptionskonstitutive Opposition 'See' vs 'Dorf'

2. Ade, Paris, du teure Stadt,
Wir müssen heute scheiden,
Ich lasse dich im Überfluß
Von Wonne und von Freuden.
Das deutsche Herz in meiner Brust
Ist plötzlich krank geworden,
Der einzige Arzt, der es heilen kann,
Der wohnt daheim im Norden.
(...)
Denkt euch, mit Schmerzen sehne ich mich
Nach Torfgeruch, nach den lieben
Heidschnucken der Lüneburger Heid,
Nach Sauerkraut und Rüben. (Heine, Wintermärchen)

– deskriptionskonstitutive Opposition 'Paris' vs 'Lüneburger Heide'

3. Da zeigte mir Gott, zu dem ich rief
In der höchsten, schrecklichen Not,
Aus der Tiefe ragend ein Felsenriff,
Das erfaßt ich behend und entrann dem Tod –
Und da hing auch der Becher an spitzen Korallen,
Sonst wär er ins Bodenlose gefallen.
Denn unter mir lag's noch bergetief,
In purpurner Finsternis da,
Und ob's hier dem Ohre gleich ewig schlief,
Das Auge mit Schaudern hinuntersah,
Wie's von Salamandern und Molchen und Drachen
Sich regt' in dem furchtbaren Höllenrachen.

(Schiller, "Der Taucher")

– deskriptionskonstitutive Opposition 'Korallenriff' vs 'bodenlose Meerestiefe'

### 11.5.3. Symbolische Deskription

Die Elemente einer Deskription können in einem Text Träger einer symbolischen Funktion sein. Sie fungieren dann als Picturae zu entsprechenden Subscriptiones. Solche symbolischen Deskriptiones können als Embleme, Goethe-Symbole, Allegorien oder Chiffren auftreten. Wenn in der Film-Fassung von "Doktor Schiwago" etwa blühende Krokus gezeigt werden und kurz danach die Heldin in schwangerem Zustand erscheint, so liegt emblematische Deskription vor. Auch in Schillers "Tell" erscheint die Subscriptio zu den Szenenbildern explizit im Text.

Bitte unterscheiden Sie im folgenden emblematische, goethe-symbolische, chiffrenförmige und allegorische Form der Deskription.

*Beispiele mit Modellantworten:*

a) Die Deskription in Kafkas "Prozeß"?

*Antwort:* chiffrenförmig

b) Die Deskription in Stifters "Nachsommer"?

*Antwort:* goethe-symbolisch

*Fahren Sie bitte fort:*

1. Die Deskription in den "Wahlverwandtschaften"?

– goethe-symbolisch

2. Die Deskription in Ibsens "Wildente"?
– allegorisch
3. Die Deskription im "Tod in Venedig"?
– goethe-symbolisch
4. Die Deskription in Goethes "Werther"?
– goethe-symbolisch
5. Die Deskription in Hölderlins "Hyperion"?
– zwischen Goethe-Symbol und Chiffren-Symbol

*11.5./C (Kritische Diskussion):*

Problematisierung der Rolle der Deskription: was kann sie leisten, wann ist sie 'kitschig'? Behandlung der 'Realismus'-Frage am Beispiel der symbolischen Deskription: ist eine solche Deskription ein Verstoß gegen den 'Realismus'? Wenn ja, welcher 'Realismus'-Begriff läge dann vor?

*11./D (Exemplarische historische Anwendungen):*

Vorschläge:
a) Goethes und Plenzdorfs "Werther": Vergleich der Handlungsstrukturen und Deskriptionen;
b) Brechts "Mutter Courage": Handlungsstruktur und Funktion der Deskription;
c) Thomas Manns "Tod in Venedig": Handlungsstruktur und Rolle der Deskription.

Wiederholung der Grundbegriffe aus Lektion 11:

Bitte ergänzen Sie folgende Sätze:

*Beispiel mit Modellantwort:*

a) Handlungselemente sind ...
*Antwort:* – die kleinsten sinnvollen Segmente der Handlung

*Fahren Sie bitte fort:*

1. Die 3 Bedingungen einer Handlung sind?
– 1. Konstitution auf Basis einer Konfiguration; 2. zeitliche Sukzession; 3. Transformierbarkeit in ein anderes Medium
2. Das Schema 'Herausforderung' vs 'Antwort' ist Kennzeichen für ...
– handlungskonstitutive Oppositionen
3. Unter handlungsstrukturkonstitutiven Oppositionen verstehen wir ...
– Oppositionen, die gleichzeitig die Konfiguration und die rekurrenten handlungskonstitutiven Oppositionen bestimmen
4. Als narrative Texte definieren wir ...
– Texte, denen eine Handlung zugrunde liegt
5. Handlungssituierende Elemente in narrativen Texten heißen ...
– deskriptiv
6. Unter deskriptionskonstitutiven Oppositionen verstehen wir ...
– die Elemente gesetzmäßig aufgebauter Deskriptionen
7. Sind die Elemente einer Deskription Träger einer symbolischen Funktion, so sprechen wir von ...
– symbolischer Deskription
8. Handlungselemente bzw. zusammengefaßte Mengen von Handlungselementen, die eine Konfiguration erheblich modifizieren, heißen ...
– handlungskonstitutive Elemente
9. Eine Serie von Handlungselementen wird gebildet durch ...
– mehrere rekurrente handlungskonstitutive Oppositionen, die auf der gleichen handlungsstrukturkonstitutiven Opposition beruhen.
10. Tektonische Handlungen sind Handlungen, ...
– deren handlungskonstitutive Elemente in Serien aufgehen, deren Serien auf wenige handlungsstrukturkonstitutive Oppositionen bezogen sind und die symmetrisch angeordnet sind.

## LEKTION 12

## (INHALT: GATTUNGS- UND GENRE-THEORIE III; DISKURS, EPISCHE TEXTE)

### 12.1. Der Diskurs: Genotext-Diskurs und Phänotext-Diskurs

Sind Konfiguration, Handlung und etwa auch Deskription sowie das darstellende Medium gegeben, so ist der konkrete Text dadurch noch immer nicht ausdeterminiert. Noch immer ließen sich auf der Basis dieser Elemente sehr verschiedene konkrete Texte denken. Die konkrete Darstellungsweise eines Textes bezeichnen wir als *Diskurs* des Textes (zu frz. discours = Redeweise). Der Diskurs eines Textes wird durch verschiedene Regeln determiniert, die wir in zwei große Gruppen zusammenfassen wollen: erstens die Regeln, die für alle Texte einer *Gattung* bzw. eines *Genre* (= Untergattung) gelten; diese Regeln konstituieren den *Genotext-Diskurs* (zu lat. genus = Gattung). So gibt es z. B. für ein Drama vorweg bestimmte Regeln des Genotext-Diskurses (s. u.), die Konfiguration, Handlung und Deskription in bestimmter Weise transformieren. Zweitens gibt es die Menge weiterer Regeln, die die konkreten Sätze des Textes definitiv bestimmen; diese Menge von Regeln sollen die des *Phänotext-Diskurses* (zu griech. phainómenon = Oberflächenerscheinung) heißen. Die Grenze ist fließend und hängt letztlich von der Weite bzw. Enge ab, mit der ein Genre bestimmt wird. Vorläufig wird man als Regeln des Genotext-Diskurses all jene betrachten, die von genereller, durchgängiger Gültigkeit in einem Text sind. Was sich aus diesen Regeln nicht erklären läßt, würde zum Phänotext-Diskurs zu zählen sein. Dazu würden sicherlich z. B. Struktureigenschaften gehören, die sich aus der Eigenart eines besonderen (und dem Genre gegenüber mehr oder weniger 'zufälligen') *Sujets* (frz. sujet = behandelter Gegenstand, Thema) ergeben (z. B. eines bestimmten Liebeserlebnisses als Sujet für ein 'Erlebnisgedicht').

*12.1./A (Distinktionsübung):*

Bitte versuchen Sie, folgende Diskurs-Elemente dem Genotext-Diskurs bzw. dem Phänotext-Diskurs zuzuweisen (denken Sie dabei daran, daß zum Genotext-Diskurs alles Genre-Typische zählt, d. h. alles, was einen Text global und durchgängig determiniert).

*Beispiele mit Modellantworten:*

a) der Einschub einer Reflexion über die jüngste Orientkrise in einem Karl-May-Roman?

*Antwort:* Genotext-Diskurs

b) Militärisches Vokabular im Abschnitt über das kurze und vorübergehende Kriegserlebnis eines Romanhelden?
*Antwort:* Phänotext-Diskurs

*Fahren Sie bitte fort:*

1. der schlesische Dialekt von Figuren in den "Webern"?

– Genotext-Diskurs

2. der häufige Ortswechsel in den Regieanweisungen des "Götz von Berlichingen"?

– Genotext-Diskurs

3. Stadt- und Land-Deskriptionen in den Romanen Fontanes?

– Genotext-Diskurs

4. Deskriptionen von Berlin in den Romanen Fontanes?

– Phänotext-Diskurs

5. die Wiedergabe der Rede bestimmter Figuren in Dialektform in den "Buddenbrooks"?

– Genotext-Diskurs

6. Leitmotiv 'lind-' in Brentanos Liebeslyrik an Emilie Linder?

– Phänotext-Diskurs

7. Verarbeitung des Motivs 'lind-' als *Leit*motiv im *Wortspielstil* in dieser Lyrik?

– Genotext-Diskurs

## 12.2. Einige Elemente des Genotext-Diskurses

Während die Konstituentien des Phänotext-Diskurses sehr zahlreich und komplex sind, lassen sich einige wichtige Regeln für Genotext-Diskurse angeben.

### 12.2.1. Poesie vs Prosa

Es genügt, in Gedanken etwa einen Prosaroman in Versform oder ein Versdrama in Prosa zu transformieren, um zu erkennen, daß dadurch ein völlig anderes Genre entstände. Lange Zeit haben Prosa- bzw. Versform semiologische Signifikate getragen: man sprach von 'niedrigen' bzw. 'hohen' Gattungen; Prosagenres galten als 'volkstümlich' bzw. 'bürgerlich', Versgenres als 'aristokratisch' bzw. 'fürstlich'.

*12.2.1./A (Distinktionsübung):*

Bitte versuchen Sie, das semioloische Signifikat von Vers und Prosa bei folgenden Texten grob zu umreißen.

*Beispiele mit Modellantworten:*

a) Klopstocks "Messias" in Hexametern?

*Antwort:* 'hohe' Gattung; klassischer Vers für 'höchstes', religiöses Sujet;

b) Hauptmanns "Weber" in schlesischem Dialekt (Prosa)?

*Antwort:* Zeichen für 'authentische Wirklichkeit'.

*Fahren Sie bitte fort:*

1. Gottscheds "Cato" in Alexandrinern?

– 'hohe' Gattung; Alexandriner der Vers des französischen Klassizismus, Zeichen für 'Größe';

2. Brechts "Heilige Johanna" in Blankversen bzw. deformierten Blankversen?

– Parodie auf eine 'hohe' Gattung; Zeichen für kulturrevolutionäre Destruktion ideologischer und politischer Hierarchien;

3. Schillers "Räuber" in Prosa mit vielen Tropen?

– Zeichen für 'Natürlichkeit' und 'große Kraft';

4. Heines "Deutschland, ein Wintermärchen" in Volksliedversen?

– Parodie auf den typisch romantischen Vers; Zeichen für kulturrevolutionäre Destruktion der romantischen Ideologie und Politik;

5. Goethes "Urfaust" in Knittelversen?

– Zeichen für 'Volkstümlichkeit' und 'Naivität'.

### 12.2.2. Einfügung nicht-narrativer Elemente

Wir erwähnten bereits, daß Karl May es liebt, in seinen Diskurs nicht-narrative Elemente wie politische, philosophische oder religiöse Reflexionen einzufügen. Dieses Verfahren ist charakteristisch für alle sogenannte Tendenz- bzw. didaktische Literatur. Es begegnet ebenfalls in science-fiction-Literatur. Welche Art von nicht-narrativen Einfügungen und an welchen Stellen des Diskurses erscheinen, geschieht aufgrund von Regeln des Genotext-Diskurses. Im romantischen Roman z. B. werden häufig lyrische Elemente ohne Bezug zur Handlung eingefügt.

*12.2.2./A (Distinktionsübung):*

Versuchen Sie bitte, einige Ihnen bekannte Beispiele für Einfügung *theoretischer* bzw. *lyrischer* Elemente in narrative Texte zu nennen.

*Beispiele mit Modellantworten:*

a) Einfügung theoretischer Elemente:

*Antwort:* z. B. Heines "Reisebilder", Gutzkows "Wally die Zweiflerin" usw.

b) Einfügung lyrischer Elemente:

*Antwort:* z. B. Eichendorffs "Ahnung und Gegenwart" usw.
Fahren Sie nach eigenen Kenntnissen fort.

*12.2.2./C (Kritische Diskussion):*

Problematisierung der sog. Tendenz- bzw. didaktischen Literatur: was ist von dem Klischee zu halten, solche Literatur stehe auf niedrigerem Niveau als 'reine' Literatur (d. h. Literatur ohne nicht-literarische Reflexionen)? Läßt sich die Ideologie dieses Klischees plausibel machen? In welchen Epochen, bei welchen sozialen Trägern und zu welchem Zweck dominiert solche Literatur? Kann die Einfügung nicht-literarischer nichtnarrativer Elemente auch formal interessante Eigenschaften haben? Wie löst z. B. Brecht das Problem?

### 12.2.3. Globale Änderung der Handlungs-Sukzession

Wird die Gesamtheit der handlungskonstitutiven Elemente gegenüber ihrer Sukzession in der Handlung im Diskurs global geändert, so entstehen dadurch besondere Genotext-Diskurse. Der bekannteste Fall ist der *analytische Genotext-Diskurs,* bei dem der Diskurs mit dem Endresultat der Handlung beginnt und die früheren handlungskonstitutiven Elemente 'aufrollt' (klassisches Beispiel: "König Ödipus" von Sophokles, aber auch die typische Form des Kriminalromans). Zu unterscheiden davon sind kleinere Umstellungen, die nicht das ganze erfassen und die zum Phänotext-Diskurs zu rechnen sind.

*12.2.3./A (Distinktionsübung):*

Vielleicht fallen Ihnen einige Beispiele für Texte mit analytischem Genotext-Diskurs ein.

*Beispiele:* "Mutmaßungen über Jakob" von Uwe Johnson.

### 12.2.4 Gattungskonstitutive Merkmale im engeren Sinn

Zum Genotext-Diskurs gehören weiter alle gattungskonstitutiven Merkmale im engeren Sinne, d. h. alle Regeln, die einen epischen bzw. dramatischen Text als solchen konstituieren (bzw. epische und dramatische Genres). Diese Merkmale sollen im folgenden genauer behandelt werden.

*12.1 und 12.2./C (Kritische Diskussion):*

Problematisierung der Opposition 'Genotext-Diskurs' vs 'Phänotext-Diskurs': wieweit ist sie operational? Setzt sie nicht voraus, daß der 'Phänotext-Diskurs' etwas schlechthin Individuelles und Regelloses sein müßte? Ist hier also nicht die Wissenschaftlichkeit der Kategorien ernsthaft infrage gestellt? Wäre eventuell die radikale Konsequenz zu ziehen, daß es nur einen Genotext-Diskurs gibt? (Pro und Contra.)

## 12.3. Der epische Diskurs

Der *epische Genotext-Diskurs* (zu griech. epos = Erzählung) legt fest, daß ein narrativer Text mit ausschließlich literarischen Mitteln verfährt. Alle Elemente des Textes (Konfiguration, Handlung, Deskription, nichtnarrative Einschübe usw.) werden literarisch realisiert. Weitere Regeln des epischen Diskurses konstituieren verschiedene epische Genres.

### 12.3.1. Der historische Diskurs

Die Besonderheiten des *historischen Diskurses* (zu griech. historía = Geschichte) ergeben sich aus seiner Bindung an die Pragmatik. Obgleich ein historischer Text häufig mehr literarischen als wissenschaftlichen Charakter (im engeren Sinn) besitzt, postuliert er eine grobe Isomorphie zwischen seiner Konfiguration, Handlung und Deskription einerseits und wissenschaftlich beschreibbaren realen Prozessen anderseits. Diese Bindung an die Pragmatik beginnt mit der Kettung der literarischen Produktion an die Normalzeitrechnung: In historischer Rede ist der Tempusgebrauch also durch die Beziehung zwischen Vorgang des Schreibens und zeitlicher Situierung des Geschriebenen bestimmt. Dementsprechend signalisiert das Präteritum im historischen Diskurs die Vorzeitigkeit des Geschriebenen vor dem Schreiben, das Präsens die Gleichzeitigkeit usw. In einer 1970 geschriebenen historischen Darstellung könnte also vom Jahre 2000 nur im Futur die Rede sein (z. B. "Im Jahre 2000 wird der Mars wahrscheinlich von Menschen kolonisiert sein"). Außerdem ist im historischen Diskurs eine grobe Isomorphie zwischen der Handlungssukzession und wissenschaftlich beschreibbaren realen Abläufen (in der Normalzeitrechnung situiert) vorausgesetzt. Dementsprechend sind alle *Deiktika* (griech. = Zeige-Wörter) in bezug auf die Normalzeitrechnung verwendet: wenn es in einem 1970 geschriebenen historischen Werk heißt "ob die Tendenz zur Entspannung auch im kommenden Jahrzehnt anhalten wird, läßt sich jetzt noch nicht sagen", so ist das Deiktikon 'jetzt' präzise auf 1970 bezogen.

*12.3.1./A (Distinktionsübung):*

Bitte stellen Sie fest, ob es sich bei folgenden Textausschnitten theoretisch um historische Texte handeln könnte oder nicht. Begründen Sie eine negative Entscheidung.

*Beispiele mit Modellantworten:*

a) "Eva durfte sich nicht neu verliebt haben! Das würde das Ende sein! Und gerade jetzt, wo seine Versetzung bevorstand! Otto ließ sich in den Sessel sinken."

*Antwort:* kein historischer Diskurs; Grund (z. B.): Verwendung des Deiktikons 'jetzt' mit dem Präteritum

b) "Und so warteten sie denn das Stettiner Schiff ab und trafen am dritten Tag in aller Frühe in Kopenhagen ein, wo sie auf Kongens Nytorf Wohnung nahmen. Zwei Stunden später waren sie schon im Thorwaldsen-Museum (...)." (Fontane, Effi Briest)

*Antwort:* könnte rein theoretisch historischer Diskurs sein (Frage: wie steht es mit: *"und so* warteten sie *denn"*?)

*Fahren Sie bitte fort:*

1. (geschrieben 1970) "Noch heute lassen sich die Folgen nicht absehen, die ein Abzug der USA aus Vietnam zeitigen würde. Die Zukunft wird es lehren."

– kann historischer Diskurs sein (Deiktika)

2. "In seiner Jugend, vor nunmehr 50 Jahren, hatte O' Connor noch in Vietnam gekämpft. Damals hatte er zu den gefürchteten 'Marines' gehört, aber das alles war nichts gewesen gegen die späteren Missionen, an denen er endgültig zum Mann geworden war. Er lächelte in sich hinein." (geschrieben 1970)

– kein historischer Diskurs (keine Isomorphie zwischen Tempora und realen Prozessen)

3. "Napoleon lächelte. Natürlich wird er von Elba zurückkehren. Vielleicht schon morgen, vielleicht in einem Jahr. Niemand konnte ihn aufhalten."

– kein historischer Diskurs (Gebrauch der Deiktika und Tempora unmöglich isomorph zu realen Verläufen)

4. "Richard Nixon schläft – er atmet ruhig: übermorgen waren es zwei Bänder weniger. Niemand hier wußte Bescheid. Die Krise wird gemanagt werden, sie ist es schon."

– kein historischer Diskurs (Gebrauch der Deiktika und Tempora)

5. "Die Demonstration verlief ohne Zwischenfälle."

– kann historischer Diskurs sein

### 12.3.1.1. Die Biographie

Ein historischer Text, dessen Konfiguration aus einem bestimmten Individuum und dessen Kontakten besteht und dessen Handlung mit dem Leben dieses Individuums identisch ist, heißt *Biographie* (griech. = Lebensbeschreibung).

### 12.3.1.2. Die Personalpronomina im historischen Diskurs

Auch der Gebrauch der Personalpronomina ist im historischen Diskurs an die Pragmatik gebunden: die 1. Person (abgesehen von direkter Rede von Figuren) kann sich daher nur auf den realen Schreiber des Textes beziehen. Alle übrigen Figuren werden in der 3. Person abgebildet. Die 2. Ps. bleibt unbenutzt.

*12.3.1.2./B (Generative Übung):*

Erfinden Sie Texte mit der 1. Person, die sicher keine historischen Texte sein können.

*Beispiele mit Modellantworten:*

a) (z. B.) "Ich wurde im Jahre 1990 geboren. Meine Eltern wohnten damals auf dem Mars. (usw.)"
b) (z. B.) "Mit mir kannst du das nicht machen, hörst du?"

Fahren Sie selbst fort.

### 12.3.1.3. Die Autobiographie

Eine Biographie in der 1. Person heißt *Autobiographie* (griech. = Beschreibung des eigenen Lebens). Daneben ist der Ausdruck *Memoiren* (frz. = Erinnerungen) gebräuchlich. In der Autobiographie werden Tempora und Deiktika also vom pragmatischen Zeitpunkt bzw. Ort des Schreibens der eigenen Lebensgeschichte regiert. Autobiographien in Kurzform sind die berühmten "Lebensläufe" bei Bewerbungen. Eine besondere Form der Autobiographie ist das *Tagebuch:* dabei bilden einzelne Tage der Normalzeitrechnung selbständige Elemente; innerhalb eines Tages sind Tempora und Deiktika auf diesen Tag und nicht auf das Ganze bezogen.

*12.3.1.3./B (Generative Übung):*

Transformieren Sie die folgenden fiktiven historischen Texte nach Anweisung.

*Beispiele mit Modellantworten:*

a) "Am 30. August 1939 heiratete er. Zwei Tage später wurde er eingezogen. Wieder 8 Tage später kam er in Polen an die Mittelfront."

zu transformieren in ein Tagebuch;
*Antwort:* "30. 8. 1939. – Heute habe ich geheiratet." – "1. 9. 39. – Heute wurde ich eingezogen." (usw.)

b) "Niemals werde ich dir das vergessen, Otto. Du hast mir das Vertrauen zu mir selbst wiedergegeben."

zu transformieren in eine Autobiographie;
*Antwort:* "Ich sagte zu Otto, daß ich ihm das nie vergessen würde. Er habe mir das Vertrauen zu mir wiedergegeben."

*Fahren Sie bitte fort:*

1. "10. 2. 1960. – Heute habe ich meinem Chef offen die Meinung gesagt. Morgen werde ich wohl die Entlassung bekommen. – 11. 2. 60. – Alles ist unverändert. Ich habe noch keine Nachricht. – 12. 2. – Der Chef lud mich ins Büro. Er spielte den Vorfall von vorgestern herunter und fragte mich statt dessen, ob ich nicht für die Firma nach Brasilien fahren möchte. Ich habe natürlich zugesagt."

zu transformieren in eine Biographie;
– "Am 10. 2. 60 hatte er eine so heftige Auseinandersetzung mit seinem damaligen Chef, daß er für den nächsten Tag seine Entlassung befürchtete (usw.)."

2. "Gleich nach Hitlers Machtübernahme wurde er verhaftet und ins KZ Bergen-Belsen eingeliefert. Er wurde zu Trockenlegungsarbeiten im Moor eingesetzt. Nur einmal im Monat durfte er eine Postkarte an seine Frau schreiben."

zu transformieren in ein Tagebuch der Frau;

– "x. y. 1933. – Heute haben sie Z. verhaftet (...)." (usw.)

3. "10. 10. 73, Bochum. – Heute hier angekommen. Mit der Straßenbahn zum erstenmal zur Uni gefahren und gleich einen Schock gekriegt. Aber die Weiber sind nicht schlecht."

zu transformieren in eine Biographie;

– "Am 10. Oktober kam er in Bochum an (...)." (usw.)

### 12.3.1.4. Mythische Komponenten in historischen Texten

Historische Texte besitzen häufig mehr literarischen als wissenschaftlichen Charakter (im engeren Sinn). Dabei spielt die *mythische Komponente* historischer Texte eine entscheidende Rolle: nicht nur werden die realen Individuen als Konfiguration abgebildet, darüber hinaus werden häufig auch soziale Träger (z. B. Nationen) anthropomorph wiedergegeben. Die Handlung bildet meistens nicht reale Prozesse isomorph ab, sondern ist entscheidend durch mythische Oppositionen (z. B. 'stürmische Jugend' vs 'volles Mannesalter' vs 'Weisheit des Alters') organisiert. Extreme Beispiele dafür bilden die Kurz-Biographien in Todesanzeigen. In ihnen tritt der *Entelechie-Mythos* (griech. entelechía = biologische Einheit mit immanentem Entwicklungsziel), nach dem jedes Individuum zu einer 'Persönlichkeit' 'heranreifen' kann, unverhüllt zutage.

*12.3.1.4./A (Distinktionsübung):*

Bitte versuchen Sie, Elemente des Entelechie-Mythos in den folgenden Texten festzustellen.

*Beispiele mit Modellantworten:*

a) "Der Verstorbene hat sich in langjähriger unermüdlicher Tätigkeit um die Repräsentation unserer Unternehmen und bei der Einführung unserer Erzeugnisse im osteuropäischen Raum sehr verdient gemacht. Durch sein dynamisches Wirken konnte er wesentlich zur Festigung unserer Marktposition beitragen. Sein ausgeglichenes Wesen und sein reiches Fachwissen prägten ihn zu einer hervorragenden Persönlichkeit, der allseits hohe Wertschätzung und Anerkennung entgegengebracht wurden. Wir haben in ihm einen wertvollen Menschen verloren. (Todesanzeige aus der FAZ November 1971)

*Antwort:* Entelechie-Mythos konnotiert durch 'dynamisch', 'ausgeglichenes Wesen' (= 'Reife'), 'Persönlichkeit', 'wertvoller Mensch', 'prägen zu'

*Fahren Sie bitte fort:*

1. "Die Wirtschaft des Kammerbezirks verliert einen Unternehmer, dem es vergönnt war, kraft seiner menschlichen und fachlichen Eigenschaften weit über den Bereich seiner Tätigkeit hinaus zu wirken. Mit hervorragenden Gaben des Geistes und Charakters gesegnet, hat Walter Dürbeck selbstlos und tatkräftig an führender Stelle das Geschick zahlreicher Unternehmen, wirtschaftlicher Organisationen und kultureller Vereinigungen wesentlich geprägt.

   Seine außergewöhnlichen Fähigkeiten, verbunden mit einem in die Zukunft gerichteten Denken, machten ihn zu einer hervorragenden Unternehmerpersönlichkeit, die weit über den Kammerbezirk hinaus allgemeines Ansehen genoß. Seine Auffassung vom Unternehmertum bedeutete ihm gleichzeitig Verpflichtung gegenüber den öffentlichen Anliegen. Sein Glaube an die gestaltenden Kräfte einer freiheitlichen Wirtschaftsordnung befähigten ihn zu einem Wirken, das im mittelhessischen Raum unvergessen bleiben wird."

   (Todesanzeige aus der FAZ November 1971)

– 'Wirken aufgrund von Eigenschaften', 'Charaktergaben', 'prägen', 'Persönlichkeit', 'gestaltende Kräfte', 'Wirken'

2. "Wir haben einen großen Mann und eine geniale Unternehmerpersönlichkeit verloren.

   Friedrich Flick, dessen Aufstieg vor dem ersten Weltkrieg begann, hat auf seinem beruflichen Lebensweg über mehr als sechs Jahrzehnte, von kleinen Anfängen ausgehend, durch seine Leistung eine weit gespannte und wohl ausgewogene, technisch und wirtschaftlich hochstehende Unternehmensgruppe geschaffen. Als Kaufmann und Finanzmann, als Industrieller und Techniker hat er nach dem völligen politischen und wirtschaftlichen Zusammenbruch des Jahres 1945 mit intuitivem Weitblick neue Wirkungsmöglichkeiten erkannt und eine einzigartige Konzeption entwickelt, die den veränderten wirtschaftlichen Erfordernissen dieser Zeit entsprachen. Er hat damit bahnbrechend zum neuen Aufbau unserer Wirtschaft und zur Förderung des allgemeinen Wohlstandes beigetragen. Friedrich Flick, der uns immer Vorbild bleiben wird, lebt weiter in seinem Werk."

   (Todesanzeige Westf. Rundschau, Juli 1972)

– 'geniale Persönlichkeit', 'Aufstieg von kleinen Anfängen zur Größe', 'Intuition', 'Fähigkeit zur Regeneration', 'Weiterleben im Werk'

3. "Mehr Freude bereiten ihm die Mitteldeutschen Stahlwerke. Sie sind seine ureigenste Schöpfung. Basierend auf seinem Besitz in Ober-

schlesien, errichtet er durch zahlreiche Neuerwerbungen, Umgliederungen, Fusionen auf echt Flicksche Art nach und nach einen Stahlkonzern, der zum zweitgrößten Stahlproduzenten Deutschlands wird und die Ruhr an Dynamik sogar übertrifft. (...) Dieser Konzern ist der Stolz seines Schöpfers. Das Unternehmen symbolisiert den stählernen Triumph des einstigen Außenseiters über die Ruhr." (aus "Der scheue Konzern-Architekt", Kurz-Biographie Friedrich Flicks von Max Kruk, FAZ 5. 8. 1972)

– 'ureigenste Schöpfung', 'nach und nach', 'Schöpfer', ('organisches Wachstum'), 'Triumph' (der Lebenskraft)

4. "Mir kommt es vor, als wenn der Mensch in solchen Augenblicken keine Entschiedenheit in sich fühlte, vielmehr von früheren Eindrücken regiert und bestimmt werde. Die Lombardei und Italien lag als ein ganz Fremdes vor mir; Deutschland als ein Bekanntes, Liebwertes voller freundlichen einheimischen Aussichten (...).

   Schnell stand ich auf, damit ich von der schroffen Stelle wegkäme und der mit dem refftragenden Boten heranstürmende Freund mich in den Abgrund nicht mit fortrisse." (aus Goethes Autobiographie "Dichtung und Wahrheit", 19. Buch)

– 'natürlich-notwendige Reaktion in Entscheidungen', 'Eigenes' vs 'Fremdes', 'instinktives Zurückscheuen vor dem Fremden'

5. "Als ich in der Stadt wieder an meine Geschäfte kam, fühlte ich die Beschwerlichkeit derselben mehr als sonst: denn der zur Tätigkeit geborne Mensch übernimmt sich in Planen und überladet sich mit Arbeiten. Das gelingt denn auch ganz gut, bis irgendein physisches oder moralisches Hindernis dazutritt, um das Unverhältnismäßige der Kräfte zu dem Unternehmen ins klare zu bringen.

   Das Juristische trieb ich mit so viel Fleiß, als nötig war, um die Promotion mit einigen Ehren zu absolvieren; das Medizinische reizte mich, weil es mir die Natur nach allen Seiten wo nicht aufschloß, so doch gewahr werden ließ; (...) Aber alles dies wäre zu tragen gewesen, hätte nicht das, was Herder mir auferlegt, unendlich auf mir gelastet. Er hatte den Vorhang zerrissen, der mir die Armut der deutschen Literatur bedeckte (...) ("Dichtung und Wahrheit", 11. Buch)

– 'natürliche Regeneration der Kräfte', 'Naturgesetze des psychischen Haushalts', 'Stufenfolge Jura – Medizin – Literatur entsprechend der Goetheschen Naturanlage'

*12.3.1./C (Kritische Diskussion):*

Problematisierung der Definition des historischen Diskurses: inwieweit repräsentiert er elaboriert-ideologische Rede (vgl. mythische Komponente)? – Zu den Übungen: können die Beispiele (stilisierte Kurzbiographien) überhaupt als repräsentativ gelten? Bis zu welchem Punkt? – Wie müßte ein wissenschaftlicher historischer Text aussehen? (Ist er auf Basis einer individuellen Konfiguration überhaupt denkbar?)

### 12.3.2. Der Normaltyp des epischen Diskurses

Der im engeren Sinne literarische epische Diskurs kennt die Bindung des historischen Diskurses an die Pragmatik nicht. Er besitzt weder die Kettung der literarischen Produktion an die Normalzeitrechnung noch eine grobe Isomorphie zwischen Konfiguration, Handlung und Deskription einerseits und wissenschaftlich beschreibbaren realen Prozessen anderseits. Als *Normaltyp* des epischen Diskurses kann derjenige Typ gelten, bei dem die literarische Produktion als absolut abgeschlossen vorausgesetzt und also weder direkt noch indirekt thematisiert wird.

*1.3.2./A (Distinktionsübung):*

Bitte versuchen Sie festzustellen, ob folgende Textausschnitte theoretisch zum Normaltyp des epischen Diskurses gezählt werden könnten oder nicht.

*Beispiele mit Modellantworten:*

a) "Otto und Eva fuhren mit dem Bus nach Querenburg. Sie stiegen am alten Friedhof aus und wanderten zum Lottental hinüber. Dort, wo heute die Bochumer Universität steht, pflückten sie einen Strauß Kornblumen und Klatschmohn."

*Antwort:* nein (Bezug des Deiktikons 'heute' auf die Pragmatik und damit indirekte Thematisierung der literarischen Produktion)

b) "Annie war in der Landluft prächtig gediehen, und was Roswitha geplant hatte, daß sie der Mama in Stiefelchen entgegenlaufen sollte, das gelang auch vollkommen. Briest gab sich als zärtlicher Großvater, warnte vor zuviel Liebe, noch mehr vor zuviel Strenge, und war in allem der Alte." (Fontane, Effi Briest)

*Antwort:* ja

*Fahren Sie bitte fort:*

1. "Eine andere Kalkulation überkam ihn: das Vorland gehörte hier der Gemeinde, ihren einzelnen Mitgliedern eine Zahl von Anteilen, je

nach der Größe ihres Besitzes im Gemeindebezirk oder nach sonst zu Recht bestehender Erwerbung; er begann zusammenzuzählen (...)."
(Storm, Der Schimmelreiter)

– ja

2. "3. 12. (nachts)
Fünf Bezirke sind von Militär besetzt. Die Truppen (eine Legion, gebildet aus Bauernsöhnen des Picenum) biwakieren in den Straßen. Da sie auch auf der Straße abkochen, drängt sich Gesindel um ihre Feldküchen. (...)" (Brecht, Die Geschäfte des Herrn Julius Cäsar)

– nein (Tagebuch)

3. "Ich war in einem holden Traume, da ich die Briefe, die ich einst gewechselt, für Dich abschrieb. Nun schreib ich wieder Dir, mein Bellarmin! und führe weiter Dich hinab, hinab bis in die tiefste Tiefe meiner Leiden, und dann, Du letzter meiner Lieben! komm mit mir heraus zur Stelle, wo ein neuer Tag uns anglänzt."
(Hölderlin, Hyperion)

– nein (Thematisierung der Produktion)

### 12.3.2.1. Die Abbildung der Konfiguration im Normaltyp des epischen Diskurses

Durch den Normaltyp des epischen Diskurses werden alle Figuren der Konfiguration unterschiedslos in der 3. Person abgebildet. Die einzelnen Figuren erscheinen zu Beginn mit Eigennamen oder anderer Definition; danach sind sie durch das Personalpronomen der 3. Person substituierbar.

*12.3.2.1./A (Distinktionsübung):*

Bitte versuchen Sie festzustellen, ob Sie in folgenden Fällen den Normaltyp des epischen Diskurses vor sich haben oder nicht.

*Beispiele mit Modellantworten:*

a) Verblendeter, vom eitlen Glanz verführt!
Verachte dein Geburtsland! Schäme dich
Der uralt frommen Sitte deiner Väter!
Mit heißen Tränen wirst du dich dereinst
Heimsehnen nach den väterlichen Bergen,
Und dieses Herdenreihens Melodie,
Die du in stolzem Überdruß verschmähst,
Mit Schmerzenssehnsucht wird sie dich ergreifen,
Wenn sie dir anklingt auf der fremden Erde. ("Wilhelm Tell")

*Antwort:* nein

b) Und der Graf zur Erde neiget sich hin,
Das Haupt mit Demut entblößet,
Zu verehren mit gläubigem Christensinn,
Was alle Menschen erlöset.
Ein Bächlein aber rauschte durchs Feld,
Von des Gießbachs reißenden Fluten geschwellt,
Das hemmte der Wanderer Tritte. ("Der Graf von Habsburg")

*Antwort:* ja

*Fahren Sie bitte fort:*

1. Des Lebens Ängsten, er wirft sie weg,
Hat nicht mehr zu fürchten, zu sorgen,
Er reitet dem Schicksal entgegen keck,
Trifft's heute nicht, trifft es doch morgen.
Und trifft es morgen, so lasset uns heut
Noch schlürfen die Neige der köstlichen Zeit! (Schiller)

– nein

2. Und munter fördert er die Schritte
Und sieht sich in des Waldes Mitte –
Da sperren, auf gedrangem Steg,
Zwei Mörder plötzlich seinen Weg. (Schiller)

– ja

3. Dich begrüß ich in Ehrfurcht,
Prangende Halle,
Dich meiner Herrscher
Fürstliche Wiege,
Säulengetragenes herrliches Dach. (Schiller)

– nein

4. Der Mensch ist frei geschaffen, ist frei,
Und würd er in Ketten geboren,
Laßt euch nicht irren des Pöbels Geschrei,
Nicht den Mißbrauch rasender Toren;
Vor dem Sklaven, wenn er die Kette bricht,
Vor dem freien Menschen erzittert nicht. (Schiller)

– nein

5. Und die Angst beflügelt den eilenden Fuß,
Ihn jagen der Sorge Qualen;
Da schimmern in Abendrots Strahlen
Von ferne die Zinnen von Syrakus,
Und entgegen kommt ihm Philostratus,

Des Hauses redlicher Hüter,
Der erkennet entsetzt den Gebieter. (Schiller)

– ja

### 12.3.2.2. Die Abbildung der Handlung im Normaltyp des epischen Diskurses

Durch den Normaltyp des epischen Diskurses wird die Handlung in *epischen Tempora* (vor allem *episches Präteritum*, daneben *episches Präsens*) abgebildet. Epische Tempora sind (anders als die Tempora des historischen Diskurses) an keinerlei Pragmatik gebunden, sie stellen eine reine Konvention dar. Innerhalb eines epischen Textes bildet das zugrunde liegende epische Tempus den immanenten Bezugspunkt; Tempora wie Plusquamperfekt usw. beziehen sich also jeweils immanent auf das epische Tempus.

*12.3.2.2./B (Generative Übung):*

Bitte versuchen Sie, die folgenden Ausschnitte aus normal-epischen bzw. historischen Texten in die jeweils andere Gattung zu transformieren (die Antworten sind Beispiele).

*Beispiele mit Modellantwort:*

a) (historisch, geschrieben 1973)
"Bereits 5 Monate nach der Bundestagswahl kämpft die Regierung mit größten Schwierigkeiten. Sie wird, wenn der jetzige Trend anhält, noch dieses Jahr auseinanderbrechen."

*Antwort:* (z. B.) "Schon 5 Monate nach der Wahl stak die Regierung in Schwierigkeiten. Noch ein halbes Jahr, und sie war auseinandergebrochen."

b) (episch, geschrieben 1798)
Und schweigend umarmt ihn der treue Freund
Und liefert sich aus dem Tyrannen,
Der andre ziehet von dannen.
Und ehe das dritte Morgenrot scheint,
Hat er schnell mit dem Gatten die Schwester vereint.

*Antwort:* (z. B.) "Beide Freunde nahmen Abschied voneinander, der eine blieb in der Gewalt des Tyrannen, der andere beeilte sich, seinen Auftrag zu erfüllen. Innerhalb von drei Tagen hatte er sein Ziel erreicht."

*Fahren Sie bitte fort:*

1. (episch, geschrieben 1798)

Da bricht die Menge tobend aus,
Gewaltger Sturm bewegt das Haus,
Um Gnade flehen alle Brüder;
Doch schweigend blickt der Jüngling nieder,
Still legt er von sich das Gewand
Und küßt des Meisters strenge Hand
Und geht.

– (z. B.) "Die Zuschauer erklärten sich wütend für den jungen Ritter; er selbst aber legte das Ordensgewand ab und ging."

2. (historisch, geschrieben 1852)

"Auf diese Gründe hin deponierte Ledru-Rollin am 11. Juni 1849 einen Anklageakt gegen Bonaparte und seine Minister." (Marx)

– (z. B.) "Natürlich wird Ledru-Rollin eine große Anklage einreichen. Gegen Bonaparte selbst und gegen alle seine Minister. Voller Elan stürzt er davon."

3. (historisch, geschrieben vor 1811)

"Bei meiner Art zu empfinden und zu denken kostete es mich gar nichts, einen jeden gelten zu lassen für das, was er war, ja sogar für das, was er gelten wollte, und so machte die Offenheit eines frischen, jugendlichen Mutes, der fast zum erstenmal in seiner vollen Blüte hervortrat, mir sehr viele Freunde und Anhänger."

(Goethe, Dichtung und Wahrheit)

– (z. B.) "Bei seiner Art zu empfinden und zu denken kostet es ihn nichts, ... (usw.)"

### 12.3.2.3. Die Deiktika im Normaltyp des epischen Diskurses

Im Gegensatz zum historischen Diskurs, in dem die Deiktika pragmatisch bezogen sind, sind sie im Normaltyp des epischen Diskurses immanent bezogen. Zeit- und Ortsadverbien korrespondieren also den vom epischen Tempus gesetzten immanenten Zeitpunkten und Lokalitäten. Wenn es in Fontanes "Effi Briest" etwa heißt: "So verlief denn auch die Reise. Drüben in Jütland fuhren sie den Limfjord hinauf (...)" –, so bezieht sich das 'drüben' auf den zuvor gesetzten Ort der Handlung im Roman (Kopenhagen) und nicht etwa auf den Ort, an dem Fontane diesen Text schrieb.

*12.3.2.3./B (Generative Übung):*

Bitte versuchen Sie, die folgenden Textausschnitte aus epischen bzw. historischen Texten in die jeweils andere Gattung zu transformieren. (Die Antworten sind Beispiele.)

*Beispiele mit Modellantwort:*

a) (episch, geschrieben 1973)
"Das Mädchen stand vor den Schaufenstern. Die Tränen traten ihm in die Augen. Übermorgen war Weihnachten."

*Antwort:* (z. B.) "Im Winter 1946/47 verschärfte sich das Elend der Bevölkerung. Am 23. Dezember, zwei Tage vor Weihnachten, gab es noch immer keine neuen Lebensmittelrationen."

b) (historisch, geschrieben 1973)
"Gegen den für morgen, 10. April angekündigten Besuch des südvietnamesischen Staatschefs Thieu kam es bereits gestern zu Protestdemonstrationen in Bonn."

*Antwort:* (z. B.) "Wir zogen los mit roten Fahnen. Gegen den Faschisten Thieu, der übermorgen nach Bonn kam."

*Fahren Sie bitte fort:*

1. "An ihrem Hochzeitstag, dem dritten Oktober, wollte Effi wieder in Berlin sein. Nun war es der Abend vorher, und unter dem Vorgeben, daß sie packen und alles zur Rückreise vorbereiten wolle, hatte sie sich schon verhältnismäßig früh auf ihr Zimmer zurückgezogen."
(Fontane, Effi Briest; episch, vor 1894)

– (z. B.) "Am 2. Oktober 18 . . zog sich Effi Briest verhältnismäßig früh auf ihr Zimmer zurück. Als Grund gab sie an, sie müsse packen. Am 3. Oktober war ihr Hochzeitstag, und sie wollte rechtzeitig nach Berlin zurückkehren."

2. "In diesem Augenblick wurde von links her ein zurückgeschlagener Chaisewagen sichtbar, der, weil es noch vor der bestimmten Zeit war, langsam herankam." (Fontane, Effi Briest)

– (z. B.) "x Minuten später fuhr ein Chaisewagen aus Richtung y langsam heran."

3. (historisch, 1973)
"Während des späten Nachmittags marschierten Polizeitruppen in Athen an und riegelten langsam, aber sicher das Universitätsviertel ab. Die Studenten ihrerseits hatten die direkten Zufahrten mit Barrikaden gesichert. Kurz nach Anbruch der Dunkelheit rückten die Panzerwagen gegen die Barrikaden vor, die Polizei eröffnete das Feuer, die Studenten antworteten mit Molotov-Cocktails. Es gab Verwundete und Tote unter den Studenten."

– (z. B.) "Der Nachmittag war lang. Wir bauten Barrikaden. Jetzt kommen sie. Von links, rechts und allen Seiten (. . .)"

### 12.3.2.4. Die Abbildung dialogischer Figurenrede im Normaltyp des epischen Diskurses

Die Abbildung dialogischer Figurenrede durch *direkte Rede* wurde bereits behandelt. Dabei dienen als einleitende Handlungselemente die bekannten Floskeln wie 'X sagte', 'Y antwortete' usw. Diese Floskeln heißen *Inquit-Formeln* (zu lat. inquit = er sagte). Innerhalb der direkten Reden gilt das Prinzip der dialogischen Distribution der Personalpronomina; das Tempus entspricht der Sicht der Figuren. Beides kennzeichnet die direkten Reden so deutlich, daß die Inquit-Formeln auch fehlen können. – Die direkte Rede bildet innerhalb des Normaltyps des epischen Diskurses insofern eine stark auffallende Verfremdung, als die 1. und 2. Person in Opposition zur dominierenden 3. Person treten. – Ein geschlossenerer Diskurs entsteht daher durch das Mittel der *indirekten Rede,* das die einheitliche 3. Person wahrt. Dennoch bildet auch dabei der Konjunktiv eine deutliche Opposition zum dominierenden epischen Tempus. – Eine dritte Möglichkeit entsteht durch völlige Integration der Figurenrede in den Normaltyp des epischen Diskurses: das Tempus wird ins epische Tempus und der Satz in einen normalen Hauptsatz transformiert:

> "Nun kreuzte Doktor Mantelsack im Stehen die Beine und blätterte in seinem Notizbuch. Hanno Budenbrook saß vornüber gebeugt und rang unter dem Tisch die Hände. Das B, der Buchstabe B war an der Reihe!" (Thomas Mann, Buddenbrooks)

Dieser Typ heißt *erlebte Rede.*

*12.3.2.4./B (Generative Übung):*

Bitte transformieren Sie in folgenden Beispielen die Figurenrede nach Anweisung.

*Beispiele mit Modellantworten:*

a) "Ich begreife nicht", sagte Effi, "daß ich schon seit vier Tagen keinen Brief habe; er schreibt sonst täglich. Ob Annie krank ist? Oder er selbst?" (Fontane, Effi Briest)

zu transformieren in erlebte Rede;
*Antwort:* "Effi begriff nicht. Schon seit vier Tagen hatte sie keinen Brief mehr; er schrieb sonst täglich. Ob Annie krank war? Oder er selbst?"

b) "Auf einem Bahnhof, so hatte Effi versichert, sei man immer so zerstreut und nur mit seinem Platz und Gepäck beschäftigt; gerade

Personen, die man lieb habe, von denen nähme man gern vorher Abschied." (Fontane, Effi Briest)

zu transformieren in erlebte Rede;
*Antwort:* "Effi war in Gedanken. Auf einem Bahnhof war man immer so zerstreut (...). Gerade von Personen, die man lieb hatte, nahm man doch gern vorher Abschied."

*Fahren Sie bitte fort:*

1. "Die beiden Damen, die dem Pensionat vorstanden, waren gebildet und voll Rücksicht und hatten es längst verlernt, neugierig zu sein. Es kam da so vieles zusammen, daß ein Eindringenwollen in die Geheimnisse jedes einzelnen viel zu umständlich gewesen wäre. Dergleichen hinderte nur den Geschäftsgang." (Fontane, Effi Briest)

zu transformieren in indirekte Rede;
– "Die beiden Damen (...) hatten es längst verlernt, neugierig zu sein. Sie dachten sich, es komme da so vieles zusammen, daß ein Eindringenwollen in die Geheimnisse jedes einzelnen viel zu umständlich sei. Sie meinten, dergleichen hindere nur den Geschäftsgang."

2. "Ihre Lippen bewegten sich – was sollte sie antworten? Ha! es mußte ein Wort sein, daß diesen Bendix Grünlich ein für allemal zurückschleuderte, vernichtete ..." (Thomas Mann, Buddenbrooks)

zu transformieren in direkte Rede;
– "Ihre Lippen bewegten sich – was sollte sie antworten? Blitzschnell fuhr es ihr durch den Kopf: 'Ha! Es muß ein Wort sein, daß diesen Bendix Grünlich ein für allemal zurückschleudert, vernichtet!' "

3. "Effi hatte sich in die Sofaecke zurückgelehnt und die Augen geschlossen. Aber mit eines richtete sie sich auf und sagte: 'Ja, Roswitha, was du da sagst, das ist ein Gedanke; das ist was.' " (Fontane, Effi Briest)

zu transformieren in erlebte Rede;
– "Effi hatte (...) die Augen geschlossen. Aber mit eines richtete sie sich auf. Ja, was Roswitha da gesagt hatte, das war ein Gedanke. Das war was."

### 12.3.2.5. Der innere Monolog

Als *inneren Monolog* bezeichnet man die Einfügung (gedachter) direkter Rede direkt in den Normaltyp des epischen Diskurses (ohne Inquit-Formeln, ohne Anführungszeichen). Häufig bildet die erlebte Rede den Übergang zum inneren Monolog. Beispiel: "Er hatte bei den Baubaracken noch einen Parkplatz gefunden. Das Seminar begann um 10 Uhr.

Er war nicht vorbereitet. Was soll man schon tun, wenn man den ganzen Tag nur an sie denkt? Und wenn ich das Studium an den Nagel hänge! Es ist mir völlig egal!"

*12.3.5./B (Generative Übung):*

Bilden Sie selbst einige inneren Monologe. Wählen Sie passende Situationen aus: z. B. Wut, Eifersucht, Ehrgeiz usw.

### 12.3.3. Der dialogisch verfremdete epische Diskurs

Der Normaltyp des epischen Diskurses läßt sich dadurch verfremden, daß die literarische Produktion nicht als absolut abgeschlossen vorausgesetzt, sondern durch dialogische Form des Diskurses thematisiert wird. Das dialogische Element wird häufig auch als *perspektivisches* Element bezeichnet. Dann wäre der Normaltyp des epischen Diskurses *aperspektivisch.*

*12.3.3./A (Distinktionsübung):*

Bitte unterscheiden Sie im folgenden zwischen Normaltyp des epischen Diskurses und dialogisch verfremdetem epischem Diskurs (zwischen aperspektivischen und perspektivischen epischen Texten):

*Beispiele mit Modellantworten:*

a) "*Hyperion an Bellarmin.*
Der liebe Vaterlandsboden gibt mir wieder Freude und Leid.
Ich bin jetzt alle Morgen auf den Höhn des Korinthischen
Isthmus (. . .)." (Hölderlin, Hyperion)

*Antwort:* dialogisch verfremdet (perspektivisch)

b) "Es schlug zwei Uhr, als man zurück war. Crampas verabschiedete sich und ritt in die Stadt hinein, bis er vor seiner am Marktplatz gelegenen Wohnung hielt." (Fontane, Effi Briest)

*Antwort:* epischer Normaltyp (aperspektivisch)

*Fahren Sie bitte fort:*

1. "Es war im dritten Jahrzehnt unseres Jahrhunderts, an einem Oktobernachmittag – so begann der damalige Erzähler –, als ich bei star-

kem Unwetter auf einem nordfriesischen Deich entlang ritt."

(Storm, Der Schimmelreiter)

- dialogisch verfremdet (perspektivisch)

2. Im traurigen Monat November war's,
Die Tage wurden trüber,
Der Wind riß von den Bäumen das Laub,
Da reist ich nach Deutschland hinüber.

(Heine, Deutschland, ein Wintermärchen)

– dialogisch verfremdet (perspektivisch)

3. Ein frommer Knecht war Fridolin
Und in der Furcht des Herrn
Ergeben der Gebieterin,
Der Gräfin von Savern. (Schiller)

– epischer Normaltyp (aperspektivisch)

### 12.3.3.1. Die Erzählerfigur

Träger der dialogischen Verfremdung des epischen Diskurses ist eine Figur, die *Erzählerfigur* heißen soll. Eine in einem ganzen Text invariable, d. h. fixe und identische Erzählerfigur nennt man *auktoriale* Erzählerfigur (zu lat. auctor, frz. auteur = Autor). Ihr entspricht häufig eine *Leserfigur,* genannt *implizite Leserfigur* (lat. implicite, frz. implicite = implizit). Wechselt die Erzählerfigur innerhalb eines Textes, so sprechen wir von *variabler Erzählerfigur* (so z. B. im Briefroman). Dementsprechend läßt sich eine Struktur mit invariabler Erzählerfigur auch als *monoperspektivisch* (griech mónos = alleinig), eine mit variabler Erzählerfigur auch als *polyperspektivisch* (griech. polys = mehrere) bezeichnen.

*12.3.3.1./A (Distinktionsübung):*

Bitte versuchen Sie, die folgenden epischen Texte nach invariabler bzw. variabler Erzählerfigur (nach monoperspektivischer und polyperspektivischer Struktur) zu klassifizieren.

*Beispiele mit Modellantworten:*

a) Schiller, Das Lied von der Glocke?

*Antwort:* invariable Erzählerfigur (monoperspektivisch)

b) Uwe Johnson, Mutmaßungen über Jakob?

*Antworet:* variable Erzählerfigur (polyperspektivisch)

*Fahren Sie bitte fort:*

1. Plenzdorf, Die neuen Leiden des jungen W.?
– variable Erzählerfigur (polyperspektivisch)
2. Hölderlin, Hyperion?
– variable Erzählerfigur (polyperspektivisch)
3. Heine, Deutschland, ein Wintermärchen?
– invariable Erzählerfigur (monoperspektivisch)
4. Grimmelshausen, Abenteuerlicher Simplicissimus?
– invariable Erzählerfigur (monoperspektivisch)
5. Schiller, Der Geisterseher?
– variable Erzählerfigur (polyperspektivisch)

### 12.3.3.2. Tempora und Deiktika im dialogisch verfremdeten epischen Diskurs

Tempora und Deiktika beziehen sich im dialogisch verfremdeten epischen Diskurs auf den fiktiven Zeitpunkt und Ort, zu und an dem die Erzählerfigur ihre literarische Produktion durchführt. Dadurch werden also automatisch das epische Tempus sowie die Regeln für die Deiktika im epischen Normaltyp verfremdet. Der dialogisch verfremdete epische Diskurs steht dagegen strukturell dem historischen Diskurs nahe.

*12.3.3.2./B (Generative Übung):*

Bitte versuchen Sie, im folgenden jeweils einen dialogisch verfremdeten Diskurs in einen epischen Normaltyp zu transformieren und umgekehrt. Ändern Sie entsprechend Tempora und Deiktika.

*Beispiele mit Modellantworten:*

a) Ich war nun ruhig geworden. Nun trieb mich nichts mehr auf um Mitternacht. Nun sengt ich mich in meiner eignen Flamme nicht mehr. (Hölderlin, Hyperion)

*Antwort:* Er war damals ruhig geworden. Nichts trieb ihn mehr auf um Mitternacht. Er sengte sich nicht mehr in seiner eignen Flamme.

b) Das gesellschaftliche Leben der großen Stadt war, als sie während der ersten Aprilwochen ihre Besuche machten, noch nicht vorüber, wohl aber im Erlöschen, und so kam es für sie zu keiner rechten Teilnahme mehr daran. (Fontane, Effi Briest)

*Antwort:* (z. B.) Das gesellschaftliche Leben ist zwar in diesen Aprilwochen noch nicht vorüber, wohl aber im Erlöschen. Das ist uns bei unseren Besuchen aufgefallen. Deshalb haben wir eigentlich nichts mehr davon.

*Fahren Sie bitte fort:*

1. Und wirklich, einen Augenblick, als eine schwarze Wolkenschicht es pechfinster um mich machte und gleichzeitig die heulenden Böen mich samt meiner Stute vom Deich herabzudrängen suchten, fuhr es mir wohl durch den Kopf: "Sei kein Narr! Kehr um und setz dich zu deinen Freunden ins warme Nest."
(Storm, Der Schimmelreiter)

– Einen Augenblick, als eine schwarze Wolkenschicht es pechfinster um ihn machte (. . .). (usw.)

2. *Hyperion an Diotima*
Ich hab ihn, teure Diotima!
Leicht ist mir die Brust und schnell sind meine Sehnen, ha! und die Zukunft reizt mich, wie eine klare Wassertiefe uns reizt (. . .).
(Hölderlin, Hyperion)

– (z. B.) Und nun hatte er ihn endlich! Die Brust war ihm leicht (. . .). (usw.)

3. Ich war in einem holden Traume, da ich die Briefe, die ich einst gewechselt, für Dich abschrieb. Nun schreib ich wieder Dir, mein Bellarmin! und führe weiter Dich hinab, hinab bis in die tiefste Tiefe meiner Leiden. (Hölderlin, Hyperion)

– (z. B.) Während er die Briefe für Bellarmin abschrieb, befand er sich in einem holden Traum. Danach schrieb er wieder direkt an seinen Freund, um ihn bis in die tiefste Tiefe seiner Leiden herabzuführen.

### 12.3.3.3. Die Struktur der Perspektiven-Konfiguration

In perspektivischen epischen Texten läßt sich die Gesamtheit der Perspektiven (wozu in diesem Fall auch das aperspektivische Element als Nullstufe zählt) als synchrones System betrachten. Dieses System steht in engem Zusammenhang mit der Konfiguration, ist aber nicht mit ihr identisch. Wir nennen es *Perspektiven-Konfiguration*. Die einzelnen Perspektiven lassen sich als Bündel distinktiver Merkmale, *der perspektive-konstitutiven Merkmale,* definieren. Beispiele für perspektive-konstitutive Oppositionen: offizielle Normalsprache vs inoffizielle Familiärsprache (vs gewählte Hochsprache vs Fachjargon); Fakten registrierend vs einfühlend; ironisch vs nicht-ironisch; usw. Konversationston einer bestimmten sozialen Schicht.

*12.3.3.3./A (Distinktionsübung):*

Bitte versuchen Sie, die folgenden Textausschnitte aus perspektivischen epischen Diskursen anhand von perspektive-konstitutiven Oppositionen zu kennzeichnen.

*Beispiele mit Modellantworten:*

a) (aus Schiller/Diderots "Merkwürdiges Beispiel einer weiblichen Rache":)
"Leser oder Leserin – ich sehe dich bei dem Namen der Frau von P... unwillig auffahren, ich höre dich ausrufen: Welche abscheuliche Frau! (...) Keine Aufwallung, lieber Leser, keine Parteilichkeit! – (...)
Schwärzere Taten, als diese war, geschehen täglich unter dem Monde, nur mit weniger Absicht und Seele. Hassen und fürchten kannst du die Marquisin, doch verachten wirst du sie nie. Gräßlich und unerhört war ihre Rache, aber Eigennutz befleckte sie nicht."

*Antwort:* rhetorisch; didaktisch; gewählte Hochsprache; einfühlend;

b) (aus der gleichen Erzählung:)
"Diderots ganze Beredsamkeit wird dennoch schwerlich den Abscheu hinwegräsonieren, den diese unnatürliche Tat notwendig erwecken muß. Aber die kühne Neuheit dieser Intrige, die unverkennbare Wahrheit der Schilderung, die schmucklose Eleganz der Beschreibung haben mich in Versuchung geführt, eine Übersetzung davon zu wagen, welche freilich die Eigentümlichkeit des Originals nicht erreicht haben wird. (...) Der Freiherr von Dalberg besitzt die Originalschrift, und seiner Gefälligkeit danke ich es, daß ich in dieser 'Thalia' Gebrauch davon machen durfte."

*Antwort:* Fakten registrierend; historische Rede; rhetorisch;
Fahren Sie bitte fort. Die Modellantworten sind nicht als erschöpfend, sondern nur als Beispiel gedacht.

1. (aus Heines "Reisebildern":)
Raupach ist ein Jude,
"Das Jüdchen Raupel –
Das jetzt als Raupach trägt so hoch die Nase"
"schmiert Tragödien im Katzenjammer". Noch weit schlimmer ergeht es dem "getauften Heine". Ja, ja, du irrst dich nicht, lieber Leser, das bin ich, den er meint, und im 'König Ödipus' kannst du lesen, wie ich ein wahrer Jude bin, wie ich, wenn ich einige Stunden Liebes-

lieder geschrieben, gleich darauf mich niedersetze und Dukaten beschneide, (...) wie ich in der Osternacht einen unmündigen Christen schlachte und aus Malice immer einen unglücklichen Schriftsteller dazu wähle – Nein, lieber Leser, ich will dich nicht belügen, solche gute, ausgemalte Bilder stehen nicht im 'König Ödipus', und daß sie nicht darin stehen, das ist nur der Fehler, den ich tadle. Der Graf Platen hat zuweilen die besten Motive und weiß sie nicht zu benutzen.

– Konversationston; ironisch;

2. 16. Mai 72. Ich arbeitete bei einer Gewerkschaftsschulung mit, als Mitglied eines "Teams" von zwei Studenten und zwei Gewerkschaftlern. (Karin Struck, Klassenliebe)

– Nähe zum Tagebuch, zum historischen Diskurs; Fakten registrierend

3. (Brief Diotimas aus Hölderlins Hyperion)
Unglücklicher, hoher Geist! ich habe nur zu sehr dich gefaßt. Oh! es ist so ganz natürlich, daß du nimmer lieben willst, weil deine größern Wünsche verschmachten. Mußt du denn nicht die Speise verschmähn, wenn du daran bist, Durstes zu sterben?
Ich wußte es bald; ich konnte dir nicht alles sein. Konnt ich die Bande der Sterblichkeit dir lösen? konnt ich die Flamme der Brust dir stillen, für die kein Quell fleußt und kein Weinstock wächst? konnt ich die Freuden einer Welt in einer Schale dir reichen?

– gewählte Hochsprache; rhetorisch (z. B. Anaphern); poesienah (z. B. Rhythmus); metaphorisch

### 12.3.4. Der epische Vergleich

In vielen epischen Diskursen werden in die Abbildung der Handlung symbolische Elemente eingefügt. Dabei dienen bestimmte handlungskonstitutive Elemente als Subscriptio zu einer eingefügten Pictura. Ein Beispiel aus Hölderlins "Hyperion": "Wie Stürme, wenn sie frohlockend, unaufhörlich fort durch Wälder über Berge fahren, so drangen unsre Seelen in kolossalischen Entwürfen hinaus." Solche symbolischen Elemente heißen *epische Vergleiche.* Die Pictura gehört dabei nicht zum handlungsabbildenden Diskurs. Sie könnte wegfallen, ohne daß die Handlung damit unverständlich würde.

*12.3.4./A (Distinktionsübung):*

Bitte benennen Sie mit Stichworten Pictura und Subscriptio epischer Vergleiche in folgenden Textausschnitten.

*Beispiele mit Modellantworten:*

a) "Denn Bank an Bank gedränget sitzen,
Es brechen fast der Bühne Stützen,
Herbeigeströmt von fern und nah,
Der Griechen Völker wartend da;
Dumpfbrausend wie des Meeres Wogen,
Von Menschen wimmelnd, wächst der Bau
In weiter stets geschweiftem Bogen
Hinauf bis in des Himmels Blau."

*Antwort:* Pictura Ozean; Subscriptio Griechen im Stadion

b) (aus "Hyperion":)
"Wie ein blutender Hirsch in den Strom, stürzt ich oft mitten hinein in den Wirbel der Freude, die brennende Brust zu kühlen und die tobenden herrlichen Träume von Ruhm und Größe wegzubaden, aber was half das?"

*Antwort:* Pictura Hirsch u. Strom; Subscriptio Hyperion und Vergnügen

*Fahren Sie bitte fort:*

1. (aus Hans Habes "Die Mission":)
"Antisemitische Demonstrationen und Ausschreitungen gehörten zu den Sonntagsspäßen einer blind geborenen Jugend; manche riefen "Heim ins Reich!" (...) und "Juden Raus!", aber der Lärm der Straße drang nur selten über die hohen Gartenhecken der Hietzinger Villa. (...) An den tödlichen Ausgang des pestilenzischen Übels glaubte der Hofrat von Benda nicht ... Österreich, meinte er, habe so viel Geschichte überlebt, es werde auch diese Geschichten überleben; er war ernstlich überzeugt, daß Menschenhand gegen Epidemien Grenzpfosten errichten könne, daß die Bazillen an Grenzpfählen haltmachen würden."

– Pictura: Pest-Bazillen; Subscriptio: Nazis.

2. (aus "Hyperion":)
"Unsre Seelen mußten um so stärker sich nähern, weil sie wider Willen waren verschlossen gewesen. Wir begegneten einander, wie zwei Bäche, die vom Berge rollen, und die Last von Erde und Stein und faulem Holz und das ganze, träge Chaos, das sie aufhält, von sich schleudern, um den Weg sich zueinander zu bahnen (...)."

– Pictura: zwei Bäche; Subscriptio: Freunde Hyperion und Alabanda

3. (aus "Hyperion":)
Wie ein unermeßlicher Schiffbruch, wenn die Orkane verstummt sind und die Schiffer entflohn, und der Leichnam der zerschmetter-

ten Flotte unkenntlich auf der Sandbank liegt, so lag vor uns Athen, und die verwaisten Säulen standen vor uns, wie die nackten Stämme eines Walds, der am Abend noch grünte, und des Nachts darauf im Feuer aufging.

– zwei Picturae: Schiffwracks; verkohlter Wald; Subscriptio: Ruinen von Athen

### 12.3.5. Die epische Deskription

Die epische Deskription ist von den Typen des epischen Diskurses abhängig: im Normaltyp wird auch die Deskription im epischen Tempus abgebildet. Wir sprechen dann von *integrierter epischer Deskription.* Im dialogisch verfremdeten epischen Diskurs erscheint die Deskription in der Perspektive einer Figur, also in *perspektivischer* Form.

*12.3.5./A (Distinktionsübung):*

Bitte versuchen Sie, integrierte und perspektivische epische Deskriptionen zu unterscheiden.

*Beispiele mit Modellantworten:*

a) Und nun schloß sie das eine Fenster und setzte sich an das andere, dessen Flügel sie offen ließ. Wie tat ihr das alles so wohl. Neben dem Kirchturm stand der Mond und warf sein Licht auf den Rasenplatz mit der Sonnenuhr und den Heliotropbeeten. Alles schimmerte silbern, und neben den Schattenstreifen lagen weiße Lichtstreifen, so weiß, als läge Leinwand auf der Bleiche. (Fontane, Effi Briest)

*Antwort:* integrierte epische Deskription

b) Zur Linken hatte ich jetzt schon seit über einer Stunde die öde, bereits von allem Vieh geleerte Marsch, zur Rechten, und zwar in unbehaglichster Nähe, das Wattenmeer der Nordsee; zwar sollte man vom Deiche aus auf Halligen und Inseln sehen können; aber ich sah nichts als die gelbgrauen Wellen, die unaufhörlich wie mit Wutgebrüll an den Deich hinaufschlugen (...) (Storm, Der Schimmelreiter)

*Antwort:* perspektivische epische Deskription

*Fahren Sie fort:*

1. Am Fuße des Berges tat mitten unter den Wäldern und aufgehäuften Felsen sich eine kleine Wiese vor mir auf. Es wurde hell. Der Mond

war eben aufgegangen über den finstern Bäumen. In einiger Entfernung sah ich Rosse auf dem Boden ausgestreckt und Männer neben ihnen im Grase. (Hölderlin, Hyperion)

– perspektivische epische Deskription

2. Mein Gesicht glitzert von dir. Viele Treppen, Holztreppen, glänzend gestrichen, und ein schreiender Fernseher, auf einem Flur an den Wänden Plakate, eines riesengroß mit einem sterilen Mädchen, das seinen BH-Busen zeigt: das bin doch nicht ich. Ich fühle mich als Anhängsel: jemand schleift mich durch die Straßen von Frankfurt, eine glänzende Holztreppe hinauf, an einem Plakat vorbei mit einem entsetzlichen BH-Mädchen drauf. (Karin Struck, Klassenliebe)

– perspektivische epische Deskription

3. Effi, die, still in sich versunken, jedes Wort halb ängstlich, halb begierig eingesogen hatte, richtete sich jetzt auf und sah nach rechts hinüber, wo der Mond, unter weißem, aber rasch hinschwindenden Gewölk, eben aufgegangen war. Kupferfarben stand die große Scheibe hinter einem Erlengehölz und warf ihr Licht auf eine breite Wasserfläche, die die Kessine hier bildete. (Fontane, Effi Briest)

– integrierte epische Deskription

*12./C (Kritische Diskussion):*

Problematisierung des 'Epischen' als Gattung: wie stabil sind Eigenschaften des epischen Diskurses bzw. eines Typs epischer Diskurse? Wird man nicht eher sagen müssen, daß sämtliche gattungskonstitutiven Merkmale auf Konventionen beruhen, die jederzeit änderbar sind? – Frage nach der ideologischen Komponente bestimmter epischer Verfahren (besonders: Normaltyp vs dialogisch verfremdeter Typ): kann man sagen, daß das eine Verfahren 'realistischer' ist als das andere? Kann man sogar behaupten, daß ein bestimmtes Verfahren 'progressiver' und ein anderes 'konservativer' ist? (vgl. Polemik zwischen Brecht und Lukács)

*12./D (Exemplarische historische Anwendungen):*

Vorschläge:
a) Goethe, Dichtung und Wahrheit;
b) Fontane, Effi Briest;
c) Goethe, Werther;
d) Hölderlin, Hyperion.

Wiederholung der Grundbegriffe aus Lektion 12:

Bitte ergänzen Sie folgende Sätze:

*Beispiel mit Modellantwort:*

a) Als Phänotext-Diskurs definieren wir ...

*Antwort:* die Menge von Regeln, die die konkreten Sätze des Textes definitiv bestimmen.

*Fahren Sie bitte fort:*

| | |
|---|---|
| 1. Die konkrete Darstellungsweise eines Textes bezeichnen wir als ... | – Diskurs. |
| 2. Zum Genotext-Diskurs gehören z. B. die folgenden Elemente: | – Poesie vs Prosa, Einfügung nichtnarrativer Elemente, globale Änderung der Handlungssukzession. |
| 3. Als epischen Diskurs definieren wir ... | – einen narrativen Text, der mit ausschließlich literarischen Mitteln verfährt. |
| 4. Als epische Tempora im Normaltyp des epischen Diskurses fungieren ... | – episches Präteritum und episches Präsens. |
| 5. Perspektivische Elemente im epischen Diskurs entstehen durch ... | – dialogische Verfremdung des epischen Diskurses. |
| 6. Erlebte Rede entsteht durch ... | – völlige Integration der Figurenrede in den Normaltyp des epischen Diskurses. |
| 7. Monoperspektivisch nennen wir eine epische Struktur ... | – mit invariabler Erzählerfigur. |
| 8. Das synchrone System der Perspektiven in einem epischen Text heißt ... | – Perspektiven-Konfiguration. |
| 9. Symbolische Elemente in epischen Texten nennen wir ... | – epische Vergleiche. |
| 10. Die Deskription im Normaltyp des epischen Diskurses heißt ... | – integrierte epische Deskription. |

## LEKTION 13

## (INHALT: GATTUNGS- UND GENRE-THEORIE IV; DRAMATISCHE TEXTE)

### 13.1. Der dramatische Diskurs

Der *dramatische Genotext-Diskurs* (griech. Drama = Handlung, Aktion) legt fest, daß ein narrativer Text *theatralisch* realisiert wird. Als theatralischen Genotext-Diskurs definieren wir einen teils literarischen, teils mimischen, teils szenischen multimedialen Diskurs. Die konkrete Realisation dieses Diskurses, die *Inszenierung*, war ursprünglich jeweils einmalig-individuell, läßt sich heute aber technisch reproduzieren (Film, Fernsehen).

#### 13.1.1. Potentieller und konkreter dramatischer Diskurs

Beim dramatischen Diskurs (Genotext-Diskurs und Phänotext-Diskurs) ist die rein literarische Form (sog. Lesedrama) von der szenisch zu realisierenden Form zu unterscheiden. Die rein literarische Textform enthält nur die *Anweisung* zu multimedialer Realisation; wir nennen sie den *potentiellen dramatischen Diskurs*. Demgegenüber stellt die szenisch realisierte Form den *konkreten dramatischen Diskurs*.

#### 13.1.2. Elemente des potentiellen dramatischen Genotext-Diskurses

Zum dramatischen Genotext-Diskurs sind alle Regeln zu zählen, die für Dramen allgemein gelten oder die besondere dramatische Genres konstituieren; außerdem Regeln allgemeiner Art, die für alle narrativen Texte gelten können wie Poesie- bzw. Prosa-Form, Einfügung nichtnarrativer Elemente oder globale Änderung der Handlungssukzession. Zum dramatischen Phänotext-Diskurs gehören auf der Ebene des potentiellen Diskurses die stilistischen Eigenarten und auf der Ebene der Inszenierung z. B. die Besonderheiten der Intonation, Gestik usw. – Der potentielle dramatische Genotext-Diskurs gliedert sich in Elemente, die auch noch im konkreten Diskurs literarische Gestalt behalten, und solche, die dann mimische bzw. szenische Form erhalten. Elemente der ersten Art heißen *Haupttext*, Elemente der zweiten Art *Nebentext*. Der Nebentext gliedert sich in Anweisungen für die Konfiguration sowie Anweisungen für die Szene, sog. Regieanweisungen.

*13.1.2./A (Distinktionsübung):*

Bitte benennen Sie die zum Nebentext gehörigen Elemente folgender Dramenausschnitte:

*Beispiele mit Modellantworten:*

a) *Von Tellheim:* Wohin, liebste Minna?
*Das Fräulein:* Mein Herr, Sie beschimpfen mich jetzt mit dieser vertraulichen Benennung. (Lessing)

*Antwort: Von Tellheim, das Fräulein*

b) *Von Tellheim:* Ihre Tränen? Und ich soll sie lassen?
*(Will ihr nach)*

*Antwort: Von Tellheim, will ihr nach*

*Fahren Sie bitte fort:*

1. *Der Feldjäger:* Es ist meine Schuldigkeit, Herr Major.
*(Geht ab.)* (Lessing)

– *Der Feldjäger, geht ab*

2. *Werner (Auf einmal wieder in seiner guten Laune.)* Morgen, Herr Major, Morgen! (Lessing)

– *Werner (Auf einmal wieder in seiner guten Laune)*

3. Drum seid verbannt von unserm Angesicht!
*(Zu Davison)*
Ein strengeres Gericht erwartet Euch. (Schiller)

– *Zu Davison*

*13.1.2./B (Generative Übung):*

Bitte transformieren Sie im folgenden epische Texte in dramatische und umgekehrt.

*Beispiele mit Modellantworten:*

a) Aber Elke saß heute teilnahmslos in dem Geräusche des Plauderns und Gläserklirrens.
'Fehlt dir etwas?' frug Hauke.
– 'Oh, eigentlich nichts; es sind mir nur zu viele Menschen hier.'
'Aber du siehst so traurig aus.'
Sie schüttelte den Kopf; dann sprachen sie wieder nicht.
(Storm, Der Schimmelreiter)

*Antwort:*
*Elke (sitzt teilnahmslos) –*
*Hauke.* Fehlt dir etwas?
*Elke.* Oh, eigentlich nichts (...).
*Hauke.* Aber du siehst so traurig aus.
*Elke (schüttelt den Kopf)*

b) *Berta rücklings in einem Sofa, den Kopf in die Hand geworfen. Verrina düster hereintretend.*
*Berta (erschrickt, springt auf).* Himmel! Da ist er!
*Verrina (steht still, besieht sie befremdet).* An ihrem Vater erschrickt meine Tochter? (Schiller, Fiesco)

*Antwort:* So lag Berta rücklings im Sofa, den Kopf in die Hand geworfen, als Verrina düster hereintrat. Berta erschrak und sprang auf. "Himmel, da ist er!" entfuhr es ihr. Verrina stockte und sah sie befremdet an. "An ihrem Vater erschrickt meine Tochter?" sagte er dann.

*Fahren Sie bitte fort:*

1. Am anderen Morgen erschien Geheimrat Rummschüttel. Frau von Briest empfing ihn, und als er Effi sah, war sein erstes Wort: "Ganz die Mama."
   Diese wollte den Vergleich ablehnen und meinte, zwanzig Jahre und drüber seien doch eine lange Zeit; Rummschüttel blieb aber bei seiner Behauptung, zugleich versichernd: nicht jeder Kopf präge sich ihm ein, aber wenn er überhaupt erst einen Eindruck empfangen habe, so bleibe der auch für immer. (Fontane, Effi Briest)

– *(Geheimrat Rummschüttel erscheint.)*
*Frau von Briest.* Seien Sie willkommen, Geheimrat. Und hier ist unsere Effi.
*Rummschüttel. (Nachdem er Effi einen Augenblick angesehen hat!)* Ganz die Mama!
*Frau von Briest.* Aber Geheimrat! Zwanzig Jahre sind doch eine lange Zeit.
*Rummschüttel.* Und trotzdem ganz die Mama! Sehn Sie, nicht jeder Kopf prägt sich mir ein, aber (...).

2. *Luise (wird ihn zuerst gewahr und wirft sich Millern laut schreiend um den Hals).* Gott! Da ist er! Ich bin verloren!
   *Miller.* Wo? Wer?
   *Luise (zeigt mit abgewandtem Gesicht auf den Major und drückt sich fester an ihren Vater).* Er! Er selbst! (Schiller, Kabale und Liebe)

– In diesem Augenblick wurde Luise ihn gewahr: sie warf sich schreiend ihrem Vater um den Hals. "Gott!" rief sie, "da ist er! Ich bin verloren!"

– "Wo? Wer?" fragte der alte Miller; aber Luise drückte sich nur fester an ihn und zeigte mit abgewandtem Gesicht auf den Major: "Er! Er selbst!"

3. Das Auf- und Abschreiten nebenan wollte kein Ende nehmen. Endlich erschien Innstetten wieder im Nebenzimmer und sagte: "Johanna, achten Sie auf Annie und daß sie ruhig auf dem Sofa bleibt. Ich will eine Stunde gehen oder vielleicht zwei." Dann sah er das Kind aufmerksam an und entfernte sich. "Hast du gesehen, Johanna, wie Papa aussah?" (Fontane, Effi Briest)

– *Innstetten (Geht unaufhörlich im Nebenzimmer auf und ab. Dann tritt er ein.)* Johanna, achten Sie auf Annie (...). *(Sieht Annie aufmerksam an und geht.)*
*Annie.* Hast du gesehen, Johanna, wie Papa aussah?

### 13.2. Abbildung der Konfiguration im dramatischen Diskurs

Jeder Figur der Konfiguration entspricht im konkreten dramatischen Genotext-Diskurs eine *Rolle*, die von einem Schauspieler realisiert wird. Der Nebentextvermerk *Von Tellheim* z. B. weist den folgenden Textabschnitt der entsprechenden Rolle zu. Der Haupttext wird als *dialogische Rede* mit *dialogischer Distribution der Personalpronomina* durch die Rollen realisiert.

#### 13.2.1. Besondere Abbildung konfigurationskonstitutiver Merkmale im dramatischen Diskurs

Bestimmte konfigurationskonstitutive Merkmale werden im dramatischen Genotextdiskurs nicht nur semantisch, sondern durch besondere Regeln realisiert, die für die jeweils einer Rolle zugewiesenen Haupttextmengen durchgehend gültig sind. Das gilt besonders häufig für bestimmte soziale konfigurationskonstitutive Merkmale.

##### 13.2.1.1. Abbildung sozialer Merkmale durch Sprachebenen u. ä.

Häufig entspricht in dramatischen Diskursen den konfigurationskonstitutiven Oppositionen 'sozial hoch' vs 'sozial niedrig' die Distribution 'offizielle Normalsprache' vs 'inoffizielle Familiärsprache' bzw. 'Dialekt' für die den Rollen zugewiesenen Mengen Haupttext.

*13.2.1.1./A (Distinktionsübung):*

Bitte versuchen Sie festzustellen, ob in folgenden Textbeispielen eine solche Differenzierung vorliegt oder nicht. Kennzeichnen Sie die Oppositionen.

*Beispiele mit Modellantworten:*

a) *Miller (wie ein Halbnarr in die Höhe springend).* Mein also! mein! Mit des guten Gottes Wissen und Willen, mein! (...) Weib! Tochter! Viktoria! Herbei (...) Aber du lieber Himmel! wie komm ich denn so auf einmal zu dem ganzen grausamen Reichtum? Wie verdien ich ihn? Lohn ich ihn? Heh?
*Ferdinand.* Nicht mit seinen Musikstunden, Miller – Mit dem Geld hier bezahl ich ihm (...) den drei Monat langen glücklichen Traum von seiner Tochter.
*Miller* (...) Aber da hab ich ja nun alles und Sie nichts, und da werd ich nun das ganze Gaudium wieder herausblechen müssen, Heh?
(Schiller, Kabale und Liebe)

*Antwort:* differenziert; Oppositionen 'sozial niedrig' vs 'sozial hoch'; inoffizielle Familiärsprache vs offizielle Normalsprache

b) *Wendt langt seine Zigarrentasche vor* Aber ich darf Ihnen doch wenigstens 'ne Zigarre anbieten?
*Kopelke* Oh! ... He! ... Na! Ick bin so frei, von Ihr jietijet Anersuchen – mbf! – Jebrauch zu machen, werter, junger Herr! (...) ick meen man! Ick beraube Ihnen!
*Wendt* O, ich bitte Sie!
*Kopelke* Na, wissen Se! So'n junger Student hat det ooch nich immer so dicke! ... Na, ick meen man! (Holz/Schlaf, Die Familie Selicke)

*Antwort:* differenziert; Oppositionen 'sozial niedrig' vs 'sozial hoch'; inoffizielle Familiärsprache und Dialekt vs offizielle Normalsprache

*Fahren Sie bitte fort:*

1. *Pawel* Dann koch uns dünnen Tee, Mutter.
*Pelagea Wlassowa* (...) Wenn ich jetzt nicht dergleichen tue, werden sie schon merken, daß ich sie nicht leiden kann. Es paßt mir überhaupt nicht, daß sie sich hier aufhalten und so leise sprechen, daß ich nichts hören kann (...)
*Iwan* Glauben Sie uns, Frau Wlassowa, daß wir uns für nichts mehr interessieren als für Ihre Miete (...) (Brecht, Die Mutter)

– undifferenziert; nur offizielle Normalsprache

2. *Heinecke* (...) da sieht man, was ein juter Sohn is ...

*Robert (sich umschauend)* Da wär' man also! – Ich weiß noch gar nicht: Ist es denn möglich? (...)
*Heinecke* Warum denn nich? (Sudermann, Die Ehre)

– differenziert; Opposition 'sozial niedrig' vs 'arriviert', 'ungebildet' vs 'gebildet'; Dialekt vs offizielle Normalsprache

3. *Der Kaufmann* Wir müssen hinüber.
*Der Kuli* Man muß oft acht Tage warten, bis man ohne Gefahr hinüberkommt. Jetzt ist es lebensgefährlich.
*Der Kaufmann* Das werden wir ja sehen. Wir könnnen keinen Tag warten.
*Der Kuli* Dann müssen wir eine Furt suchen oder einen Kahn.
(Brecht, Die Ausnahme und die Regel)

– undifferenziert; nur offizielle Normalsprache

### 13.2.1.2. Abbildung sozialer Hierarchien durch Anredeformen

In Dramen, in denen soziale konfigurationskonstitutive Merkmale relevant sind, dienen manchmal auch die Anrededifferenzierungen als Ausdrucksmittel.

*13.2.1.2./A (Distinktionsübung):*

Bitte versuchen Sie festzustellen, ob in folgenden Textbeispielen Anrededifferenzierungen vorliegen oder nicht. Kennzeichnen Sie die Oppositionen.

*Beispiel mit Modellantworten:*

a) *Präsident. (...) (boshaft zu Luisen)* Aber er bezahlte Sie doch jederzeit bar?
*Luise (aufmerksam).* Diese Frage verstehe ich nicht ganz.
*Präsident (mit beißendem Lachen).* Nicht? Nun! ich meine nur – Jedes Handwerk hat, wie man sagt, seinen goldenen Boden – auch *Sie,* hoff ich, wird Ihre Gunst nicht verschenkt haben (...)!?
(...)
*Luise (zum Major mit Würde und Unwillen).* Herr von Walter, jetzt sind Sie frei. (Schiller, Kabale und Liebe)

*Antwort:* differenziert; Opposition 'sozial hoch' vs 'sozial niedrig'; Anrede-Oppositionen 3. Singular vs 3. Plural

b) *Calcagno (faßt ihre Hand mit Heftigkeit).* Gnädige Frau, ich habe ein Herz für die weinende Tugend.
*Leonore (ernst).* Sie sind ein Mann – es ist nicht für mich.

*Calcagno.* Ganz für Sie – voll von Ihnen – daß Sie wüßten, wie sehr – wie unendlich sehr – (Schiller, Fiesco)

*Antwort:* undifferenziert

*Fahren Sie bitte fort:*

1. *Der Wirt (der den Major gewahr wird).* St! St! Herr, Herr, Herr Just – sehe Er sich doch um! Sein Herr –
*Von Tellheim.* Just, ich glaube, du zankst? Was habe ich dir befohlen?
*Der Wirt.* O Ihro Gnaden! zanken? Da sei Gott vor! Ihr untertänigster Knecht sollte sich unterstehen, mit einem, der die Gnade hat, Ihnen anzugehören, zu zanken? (Lessing, Minna von Barnhelm)

– differenziert; Opposition 'sozial hoch' vs 'sozial niedrig'; Anrede-Oppositionen 3. Plural vs 3. Singular und 2. Singular

2. *Franz.* Aber ist Euch auch wohl, Vater? Ihr seht so blaß.
*Der alte Moor.* Ganz wohl, mein Sohn – was hattest du mir zu sagen? (Schiller, Die Räuber)

– differenziert; 'Generation 1' vs 'Generation 2'; Anrede-Opposition 2. Plural vs 2. Singular

3. *Claudia.* Zürnen Sie nicht, mein Bester, und kommen Sie herein – einen Augenblick auszuruhen und, wenn Sie wollen, eine Erfrischung zu nehmen.
*Odoardo.* Wie du meinest, Claudia. (Lessing, Emilia Galotti)

– differenziert; Ehemann vs Ehefrau; Anrede-Opposition 3. Plural vs 2. Singular

### 13.2.1.3. Abbildung der konfigurationskonstitutiven Opposition 'sozial' vs 'natürlich' in Anredeformen

Neben dem System der Anredeformen, das eine soziale Hierarchie abbildet, steht als Gegensatz dazu die 2. Person Singular der Intimität: Sie durchbricht das sozial motivierte Anredeformensystem und bildet eine 'natürliche' Relation zwischen Figuren ab, und zwar meistens die Relation von 'Liebe' bzw. 'Haß'.

*13.2.1.3./A (Distinktionsübung):*

Bitte versuchen Sie festzustellen, ob in folgenden Textausschnitten die 2. Person Singular der Intimität begegnet. Fügen Sie ihre Funktion ('Liebe', 'Haß') hinzu.

*Beispiele mit Modellantworten:*

a) *Leonore (ernst).* Sie sind ein Mann – es ist nicht für mich.
*Calcagno.* Ganz für Sie – voll von Ihnen – daß Sie wüßten, wie sehr – wie unendlich sehr –
*Leonore.* Mann, du lügst – du versicherst, eh du handelst.
*Calcagno.* Ich schwöre Ihnen –
*Leonore.* Einen Meineid! Hör auf. (...) (Schiller, Fiesco)

*Antwort:* ja; Funktion 'Haß'

b) *Arabella (boshaft)* (...) Ah! Und das blitzende Spiel der Perlen, das einem die Augen bald wund brennt – Beim großmächtigen Gott! Haben Sie nicht das ganze Meer ausgeplündert!
*Julia* (...) Das ist wohl eine Seltenheit, Mamsell? Aber höre Sie, Mamsell, hat Sie Ihrer Herrschaft auch die Zunge verdingt? Scharmant, Madam! Ihre Gäste durch Domestiken bekomplementieren zu lassen.
*Leonore.* Es ist mein Unglück, Signora, daß meine Laune mir das Vergnügen Ihrer Gegenwart schmälert.

*Antwort:* nein

*Fahren Sie bitte fort:*

1. *Julia.* Von Verlieren murmeln Sie etwas? Aber mein Gott! Wie kam Ihnen auch der tragische Einfall, den Fiesco zu nehmen? – Warum auf diese Höhe, mein Kind, wo Sie notwendig gesehen werden müssen? verglichen werden müssen? – Auf Ehre, mein Schatz, das war ein Schelm oder ein Dummkopf, der Sie dem Fiesco kuppelte. *(Mitleidig ihre Hand ergreifend)* Gutes Tierchen, der Mann, der in den Assembleen des guten Tons gelitten wird, konnte nie deine Partie sein. (Schiller, Fiesco)

– ja; Funktion 'Haß'

2. *Franz.* Wollt Ihr Euch nicht zu Bette legen, Vater? Es griff Euch hart an.
*Der alte Moor.* Schreib ihm, daß die väterliche Brust – ich sage dir, bring meinen Sohn nicht zur Verzweiflung. *(Geht traurig ab.)*
*Franz (mit Lachen ihm nachsehend).* Tröste dich, Alter, du wirst ihn nimmer an diese Brust drücken (...).

– ja; Funktion 'Haß'

3. *Der Prinz. (Nach einigem Stillschweigen, unter welchem er den Körper mit Entsetzen und Verzweiflung betrachtet, zu Marinelli.)* Hier! heb ihn auf. – Nun? du bedenkst dich? – Elender!
(Lessing, Emilia Galotti)

– ja; Funktion 'Haß' ('Verachtung')

*13.2.1./C (Kritische Diskussion):*

Problematisierung der zuletzt behandelten Verfahren unter dem Aspekt der ideologischen Komponente von Literatur: inwiefern und inwieweit sind solche Verfahren 'realistisch'? Inwiefern läßt sich gerade ein scheinbar 'realistisches' Verfahren ideologisch in Dienst nehmen (z. B. Sprachebenen und die Opposition 'natürlich' vs 'sozial')?

### 13.2.2. Kollektiv-Figuren

Sind einer einzigen Figur der Konfiguration mehrere Rollen gleichzeitig zugewiesen, so handelt es sich um eine *Kollektiv-Figur*.

*13.2.2./A (Distinktionsübung):*

Bitte registrieren Sie die Kollektiv-Figuren folgender Textbeispiele (Antwort: ja oder nein; ggf. Kennzeichnung der Kollektivfigur).

*Beispiele mit Modellantworten:*

a) *Moor.* Es ist genug! Auf! ihr Klötze, ihr Eisklumpen! (...)
*Die Räuber (aufgejagt).* He, holla! holla! was gibts da?
*Moor.* Hat euch die Geschichte nicht aus dem Schlummer gerüttelt? Der ewige Schlaf würde wach geworden sein! (...)
*Die Räuber.* Was sagt der Hauptmann?

*Antwort:* ja; Kollektiv-Figur 'Räuber'

b) *Fiesco. Zwölf Handwerker.*
*(...) Fiesco (der sie lächelnd überzählt).* Zwölf sind ein vornehmes Heer –
*Einige.* Diese Doria müssen weg. Der Staat muß eine andre Form haben.
*Erster Handwerker.* Unsre Friedensrichter die Treppen hinabzuschmeißen – die Treppen die Friedensrichter.
*Zweiter.* Denkt doch, Lavagna, die Treppen hinab! (...)
*Alle.* Soll nicht geduldet werden! Darf nicht geduldet werden!
(Schiller, Fiesco)

*Antwort:* teils ja; Kollektiv-Figur 'Handwerker', allerdings individualisiert

*Fahren Sie bitte fort:*

1. *Der Kontrollchor* Tretet vor! Eure Arbeit war glücklich, auch in die-

sem Lande marschiert die Revolution, und geordnet sind die Reihen der Kämpfer auch dort. Wir sind einverstanden mit euch.
*Die vier Agitatoren* Halt, wir müssen etwas sagen! Wir melden den Tod eines Genossen.
*Der Kontrollchor* Wer hat ihn getötet?
*Die vier Agitatoren* Wir haben ihn getötet. (Brecht, Die Maßnahme)

– ja; Kollektiv-Figuren 'Kontrollchor', '4 Agitatoren'

2. *Don Cesar.* Den alten Fluch des Hauses lös ich sterbend auf,
Der freie Tod nur bricht die Kette des Geschicks.
*Chor.* Zum Herrn bist du dich schuldig dem verwaisten Land,
Weil du des andern Herrscherhauptes uns beraubt.
(Schiller, Die Braut von M.)

– ja; Kollektivfigur Chor

3. *Der beleibte Herr.* Wirklich? Wenn ich 80 frs. für mein Gabelfrühstück bezahle, will ich nicht den ganzen Schweiß der Vorstädte in die Nase bekommen. Und bleiben Sie gefälligst in der Nähe, mir dieses Gewürm – *auf die Kinder* – vom Leibe zu halten.
*Eine ärmlich gekleidete Frau und ein junger Arbeiter kommen. Sie tragen einen Korb zwischen sich. Die Kinder sprechen die Frau an.*
(Brecht, Die Tage der Commune)

– ja; Kollektiv-Figur Kinder

*13.2.2./C (Kritische Diskussion):*

Problematisierung der Möglichkeiten und Grenzen von Kollektiv-Figuren: inwieweit ist es dadurch möglich, die strikte Individualisierung dramatischer Konfigurationen zu überwinden? Inwieweit wird das Drama dadurch fähig, kollektive soziale Prozesse darzustellen? (Welche anderen Möglichkeiten wären dabei denkbar? – z. B. Masken-Typen u. ä.)

### 13.3. Abbildung der Handlung im dramatischen Diskurs

Die Handlung wird im dramatischen Diskurs teils literarisch, teils mimisch abgebildet. Der literarische Teil umfaßt meistens nahezu den gesamten Haupttext; für den mimischen Teil gibt der Nebentext Anweisungen von der Art *(Sie geht schnell ab. Der Major bleibt in sprachloser Erstarrung stehn. Dann stürzt er fort durch die Flügeltüre).*

### 13.3.1. Besonderheiten des dramatischen Dialogs

#### 13.3.1.1. Der stichomythische Dialog

Die Realisierung einer handlungskonstitutiven Opposition im dramatischen Dialog heißt *stichomythischer Dialog*. Es handelt sich um die alternierende Wechselrede zweier Figuren, deren Redeteile etwa gleich lang sind und jeweils eine handlungskonstitutive Opposition semantisch akzentuieren.

*13.3.1.1./A (Distinktionsübung):*

Bitte bestimmen Sie die semantischen Binäroppositionen der folgenden stichomythischen Dialogpartien:

*Beispiele mit Modellantworten:*

a) *Flavius:*
Wir bleiben dennoch frey; spricht Rom uns gleich das Recht.
*Siegmar:*
Wem Rom Gesetze gibt, der ist der Römer Knecht. (Joh. Elias Schlegel)

*Antwort:* frei vs Knecht

b) *Octavio:*
Komm mit mir, ich gebiete dir's, dein Vater.
*Max:*
Gebiete mir, was menschlich ist. Ich bleibe. (Schiller)

*Antwort:* kommen vs bleiben

*Fahren Sie bitte fort:*

1. *Flavius:*
Rom lehrt uns Kunst und Witz und zähmt die wilden Sitten.
*Siegmar:*
Rom jagt die Unschuld weg aus den beglückten Hütten.
(Joh. Elias Schlegel)

– Kunst und Witz vs Unschuld

2. *Flavius:*
So soll der Deutsche stets in schlechten Hütten wohnen?
*Siegmar:*
Hier frey seyn, gibt mir mehr, als in Palästen wohnen.
(Joh. Elias Schlegel)

– Hütte vs Palast

3. *Erster Chor.* Wäre nicht Friede, Recht verschafft ich mir!
*Zweiter Chor.* Wärs nicht die Furcht, kein Friede wehrte dir.
(Schiller, Die Braut von Messina)

– Friede vs Furcht

### 13.3.2. Bruch der Isomorphie von Handlung und Haupttext

Die gesamte Handlung eines dramatischen Textes läßt sich als sukzessives, chronologisch geordnetes Kontinuum vorstellen. Ebenso läßt sich der Haupttext insgesamt als ein solches Kontinuum deuten. Beide Strukturen können über große Strecken oder auch völlig isomorph sein, müssen es aber nicht.

#### 13.3.2.1. Epische Einblenden

Ein erster Fall der Abweichung von der Isomorphie liegt dann vor, wenn innerhalb des Haupttextes Einblenden erfolgen, in denen zeitlich vergangene Elemente der Handlung in epischer Form dargeboten werden.

Bitte versuchen Sie, *epische Einblenden* der folgenden Textabschnitte zu registrieren. Kennzeichnen Sie die Einblenden kurz.

*Beispiele mit Modellantworten:*

a) *Don Manuel.* Den Zauber lös ich auf, denn heute noch
Soll, was verborgen war, die Sonne schauen.
Vernehmet denn und hört, wie mir geschah.
Fünf Monde sinds, es herrschte noch im Lande
Des Vaters Macht (...) da geschahs,
Daß die Verfolgung einer weißen Hündin
Mich weit hinweg aus eurem Haufen riß.
(...) Schnell von dem Roß herab mich werfend,
Dring ich ihm nach, schon mit dem Speere zielend.
Da seh ich wunderns das erschrockne Tier
Zu einer Nonne Füßen zitternd liegen.
(Schiller, Die Braut von Messina)

*Antwort:* ja; Erlebnis auf der Jagd vor 5 Monaten

b) *Leonore.* (...) Höret, Mädchen! Kann ichs nun doch nicht mehr verschweigen! – Höret, Mädchen, ich vertraue euch etwas, *(geheimnisvoll)* einen Gedanken – als ich am Altar stand neben Fiesco – seine Hand in meine Hand gelegt – hatt ich den Gedanken, den zu denken dem Weibe verboten ist: – dieser Fiesco (...) wird – uns Genua von seinen Tyrannen erlösen! (Schiller, Fiesco)

*Antwort:* ja; Gedanken bei der Hochzeit

*Fahren Sie bitte fort:*

1. *Der alte Moor (weint bitterlich).* Mein Name! Mein ehrlicher Name!
*Franz (fällt ihm um den Hals).* Schändlicher, dreimal schändlicher Karl! Ahndete mirs nicht, da er, noch ein Knabe, den Mädels so

nachschlenderte, mit Gassenjungen und elendem Gesindel auf Wiesen und Bergen sich herumhetzte, den Anblick der Kirche, wie ein Missetäter das Gefängnis, floh (...)? (Schiller, Die Räuber)

– ja; die Kindheit Karl Moors

2. *Claudia.* Fasse dich! – Sammle deine Gedanken, soviel wie möglich. – Sag es mir mit eins, was dir geschehen.
*Emilia.* Eben hatt' ich mich – weiter von dem Altare, als ich sonst pflege – denn ich kam zu spät – auf meine Knie gelassen. Eben fing ich an, mein Herz zu erheben: als dicht hinter mir etwas seinen Platz nahm. So dicht hinter mir! – Ich konnte weder vor noch zur Seite rücken (...). (Lessing, Emilia Galotti)

– ja; Erlebnis beim Kirchenbesuch

3. *Der Prinz.* Wozu die Verstellung? – Heraus damit. Ist es wahr? oder ist es nicht wahr?
*Marinelli.* Und wenn es denn wäre!
Der Prinz. Wenn es denn wäre? – Also ist es? – Er ist tot? tot? – *(Drohend.)* Marinelli! Marinelli!
*Marinelli.* Nun?
*Der Prinz.* Bei Gott! bei dem allgerechten Gott! ich bin unschuldig an diesem Blute. (Lessing, Emilia Galotti)

– nein

*13.3.2.1.1./E.* Ideologische Komponente epischer Einblenden *(s. Anhang)*

*13.3.2.1./C (Kritische Diskussion):*

Herausarbeitung des Unterschieds zwischen solchen epischen Einblenden und Brechts Konzept eines 'epischen Theaters': sind die typischen Verfahren des Brechtschen Theaters (z. B. Ansager, Songs) eigentlich 'episch'? (Ließe sich sagen, daß es sich um Verfahren des historischen Diskurses bzw. des lyrischen handelt?) Brecht geht es offenbar darum, die Inadäquatheit zwischen darzustellenden kollektiven sozialen Prozessen und individuellen Konfigurationen aufzuheben: inwiefern dienen dazu die 'epischen' Verfahren?

13.3.2.2. Teichoskopie

Bezieht sich ein epischer Bericht im Drama auf eine als simultan ablaufend vorgestellte Handlung, die aber szenisch und mimisch nicht realisiert wird, so spricht man von *Teichoskopie* (griech. = Beobachtung von der Stadtmauer aus).

*13.3.2.2./B (Generative Übung):*

Bitte skizzieren Sie die Transformation einer normalen dramatischen Sequenz in Teichoskopie und umgekehrt.

*Beispiele mit Modellantworten:*

a) *Von den Wällen von Versailles aus betrachtet die Bourgoisie den Untergang der Kommune mit Lorgnons und Operngläsern.*
*(...)*
*Große Detonation. Die Herrschaften klatschen.*
*Stimme.* Das war die Mairie von Montmartre, ein besonders gefährliches Nest. (Brecht, die Tage der Commune)

*Antwort:* (z. B.) Offizier der Weißen. Feuer! Los, Jungs, sie haben keine Munition mehr.
*Ein Kommunarde.* Es lebe die Commune! (usw.)

b) *"Papa", brüllend:* In Deckung. (...)
*Genevieve, Jean zurückhaltend:* Jean, du darfst nicht hin.
*Jean* Aber sie nicht ist schwer getroffen.
*Genevieve* Ja, sie ist es.
*Jean* Sie ist es nicht.
*François* Sie kommen. Gebt Feuer! *Er schießt.*
*Jean Zurück zur Barrikade, schießt ebenfalls:* Ihr Hunde, ihr Hunde, ihr Hunde! (...)
*Genevieve* Es lebe die ... *Sie fällt.*

*Antwort:* (z. B.) Ich kann nicht alles sehr gut sehen. Sie sind hinter der Barrikade, und jetzt rücken die Soldaten an. Beide Seiten feuern. Ich sehe Geneviève ... Ich sehe sie nicht mehr.

1. *Julia.* Eine große, große gräfliche Lüge, die auf Stelzen heranhinkt – Seine Zunge vergöttert mich, sein Herz hüpft unter dem Schattenriß einer andern.
*Fiesco.* Oder besser, Signora, es schlägt unwillig dagegen und will ihn hinwegdrücken. *(Indem er die Silhouette Leonorens, die an einem himmelblauen Band hängt, herabnimmt und sie der Julia überliefert)* Stellen Sie *Ihr* Bild an diesem Altar auf, so können Sie diesen Götzen zerstören. (Schiller, Fiesco)

– (etwa) Siehst du, Fiesco flirtet mit Julia! Sie gibt sich abweisend, er drängend. Und jetzt? Oh! er nimmt die Silhouette seiner Frau ab und schenkt sie der Julia!

2. *Wallenstein.* Ists ruhig in der Stadt?
*Gordon.* Die Stadt ist ruhig.
*Wallenstein.* Ich höre rauschende Musik, das Schloß ist

Von Lichtern hell. Wer sind die Fröhlichen?
*Gordon.* Dem Grafen Terzky und dem Feldmarschall
Wird ein Bankett gegeben auf dem Schloß.
*Wallenstein. (Vor sich)* Es ist des Sieges wegen. (Schiller, Wallenstein)

– (etwa) *Terzky (schreit in die Musik hinein)* Freunde! Ein Prosit auf den Sieg! *(Torkelt und stolpert.)*
*Alle.* Prosit! Victoria!

3. *Wallenstein.* Ihr wart sonst eine freie Stadt? ich seh
Ihr führt den halben Adler in dem Wappen.
Warum den halben nur?
*Bürgermeister.* Wir waren reichsfrei,
Doch seit zweihundert Jahren ist die Stadt
Der böhmschen Kron verpfändet. (Schiller, Wallenstein)

– (etwa) Ich sehe, daß Wallenstein mit dem Bürgermeister spricht. Er zeigt auf das Stadtwappen und scheint eine Frage zu stellen.

### 13.3.2.3. Verdeckte Handlung

Teile der Handlung, die mimisch und szenisch ausgespart und nur in kurzen literarischen Andeutungen realisiert werden (im Nachhinein), bezeichnet man herkömmlicherweise als *verdeckte Handlung.* (Der Unterschied zu epischen Einblenden besteht im Andeutungscharakter; im Extremfall wäre die verdeckte Handlung ganz zu erschließen: z. B. liegt eine Figur plötzlich tot auf der Bühne, ohne daß ihr Tod vorher szenisch realisiert wurde.)

*13.3.2.3./A (Distinktionsübung):*

Bitte unterscheiden Sie im folgenden epische Einblenden, Teichoskopie und verdeckte Handlung.

*Beispiele mit Modellantworten:*

a) *Marinelli.* Geschwind, sage mir, was du mir zu sagen hast! – Ist er tot?
*Angelo.* Es tut mir leid um den guten Herrn.
*Marinelli.* Nun da, für dein mitleidiges Herz!
*(Gibt ihm einen Beutel mit Geld.)* (Lessing, E. Galotti)

*Antwort:* Mord als verdeckte Handlung

*b) Emilia.* (...) Ich floh –
*Claudia.* Und der Prinz dir nach –

*Emilia.* Was ich nicht wußte, bis ich in der Halle mich bei der Hand ergriffen fühlte. Und von ihm! Aus Scham mußt' ich standhalten: mich von ihm loszuwinden, würde die Vorbeigehenden zu aufmerksam auf uns gemacht haben. Das war die einzige Überlegung, deren ich fähig war – oder deren ich nun mich wieder erinnere. Er sprach, und ich hab ihm geantwortet. Aber, was er sprach, was ich ihm geantwortet – (Lessing, Emilia Galotti)

*Antwort:* epische Einblende

*Fahren Sie bitte fort:*

1. *Marinelli. (Der wieder nach dem Fenster geht.)*
   Dort fährt der Wagen langsam nach der Stadt zurück. – So langsam? Und in jedem Schlage ein Bedienter? – Das sind Anzeichen, die mir nicht gefallen: – daß der Streich wohl nur halb gelungen ist, daß man einen Verwundeten gemächlich zurückführet – und keinen Toten. – Die Maske steigt ab. – Es ist Angelo selbst. (...)
   (Lessing, Emilia Galotti)

– Teichoskopie

2. *Battista (eiligst).* Eben kömmt die Gräfin an.
   *Der Prinz.* Die Gräfin? Was für eine Gräfin?
   *Battista.* Orsina. (Lessing, Emilia Galotti)

– verdeckte Handlung (Ankunft Orsinas)

3. *Gordon.* Wohl dreißig Jahre sinds. Da strebte schon
   Der kühne Mut im zwanzigjährigen Jüngling.
   Ernst über seine Jahre war sein Sinn,
   Auf große Dinge männlich nur gerichtet,
   Durch unsre Mitte ging er stillen Geists (...). (Schiller, Wallenstein)

– epische Einblende

*13.3.2.4./E.* Montage im Drama *(s. Anhang)*

*13.3.3./E.* Botenbericht *(s. Anhang)*

### 13.4. Normaltyp und 'episch' verfremdeter Typ des dramatischen Diskurses

Als Normaltyp kann derjenige Typ des dramatischen Diskurses gelten, bei dem die literarische Produktion als absolut abgeschlossen vorausgesetzt und also weder direkt noch indirekt thematisiert wird. Dementsprechend besteht der dramatische Text ausschließlich aus der Abbildung einer auf einer in sich geschlossenen Konfiguration beruhenden Handlung. (Brecht hat diesen Typ "aristotelisch" genannt.) – Dieser Normaltyp läßt sich dadurch verfremden, daß die literarische Produktion nicht als absolut abgeschlossen vorausgesetzt, sondern durch verschiedene

Verfahren direkt oder indirekt thematisiert wird. Dazu gehört vor allem das Auftreten einer *Erzählerfigur* außerhalb der Konfiguration (es kann sich auch um eine Kollektiv-Figur handeln), die etwa sagt: "Verehrtes Publikum, nun kein Verdruß! / Wir wissen wohl, das ist kein rechter Schluß" (Brecht). Weitere Verfahren solcher Verfremdung können sein: 'Aus-der-Rolle-Fallen' von Figuren, eingeblendete 'Dokumente' wie Fotos usw., Songs usw. Brecht, der die bekannteste Theorie dieses Typs entwickelt hat, sprach von 'epischen' Verfahren. Obwohl der Ausdruck nur bedingt exakt ist, soll er beibehalten werden: wir sprechen dann vom *'episch' verfremdeten Typ* des dramatischen Diskurses (Genotext-Diskurses). – Es zeigt sich, daß eine enge Verwandtschaft zwischen dem Normaltyp des epischen bzw. dramatischen Diskurses einerseits und dem dialogisch verfremdeten epischen sowie dem 'episch' verfremdeten Typ des dramatischen Diskurses anderseits besteht. (Dementsprechend ließe sich auch von *aperspektivisch vs perspektivisch* sprechen.)

*13.4./A (Distinktionsübung):*

Bitte versuchen Sie, Normaltyp und 'episch' verfremdeten Typ des dramatischen Diskurses (aufgrund der Textbeispiele) zu unterscheiden.

*Beispiele mit Modellantworten:*

a) *Der große Chor*
Wichtig zu lernen vor allem ist Einverständnis.
Viele sagen ja, und doch ist da kein Einverständnis.
(. . .)
*Der Lehrer in Raum 1, die Mutter und der Knabe in Raum 2.*
*Der Lehrer* Ich bin der Lehrer. Ich habe eine Schule in der Stadt und habe einen Schüler, dessen Vater tot ist. (Brecht, Der Jasager)

*Antwort:* 'episch' verfremdet; (Kennzeichen: Chor, Anrede ans Publikum)

b) *Der Prinz.* Guten Morgen, Conti. Wie leben Sie? Was macht die Kunst?
*Conti.* Prinz, die Kunst geht nach Brot. (Lessing, Emilia Galotti)

*Antwort:* Normaltyp

*Fahren Sie bitte fort:*

1. *Kellner* Monsieur Bracque war dreimal hier, nach Ihnen zu fragen.
*Der beleibte Herr* Was, Bracque hier, in Paris?
*Kellner* Nur für kurz. Hier ein Billett, Monsieur.
(Brecht, Die Tage der Commune)

– Normaltyp (soweit aufgrund dieses Ausschnitts erkennbar)

2. *Don Cesar (mit dem Ausdruck der heftigsten Leidenschaft).* Schwester, weinest du um mich?
*Beatrice.* Lebe für unsre Mutter!
*Don Cesar* (...) Für die Mutter?
*Beatrice* (...) Lebe für sie und tröste deine Schwester.
*Chor.* Sie hat gesiegt! Dem rührenden Flehen
Der Schwester konnt er nicht widerstehen.
(Schiller, Die Braut von Messina)

– Normaltyp (trotz Chor, der hier integraler Bestandteil der Konfiguration ist)

3. *Der junge Genosse schreit:* Zu Hilfe, Genossen! Zu Hilfe! Hier werden Unbeteiligte erschlagen! (...)
*Der zweite (Textilarbeiter) aufstehend zum ersten:* Jetzt haben wir einen Polizisten niedergeschlagen und können nicht mehr in den Betrieb, und – *zum jungen Genossen* – du bist schuld.
*Die vier Agitatoren* Und er mußte sich in Sicherheit bringen, anstatt Flugblätter zu verteilen, denn die Polizeibewachung wurde verstärkt.
*Diskussion*
*Der Kontrollchor* Aber ist es nicht richtig, das Unrecht zu verhindern, wo immer es vorkommt? (Brecht, Die Maßnahme)

– 'episch' verfremdet (Verfahren: Chor außerhalb der Konfiguration; Anrede von Figuren ans Publikum)

*13.4./C (Kritische Diskussion):*

Problematisierung der Brechtschen Opposition aristotelisches vs episches Theater: wieweit ist sie operational und wieweit vermag 'episches' Theater tatsächlich das zu leisten, was Brecht von ihm verlangt (vgl. Brecht-Inszenierungen auf bürgerlichen Bühnen vor bürgerlichem Publikum)?

## 13.5. Dramatische Symbolik

Symbolische Elemente im Drama lassen sich entweder rein literarisch oder auch visuell-literarisch vorstellen: besonders die Barockbühne liebte visuell-literarische Symbole, bei denen bestimmte szenische Requisiten die Rolle der Pictura für eine entsprechende Subscriptio übernahmen. Auch im klassischen Drama begegnet noch solche *'Dingsymbolik'*, wie ein herkömmlicher Terminus lautet.

*13.5./A (Distinktionsübung):*

Bitte benennen Sie stichwortartig Pictura und Subscriptio folgender dramatischer Symbole.

*Beispiele mit Modellantworten:*

a) *Emilia.* Oh! mein Vater, wenn ich Sie erriete! – Doch nein, das wollen Sie auch nicht. Warum zauderten Sie sonst? – *(In einem bittern Tone, während daß sie die Rose zerpflückt.)* Ehedem wohl gab es einen Vater, der, seine Tochter von der Schande zu retten, ihr den ersten, den besten Stahl in das Herz senkte (...).
*Odoardo.* Doch, meine Tochter, doch! *(Indem er sie durchsticht.)* – Gott, was hab ich getan! (...)
*Emilia.* Eine Rose gebrochen, ehe der Sturm sie entblättert.
(Lessing, Emilia Galotti)

*Antwort:* Pictura Rose ('Dingsymbol'); Subscriptio unschuldiges Mädchen

*Fahren Sie bitte fort:*

1. *Wallenstein (ist ans Fenster getreten).*
Am Himmel ist geschäftige Bewegung,
Des Turmes Fahne jagt der Wind, schnell geht
Der Wolken Zug, die Mondessichel wankt,
Und durch die Nacht zuckt ungewisse Helle.
– Kein Sternbild ist zu sehn! Der matte Schein dort,
Der einzelne, ist aus der Kassiopeia,
Und dahin steht der Jupiter – Doch jetzt
Deckt ihn die Schwärze des Gewitterhimmels! (...)
Mir deucht, wenn ich ihn sähe, wär mir wohl (...)
O ihm ist wohl! Wer aber weiß, was uns
Die nächste Stunde schwarz verschleiert bringt!
*Gräfin.* Du sprichst von Piccolomini. Wie starb er?
(Schiller, Wallenstein)

– Pictura Jupiter; Subscriptio Max Piccolomini; Glück und Unschuld

2. *Fiesco.* Eine kleine Geduld, Romano. *(Er geht mit majästetischem Schritt im Zimmer und scheint über etwas Großes zu denken. Zuweilen betrachtet er die andern fliegend und scharf; endlich nimmt er den Maler bei der Hand, führt ihn vor das Gemälde)* Tritt her, Maler. *(Äußerst stolz und mit Würde)* So trotzig stehst du da, weil du Leben auf toten Tüchern heuchelst (...); stürzest Tyrannen auf Leinwand – bist selbst ein elender Sklave? Machst Republiken mit einem Pinsel frei – kannst deine eigene Ketten nicht brechen? *(Voll und befehlend)* Geh! Deine Arbeit ist Gaukelwerk – der Schein

weiche der Tat – *(Mit Größe, indem er das Tableau umwirft)* Ich habe getan, was du – nur maltest. (Schiller, Fiesco)

– Pictura ein Bild; Subscriptio Kunst (vs Realität)

3. *Wallenstein* (...).
Gib acht! Was fällt da?
*Kammerdiener.* Die goldne Kette ist entzweigesprungen.
*Wallenstein.* Nun, sie hat lang genug gehalten. Gib.
*(Indem er die Kette betrachtet)*
(...) Nun es sei!
Mir muß fortan ein neues Glück beginnen,
Denn dieses Bannes Kraft ist aus. (Schiller, Wallenstein)

– Pictura Kette ('Dingsymbol'); Subscriptio Wallensteins Glück

### 13.6. Die dramatische Deskription

Die dramatische Deskription umfaßt einmal Teile des Nebentextes, die Anweisungen für den szenisch realisierten Diskurs enthalten. Außerdem kann dramatische Deskription zusätzlich durch den Haupttext geleistet werden. Im ersten Fall sprechen wir von *szenischer dramatischer Deskription*, im zweiten Fall von *literarischer dramatischer Deskription*.

*13.6./A (Distinktionsübung):*

Bitte versuchen Sie, im folgenden szenische dramatische Deskription, literarische dramatische Deskription sowie epische Deskripton zu unterscheiden.

*Beispiele mit Modellantworten:*

a) Zwei Säulen stützten den Deckenbalken, und grüne Vorhänge schlossen den alkovenartigen Schlafraum, in welchem die Betten standen, von dem Rest des Zimmers ab; nur in der Mitte fehlte der Vorhang oder war zurückgeschlagen, was ihr von ihrem Bett aus eine bequeme Orientierung gestattete. (Fontane, Effi Briest)

*Antwort:* epische Deskription

b) Das Wohnzimmer der Familie Selicke. – Es ist mäßig groß und bescheiden eingerichtet. Im Vordergrunde rechts führt eine Tür in den Korridor, im Vordergrunde links eine in das Zimmer Wendts. Etwas weiter hinter dieser eine Küchentür mit Glasfenstern und Zwirngardinen. Die Rückwand nimmt ein altes, schwerfälliges, großgeblümtes Sofa ein, über welchem zwischen zwei kleinen, vergilbten

Gipsstatuetten "Schiller und Goethe" der bekannte Kaulbach'sche Stahlstich "Lotte, Brot schneidend" hängt.

(Holz/Schlaf, Die Familie Selicke)

*Antwort:* szenische dramatische Deskription

*Fahren Sie bitte fort:*

1. *Der Planwagen steht zerlumpt neben einem Bauernhaus mit riesigem Strohdach, das sich an eine Felswand anlehnt. Es ist Nacht. Aus dem Gehölz treten ein Fähnrich und drei Soldaten in schwerem Eisen.*

(Brecht, Mutter Courage und ihre Kinder)

– szenische dramatische Deskription

2. *Erster Chor.*

Dich begrüß ich in Ehrfurcht,
Prangende Halle,
Dich meiner Herrscher
Fürstliche Wiege,
Säulentragendes herrliches Dach.

(Schiller, Die Braut von Messina)

– literarische dramatische Deskription

3. *Romano (stellt das Gemälde zurecht).* Das Licht muß von *der* Seite spielen. (...) *(Er tritt zur Seite)* Es ist die Geschichte der Virginia und des Appius Claudius.
*(Lange, ausdrucksvolle Pause, worin alle die Malerei betrachten)*
*Verrina (in Begeisterung).* Sprütz zu, eisgrauer Vater – Zuckst du, Tyrann? – Wie so bleich steht ihr, Klötze Römer – Ihm nach, Römer –

(Schiller, Fiesco)

– gleichzeitig szenische und literarische Deskription

*13.6./C (Kritische Diskussion):*

Läßt sich eine jeweils typische Behandlung der dramatischen Deskription im Normaltyp bzw. im 'episch' verfremdeten Typ feststellen? Was ist von der naturalistischen Forderung nach illusionistisch vollständig täuschender Deskription (Szenerie) zu halten?

*13./D (Exemplarische historische Anwendungen):*

Vorschläge:

a) exemplarische Beispiele für den Normaltyp: Lessing, Emilia Galotti; Schiller, Maria Stuart; Hauptmann, Die Weber;

b) das 'episch' verfremdete Theater Brechts: Die Maßnahme, Die Ausnahme und die Regel, Die heilige Johanna, Der gute Mensch von Sezuan.

*13.7./E.* Tragische Ironie *(s. Anhang)*

Wiederholung der Grundbegriffe aus Lektion 13:

Bitte ergänzen Sie folgende Sätze:

*Beispiel mit Modellantwort:*

a) Als dramatischen Diskurs definieren wir ...

*Antwort:* einen narrativen Text, der theatralisch realisiert wird.

*Fahren Sie bitte fort:*

1. Die rein literarische Textform des Dramas heißt ...

– potentieller dramatischer Diskurs.

2. Unter Nebentext verstehen wir ...

– Elemente des potentiellen dramatischen Genotext-Diskurses, die im konkreten Diskurs szenische bzw. mimische Gestalt erhalten.

3. Jeder Figur der dramatischen Konfiguration entspricht im konkreten dramatischen Genotext-Diskurs ...

– eine Rolle.

4. Unter Haupttext verstehen wir ...

– Elemente des potentiellen dramatischen Genotext-Diskurses, die im konkreten Diskurs literarische Form behalten.

5. Der Haupttext des Dramas ist gekennzeichnet durch ...

– dialogische Rede mit dialogischer Distribution der Personalpronomina.

6. Eine soziale Abstufung der Konfiguration läßt sich im Haupttext abbilden durch ...

– Sprachebenen und/oder Anredeformen.

7. Unter einer Kollektiv-Figur verstehen wir ...

– die gleichzeitige Zuweisung mehrerer Rollen zu einer Figur.

8. Unter stichomythischem Dialog verstehen wir ...

– die alternierende Wechselrede zweier Figuren, deren Redeteile etwa gleich lang sind und die jeweils eine handlungskonstitutive Opposition semantisch akzentuieren.

9. Die Isomorphie von Handlung und Haupttext kann durchbrochen werden durch ...

– epische Einblenden, Teichoskopie und verdeckte Handlung.

10. Unter 'Dingsymbolik' im Drama versteht man ...

– dramatische visuell-literarische Symbole.

## LEKTION 14:

## (INHALT: GATTUNGS- UND GENRE-THEORIE V; LYRISCHE TEXTE; SYNCHRONE GENRE-SYSTEME)

### 14.1. Nicht-narrative Texte

Alle Texte, denen keine Handlung zugrunde liegt, heißen *nicht-narrative Texte*. Wie die Klasse der narrativen Texte (zur Definition s. o.) ist auch die der nicht-narrativen nicht auf literarische Texte beschränkt (es gibt z. B. nicht-narrative Filme und nicht-narratives Ballett).

### 14.2. Der literarische nicht-narrative (lyrische) Genotext-Diskurs

Die Klasse der literarischen nicht-narrativen Texte fällt im wesentlichen mit der *Lyrik* (zu griech. lyra = Saiteninstrument) zusammen (es wird hier ausgespart, inwieweit epische Texte, die ausschließlich aus innerem Monolog bestehen, ebenfalls nicht-narrativ sein können). Abgesehen wird in diesem Zusammenhang von narrativer Lyrik, etwa der Ballade, für die alle Kennzeichen narrativer Texte gelten. Im folgenden sollen nur einige grundlegende Eigenschaften des lyrischen Genotext-Diskurses behandelt werden.

*14.2./A (Distinktionsübung):*

Bitte versuchen Sie zunächst, narrative und nicht-narrative Lyrik zu unterscheiden.

*Beispiele mit Modellantworten:*

a) Voll Früchten der Hollunder; ruhig wohnte die Kindheit
In blauer Höhle. Über vergangenen Pfad,
Wo nun bräunlich das wilde Gras saust,
Sinnt das stille Geäst; das Rauschen des Laubs

Ein gleiches, wenn das blaue Wasser im Felsen tönt.

(Trakl, Kindheit)

*Antwort:* nicht-narrative Lyrik

b) Es stehen regungslos die Zypressen,
Wie himmelträumend, wie weltvergessen.

Doch plötzlich erklingt bei Lautenklang
Ein sanft geheimnisvoller Gesang.

Der Schach fährt auf, als wie behext –
"Von wem ist dieses Liedes Text?" (Heine, Der Dichter Firdusi)

*Antwort:* narrative Lyrik

*Fahren Sie bitte fort:*

1. Ich mache die kleinen Lieder
Der Herzallerliebsten mein,
Die heben ihr klingend Gefieder
Und fliegen zu dir hinein. (Heine, Lieder und Romanzen)

– nicht-narrative Lyrik

2. Den wilden Orgeln des Wintersturms
Gleicht des Volkes finstrer Zorn,
Die purpurne Woge der Schlacht,
Entlaubter Sterne. (Trakl, Im Osten)

– nicht-narrative Lyrik

3. Es liebt' in Welschland irgendwo
Ein schöner junger Ritter
Ein Mädchen, das der Welt entfloh,
Trotz Klostertür und Gitter. (Hölty, Die Nonne)

– narrative Lyrik

### 14.2.1. Lyrische Verfremdung der dialogischen Distribution der Personalpronomina

Der lyrische Diskurs verwendet Elemente der dialogischen Distribution der Personalpronomina, wobei er jedoch das Gesamtsystem dieser Distribution verfremdet. So begegnen 1., 2. und 3. Person, ohne daß sie auf eine entsprechende Konfiguration beziehbar wären. Der lyrische Diskurs verwendet die Personalpronomina also *absolut.*

#### 14.2.1.1. Absolute Verwendung der 1. Person (= lyrisches Ich)

Im lyrischen Diskurs wird das Personalpronomen der 1. Person verwendet, ohne daß ihm eine Figur zuzuordnen wäre, die von sich selbst spricht und ohne daß weitere Figuren vorlägen, die mit der 2. bzw. 3. Person bezeichnet würden. Diese absolut verwendete 1. Person wird als *lyrisches Ich* bezeichnet.

*14.2.1.1./A (Distinktionsübung):*

Bitte unterscheiden Sie, ob es sich bei den folgenden Beispielen um das lyrische Ich handelt oder aber um eine 1. Person innerhalb einer Konfiguration.

*Beispiele mit Modellantworten:*

a) Sprich aus der Ferne
Heimliche Welt,
Die sich so gerne
Zu mir gesellt.

Wenn das Abendrot niedergesunken,
Keine freudige Farbe mehr spricht,
Und die Kränze stilleuchtender Funken
Die Nacht um die schattige Stirne flicht:

Wehet der Sterne
Heiliger Sinn
Leis' durch die Ferne
Bis zu mir hin. (Brentano, Sprich aus der Ferne)

*Antwort:* lyrisches Ich

b) "Ich bin", spricht jener, "zu sterben bereit
Und bitte nicht um mein Leben,
Doch willst du Gnade mir geben,
Ich flehe dich um drei Tage Zeit,
Bis ich die Schwester dem Gatten gefreit,
Ich lasse den Freund dir als Bürgen,
Ihn magst du, entrinn' ich, erwürgen." (Schiller, Die Bürgschaft)

*Antwort:* Ich in dialogischer Rede

*Fahren Sie bitte fort:*

1. Und es trieb die Rede mich an, noch andres zu suchen,
Fern zum nördlichen Pol kam ich in Schiffen herauf.
Still in der Hülse von Schnee schlief da das gefesselte Leben,
Und der eiserne Schlaf harrte seit Jahren des Tags.
(Hölderlin, Der Wanderer)

– lyrisches Ich

2. Auch war am Fenster blau die Hyazinthe aufgeblüht und es trat auf die purpurne Lippe des Odmenden das alte Gebet, sanken von den Lidern kristallne Tränen geweint um die bittere Welt. In dieser

Stunde war ich im Tod meines Vaters der weiße Sohn. In blauen Schauern kam vom Hügel der Nachtwind, die dunkle Klage der Mutter, hinsterbend wieder und ich sah die schwarze Hölle in meinem Herzen. (Trakl, Offenbarung und Untergang)

– lyrisches Ich

3. Hat der alte Hexenmeister
Sich doch einmal wegbegeben!
Und nun sollen seine Geister
Auch nach meinem Willen leben.
Seine Wort' und Werke
Merkt' ich und den Brauch,
Und mit Geistesstärke
Tu' ich Wunder auch. (Goethe, Der Zauberlehrling)

– Ich in dialogischer Rede

4. Bei der Bahre stürzt sie nieder,
Ihr Geschrei durchdringt die Luft:
"Meinen Gatten will ich wieder!
Und ich such' ihn in der Gruft. (...)"
(Goethe, Der Gott und die Bajadere)

– Ich in dialogischer Rede

5. *Rede eines Arbeiters an einen Arzt*
Wir wissen, was uns krank macht!
Wenn wir krank sind, hören wir
Daß du es bist, der uns heilen wird. (...) (Brecht)

– Ich in dialogischer Rede

### 14.2.1.2. Absolute Verwendung der 2. Person (= lyrische Apostrophe)

Im lyrischen Diskurs wird das Personalpronomen der 2. Person verwendet, ohne daß damit eine dialogische Position in einer Konfiguration bezeichnet würde. Meistens werden Positionen angeredet, die selbst nicht Träger der Ich-Position sein können (Sachen). Zudem tritt häufig rascher Wechsel des Adressaten der 2. Person ein. Wir nennen diese absolute Verwendung der 2. Person *lyrische Apostrophe.*

*14.2.1.2./A (Distinktionsübung):*

Bitte benennen Sie die lyrischen Apostrophen folgender Texte:

*Beispiele mit Modellantworten:*

a) O Täler weit, o Höhen,
O schöner, grüner Wald,
Du meiner Lust und Wehen
Andächtger Aufenthalt! (Eichendorff)

*Antwort:* Täler, Höhen, Wald, Aufenthalt

b) Ihr milden Lüfte! Boten Italiens!
Und du mit deinen Pappeln, geliebter Strom!
Ihr wogenden Gebirg! o all ihr
Sonnigen Gipfel, so seid ihrs wieder? (Hölderlin)

*Antwort:* Lüfte, Boten, Strom, Gebirge, Gipfel

*Fahren Sie bitte fort:*

1. Geh unter, schöne Sonne, sie achteten
Nur wenig dein, sie kannten dich, Heil'ge, nicht. (Hölderlin)

– schöne Sonne, Heil'ge

2. Lieb Vöglein, vor Blüten
Sieht man dich kaum! (Eichendorff)

– Vöglein

3. Wen des Genius Blick, als er geboren ward,
Mit einweihendem Lächeln sah,
Wen als Knaben ihr einst Smintheus Anakreons
Fabelhafte Gespielinnen,
Dichtrische Tauben umflogt, und sein mäonisch Ohr
Vor dem Lärme der Scholien
Sanft zugirrtet (...) (Klopstock)

– Gespielinnen, Tauben

4. Wache auf, Du süßes Lied,
Öffne deine goldnen Augen. (Brentano)

– Lied

5. Nein, länger werd ich diesen Kampf nicht kämpfen,
Den Riesenkampf der Pflicht.
Kannst du des Herzens Flammentrieb nicht dämpfen,
So fordre, Tugend, dieses Opfer nicht.
Geschworen hab ich's, ja, ich hab's geschworen,
Mich selbst zu bändigen;
Hier ist dein Kranz, er sei auf ewig mir verloren,
Nimm ihn zurück und laß mich sündigen. (Schiller)

– Tugend

### 14.2.1.3. Verfremdungen des lyrischen Ich

Der absolute Charakter des lyrischen Ich schafft die Möglichkeit, dieses Ich im lyrischen Diskurs durch die 2. oder 3. Person zu ersetzen. Es handelt sich um eine Verfremdung durch Substitution. Kriterium des Verständnisses ist der Kontext.

*14.2.1.3./A (Distinktionsübung):*

Bitte versuchen Sie, das lyrische Ich in der 2. bzw. 3. Person zu unterscheiden von entsprechenden Positionen in dialogischer Rede.

*Beispiele mit Modellantworten:*

a) Es ist Schnee gefallen. Nach Mitternacht verläßt du betrunken von purpurnem Wein den dunklen Bezirk der Menschen, die rote Flamme ihres Herdes. O die Finsternis! (Trakl, Winternacht)

*Antwort:* lyrisches Ich in der 2. Person

b) *Erster Chor.* Weisere Fassung
Ziemet dem Alter,
Ich, der Vernünftige, grüße zuerst.
*(Zu dem zweiten Chor)* Sei mir willkommen,
Der du mit mir
Gleiche Gefühle
Brüderlich teilend,
Dieses Palastes
Schützende Götter
Fürchtend verehrst! (Schiller, Die Braut von Messina)

*Antwort:* 2. Person in dialogischer Rede

*Fahren Sie bitte fort:*

1. Größers wolltest auch du, aber die Liebe zwingt
All uns nieder, das Leid beugelt gewaltiger,
Doch es kehret umsonst nicht
Unser Bogen, woher er kommt (. . .).
(Hölderlin, Lebenslauf)

– lyrisches Ich in der 2. Person

2. Da es Nacht ward, zerbrach kristallen sein Herz und die Finsternis schlug seine Stirne. Unter kahlen Eichbäumen erwürgte er mit eisigen Händen eine wilde Katze. Klagend zur Rechten erschien die weiße

Gestalt eines Engels, und es wuchs im Dunkel der Schatten des Krüppels. (Trakl, Traum und Umnachtung)

– lyrisches Ich in der 3. Person

3. Im tiefen Grund nur wohnet das Ergründen,
Das Äußre laß vor deinen Augen schwinden
Und steige kühn dann in die heil'ge Erde

Ein freudig staunen wird sich um Dich winden
Wie die verschied'ne äußere Geberde
Aus innerem und heil'gem Geiste werde. (Brentano, Sonett)

– lyrisches Ich in der 2. Person

*14.2.1.3./B (Generative Übung):*

Im allgemeinen gilt, daß das durch Substitution verfremdete lyrische Ich mehr die 'moderne' Lyrik kennzeichnet als die klassische. Versuchen Sie sich selbst in 'modern' lyrischen Diskursen (etwa als 'poetisches Tagebuch').

*Beispiele zur Anregung:*

a) Das ist der Herbst – der – bricht dir noch das Herz. (Nietzsche) usw.: Du kümmerst dem Winter entgegen, bis du die Schneeflocken auf deiner Blüte fühlst (usw. im Stil).
b) Du liebst dich – du liebst dich nicht – du liebst dich ...

### 14.2.1.4. Verfremdungen der lyrischen Apostrophe

Ebenso wie das lyrische Ich kann auch die lyrische Apostrophe in verschiedener Weise verfremdend substituiert werden. Die geläufigsten Formen werden mit der Interjektion "o" eingeleitet, der entweder eine 3. Person oder auch eine Genitivkonstruktion folgen kann.

*14.2.1.4./A (Distinktionsübung):*

Bitte versuchen Sie, lyrische Apostrophen in der 3. Person zu unterscheiden von entsprechenden Positionen in dialogischer Rede.

*Beispiele mit Modellantworten:*

a) O der steinerne Hügel. Stille schmilzt und vergessen der kühle Leib im silbernen Schnee hin. (Trakl, Winternacht)

*Antwort:* lyrische Apostrophe in der 3. Person

b) *Emilia.* Oh, mein Vater, wenn ich Sie erriete! –

(Lessing, Emilia Galotti)

*Antwort:* dialogische Rede

*Fahren Sie bitte fort:*

1. Die Eichen schüttelten ernsthaft das Haupt
Die Birken und Birkenreiser
Sie nickten so warnend – und ich rief:
"Vergib mir, mein teurer Kaiser!
Vergib mir, o Rotbart, das rasche Wort! (Heine)

– dialogische Rede

2. Oder es läuten die Schritte
Elis' durch den Hain,
Den hyazinthenen,
Wieder verhallend unter Eichen.
O des Knaben Gestalt
Geformt aus kristallenen Tränen
Und nächtigen Schatten. (Trakl)

– lyrische Apostrophe

3. Weh der steinernen Augen der Schwester, da beim Mahle ihr Wahnsinn auf die nächtige Stirne des Bruders trat, der Mutter unter leidenden Händen das Brot zu Stein ward. O der Verwesten, da sie mit silbernen Zungen die Hölle schwiegen. (Trakl)

– lyrische Apostrophe

### 14.2.2. Lyrische Verfremdung der Satzformen

Die Satzformen (Aussageform, Frageform, Befehlsform) haben im Rahmen dialogischer Rede innerhalb einer Konfiguration feste Funktionen. Äußert z. B. die Ich-Position einen Fragesatz, so folgt von der Du-Position aus die Antwort als Aussagesatz usw. Der lyrische Diskurs verwendet Satzformen ohne solche Zuordnungsmöglichkeit, d. h. *absolut.*

*14.2.2./A (Distinktionsübung):*

Bitte unterscheiden Sie, ob es sich im folgenden um lyrisch verfremdete Satzformen handelt oder um Satzformen innerhalb dialogischer Rede.

*Beispiele mit Modellantworten:*

a) Schlaf und Tod, die düstern Adler
Umrauschen nachtlang dieses Haupt:
Des Menschen goldnes Bildnis
Verschlänge die eisige Woge
Der Ewigkeit. (Trakl, Klage)

*Antwort:* lyrische Verfremdung, absoluter Eventualsatz

b) *Emilia.* Ah, gnädigster Herr! wo sind sie? Wo ist meine Mutter?
(Lessing, Emilia Galotti)

*Antwort:* Fragesatz in dialogischer Rede

*Fahren Sie bitte fort:*

1. Reinheit! Reinheit! Wo sind die furchtbaren Pfade des Todes,
Des grauen steinernen Schweigen, die Felsen der Nacht
Und die friedlosen Schatten? (Trakl, Frühling der Seele)

– lyrische Verfremdung, absoluter Fragesatz

2. Du stiller Ort! in Träumen erschienst du fern
Nach hoffnungslosem Tage dem Sehnenden,
Und du mein Haus, und ihr Gespielen,
Bäume des Hügels, ihr wohlbekannten!
(Hölderlin, Rückkehr in die Heimat)

– lyrische Verfremdung, absoluter Anrufssatz

3. *Wallenstein.* Ists ruhig in der Stadt?
*Gordon.* Die Stadt ist ruhig. (Wallenstein)

– dialogische Rede

### 14.2.3. Lyrische Deskription

Der lyrische Diskurs kennt keine relativ autonome Deskription. Die Deskription ist vielmehr total in den Diskurs integriert, sie ist sogar häufig sein wichtigstes Element. Oft erscheint die lyrische Deskription in Form der lyrischen Apostrophe. Ein weiteres Mittel ist die Verfremdung der Qualitätsadjektiva einer Deskription durch absolut verwendete Zusätze "wie" bzw. "so".

*14.2.3./A (Distinktionsübung):*

Unterscheiden Sie im folgenden narrative und lyrische Deskriptionen. Nennen Sie Kennzeichen der lyrischen Deskriptionen.

*Beispiele mit Modellantworten:*

a) So leise sind die grünen Wälder
Unserer Heimat,
Die Sonne sinkt am Hügel
Und wir haben im Schlaf geweint; (Trakl, Abendland)

*Antwort:* lyrische Deskription; Kennzeichen absolut verwendetes "so"

b) Am Fuße des Berges tat mitten unter den Wäldern und aufgehäuften Felsen sich eine kleine Wiese vor mir auf. Es wurde hell. Der Mond war eben aufgegangen über den finstern Bäumen.
(Hölderlin, Hyperion)

*Antwort:* narrative Deskription

*Fahren Sie bitte fort:*

1. O Liebliche! wie schön bist Du erstanden!
Die Rose in sich selbst so tief verglühet
Ist hoch in Dir, Du Lilie erblühet
In der sich Form und Inhalt schön verbanden.
(Brentano, Auferstehung und Metamorphose)

– lyrische Deskription; Kennzeichen lyr. Apostrophe, absolut verwendetes "wie" und "so"

2. O wie stille ein Gang den blauen Fluß hinab
Vergessenes sinnend, da im grünen Geäst
Die Drossel ein Fremdes in den Untergang rief.
(Trakl, Sebastian im Traum)

– lyrische Deskription; Kennzeichen lyr. Apostrophe, absolut verwendetes "wie"

3. Einige zwanzig Schritte weiter, in Richtung und Lage genau dem Seitenflügel entsprechend, lief eine ganz in kleinblättrigem Efeu stehende, nur an einer Stelle von einer kleinen, weißgestrichenen Eisentür unterbrochene Kirchhofsmauer (...). (Fontane, Effi Briest)

– narrative Deskription

*14.2.3./B (Generative Übung):*

Bitte versuchen Sie im folgenden, narrative Deskriptionen in lyrische zu transformieren und umgekehrt.

*Beispiele mit Modellantworten:*

a) Der Schneefall hatte schon seit ein paar Stunden aufgehört, die Luft

war frisch, und auf das weite dunkelnde Meer fiel der matte Schein der Mondsichel. Kruse fuhr hart am Wasser hin, mitunter den Schaum der Brandung durchschneidend, und Effi, die etwas fröstelte, wickelte sich fester in ihren Mantel und schwieg noch immer und mit Absicht.
(Fontane, Effi Briest)

*Antwort:* (etwa) O der gefallene Schnee und die frische Luft, wie dunkel das Meer und der Mond.

b) Ihr milden Lüfte! Boten Italiens!
Und du mit deinen Pappeln, geliebter Strom!
Ihr wogenden Gebirg! o all ihr
Sonnigen Gipfel, so seid ihrs wieder? (Hölderlin)

*Antwort:* (etwa) Die milden Lüfte erfrischten ihn. Er nahm sie für Boten Italiens. Und da war auch rechterhand der Strom mit den Pappeln und dahinter, ein wenig im Dunst, sah man die sonnigen Gipfel der Berge.

*Fahren Sie bitte fort:*

1. In seiner Fülle ruhet der Herbsttag nun,
Geläutert ist die Traub, und der Hain ist rot
Vom Obst, wenn schon der holden Blüten
Manche der Erde zum Danke fielen. (Hölderlin)

–

2. Er lief weiter und weiter, bis er einsam in der Öde stand, wo nur die Winde über den Deich wehten, wo nichts war als die klagenden Stimmen der großen Vögel, die rasch vorüberschossen; zu seiner Linken die leere weite Marsch, zur anderen Seite der unabsehbare Strand mit seiner jetzt vom Eise schimmernden Fläche der Watten; es war, als liege die ganze Welt in weißem Tod. (Storm, Der Schimmelreiter)

–

3. Abend in verlassener Schenke. Den Heimweg umwittert
Die sanfte Schwermut grasender Herden,
Erscheinung der Nacht: Kröten tauchen aus silbernen Wassern.
(Trakl)

–

### 14.2.4. Die lyrische Perspektive

Im lyrischen Diskurs sind, je nachdem ob ein lyrisches Ich als Basis dient oder nicht, zwei Perspektiven zu unterscheiden: allgemein spricht man von *subjektiver* und *objektiver* lyrischer Darstellung. Wenn man diesen Begriffen keine weitergehende Bedeutung als die der oben genannten

Definition unterlegt, läßt sich von subjektiver und objektiver Perspektive sprechen.

*14.2.4./A (Distinktionsübung):*

Bitte unterscheiden Sie anhand der folgenden Textbeispiele beide lyrischen Perspektiven.

*Beispiele mit Modellantworten:*

a) Ist nicht heilig mein Herz, schöneren Lebens voll,
Seit ich liebe? Warum achtetet ihr mich mehr,
Da ich stolzer und wilder,
Wortereicher und leerer war? (Hölderlin, Menschenbeifall)

*Antwort:* subjektive lyrische Perspektive

b) Schlaf und Tod, die düstern Adler
Umrauschen nachtlang dieses Haupt:
Des Menschen goldnes Bildnis
Verschlänge die eisige Woge
Der Ewigkeit. (Trakl, Klage)

*Antwort:* objektive lyrische Perspektive

*Fahren Sie bitte fort:*

1. Die heiße Flamme des Geistes nährt heute ein gewaltiger Schmerz,
Die ungebornen Enkel. (Trakl, Grodek)

– objektive lyrische Perspektive

2. Ich bin durch die Wüste gezogen,
Des Sandes glühende Wogen
Verbrannten mir den Fuß. (...)
Ich dürste, es bringen die Dorne
Mein siedendes Blut in Fluß.
(Brentano, Ich bin durch die Wüste gezogen)

– subjektive lyrische Perspektive

3. Schwarzer Frost. Die Erde ist hart, nach Bitterem schmeckt die Luft. Deine Sterne schließen sich zu bösen Zeichen.
(Trakl, Winternacht)

– subjektive lyrische Perspektive

4. Auf schwärzlichem Kahn fuhr jener schimmernde Ströme hinab,
Purpurner Sterne voll (...) (Trakl, Siebengesang des Todes)

– objektive lyrische Perspektive

5. Jetzt aber tagts! Ich harrt und sah es kommen,
Und was ich sah, das Heilige sei mein Wort.
Denn sie, sie selbst, die älter denn die Zeiten
Und über die Götter des Abends und Orients ist,
Die Natur ist jetzt mit Waffenklang erwacht (...). (Hölderlin)

– subjektive lyrische Perspektive

*14.2./C (Kritische Diskussion):*

Problematisierung der Definition des lyrischen Genotext-Diskurses: ist die Abgrenzung zu den narrativen Texten eigentlich so deutlich? Oder wird man nicht sagen müssen, daß alle Genres ineinander übergehen? –

Problematisierung der Rolle der Lyrik im Schulunterricht? Wie erklärt sich ihre herkömmliche Bevorzugung? Gibt es (außer Schulen u. ä.) heute überhaupt noch ein Publikum für Lyrik? Welche Lyrik sollte, falls überhaupt, noch in Schullehrplänen erscheinen? Warum?

### 14.3. Historische Genre-Systeme

Ein bestimmter sozialer Träger produziert zu einem bestimmten Zeitpunkt die ihm entsprechende Literatur mittels eines zusammenhängenden und geordneten Komplexes von Genres. Einen solchen Komplex kann man als *synchrones Genre-System* fassen. (Es läßt sich auch von einem *Erwartungshorizont* von Genres sprechen.) Es gibt relativ geschlossene Genre-Systeme, die etwa durch wenige dominierende distinktive Merkmale (z. B. alle Genres in poetischer, extrem prosaferner Form) gekennzeichnet sind – es gibt auch ziemlich heterogene Systeme (z. B. entstanden aus der Interpenetration verschiedener Erwartungshorizonte). Im Normalfall koexistieren bzw. konkurrieren gleichzeitig mehrere synchrone Genre-Systeme. Als treibende Kräfte der Entwicklung (*Evolution* zu lat. evolutio, frz. évolution = Entwicklung) sollen hier nur zwei wesentliche Faktoren genannt werden: 1. die innerliterarische Evolutionstendenz von Automatisierung und Verfremdung; 2. der Mechanismus der Überdetermination. (Vgl. *LsP*, Lektion 8, 9, 10)

### 14.3.1. Die Überdetermination

Ist ein synchrones System insgesamt Element eines anderen, übergreifenden synchronen Systems, so sagen wir, daß das übergreifende System das Subsystem *überdeterminiert* (= 'von oben her determiniert'). Die Regeln der Überdetermination lassen sich nicht abstrakt formulieren, da sie gerade von der konkreten Struktur der infrage stehenden Systeme abhängig sind: so wird die Überdetermination eines literarischen durch ein elementar-kulturelles System konkret ganz anders funktionieren als etwa die Überdetermination eines politischen durch ein ökonomisches System. Immerhin läßt sich sagen, daß niemals ein System als ganzes ein anderes überdeterminiert, daß vielmehr immer konkrete, dominierende Elemente des übergreifenden Systems die Überdetermination ausüben. Ein Beispiel: der Fahrplan einer Buslinie kennt etwa in der Regel 20minütige Abstände; nur in den Zeiten des Schichtwechsels eines an der Linie gelegenen Großbetriebes fahren die Busse in einminütigen Abständen: das System des Fahrplans ist also überdeterminiert durch das System der ökonomischen Großproduktion, und konkret durch die Elemente Schichtsystem und die Prinzipien Zeit- und Kosten-Minimierung.

(Hinzuzufügen ist, daß die Analyse der Überdeterminationsstruktur weiter dadurch kompliziert wird, daß ein gegebenes System gleichzeitig von mehreren übergreifenden Systemen überdeterminiert sein kann, die ihrerseits im Normalfall ebenfalls Überdeterminationsverhältnisse untereinander kennen.)

*14.3.1./C (Kritische Diskussion):*

Die Mechanismen der Überdetermination sind für die programmierte Form des vorliegenden Kurses zu komplex. Deshalb sollen hier nur die Fragestellungen für die Diskussion zweier konkreter Beispiele skizziert werden:

*Beispiel 1: Überdeterminationsstruktur der Gauloises-Reklamen:*

Analyse der typischen Semantik von Gauloises-Reklamen: 'Nonkonformismus', 'individuelle Freiheit', 'Nonchalance'; diese Signifikate beziehen sich durchgängig auf die Lebensweise, d. h. auf Syntagmata der elementaren bzw. schwach-elaborierten Kultur; das erste Überdeterminationsverhältnis ist also elementare Kultur: Literatur; die entsprechenden Signifikate der elementaren Kultur ('Nonkonformismus' usw.) sind ihrerseits überdeterminiert durch korrespondierende Elemente des juristischen (Schutz des Privateigentums und der Privatsphäre), des elaboriert-ideologischen (Ideologie der individuellen Freiheit) und auch des ökonomischen Systems (Ökonomie auf Basis autonomer, frei entscheidender Einheiten). Auf der anderen Seite ist das literarische Genre (Reklame) direkt ökonomisch überdeterminiert. Es liegt also eine komplexe Überdeterminationsstruktur vor, die in mancher Hinsicht als repräsentativ gelten kann für sehr einfache Mechanismen der Überdetermination bei Literatur.

Interessante Fragen: was ist wichtiger für die Gauloises-Reklamen: die direkte Überdetermination durch das ökonomische System oder die Überdetermination durch das kulturelle bzw. elaboriert-ideologische System?

*Beispiel 2: Überdeterminationsstruktur romantischer Lyrik (Brentano: Die Einsiedlerin, Auszüge):*

Die Einsiedlerin
O lasse Geliebter mich einsam leben!
Dem Tode bin ich früh geweiht,
Ich kann dir nicht Friede nicht Freude geben,
Doch beten für dich in Einsamkeit.

Ich will dir Geliebte dein Zellchen bauen,
Mein Herz ist einsam und dir geweiht,
Und durch meine Augen kannst du wohl schauen
Den Himmel so nah, die Welt so weit.
(...)
Noch alle Tag ist's nicht Abend geworden,
Mir bringet die Zeit noch Rosen einst,
Ich ziehe nach Süden, leb' wohl in Norden,
Du lachst mir noch, wie du nun weinst.

Und hinter dem Berge der Freund verschwindet,
Die Sonne geht durchs Himmelstor,
Sein Bündelchen traurig das Mädchen bindet,
Steigt mit dem Mond am Berg empor.

Es stehen die Wälder so stille, stille,
Des Berges Ströme sausen wild,
O stärke den Mut mir, stark ist der Wille,
So betet sie am Heiligenbild.

Da läutet im Winde ein Silberglöckchen,
Sie tritt in die Zelle von Rosenholz,
Und nimmt das braunseidene Klausnerröckchen,
Legt an die Demut, legt ab den Stolz. (...)

Analyse der Genre-Merkmale: Volksliedstrophe (relativ prosanah), Klangfülle (Alliterationen, homonymer Reim), Sangbarkeit (Volksliedstrophe, weiche Fügung, Reime), gewollte Simplizität in der Semantik: Diminutiva, Liebe, Natur; Synthese von narrativem (balladesken) und lyrischem Diskurs. Insgesamt überall der Eindruck einer 'erzwungenen Simplizität', die mittels höchster Artifizialität hergestellt wurde: 'künstliches Volkslied'. – Eindeutige Überdetermination zunächst nur durch das religiöse System (formal Kindergebet, inhaltlich Kloster-Thema): die 'Simplizität' ist religiös (katholisch) gedeutet; auch hier der charakteristische Widerspruch: die simpel-religiöse Perspektive wird einer erotischen Beziehung

Erwachsener 'aufgezwungen'; Hypothese für weitergehende Überdetermination: die Struktur der 'erzwungenen Simplizität' ist überdeterminiert durch die (erzwungene) Restauration historisch bereits obsoleter Werte im kulturellen, ideologischen und politischen System zur Zeit der Romantik: das Gedicht versucht sich an der Aufgabe, zumindest auf seinem Sektor 'überzeugende' Restauration zu vollziehen – es propagiert die religiöse Perspektive für die elementare und schwach-elaborierte Kultur (Liebe, erotische Komplikationen) und darüber hinaus allgemein die 'kindliche Simplizität'. – Diskussion der Wirksamkeit: was konnte das Genre des 'künstlichen Volkslieds' in diesem Zusammenhang leisten?
(Vgl. *LsP*, Lektion 10)

### 14.3.2. Das 'hohe' Genre-System des späten 18. Jahrhunderts

Abschließend sollen exemplarische Genres des 18. Jahrhunderts behandelt werden: als Beispiele für historische Genre-Systeme und als Einübung in einige wichtige Genres. Das im folgenden behandelte System der 'hohen' Genres in der bürgerlichen deutschen Literatur des späten 18. Jahrhunderts ist schrittweise entstanden und war niemals ganz geschlossen. Es war aber durchgehend dazu gedacht, adäquates System für 'hohe' Gegenstände des damaligen Bürgertums wie Religion, politischen Heroismus, nationale Einigung zu sein.

#### 14.3.2.1. Genresystem-konstitutive Merkmale (der 'hohe Ton')

Als *genresystem-konstitutive Merkmale* (herkömmlich auch 'Ton' genannt) sollen Merkmale bezeichnet werden, die für das ganze Genre-System charakteristisch sind. Im vorliegenden Fall sind das vor allem folgende Merkmale: a) Poesie, nicht Prosa; b) reimlos, nicht gereimt; c) relativ prosafern; d) einheitliche Sprachebene die gewählte Hochsprache, Verbot aller Vulgarismen; e) Tektonik der Komposition; f) mögliche Themen: Religion, Kunst, politischer Heroismus.

*14.3.2.1./A (Distinktionsübung):*

Bitte versuchen Sie unter den folgenden Textbeispielen die Ausschnitte aus 'hohen' Genres zu erkennen.

*Beispiele mit Modellantworten:*

a) (aus Schillers "Spaziergang", 1795:)
Seine Fesseln zerbricht der Mensch, der Beglückte, zerriß er
Mit den Fesseln der Furcht nur nicht den Zügel der Scham!

Freiheit ruft die Vernunft, Freiheit, die wilde Begierde,
Von der heilgen Natur ringen sie lüstern sich los.

*Antwort:* ja (Poesie, relativ prosafern: Hexameter, Pentameter; reimlos; gewählte Hochsprache; Thema politischer Heroismus)

b) O gib, vom weichen Pfühle,
Träumend, ein halb Gehör!
Bei meinem Saitenspiele
Schlafe! was willst du mehr? (Goethe)

*Antwort:* nein (gereimt, relativ prosanah, Thematik)

*Fahren Sie bitte fort:*

1. (aus Hölderlins "Der Zeitgeist":)
Zu lange schon waltest über dem Haupte mir
Du in der dunklen Wolke, du Gott der Zeit!
Zu wild, zu bang ists ringsum, und es
Trümmert und wankt ja, wohin ich blicke.

– ja (Poesie; reimlos; relativ prosafern: Alkäus; gewählte Hochsprache; Thema politischer Heroismus)

2. *Wallenstein.* Ich will Euch sagen, wie das zugeht – Ja,
Der Österreicher *hat* ein Vaterland,
Und liebts, und hat auch Ursach, es zu lieben.
Doch *dieses* Heer, das kaiserlich sich nennt,
Das hier in Böhmen hauset, das hat keins. (Schiller, Wallenstein)

– ja (Poesie; reimlos; relativ prosafern; gewählte Hochsprache; Thema: politischer Heroismus)

3. *Marinelli.* Man hat Exempel, Herr Graf, daß sich Hochzeiten aufschieben lassen. – Ich glaube freilich nicht, daß der Braut oder dem Bräutigam immer damit gedient ist. Die Sache mag ihr Unangenehmes haben. (. . .) (Lessing, Emilia Galotti)

– nein (Prosa; Konversationssprache)

### 14.3.2.2. Das 'große' Epos

Auf dem Gebiet der Epik entspricht dem 'hohen' Genre-System des späten 18. Jahrhunderts das *'große' (Vers-)Epos.* Sein Vers ist der *Hexameter.*

### 14.3.2.3. Die 'hohe' Tragödie

Auf dem Gebiet des Dramas entspricht dem 'hohen' Genre-System die *'hohe' (Vers-)Tragödie.* Ihr Vers ist der *Blankvers.*

*14.3.2.3./A (Distinktionsübung):*

Bitte versuchen Sie, unter den folgenden Textausschnitten Beispiele für die 'hohe' Tragödie festzustellen.

*Beispiel mit Modellantwort:*

a) *Fiesco.* (...) Republikaner Fiesco? Herzog Fiesco? – Gemach – Hier ist der jähe Hinuntersturz, wo die Mark der Tugend sich schließt, sich scheiden Himmel und Hölle – Eben hier haben Helden gestrauchelt, und Helden sind gesunken (...). (Schiller, Fiesco)

*Antwort:* nein (Prosa)

*Fahren Sie bitte fort:*

1. *Leicester.* Wahr ists, ich habe selber meine Stimme
Zu ihrem Tod gegeben im Gericht.
– Im Staatsrat sprech ich anders. Hier ist nicht
Die Rede von dem Recht, nur von dem Vorteil.
Ists jetzt die Zeit, von ihr Gefahr zu fürchten,
Da Frankreich sie verläßt, ihr einzger Schutz (...)?
(Schiller, Maria Stuart)

– ja

2. *Empedokles.* Immer seid
Ihr gern um mich gewesen, denn ihr wart's
Gewohnt, von lieber Jugend her, wo wir
Zusammen auf in diesem Hause wuchsen,
Das meinem Vater war und mir, und fremd
Ist meiner Brust das herrisch-kalte Wort.
Ihr habt der Knechtschaft Schicksal nie gefühlt.
Ich glaub es euch, ihr folgtet gerne mir,
Wohin ich muß. Doch kann ich es nicht dulden,
Daß euch der Fluch des Priesters ängstige. (Hölderlin, Empedokles)

– ja

3. *Alfons.* Er will hinweg, er will nach Rom; es sei!
Nur daß mir Scipio Gonzaga nicht,
Der kluge Medicis, ihn nicht entwende!
Das hat Italien so groß gemacht,
Daß jeder Nachbar mit dem andern streitet,
Die bessern zu besitzen, zu benutzen.
Ein Feldherr ohne Heer scheint mir ein Fürst,
Der die Talente nicht um sich versammelt.
(Goethe, Torquato Tasso)

– ja

### 14.3.2.4. Die 'hohen' lyrischen Genres: Ode, Elegie und Hymne

Auf dem Gebiet der Lyrik entsprechen hauptsächlich drei Genres dem 'hohen' Genre-System: die *Ode*, die *Elegie* und die *Hymne*. Unter den Oden unterscheidet man asklepiadeische und alkäische Oden nach dem Anfangsvers ihrer vierzeiligen Strophen. Das Versmaß der Elegie ist das *elegische Distichon* (Distichon griech. = Zweizeiler), das aus Hexameter plus Pentameter besteht. Die Hymne schließlich hat meistens hart gefügte freie Rhythmen.

*14.3.2.4./A (Distinktionsübung):*

Bitte unterscheiden Sie im folgenden Ode, Elegie und Hymne.

*Beispiele mit Modellantworten:*

a) Und wie im Aug ein Feuer dem Manne glänzt,
Wenn hohes er entwarf, so ist
Von neuem an den Zeichen, den Taten der Welt, jetzt
Ein Feuer angezündet in Seelen der Dichter. (Hölderlin)

*Antwort:* Hymne

b) Bis die Natur erwacht, und mit schweren ehernen Händen
An das hohle Gebräu rühret die Not und die Zeit,
Einer Tigerin gleich, die das eiserne Gitter durchbrochen
Und des numidischen Walds plötzlich und schrecklich gedenkt,
Aufsteht mit des Verbrechens Wut und des Elends die Menschheit
Und in der Asche der Stadt sucht die verlorne Natur. (Schiller)

*Antwort:* Elegie

*Fahren Sie bitte fort:*

1. Aber an Salamis Ufern, o Tag! an Salamis Ufern,
Harrend des Endes, stehn die Athenerinnen, die Jungfraun,
Stehn die Mütter, wiegend im Arm das gerettete Söhnlein;
Aber den Horchenden schallt aus Tiefen die Stimme des Meergotts
Heilweissagend herauf, es schauen die Götter des Himmels
Wägend und richtend herab, denn dort an den bebenden Ufern
Wankt seit Tagesbeginn, wie langsamwandelnd Gewitter,
Dort auf schäumenden Wassern die Schlacht (...). (Hölderlin)

– Elegie

2. O heilig Herz der Völker, o Vaterland!
Allduldend, gleich der schweigenden Mutter Erd,
Und allverkannt, wenn schon aus deiner
Tiefe die Fremden ihr Bestes haben! (Hölderlin)

– alkäische Ode

3. Wir, die Zungen des Volks, gerne bei Lebenden,
Wo sich vieles gesellt, freudig und jedem gleich,
Jedem offen, so ist ja
Unser Vater, des Himmels Gott (...). (Hölderlin)

– asklepiadeische Ode

*14.3.2./C (Kritische Diskussion):*

Frage nach möglichen Überdeterminationen des 'hohen' Genre-Systems im 18. Jahrhundert: lassen sich Gründe für die Esoterik (griech. = nur für Eingeweihte) der Form angeben? Ist der Widerspruch zwischen aktuell-politischer Thematik und esoterischer Form zu erklären? (Beispiel Hölderlin: warum schrieb Hölderlin sein Epos, den "Hyperion", dennoch nicht in Versform? Lassen sich im "Hyperion" Kennzeichen des 'hohen' Genre-Systems entdecken?) –

Diskussion von Genres des späten 18. Jahrhunderts, die in ausgesprochener Opposition zum 'hohen' Genre-System stehen (z. B. Prosaroman, Prosadrama, gereimtes Lied, Ballade): handelt es sich wirklich um zwei Genre-Systeme? Wieweit besteht Vermischung und wie ließe sie sich erklären? –

Welche Rolle sollte das 'hohe' Genre-System, der deutsche Klassizismus, noch im Schulunterricht spielen? Oder sollte dieser Komplex schlicht gestrichen werden? Was könnte hier 'kulturelles Erbe' sein und wie könnte man es verarbeiten? (In diesem Zusammenhang Diskussion der Brechtschen Parodien des 'hohen' Genre-Systems: besonders "Die heilige Johanna".)

*14./D (Exemplarische historische Anwendungen:)*

Vorschläge:
(zur Lyrik:) a) Hölderlin,
b) Eichendorff,
c) Trakl;
(zur Überdetermination:) d) Gauloises-Reklamen;
e) Brentano-Gedicht (s. o.),
f) Heines "Deutschland, ein Wintermärchen";
(weitere Beispiele für Genre-Systeme:)

g) das naturalistische Genre-System,
h) das Genre-System Brechts.

Wiederholung der Grundbegriffe aus Lektion 14:

Bitte ergänzen Sie folgende Sätze:

*Beispiel mit Modellantwort:*

a) Nicht-narrative Texte sind Texte, ...
*Antwort:* denen keine Handlung zugrunde liegt.

*Fahren Sie fort:*

1. Als absolute Verwendung von Personalpronomina bezeichnen wir ...
– eine Verwendung ohne Beziehbarkeit auf eine entsprechende Konfiguration.
2. Die absolut verwendete 1. Person heißt ...
– lyrisches Ich.
3. Als lyrische Apostrophe bezeichnet man ...
– die absolute Verwendung der 2. Person.
4. Absolute Verwendung der Partikel 'wie' und 'so' vor Qualitätsadjektiven ist typisch für ...
– die lyrische Deskription.
5. Dient einem lyrischen Diskurs kein lyrisches Ich als Basis, so sprechen wir von ...
– objektiver lyrischer Perspektive.
6. Unter Überdetermination verstehen wir ...
– die Determination eines synchronen Systems durch ein übergreifendes synchrones System, als dessen Element das erste begreifbar ist.
7. Die Versform des 'großen' Epos des 18. Jahrhunderts ist ...
– der Hexameter.
8. Als Versmaß der 'hohen' Tragödie des deutschen Klassizismus dient ...
– der Blankvers.
9. Als Versmaß der klassizistischen Elegie dient ...
– das elegische Distichon (Hexameter plus Pentameter).
10. Das 'hohe' lyrische Genre in hart gefügten freien Rhythmen nennt man ...
– Hymne.

# ANHANG

## Vorbemerkung

Der folgende Anhang, der der 2. Auflage hinzugefügt wurde, bringt teils Ergänzungen, für die im Hauptteil der Raum fehlte, teils und vor allem exemplarische Illustrationen (Abbildungen, Schemata) zu zentralen Kategorien. Sie sind als ärmlicher Hinweis auf die Möglichkeiten einer audiovisuellen Version gedacht und sollen Lehrende wie Lernende für die praktische Verwendung anregen. Bei der Verwendung auf der Oberstufe des Gymnasiums oder in der universitären Grundstufe empfiehlt sich natürlich die Arbeit an *einem* 'Basistext' (zu koppeln mit auswechselbaren, z. B. gerade aktuellen Begleittexten wie seinerzeit etwa Plenzdorfs und Goethes *Werther* oder heute Charles Bukowskis *Fuck Machine* u. Hoffmanns *Sandmann*). Als 'Basistext' wird im folgenden Schillers *Wallenstein* vorgeschlagen.

### *1.4.3.1./E. Konnotative Polysemien*

Als Beispiel wählen wir ein Exemplar aus der in 1.4.3.1. erwähnten Gold-Reklameserie (*Abb. 1*). Der visuelle Text soll dazu dienen, die sprachliche Denotation ("Gold ist Liebe") konnotativ aufzubauen. Das geschieht durch die folgende Kombination eines denotierten Paradigmas mit einem konnotierten Syntagma:

farbliches Paradigma: 'golden'

goldener Schmuck

goldenes Haar

Syntagma: goldene – nackte – Haut – 'bereit zur Liebe'

Durch den Mechanismus der Konnotation wird in diesem Fall also der Eindruck erweckt, 'Liebe' gehöre zum Paradigma von 'Gold'.

### *2.4.2./E. Sem-Analyse*

Gegen die Sem-Analyse nach Greimas richten sich manche Einwände, die in dem Verdacht kulminieren, sie lasse sich empirisch nicht nachkontrollieren.

hänge von subjektiven Einschätzungen ab usw. Diese Kritik hebt sich, soweit sie in Einzelfällen überzeugend eine Sem-Analyse *falsifiziert*, tendenziell selbst auf: denn falsifizierend muß sie *objektiv* gültige semantische Strukturen postulieren. In der Tat kann nicht genügend unterstrichen werden, daß die Sem-Analyse lediglich objektiv gegebene sprachliche Strukturen in einem *metasprachlichen* (zu griech. meta = abgehoben von; wissenschaftliche Sprache *über* Sprache als Gegenstand) Modell formulieren möchte. Die einzelnen empirischen Verfahren dafür müßten von der strukturalen Linguistik erst noch entwickelt werden.

Wenn z. B. im Deutschen 'kugelrund' korrekt ist (als Kurzform für: 'rund wie eine Kugel'), so folgt daraus zweifelsfrei, daß 'rund' semantisch in 'Kugel' enthalten ist, ein Sem von 'Kugel' ist. Nehmen wir also z. B. an, daß das Sem 'rund' auch in 'Kreis' enthalten ist, so müßten wir hypothetisch 'kreisrund' bilden können usw. Versuchen wir dieses Verfahren auf unsere Beispiele in *2.4.2./A.* anzuwenden, so müßte man sagen können: 'ausgedehnt wie ein Monat', 'zeitlich wie ein Monat', was wohl angeht. Ebenso läßt sich nicht nur 'pechschwarz', sondern auch 'schwarz wie ein Neger' sagen. Warum geht 'farbig wie grün' oder 'farbig wie rot' nicht? Weil diese Lexeme nur aus zwei Semen bestehen: 'Farbe' und eine bestimmte Qualität; erweitert man die Lexeme, so kann man sagen 'hell wie krebsrot' usw.

In dieser Richtung (der Bildung künstlicher Modelle zum Zweck der Konfrontation mit dem sprachlichen Material) könnte die empirisch-strukturale Linguistik sicherlich noch viele Entdeckungen machen. Ein anderes Beispiel: wieso ist 'Mensch' in 'Riese' semantisch enthalten? Weil sich zwar sagen läßt: 'Riesenwelle', 'Riesenvogel', 'Riesenauto', 'Riesenaffe', aber nicht 'Riesenmensch'. Gerade die Analyse der Tropen (s. Lektion 6) mit modernen Methoden verspräche eine große Anzahl von sem-analytischen Erkenntnissen. Überhaupt ist literarische Rede häufig nichts anderes als schöpferisch angewandte Sem-Analyse (so wenn die Reklame Innovationen wie "frischwärts", "herbbeerig" usw. bildet).

### *3.1.3./E. Konnotation im sprachlichen Text*

Um den Mechanismus der sprachlichen Konnotation zu illustrieren, soll folgender Satz als Beispiel dienen: 'In diesem grauen Arbeitszimmer hatte er sie geliebt.' Jedes Semem dieses Satzes projiziert klassematische Paradigmata, die *potentiell* als Konnotate dienen können: (s. Abb. S. 357)

Warum wird von all diesen Möglichkeiten mit einiger Wahrscheinlichkeit höchstens 'bunt' und 'Schlafzimmer' wirklich konnotiert werden? Weil eine pragmatische (wenn nicht semantische) Opposition zwischen 'lieben' und 'arbeiten' besteht. Die ungewöhnliche Kombination von beiden ruft also die fehlenden Elemente wach. Es handelt sich um intra-textuelle Konnotation.

Die Mode
kommt aus der Mode.
Die Liebe nie.
Gold. Mit dem Stempel des Echten. Als ein Ausdruck unvergänglicher Zuneigung. Echter Goldschmuck, eine Äußerung innerer Gefühle. Denn „Gold ist Liebe" – unter diesem Titel erhalten Sie als Geschenk von Ihrem Schmuck-Fachhändler ein Büchlein. Es zeigt Ihnen eine Welt persönlichster Geschenke. Eine Welt in Liebe. Lassen Sie sich beraten: denn bleibende Werte erfordern
Gold ist Liebe.

Text zur Abbildung
„Die Mode kommt aus der Mode. Die Liebe nie.":

Gold. Mit dem Stempel des Echten. Als ein Ausdruck unvergänglicher Zuneigung.
Echter Goldschmuck, eine Äußerung innerer Gefühle. Denn „Gold ist Liebe" – unter diesem Titel erhalten Sie als Geschenk von Ihrem Schmuck-Fachhändler ein Büchlein. Es zeigt Ihnen eine Welt persönlichster Geschenke. Eine Welt in Liebe. Lassen Sie sich beraten: denn bleibende Werte erfordern

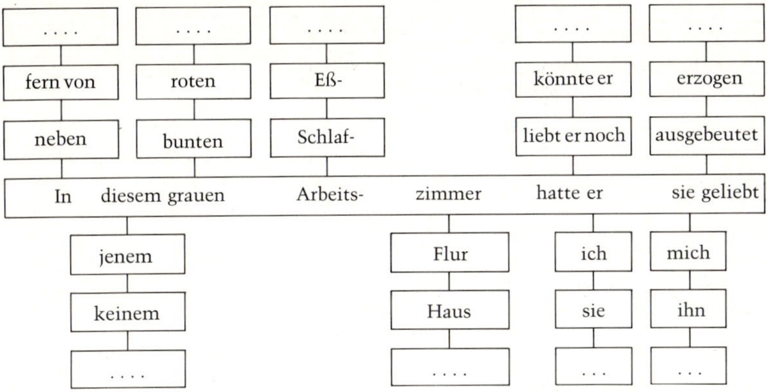


Wie man sieht, sind ferner Konnotationen wahrscheinlicher, die untereinander ihrerseits eine sinnvolle Teilstruktur bilden (wie hier 'bunten' und 'Schlafzimmer').

Es folgt ein Beispiel aus *Wallensteins Lager.* Dieses Stück wurde im Oktober 1798 erstmals gespielt, in einer Zeit, als die militärischen Siege und der politische Aufstieg Napoleons (ursprünglich eines kleinen bürgerlichen Offiziers) sicherlich den Gesprächsstoff Nr. 1 in Europa bildeten. Wenn es also im Prolog hieß: "Des Glückes abenteuerlichen Sohn,/ Der, von der Zeiten Gunst emporgetragen,/ Der Ehre höchste Staffeln rasch erstieg,/ (. . .)" –, so konnte das zweifellos eine Napoleon-Konnotation nahelegen, brauchte es aber nicht. Es hätte sich um eine Inter-System-Konnotation (zwischen literarischem und politischem System) gehandelt. Wie wir sahen, wird eine Konnotation umso wahrscheinlicher, je mehr Konnotate sich zu *einer* sinnvollen Struktur fügen. Wenn es also in dem Stück selbst bald darauf heißt:

> Es treibt sich der Bürgersmann, träg und dumm,
> Wie des Färbers Gaul, nur im Ring herum.
> Aus dem Soldaten kann alles werden,
> Denn Krieg ist jetzt die Losung auf Erden.
> Seh Er mal *mich* an! In diesem Rock
> Führ ich, sieht Er, des Kaisers Stock. (. . .)
> Und wers zum Korporal erst hat gebracht,
> Der steht auf der Leiter zur höchsten Macht, (. . .) –

so mußte die Napoleon-Konnotation verstärkt werden, gab es damals doch ein bekanntes geflügeltes Wort, nach dem die Soldaten der französischen Revolutionsarmee (wie Napoleon) den "Marschallstab im Tornister trugen". Das gleiche gilt für die bekannte Tatsache, daß die republikanischen Soldaten ihre Offiziere selbst wählen durften:

Der Piccolomini, der junge, tut sie jetzt führen,
Den haben sie sich aus eigner Macht
Zum Oberst gesetzt in der Lützner Schlacht (. . .). –
Haben sie sich so was rausgenommen?

Weitere Konnotate ließen sich hinzufügen, so daß die Napoleon-Konnotation insgesamt große Wahrscheinlichkeit gewinnt. Wahrscheinlich hat Schiller sie also bewußt angelegt, offenbar wollte er durch eine literarisch-politische Inter-System-Konnotation einen literarischen Beitrag zur Diskussion über das Phänomen Napoleon leisten, das durch dieses Konnotations-Verfahren selbst (Wallenstein war bereits ein Napoleon, Napoleon ist eine Wiedergeburt Wallensteins) bereits in eine bestimmte ideologische Perspektive (der 'anthropologischen Konstante') gerückt wird. (Vgl. auch *LsP.*)

### *3.2.4./E. Isotopie-Analyse*

Die gleichen Bedenken wie gegen die Sem-Analyse richten sich naturgemäß auch gegen die Isotopie-Analyse. Auch hier empfiehlt sich also eine zusätzliche Illustration. Wir gehen von zwei Beispielen aus dem Hauptteil aus:

*2.4.3./A.(3.)* (Chile-Beispiel aus der QUICK)

Es handelt sich um eine Isotopie, die insgesamt von dem Klassem 'politisch' dominiert wird; als nächstes Klassem folgt '± demokratisch', wobei '+ demokratisch' enthalten ist in: "Chile", "Wahl", "freie Wahlen" –, '-demokratisch' in: 'kommunistisch', 'Diktatur'. Die 'rechte Diktatur' wird als semantische Mitte zwischen '± demokratisch' gesehen, da sie 'freie Wahlen' "ankündigt". Weitere Klasseme sind: 'politisches Subjekt' ("Land"), 'Zeitdimension' ("Entwicklung . . .", "für immer", "angekündigt", "sobald", "wieder") sowie '± Ordnung'. Die Isotopie läßt sich also wie folgt schematisieren:

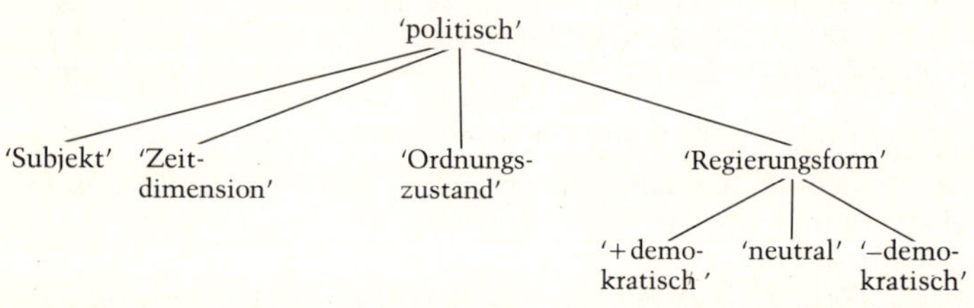


Und nun zur Kontrolle: die Isotopie ist plausibel analysiert, wenn sich ihr der ganze Text in folgender *Paradigma-Syntagma-Matrix* zuordnen läßt (die Lektüre von links oben nach rechts unten muß den Text wiederherstellen):

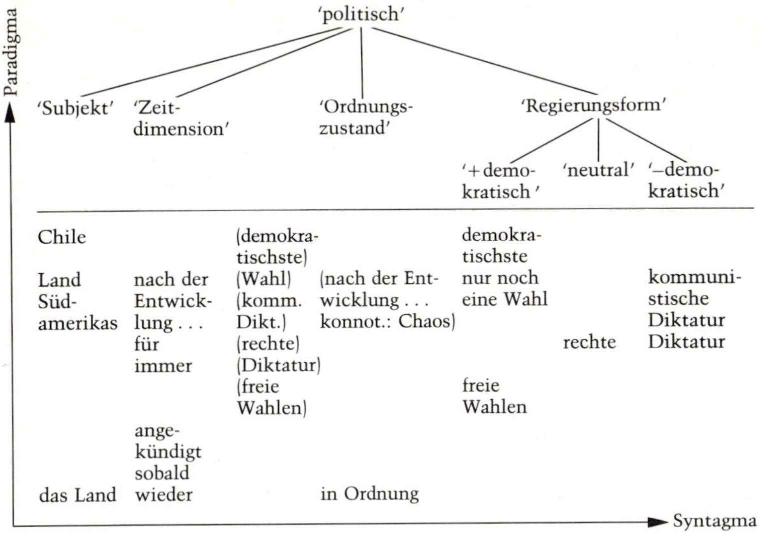


Wie man sieht, muß sich ein hierarchisch 'hoch' plaziertes Klassem (wie hier 'politisch') am häufigsten wiederholen. (Die Ideologiekritik des Textes kann vor allem an dem Nebeneinander von Regierungsform und Ordnungszustand sowie an der neutralen Halb-Demokratie ansetzen.)

*3.2.2.(1.)* (Goethe-Beispiel aus Kants *Die Aula*)

In dieser Isotopie dominiert die Opposition 'materiell' vs 'geistig' bzw. 'proletarisch' vs 'intellektuell/künstlerisch' ('Handarbeit' vs 'Kopfarbeit'). Hinzu treten menschliche und gegenständliche Aktanten sowie Relationen zwischen dem 'Hand-' und dem 'Kopf'-Bereich:

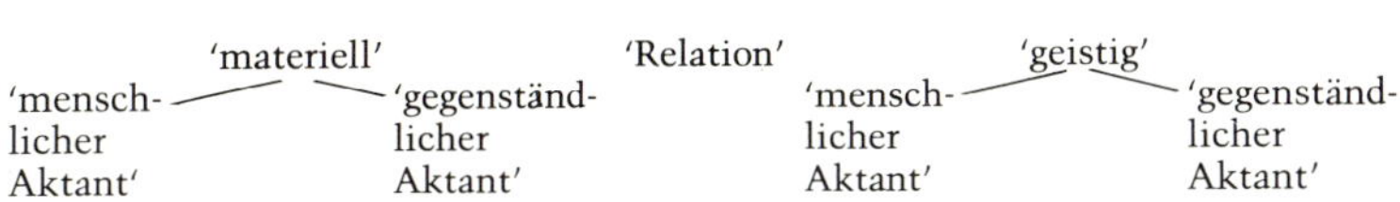

Und wieder die Probe aufs Exempel:

| 'menschlicher Aktant' | 'materiell' | 'gegenständlicher Aktant' | 'Relation' | 'menschlicher Aktant' | 'geistig' | 'gegenständlicher Aktant' |
|---|---|---|---|---|---|---|
| | | | | Mit Goethe | (Goethe) | |
| schon in meiner Lehrzeit | (Lehrzeit) | | bekannt geworden | | | |
| Ich lernte | (lernen) | | | | | |
| Elektriker | (Elektriker) | | | | | |
| Elektriker | (Haus) | Haus | | | | |
| arbeiten | (arbeiten) | entsetzlich | | | | |
| müssen | (Schmutz) | schmutzig | | | | |
| | (Schmutz) | so schmutzige Wohnung | | auf Goethe | (Goethe) | |
| | | | stieß | | | (Konnot.: **Buch** von Goethe) |

Diese Isotopie (der Arbeiter begegnet der Literatur 'im Dreck') kehrt in der DDR-Literatur häufig wieder (vgl. auch Plenzdorfs *Neue Leiden,* wo der Arbeiter Goethe auf dem Klo begegnet), in ihr wird die 'Aneignung des klassischen literarischen Erbes durch die Arbeiter' nicht ohne Humor sinnfällig gemacht.

Schließlich ein Beispiel aus dem *Wallenstein:* die berühmten Schlußverse des Prologs zum *Lager:*

> Und wenn die Muse heut,
> Des Tanzes freie Göttin und Gesangs,
> Ihr altes deutsches Recht, des Reimes Spiel,
> Bescheiden wieder fordert – tadelts nicht!
> Ja danket ihrs, daß sie das düstre Bild
> Der Wahrheit in das heitre Reich der Kunst
> Hinüberspielt, die Täuschung, die sie schafft,
> Aufrichtig selbst zerstört und ihren Schein
> Der Wahrheit nicht betrüglich unterschiebt,
> Ernst ist das Leben, heiter ist die Kunst.

Die dominierende klassematische Opposition ist (eindeutig durch die pointierte Schlußzeile ausgewiesen) 'Leben' vs 'Kunst'. Unter 'Leben' ist (das ergibt sich aus dem vorhergehenden) vor allem 'Politik' zu verstehen. Die 'Kunst' ihrerseits erscheint als semantische Teilmenge zu 'Spiel', 'Leben' und 'Spiel/Kunst' äußern sich qualitativ als '± Illusion'. Es ergibt sich folgendes Schema:

| 'Politik' | 'Leben' | Qualität: '–Illusion' | Farbe: 'düster' | Farbe: 'heiter' | Qualität: '+Illusion' | 'Spiel' | 'Kunst' | 'Tanz' usw. |
|---|---|---|---|---|---|---|---|---|
| | | | | | | | Muse | Tanzes |
| freie | | | | | | | Göttin | Gesangs |
| altes | | | | | | | | |
| deutsches | | | | | | | | |
| Recht | | | | | | | | Reimes |
| | | | | | | Spiel | | |
| bescheiden | | | | | | | | |
| (konnot.: | | | düstere | | | | | Bild |
| deutsch) | | | | | | | | |
| | | Wahrheit | | heitere | | | | |
| Reich | | | | | | | Kunst | |
| | | | | | | hinüber- | | |
| | | | | | | spielt | | |
| | | | | | Täuschung | | | |
| | | aufrichtig | | | | | | |
| (zerstört) | | | | | Schein | | | |
| | | Wahrheit | | | | | | |
| | | nicht | | | betrüglich | | | |
| (unter- | | | | | | | | |
| schiebt) | | | ernst | | | | | |
| | Leben | | | heiter | | | Kunst | |

Die 'Klassizität' dieser Isotopie zeigt sich vor allem in der meisterhaften Integration ihrer beiden Hälften: metaphorisch wird stets die eine in die andere 'hinübergespielt' (alle politischen Sememe beziehen sich z. B. auf die Kunst!).

### *3.4.1.1./E. Systematische Rede*

Alle Arten der Rede, die als isotopiekonstitutive Aktanten abstrakte Kategorien verwenden, sollen als *systematische Rede* zusammengefaßt werden. Im folgenden werden zwei Unterarten systematischer Rede näher behandelt: wissenschaftliche Rede im engeren Sinne und ideologische Rede. Aus der Verwendung abstrakter Kategorien als isotopiekonstitutiver Aktanten folgt, daß die systematische Rede stets nur Aussagen macht, die für eine ganze *Klasse* von Gegenständen, die gleichen Gesetzen unterworfen sind, Gültigkeit haben. Systematische Rede kann also nicht strikt individuelle, einmalige Gegenstände bzw. Vorgänge abbilden (wie z. B. eine individuelle Lebensgeschichte).

*3.4.1.1./E./A. (Distinktionsübung):*

Bitte versuchen Sie zu entscheiden, ob die im folgenden genannten Gegenstandsbereiche in systematischer Rede abbildbar sind oder nicht.

*Beispiel:*

Die Beschreibung des Hofs hinter Ihrem Haus?

*Antwort:* nein

*Fahren Sie bitte fort:*

1. die Beschreibung der Herausbildung mittelalterlicher Städte in der Feudalgesellschaft unter politökonomischem Aspekt?

– ja

2. Die Geschichte der Reisen Marco Polos?

– nein

3. die Beschreibung der Reaktion einzelner Kapitalisten am Tage des großen Börsenkrachs von 1929 ("Schwarzer Freitag")?

– nein

4. die Beschreibung von Gesetzen des kapitalistischen Konjunktur-Krisen Zyklus?

– ja

*3.4.1.1./E./C. (Kritische Diskussion):*

Warum wäre der Schluß des *Wallenstein*-Prologs (s. o. *3.2.4./E.*) nicht als systematische Rede zu bezeichnen? (Individualisierende Sememe wie "heut", dialogische Elemente wie "tadelts nicht!", die die abstrakten Kategorien wie "Kunst" auf das individuelle Stück *Wallensteins Lager* einschränken.) Versuchen Sie, den Textabschnitt in systematische Rede zu transformieren.

*Antwort:* (etwa): 'Deutsche Poesie, die in der nationalen Tradition des Mittelalters steht, ist durchgehend gereimt. Der Reim signalisiert den Kunstcharakter von Poesie, wodurch entsprechende Texte sich deutlich vom Naturalismus abheben usw.'

### *4.2.1./E. Literarische Rede, Fiktion und Fiktionalität*

Häufig wird kein Unterschied zwischen *literarischen, fiktiven* (zu lat. fictio = Erfindung) und *fiktionalen* Texten gemacht. Der vorliegende Kurs spricht nur von literarische Rede, die er durch gesellschaftliche Institutionalisierung und daneben durch Verwendung von Verfremdungen als Textkonstituentien definiert. Fiktion und Fiktionalität sind damit keineswegs deckungsgleich. Sie werden vielmehr in der Regel im Gegensatz zu *pragmatischen* (zu griech. pragma = Sache, Vorgang) Texten definiert, d. h. zu Texten, die daran zu messen sind, ob sie Gegenstände und Vorgänge der außersprachlichen Realität *intersubjektiv* (lat. = gültig für beliebig viele Subjekte) nachkontrollierbar korrekt abbilden. Fiktionale Texte haben nach dieser Definition zwar die *gleiche Struktur, als ob* sie pragmatische Sachverhalte abbildeten, sind aber von der Kontrollierbarkeit prinzipiell ausgenommen. (Diese Struktur ließe sich natürlich auch als *Verfremdung* auffassen.) Da es jedoch Texte gibt, die sowohl außersprachliche Realität intersubjektiv korrekt abbilden als auch (jedenfalls häufig) als fiktional betrachtet werden (Beispiel: Chroniken, Anekdoten, bestimmte Reportagen, 'Faktenliteratur' usw.), erscheint uns höchstens die folgende (nur zur praktischen Orientierung vorgeschlagene) Abgrenzung operational: (1) *literarisch* (Definition im Hauptteil); (2) *fiktiv-deskriptiv* (= pragmatische Texte mit Wahrheitsanspruch und falsifizierten Realitätsaussagen, also 'Falschaussagen'); (3) *fiktiv-projektiv* (= generell-exemplarische Modellfiktionen in systematischen Texten, die zwar aktuell nicht verifizierbar/falsifizierbar, wohl aber auf wissenschaftlich verstandene Realität beziehbar sind; (4) *fiktional* (individuelle Modellfiktionen in literarischen Texten, für die die pragmatische Verifikation/Falsifikation unerheblich ist und die auf eine beliebige Vielzahl *individueller* Fälle beziehbar sind).

*Praktisch* fällt der größte Teil als fiktional bezeichneter Texte mit den *literarischen narrativen Texten* (s. Lektion 10 – 13) zusammen (theoretisch werden meistens auch lyrische Texte als fiktional angesehen, aber selten unter diesem Aspekt analysiert).

Wir versuchen, das Gemeinte an einem drastischen Beispiel zu illustrieren. Vor uns liegen verschiedene Reklameserien für Klopapier. In einem Beispiel heißt es u. a. "Mollig-weiche Sparsamkeit". Dieser Textausschnitt (der fast den ganzen Text einnimmt) ist zweifellos literarisch konstituiert (verfremdende Formulierung von 'sowohl billig als auch Qualität'; Lautmalerei durch [x]-Laut), als fiktional würde ihn aber wohl niemand bezeichnen wollen. Nehmen wir das zweite Beispiel: "... aber das Schönste war ihr Toilettenpapier: dreilagig, herrlich weich und zart. Ich glaube, es war von Xyz." Das ist der ganze sprachliche Text dieser Anzeige. Es handelt sich eindeutig um einen fiktionalen Text: eine individuelle Liebesgeschichte ist konnotiert, die zwar pragmatisch nirgends stattgefunden hat, mit der sich aber dennoch reale Individuen identifizieren können. Wie man sieht, sind gerade die literarischnarrativen Textkonstituentien (episches Präteritum, individuelle Konfiguration) ausreichend, um einen fiktionalen Text zu konnotieren.

Ergänzen wir das Beispiel nun noch selbst um den fiktiv-deskriptiven und den fiktiv-projektiven Fall (Sie können es vor dem Weiterlesen zunächst selbst versuchen):

– *Fiktiv-deskriptiv:* Ein von seiner Frau betrogener Ehemann erzählt ihr aus Rache die in dem Beispiel konnotierte Geschichte und führt als beweiskräftiges Detail das Klopapier an, alles ist jedoch erfunden.

– *Fiktiv-projektiv:* In der Produktplanungsbesprechung einer Klopapierfirma wird vorgeschlagen: 'Wir könnten ein dreilagiges Papier entwickeln, das folgende Eigenschaften hätte usw.'.

### *4.5.1.2.1./E. Der Chiasmus*

Als *Chiasmus* (zur Form des griech. Buchstaben chi: X) bezeichnen wir die Rekurrenz zweier Motive nach dem Schema a b b a. Dabei wird also die Reihenfolge einfach umgekehrt, so daß eine einfache Wiederholung des einen Motivs von einem Kyklos des anderen umschlossen scheint ("Von Bochum nach Paris und von Paris bis Bochum"). Als Elemente (Leitmotive) können auch längere Komplexe als ein Lexem (z. B. ganze Verse) dienen. Von *dialektischem Chiasmus* (zu griech. dialego = Widersprüche ausfechten) wollen wir dann sprechen, wenn die beiden Motive eine *Binäropposition* und/oder einen *pragmatischen Widerspruch* bilden (Beispiel: "Die Waffe der Kritik kann allerdings die Kritik der Waffen nicht ersetzen." Marx).

### *4.5.1.2.1./E./A. (Distinktionsübung)*

Versuchen Sie bitte, die Chiasmen (ggf. die dialektischen Chiasmen) in folgenden Texten zu erkennen.

*Beispiel mit Modellantwort:*

"Die Maschine als Mensch – der Mensch als Maschine" (Titel eines Zeitungsartikels über Roboter)?

*Antwort:* ja; dialektischer Chiasmus

*Fahren Sie bitte fort:*

1. Der Damm schreit im Frühjahr:
   Der Fluß braucht Gewalt!
   Aber der Fluß antwortet ihm: und was
   Gebrauchst du das ganze Jahr? (Brecht)

– nein

2. So nützten sie sich, indem sie Lenin ehrten und
Ehrten ihn, indem sie sich nützten (. . .). (Brecht)

– ja; dialektischer Chiasmus

3. Er hat den Menschen von der äußern Religiosität befreit, weil er die Religiosität zum innern Menschen gemacht hat. Er hat den Leib von der Kette emanzipiert, weil er das Herz in Ketten gelegt. (Marx)

– nein

*4.5.1.2.1./E./B. (Generative Übung):*

Versuchen Sie sich selbst in Formulierungen, die auf dialektische Chiasmen gestützt sind. Erfinden Sie z. B. entsprechende 'geistreiche Titel' o. ä.

*Beispiele zur Anregung:*

a) Lingustik als Literaturwissenschaft – Literaturwissenschaft als Linguistik (z. B. als Titel eines Vortrags);

b) Schlafend höre ich ihn reden, ihn reden hörend schlafe ich. (Brecht-Stil);

*Fahren Sie fort.*

*6.1.1./E. Semantisch und pragmatisch motivierte Tropen (schematische Übersicht)*

In der folgenden schematischen Übersicht ist versucht worden, die wichtigsten semantisch und pragmatisch motivierten Tropen systematisch gegenüber zu stellen. Zur Darstellung der semantisch motivierten Tropen werden mengentheoretische Bilder gewählt; ein Lexem erscheint als (semantische) 'Menge', die in 'Teilmengen' untergliedert werden kann. Das Substituendum ist durch eine dünne Linie begrenzt, das Substituens durch eine starke. – Bei der Darstellung der pragmatisch motivierten Tropen sollen eckige Klammern einen sozialen Kontext symbolisieren; zwei verschiedene Lexeme erscheinen als Dreieck und als Kreis, wobei wiederum das Substituendum mit dünner, das Substituens mit starker Linie wiedergegeben wird.

**semantisch motiviert**

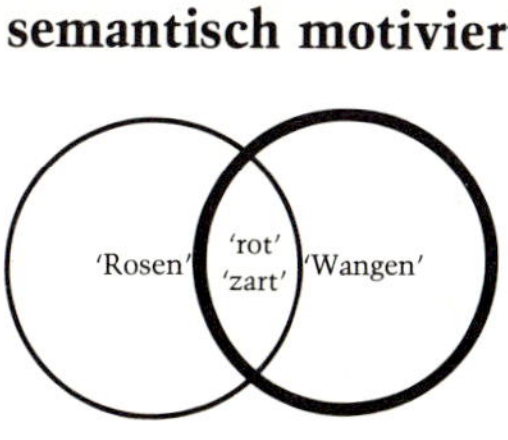


Unter ihren Augen blühen zwei Rosen.'

**Metapher**

**pragmatisch motiviert**

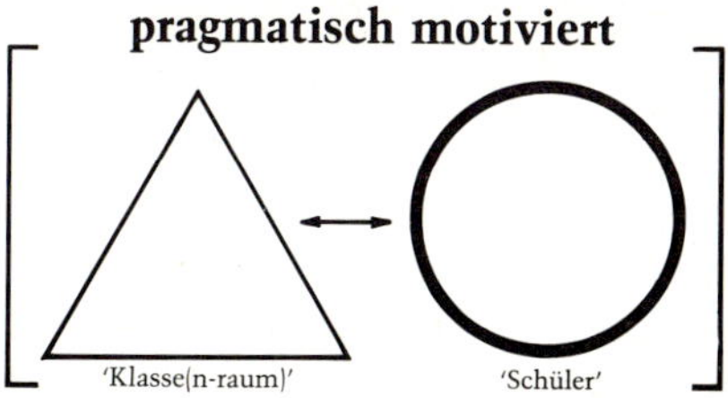


'Die ganze Klasse lief aus der Klasse.

**Metonymie**

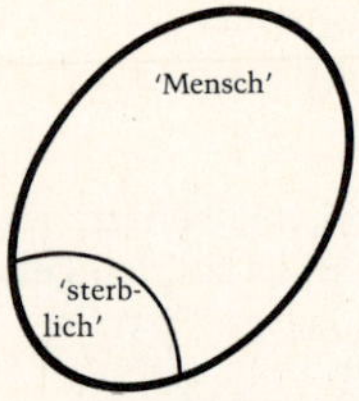


'Kein Sterblicher hat es gesehen.'
**Synekdoche**

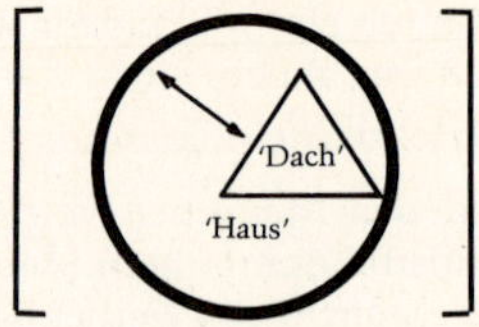


'Die kommt mir nicht unter mein Dach.'
**Pars pro toto**

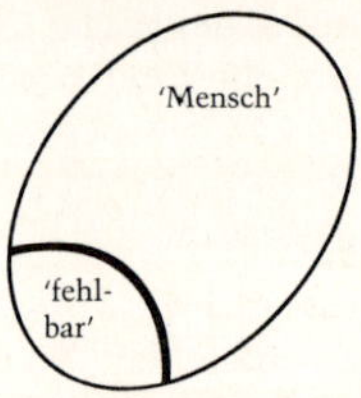


'Ich bin auch nur Mensch.'
**Emphase**

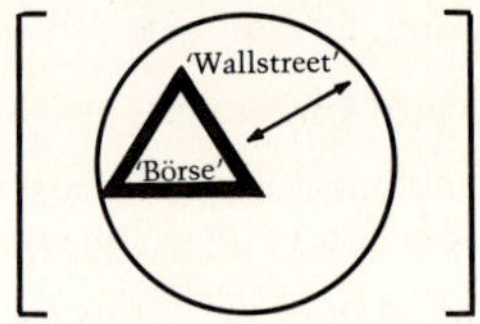


'Wallstreet ist nervös.'
**Totum pro parte**

*7.2./E. Die Struktur des Symbols (schematische Darstellung)*

Als Beispiel soll das bekannte *Konstellations-Symbol* (Sternen-Symbol, auch "astrologisches Motiv" genannt) aus dem *Wallenstein* dienen. Dieses Symbol wird im Verlaufe des Dramas sehr häufig aus der Perspektive verschiedener Figuren gedeutet. All diese Deutungen sind mehr oder weniger 'astrologisch', d. h. sie versuchen, den Sternen bzw. den Konstellationen einen gesellschaftlichen (pragmatischen oder ideologischen) *Sinn* zuzuordnen. Dementsprechend ist die Struktur all dieser Versionen des Symbols *emblematisch:* es wird versucht, die Subscriptio zu formulieren. Als Beispiel diene folgende Version aus *Wallensteins Tod* I,1:

> *Wallenstein.* (. . .)
> Glückseliger Aspekt! So stellt sich endlich
> Die große Drei verhängnisvoll zusammen,
> Und beide Segenssterne, *Jupiter*
> Und *Venus,* nehmen den verderblichen,
> Den tückschen *Mars* in ihre Mitte, zwingen
> Den alten Schadenstifter mir zu dienen.

Ergänzend ist hinzuzufügen, daß Wallenstein den Jupiter als den Stern seines politischen Genies, den Mars als den des unglücklichen Kriegs-Schicksals deutet und daß Venus zuvor als Stern Theklas bzw. der Schönheit denotiert wurde. Es ergibt sich dann folgendes Emblem:

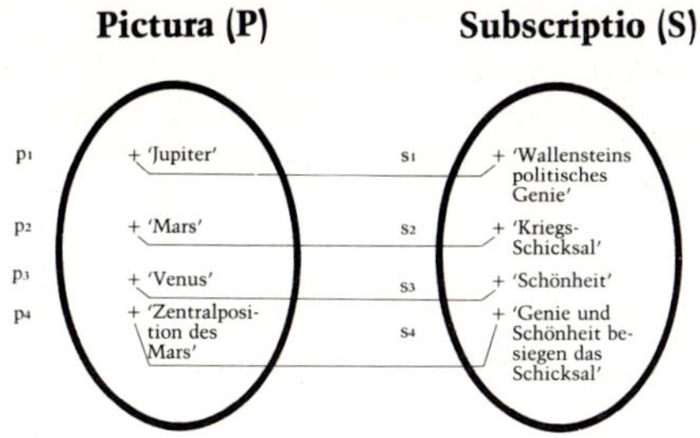


Zur Struktur des Symbols allgemein: Pictura und Subscriptio bestehen jeweils aus Elementen, die wir mit $p_1$, $p_2$ . . . und $s_1$, $s_2$, . . . bezeichnet haben. Wie man sieht, müssen sich $p_1$: $p_2$: $p_3$ *verhalten wie* $s_1$: $s_2$: $s_3$. Da P und S jeweils eine geschlossene Isotopie (hier P = 'Natur', 'Astronomie', S = 'menschliche Gesellschaft', 'Geschichte Wallensteins') bilden, bestehen auf diese Weise feste intra-textuelle Konnotationsverhältnisse, die es z. B. erlauben würden, fehlende Elemente der Subscriptio zu ergänzen.

Zur Besonderheit der Verwendung im *Wallenstein:* Wallensteins Deutung des Elements $p_4$ ist natürlich nicht notwendig, nicht einmal semantisch überzeugend. Bewußt hat Schiller hier eine *Fehldeutung* inszeniert, läge es doch viel näher, die 'Zentralposition' des Mars als 'Dominanz' des 'Schicksals' *über* Wallenstein und seine Tochter zu deuten. Vergleicht man die übrigen emblematischen Versionen des Symbols im Text, so bestätigt sich: sie widersprechen sich sämtlich untereinander (so bedeutet Jupiter einmal Wallenstein, ein andermal Max) und werden zusätzlich durch den Ablauf der Handlung desavouiert. Je mehr aber die (notwendigerweise *denotierten*) emblematischen Versionen des Konstellations-Symbols desavouiert werden, um so mehr wird *konnotativ* eine *goethe-symbolische* Version aufgebaut, hinter der diesmal nicht nur die Perspektive einer Figur, sondern der Text selber steht.

Die Pictura dieser goethe-symbolischen Version setzt sich aus jenen *verschiedenen Aspekten* des Sternenhimmels zusammen, denen die *verschiedenen emblematischen Lektüreversuche* der Figuren des Dramas entsprechen. Wallenstein interessiert der Himmel unter dem Aspekt der *Kalkulierbarkeit wechselnder Konstellationen,* der Auf- und Untergänge einzelner Sterne, ihrer wechselseitigen Positionen usw. Seine Lektüre ist historisch-pragmatisch (er spricht von "Wissenschft"), er meint durch Kalkulation der Konstellationen die *historischen Kräfte und Akteure* kalkulieren zu können. Es geht Schiller also keineswegs darum, in Wallenstein einen Astrologiegläubigen darzustellen: symbolisch geht es vielmehr um die *politisch-historischen* "Konstellationen" und "Konjunkturen" (vgl. die entsprechenden Kollektiv-Symbole, die die Konnotation stützen). Andere Figuren (Max,

Thekla u. a.) betonen am Sternenhimmel den *religiös-ethischen* ("Himmel"-Konnotation, "Ewigkeit", vgl. Kants Kollektiv-Symbol "der gestirnte Himmel über uns und das moralische Gesetz in uns") oder aber den *ästhetischen* Aspekt (die Schönheit der Sterne). Der Sternenhimmel kann also im Sinne aller drei Universalien (lat. = ursprüngliche Aspekte der Welt) gelesen werden: wissenschaftlich, religiös und ästhetisch. Unter diesen drei Lektüren werden die erste und zweite desavouiert (auch ein religiöser Sinn zeigt sich nicht, Hegel hielt den Schluß daher für nihilistisch), nur die dritte nicht. Und auch Politik und Ethik werden in Ästhetik transformiert: nur Wallensteins *große Haltung* bleibt von seinem politischen Genie, und das gleiche gilt für den ethischen Rigorismus des Max. Es ergibt sich dann folgendes Schema:

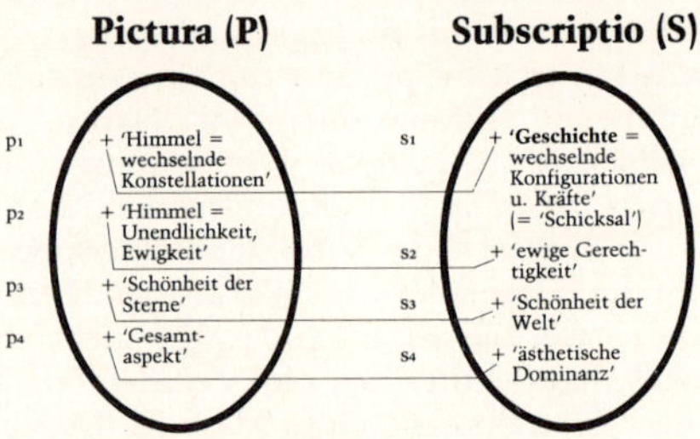


(Da es sich hier um eine konnotatives Goethe-Symbol handelt, kann von 'Beweis' nicht die Rede sein, aus Raumgründen konnten auch nicht alle Konnotationen diskutiert werden. Wie man sieht, müssen aber auch hier die *Relationen* plausibel sein.)

### *9.3.5./E. Chevy-Chase-Verse*

Ein Verspaar, das aus einem vierhebigen und einem dreihebigen alternierenden oder beschränkt variablen Metrum besteht, heißt *Chevy-Chase-Verse.* Versuchen Sie im folgenden, Chevy-Chase- und Volksliedverse zu unterscheiden.

*Beispiele mit Modellantworten:*

a) Graf Dóuglas, présse den Hélm ins Háar,
    Gürt úm dein líchtblau Schwért,
Schnall án dein schárfstes Spórenpáar
    Und sáttle dein schnéllstes Pférd! (Strachwitz)

*Antwort:* Chevy-Chase-Verse

b) Es stéhet im Ábendglánze
Ein hóchgewéihtes Háus,
Da séhen mit schímmernden Áugen
Viel Knáben und Júngfraun heráus. (Brentano)

*Antwort:* dreihebige Volksliedverse

*Fahren Sie bitte fort:*

1. Sie sáng zu íhm, sie spräch zu íhm:
was lóckst du meine Brút
Mit Ménschenwítz und Ménschenlíst
Hináuf in Tódesglút? (Goethe)

– Chevy-Chase-Verse

2. Er gáb die Spóren kréuz und quér
Und rítt auf álle Séiten,
Herúber, hinúber, hín und hér,
Kann kéine Rúh erréiten (. . .). (Goethe)

– Chevy-Chase-Verse

3. Als stúnd in séiner Kapélle
Der wúrdige Pfáffe schon dá
Und frágte: Wóllt ihr einánder?
Wir áber láchelten: Já! (Goethe)

– dreihebige Volksliedverse

### *10.2.1./E. Schema einer Konfiguration*

Da nicht nur das Verfahren der Isotopieanalyse, sondern auch das der Konfigurationsanalyse hier und da zu Mißverständnissen geführt hat, folgen hier einige Präzisierungen (solche Präzisierungen finden sich ausführlich und systematisch in den Forschungsbeiträgen des Vf.s zur Konfigurationsanalyse, s. Literatur).

Vor allem ist das Mißverständnis fernzuhalten, es handle sich bei der im folgenden kurz dargestellten Konfigurationsanalyse um ein *universell anwendbares Verfahren.* Die Konstruktion eines Rechteckschemas (einer zweidimensionalen Matrix) setzt vielmehr voraus, daß die Figuren eines Dramas (oder einer epischen Narration) durch ein *zweidimensionales semantisches Feld konstituiert werden.* Ein typisches Beispiel dafür ist das *bürgerliche sozial-psychologische Drama* (s. dazu *LsP,* Lektion 11). In diesem Drama werden die Figuren kombinatorisch aus Merkmalen zusammengesetzt, die zwei semantischen Mengen zugehören: 'soziale Merkmale' und 'anthropologische (natürlich-allgemeinmenschliche) Merkmale'.

Das Verfahren ist vor allem in der Massenliteratur bürgerlicher Gesellschaften (alten und bürokratisch-neuen Typs) so stark automatisiert, daß es z. B. in Zeitungsanekdoten in Kurzform und konnotativ verwendet werden kann:

(*Bild* 23. 1. 1978:)

> *Prinzessin erschossen*
> (. . .) Auf dem Platz vor einer Moschee in Dschidda ist die saudiarabische Prinzessin Misha (23) erschossen worden, weil sie heimlich einen Bürgerlichen geheiratet hatte. Ihr Mann mußte bei der Exekution zuschauen und wurde anschließend geköpft.
> Während der Studiums in Beirut hatte die Prinzessin den 25jährigen Vetter des saudi-arabischen Botschafters im Libanon kennengelernt. Es war Liebe auf den ersten Blick – schon bald ließen sich die beiden in Saudi-Arabien heimlich von einem Scheich trauen.
> Misha hatte damit gegen die Tradition verstoßen: Die 2000 Prinzessinnen in Saudi-Arabien dürfen nur adlige Verwandte aus Familiennebenzweigen heiraten – die Ehepartner werden vom Familienrat ausgesucht. (. . . )
> Die königliche Familie bestand darauf, daß das Paar öffentlich gesteinigt wird, gab dann aber den Bitten des Großvaters der Prinzessin, einem Bruder von König Khaled, nach: Die Prinzessin "durfte" erschossen werden, ihr Mann enthauptet.
> Alle Prinzessinnen des Königshauses mußten zusehen, als Misha am Freitag nach dem zweiten Morgengebet unter den Kugeln der Palastwache tot zusammensank.
> Noch grausamer starb ihr Mann: Ein Leibwächter (. . .) köpfte ihn mit dem Schwert.

Wie man sieht, handelt es sich um eine besonders drastische Version jener hochautomatisierten Geschichten, die man als 'Liebesdrama über Klassenschranken' bezeichnen kann (berühmte Beispiele: *Kabale und Liebe, Kameliendame, Love Story*). Die Konfiguration wird durch eine soziale und eine anthropologische Achse konstituiert. In unserem Fall ist die soziale Achse klar: 'Königshaus' vs 'Adel' vs 'Bürgertum'. Die anthropologische Achse ist teils denotiert, teils konnotiert: eine Opposition ist 'jung' vs 'alt', eine andere '± grausam' ('grausam' wird zwar von einer *Handlung* gesagt, kann aber konnotativ auf die Urheber der Handlung ausgedehnt werden). Die Opposition '± grausam' ist aus dem bürgerlichen sozial-psychologischen Drama als '± Herz' bekannt, kann also damit gleichgesetzt werden. Das wird durch die Bitte des Großvaters evident: er besitzt wenigstens etwas 'Herz', da er gegen die Steinigung interveniert.

Hier also eine einfache Matrix der Konfiguration (wobei noch die Opposition '± traditional gebunden' hinzugefügt wurde, die ebenfalls konnotiert ist).

**anthropologische Achse**

| | | | + Herz | | | | | | | | – Herz | | | | | | | |
|---|---|---|---|---|---|---|---|---|---|---|---|---|---|---|---|---|---|---|
| | | | – traditional | | | | + traditional | | | | – traditional | | | | + traditional | | | |
| | | | jung | | alt | | jung | | alt | | jung | | alt | | jung | | alt | |
| | | | ♀ | ♂ | ♀ | ♂ | ♀ | ♂ | ♀ | ♂ | ♀ | ♂ | ♀ | ♂ | ♀ | ♂ | ♀ | ♂ |
| Soziale Achse | Adel | + Königs-familie | Misha | | | | | | | Groß-vater | | | | | | | | Kg. Khaled |
| | | – Königs-familie | | | | | | | | | | | | | | | | |
| | Bürgertum | hoch | Mishas Mann | | | | | | | | | | | | | | | |
| | | niedrig | | | | | | | | | | | | | | | | |

Folgende Fragen ergeben sich:

1. Warum *diese* Merkmale? Weil sie sich dem Interpreten aus dem Text (per Denotation oder Konnotation) zu ergeben scheinen. So ist z. B. aus der *Handlung* 'Liebe' und gar 'Liebe trotz großer Hindernisse' das Merkmal 'Herz' zu erschließen. Natürlich kann über solche Hypothesen gestritten werden.

2. Warum diese *Hierarchisierung?* Warum wird z. B. nicht die Opposition 'jung' vs 'alt' oder 'weiblich' vs 'männlich' dominant gesetzt? Auch dies ist eine Interpretationsfrage. Historisch läßt sich in der bürgerlichen Kultur die Opposition '± Herz' als die dominante nachweisen: diese Opposition determiniert für ein bürgerliches Publikum im weitesten Sinne, ob eine Figur 'gut' oder 'böse' ist. Alternative Interpretationen müßten die Matrix *anders* konstruieren und nachprüfen, welche Konsequenzen sich daraus ergeben würden (z. B. für die Konfliktstruktur).

3. Warum die *Rechts-links-Anordnung* der anthropologischen Achse? Sie wurde so getroffen, daß jeweils das positiv gewertete Element einer Opposition links steht. Dadurch stehen die 'positiven Helden' ganz links, die 'Bösewichter' ganz rechts. (Die Über-unter-Ordnung der sozialen Achse folgt der allgemeinen Konvention.)

4. Was läßt sich aus der Matrix entnehmen? Das Drama kennt zwei Antagonismen (durch doppelte Linien gekennzeichnet): einen sozialen und einen anthropologischen. Dadurch, daß der Mächtigste (der König) kein Herz hat, müssen die Liebenden untergehen. Der Großvater ist ein 'mittlerer Charakter', wie sie auch vom bürgerlichen Drama her bekannt sind (z. B. Lady Milford in *Kabale und Liebe*).

5. *Generative Übungen:* Was würde sich ergeben, wenn die Figuren anders situiert wären? Wenn Mishas Mann z. B. '-Herz' hätte und der König '+ Herz'? (Überlegen Sie sich eine Geschichte.) Was wäre, wenn weitere Figuren hinzukämen, z. B. eine deutsche Nebenfrau des Königs mit 'Herz' usw.? Was ergäbe sich, wenn die Antagonismen anders lägen oder aber nicht existierten? Gerade für die Verwendung in der Schule ergeben sich hier viele Möglichkeiten, sofern mit möglichst einfachen Matrizen (wie hier) gearbeitet wird. Auf diese Weise läßt sich die Analyse komplizierterer Konfigurationen vorbereiten.

*Wallenstein:*
Was stimmt in der *Wallenstein*-Konfiguration mit der *Misha*-Konfiguration überein? Was unterscheidet beide? Übereinstimmungen: Thekla, Tochter eines Fürsten, liebt wie Misha einen sozial niedrigeren Mann (Max), Wallenstein widersetzt sich wie Khaled dieser Liebe. In beiden Dramen führen die Antagonismen zum Tod beider Liebenden. Die Unterschiede sind noch deutlicher: das *Misha*-Drama ist ein reines Liebesdrama, Wallenstein ist ein politisches Drama, in das das Liebesdrama Thekla/Max nur *eingebaut* ist. Die Konfiguration des *Wallenstein* ist zudem in jeder Hinsicht differenzierter und komplizierter: Wallenstein ist nicht ohne 'Herz', er erscheint insgesamt aber keineswegs wie ein typischer bürgerlicher 'Herz'-Charakter, weil er Eigenschaften wie 'genial', 'kalkulierend' usw. mit 'Herz' kombiniert. Vor allem ist er 'ehrgeizig', was in der Matrix als '-rein' notiert wurde. Nur Charaktere wie Thekla und Max sind im *Wallenstein* '+ rein' (oder, wie es in der Sprache des bürgerlichen sozial-psychologischen Dramas im 18. Jahrhundert heißt: 'unschuldig' bzw. 'tugendhaft'). Diese 'reinen' Charaktere sind allerdings zum politischen Handeln untauglich, ja sie erscheinen in gewisser Hinsicht weniger 'interessant', wenn nicht gar 'langweilig'. Die Frage der *Hierarchisierung* ist bei Schiller sehr viel schwieriger als in einem trivialen Beispiel zu beantworten. Es zeigt sich, daß es bei Schiller bewußt *mehrere* mögliche Hierarchisierungen gibt, die verschiedenen möglichen Lektüren verschiedener Publikumsgruppierungen entsprechen (s. *LsP,* Lektion 11). Die hier wiedergegebene Version 1 der *Wallenstein*-Lektüre setzt die grundlegenden bürgerlichen Ideologeme '± Herz' und '± rein' dominant, wodurch Wallenstein zum 'mittleren Charakter', Max und Thekla zu 'positiven Helden' werden. Version 2 könnte die Opposition '± genial' dominant setzen: dann wäre Wallenstein positiver zu werten als die 'Durchschnittsmenschen' Max und Thekla. Schiller hat sein Drama bewußt so angelegt, daß keine dieser Versionen (vielleicht gibt es sogar noch mehr) auszuschließen ist.

*Weitere Erläuterungen zur Matrix:*

(Figuren: T = Thekla, M = Max, HZN = Herzogin; GOR = Gordon; W = Wallenstein; GRTE = Gräfin Terzky; B = Buttler; O = Octavio; TE = Terzky; IL = Illo; IS = Isolani.)

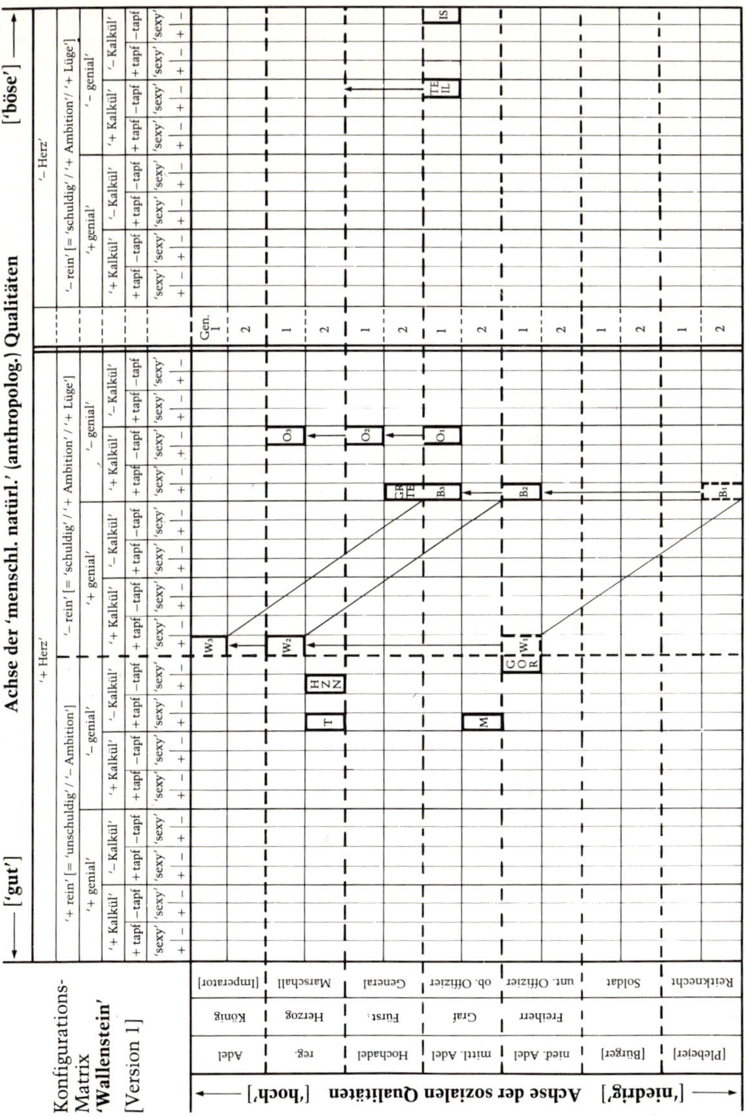
Konfigurations-
Matrix
'Wallenstein'
[Version 1]
Achse der 'menschl. natürl.' (anthropolog.) Qualitäten
['gut']
['böse']
'+ Herz'
'– Herz'
'+ rein' [= 'unschuldig' / '– Ambition']
'– rein' [= 'schuldig' / '+ Ambition' / '+ Lüge']
'+ genial'
'– genial'
'+ Kalkül'
'– Kalkül'
+ tapf
– tapf
'sexy'
['hoch']
['niedrig']
Achse der sozialen Qualitäten
Adel
reg.
Hochadel
mittl. Adel
nied. Adel
[Bürger]
[Plebejer]
König
Herzog
Fürst
Graf
Freiherr
[Imperator]
Marschall
General
ob. Offizier
unt. Offizier
Soldat
Reitknecht
Gen.
W3
W2
W1
B1
B2
B3
O1
O2
O3
T
M
HZN
GOR
GR TE
TE IL
IS

Die Geschichten Wallensteins und Buttlers sind (parallel angelegte) Karriere- (Aufstiegs-)Geschichten (gekennzeichnet durch 1,2,3). Die soziale Achse versucht, Klassenkriterien und militärische Ränge zu kombinieren (es geht ja nicht um Hierarchien in der sozialen Realität außerhalb des Stückes, sondern um den Eindruck, den der Zuschauer von der Hierarchie der Figuren im Stück gewinnt).

*11.2.5./E. Chiasmus-Struktur der Handlung*

Eine der einfachsten Möglichkeiten, eine Geschichte zu konstruieren, besteht in der *chiastischen Anordnung einer einzigen handlungsstrukturkonstitutiven Opposition* (a b b a). Ein ganzes Genre der Komödie wurde aus der handlungsstrukturkonstitutiven Opposition 'Herr' vs 'Diener' durch folgenden Chiasmus gewonnen: in der Handlung verwandelt sich der Herr in den Diener, der Diener in den Herrn. Oder in sozial gefärbten Kriminalgeschichten können sich im Laufe der Handlung Ordnungshüter als Verbrecher entlarven, während umgekehrt Verbrecher (z. B. Räuber) sich als Wahrer der Ordnung erweisen.

*11.2.5./E./B. (Generative Übung):*

Im folgenden werden Ihnen handlungsstrukturkonstitutive Oppositionen genannt. Skizzieren Sie einen chiastischen Handlungsablauf dazu.

*Beispiel mit Modellantwort:*

Opposition 'Mann' vs 'Frau'?

*Antwort:* (z. B.) 'Neue Szenen einer Ehe: der Mann, hoch sensibel, scheitert im Beruf, während die Frau im Konkurrenzkampf Erfolg hat und immer "männlicher" wird; tragisches Ende.'

*Bitte fahren Sie fort:*

1. Opposition 'Leben' vs 'Tod'?

–

2. Opposition 'Herz' vs 'Kalkül (= Verstand)'?

–

3. Opposition 'Natur' vs 'Zivilisation'?

*11.4.1./E. Symbolische Narration (= Parabel)*

Sind Pictura und Subscriptio eines Symbols *Handlungen,* so entsteht eine *symbolische Narration,* die auch als *Parabel* bezeichnet wird. Ein berühmtes Beispiel sind die Parabeln des Neuen Testaments, z. B. die Parabel vom Verlorenen Sohn, von den Klugen und Törichten Jungfrauen, vom Sämann, vom Barmherzigen Samariter usw. Ganzes Genres werden durch eine bestimmte Verwendung der Parabelform konstituiert: so das Genre der *Tierfabel.* In der Tierfabel ist die Isotopie der narrativen Pictura obligatorisch in der 'Tierwelt' situiert, die Isotopie der narrativen Subscriptio dagegen obligatorisch in der 'Menschenwelt', häufig 'sozialen Welt' (s. *LsP,* Lektion 10 – 12). Die verschiedenen Typen des Symbols begegnen auch bei der Parabel: so lassen sich moderne Dramen nach der Art von *Warten auf Godot* als *Chriffren-Parabeln* kennzeichnen.

*11.4.1./E./A. (Distinktionsübung):*

Versuchen Sie, unter folgenden Texten die parabolischen Texte zu erkennen; bezeichnen Sie kurz Pictura und Subscriptio.

*Beispiel mit Modellantwort:*

*"Der aufhaltsame Aufstieg des Arturo Ui"* von Brecht?

*Antwort:* ja; Pictura Gangstergeschichte; Subscriptio Faschismus

*Fahren Sie fort:*

1. "Wallenstein"?

– nein

2. "Die Rundköpfe und die Spitzköpfe" (Brecht)?

– ja; Pictura fiktiv; Subscriptio Faschismus

3. Die Geschichte vom Türhüter aus Kafkas "Prozeß"?

– ja; Chiffren-Parabel; Pictura Türhütergeschichte; Subscriptio vieldeutig (z. B. vielleicht die 'menschliche Existenz').

*13.3.2.4./E. Montage im Drama*

Das Verfahren der literarischen Montage (s. 5.4.4.) ist besonders im modernen Drama wirksam eingesetzt worden. Dabei entstehen *Montage-Zäsuren* z. B. durch Wendung der Schauspieler ans Publikum, Song-Einlagen u. a.: Verfahren, die durch Brecht als "Verfremdungseffekte" im emphatischen Sinn berühmt geworden sind. Ähnliche Verfahren gab es allerdings auch schon vor Brecht, z. B. in Tiecks kulturrevolutionärer Komödie "Der gestiefelte Kater", aus der im folgenden einige Beispiele benutzt werden.

*13.3.2.4./E./A. (Distinktionsübung):*

Versuchen Sie festzustellen, ob in den folgenden Ausschnitten aus dramatischen Texten Montage vorliegt und kennzeichnen Sie ggf. die Montage-Zäsuren.

*Beispiel mit Modellantwort:*

*HINZE, DER KATER (richtet sich auf, dehnt sich, macht einen hohen Buckel, gähnt und spricht dann:)* – Mein lieber Gottlieb, – ich habe ein ordentliches Mitleid mit Euch.

*GOTTLIEB (erstaunt)* Wie, Kater, Du sprichst?

*DIE KUNSTRICHTER (im Parterre).* – Der Kater spricht? – Was ist denn das?

*FISCHER.* Unmöglich kann ich da in eine vernünftige Illusion hineinkommen. (Tieck, "Der gestiefelte Kater")

*Antwort:* Montage; Montage-Zäsur vor *"DIE KUNSTRICHTER"* (Bühnenhandlung vs Zuschauerkommentare)

*Fahren Sie bitte fort:*

1. *MÜLLER.* Freilich! Freilich! – Das Ganze ist ausgemacht dummes Zeug, der Dichter vergißt immer selber, was er den Augenblick vorher gesagt hat.

   *(Die Szene ist vor einem Wirtshause. Lorenz, Kunz, Michel sitzen auf einer Bank. Der Wirt.)*

   *LORENZ.* Ich werde bald wieder gehn müssen, ich habe noch einen weiten Weg bis nach Hause. ("Der gestiefelte Kater")

– Montage; Montage-Zäsur vor der Regieanweisung (Zuschauerkommentare vs Bühnenhandlung)

2. MAC *schreibt einen Scheck aus:* Aber das Schlimmste ist, daß jetzt diese Geschichte mit der Lucy auffliegen wird. Wenn Brown erfährt, daß ich hinter seinem Freundesrücken mit seiner Tochter was gemacht habe, dann verwandelt er sich in einen Tiger.

   *SMITH* Ja, wie man sich bettet, so schläft man.

   *MAC* Sicher wartet die Schlampe schon draußen. Das werden schöne Tage bis zur Hinrichtung.

Ihr Herrn, urteilt jetzt selbst, ist das ein Leben?
Ich finde nicht Geschmack an alledem.
Als kleines Kind schon hörte ich mit Beben:
Nur wer im Wohlstand lebt, lebt angenehm!

(Brecht, "Dreigroschenoper")

– Montage; Montage-Zäsur vor Beginn der Verse (Wendung ans Publikum, Übergang von Geschichte zu kontrastierendem Song)

3. *MÜLLER.* Sie sprechen immer und wissen nicht was Sie wollen.

*VIELE STIMMEN.* Hinaus! hinaus! er ist uns zur Last. *(Ein Gedränge, Bötticher sieht sich genötigt das Theater zu verlassen.)*

*FISCHER.* Mit seinen Feinheiten!

("Der gestiefelte Kater")

– in diesem Ausschnitt keine Montage-Zäsur.

### *13.3.3./E. Botenbericht*

Als *Botenbericht* bezeichnen wir eine epische Einblende im Drama, in der eine Figur einen Teil der Handlung, der nicht mimisch realisiert wird, zur Kenntnis bringt. Ein Beispiel aus "Wallensteins Tod": dort berichtet ein schwedischer Hauptmann der Thekla vom heroischen Tode ihres Geliebten Max.

### *13.7./E. Tragische Ironie*

Wird die Aussage einer dramatischen Figur konnotativ durch Informationen des Gesamttextes in ihrem Sinn negiert bzw. umgedeutet, so sprechen wir von *tragischer Ironie.* Die tragische Ironie nutzt also die Differenz zwischen Figurenperspektive und Gesamttext (d. h. Leser- bzw. Zuschauerperspektive) aus. So ahnt der Zuschauer/Leser gegen Ende von "Wallensteins Tod", daß Wallensteins Satz "Ich denke einen langen Schlaf zu tun" tragisch-ironisch doppeldeutig ist: er konnotiert den Sinn 'Tod'.

### *13.7./E.A. (Distinktionsübung):*

Bitte bezeichnen Sie die Beispiele tragischer Ironie in den folgenden Textausschnitten.

*Beispiel mit Modellantwort:*

*WALLENSTEIN* (im letzten Akt von "Wallensteins Tod"):

So sind wir denn vor jedem Feind bewahrt,
Und mit den sichern Freunden eingeschlossen (. . .)

*Antwort:* ja

*Fahren Sie bitte fort:*

1. *NEUBRUNN.* Ihr Herz ist jetzt voll Unruh, teures Fräulein,
Das ist der Weg nicht, der zur Ruhe führt.
*THEKLA.* Zur tiefen Ruh, wie *er* sie auch gefunden.
("Wallensteins Tod" IV,11)

– nein (der Doppelsinn ist Doppelsinn aus der Figurenperspektive)

2. *ILLO.* Sucht die Verräter
In Eures Vaters, in des Gallas Lager.
Hier ist nur *einer* noch.
("Wallensteins Tod" III,23)

– ja (Illo hält Max für den '*einen* Verräter', in Wahrheit ist Buttler ein solcher)

3. *TERZKY.* O sieh da! Buttler! Das ist noch ein Freund!
("Wallensteins Tod" III,10)

– ja (s. o.)

# LITERATUR

Die folgenden Literaturangaben wurden für die 2. Auflage neu bearbeitet. Dabei wurde versucht, nach Möglichkeit jeweils folgende Anordnung einzuhalten: zuerst werden Arbeiten angeführt, die für den jeweiligen Gegenstandsbereich der strukturalen Theorie grundlegend sind; es folgen Werke zu Einzelaspekten; daran schließen sich Titel zur historischen Orientierung, während abschließend Winke für ein ergänzendes Studium des Gegenstands unter dem Aspekt seiner sozialen Funktion gegeben werden. Literatur, die das gesamte Seminar betrifft, wird bereits zu Anfang genannt, es folgen dann Titel zu den einzelnen Abschnitten.

Die Literaturangaben verstehen sich als Nachweise und Hinweise: sie registrieren erstens Übernahmen, Entlehnungen (einschließlich der kritisch modifizierten Quellen) und eigene Entwicklungen; sie möchten dem Benutzer zweitens für einige Schwerpunkte der Forschungsdiskussion Hilfe bei einer ersten Orientierung leisten. Entsprechend der systematischen Anlage des ganzen Seminars dominieren auch hier die französischen semiologischen Schulen – andere Konzepte sind jeweils dort punktuell berücksichtigt, wo ihre Beiträge im Rahmen des Seminars brauchbar oder anregend erschienen.

*Zur gesamten Einführung:*

*Weitere Einführungen zur Ergänzung und zum Kontrast:*


Arnold, Heinz Ludwig/Sinemus, Volker (Hg.): *Literaturwissenschaft,* München 1973.

Brackert, Helmut/Lämmert, Eberhard (Hg): *Funk-Kolleg Literatur,* 2 Bde. Frankfurt/Main 1977 und 1978.

Breuer, Dieter: *Einführung in die pragmatische Texttheorie,* München 1974.

Conrady, Karl Otto: *Einführung in die Neuere deutsche Literaturwissenschaft,* Reinbek 1966.

Harth, Dietrich (Hg.): *Propädeutik der Literaturwissenschaft,* München 1973.

Hermand, Jost: *Synthetisches Interpretieren,* München 1968.

Kayser, Wolfgang: *Das sprachliche Kunstwerk,* 7. Aufl. Bern/München 1961.

Kloepfer, Rolf: *Poetik und Linguistik,* München 1975.

Link, Hannelore: *Rezeptionsforschung. Eine Einführung in Methoden und Probleme,* Stuttgart u. a. 1976.

Link, Jürgen/Link-Heer, Ursula: *Literatursoziologisches Propädeutikum,* München 1978 (im folgenden abgekürzt *LsP*).

Mattenklott, Gert/Scherpe, Klaus: *Westberliner Projekt: Grundkurs 18. Jahrhundert,* Kronberg 1974.

Reiß, Gunter (Hg.): *Materialien zur Ideologiegeschichte der deutschen Literaturwissenschaft,* 2 Bde. Tübingen 1973.

Schütz, Erhard/Vogt, Jochen u. a.: *Einführung in die deutsche Literatur des 20. Jahrhunderts,* 2 Bde. Opladen 1977.

*Theoretisch grundlegend für den Gesamtkurs:*


Barthes, Roland: "Eléments de sémiologie", in: *Le degré zéro de l'écriture,* Paris 1965, S. 77ff.

Bierwisch, Manfred: "Strukturalismus. Geschichte, Probleme und Methoden", in: *Kursbuch 5* (1966), S. 77ff.

Blumensath, Heinz (Hg.): *Strukturalismus in der Literaturwissenschaft,* Köln 1972.

Booth, Wayne C.: *Die Rhetorik der Erzählkunst,* dt. 2 Bde. Heidelberg 1974.

Cohen, Jean: *Structure du langage poétique,* Paris 1966.

Dijk, Teun A. van: *Beiträge zur generativen Poetik,* München 1972.

Dressler, Wolfgang: *Einführung in die Textlinguistik,* Tübingen 1972.

Dubois, Jacques u. a.: *Rhétorique générale,* Paris 1970; dt. *Allgemeine Rhetorik,* München 1974.

Eco, Umberto: *Einführung in die Semiotik,* dt. München 1972.

Geckeler, Horst (Hg.): *Strukturelle Bedeutungslehre. Wege der Forschung 426,* Darmstadt 1978 (darin u. a. Beiträge von Benveniste, Coseriu, Greimas).

Geckeler, Horst: *Strukturelle Semantik und Wortfeldtheorie,* 2. Aufl. München 1971.

Genette, Gérard: "Discours du récit", in: *Figures III,* Paris 1972, S. 67ff.

Greimas, Algirdas J.: *Sémantique structurale,* Paris 1966; dt. *Strukturale Semantik,* Braunschweig 1971.

Greimas, Algirdas J.: *Du sens, Paris 1970.*

Greimas (Hg.): *Essais de sémiotique poétique,* Paris 1972.

Ihwe, Jens (Hg.): *Literaturwissenschaft und Linguistik: Ergebnisse und Perspektiven,* 4 Bde. Frankfurt/Main 1971.

Jakobson, Roman: "Der Doppelcharakter der Sprache. Die Polarität zwischen Metaphorik und Metonymik", in: Ihwe, Bd. 1, S. 323ff.

Jakobson, Roman: *Questions de poétique,* Paris 1973.

Köller, Wilhelm: *Semiotik und Metapher,* Stuttgart 1975.

Lausberg, Heinrich: *Elemente der literarischen Rhetorik,* 3. Aufl. München 1967.

Lévi-Strauss, Claude: "Die Struktur der Mythen", in: *Strukturale Anthropologie,* dt. Frankfurt/Main 1971, S. 226ff.

Link, Jürgen: "Zur Theorie der Matrizierbarkeit dramatischer Konfigurationen", in: Aloysius van Kesteren/Herta Schmid (Hg.): *Moderne Dramentheorie,* Kronberg 1975, S. 193ff.

L., J.: *Die Struktur des literarischen Symbols,* München 1975.

L., J.: *Die Struktur des Symbols in der Sprache des Journalismus,* München 1978.

L., J.: *Biedermeier und Ästhetizismus. Fünf Gedichte des West-östlichen Divans,* München 1978 (ebenfalls zur Symboltheorie).

Lotman, Jurij M.: *Die Struktur literarischer Texte,* München 1972.

Lotman, Jurij M.: *Vorlesungen zur strukturalen Poetik,* München 1972.

Lotman, Jurij M.: *Die Struktur des künstlerischen Textes,* Frankfurt/Main 1973.

Lotman, Jurij M.: *Die Analyse des poetischen Textes,* Kronberg 1975.

Posner, Roland: "Strukturalismus in der Gedichtinterpretation", in: Ihwe, Bd. II/1, S. 224ff.

Propp, Vladimir: *Morphologie des Märchens,* dt. München 1972.

Riffaterre, Michael: *Strukturale Stilistik,* dt. München 1973.

Stierle, Karlheinz: *Text als Handlung,* München 1975.

Titzmann, Manfred: *Strukturale Textanalyse,* München 1977.

Todorov, Tzvetan: *Littérature et signification,* Paris 1972.

*Nachschlagewerke:*

Abraham, Werner: *Terminologie zur neueren Linguistik,* Tübingen 1974.
Ducrot, Oswald/Todorov, Tzvetan: *Dictionnaire encyclopédique des sciences du langage,* Paris 1972.
Klaus, Georg: *Wörterbuch der Kybernetik,* 2 Bde. Frankfurt/Main 1969.
Ulrich, Winfried: *Linguistische Grundbegriffe.* Wörterbuch, Kiel 1972.
Braak, Ivo: *Poetik in Stichworten,* 4. Aufl., Kiel 1972.

*Zur Vorgeschichte der strukturalen Literaturtheorie:*

Ejchenbaum, Boris: *Aufsätze zur Theorie und Geschichte der Literatur,* Frankfurt/Main 1965.
Erlich, Victor, *Russischer Formalismus,* dt. München 1964.
Lepschy, Giulio C.: *Die strukturale Sprachwissenschaft,* dt. München 1969.
Medvedev, *Die formale Methode in der Literaturwissenschaft,* dt. Stuttgart 1976.
Schklowskij, Viktor: *Von der Ungleichheit des Ähnlichen in der Kunst,* dt. München 1973.
Šklovskij, Viktor: *Theorie der Prosa,* dt. Frankfurt/Main 1966.
Spitzer, Leo: *Eine Methode Literatur zu interpretieren,* dt. München 1975.
Striedter, Jurij/Stempel, Wolf-Dieter: *Texte der russischen Formalisten,* dt. 2 Bde. München 1969 und 1972.
Walzel, Oskar: *Gehalt und Gestalt im Kunstwerk des Dichters,* Potsdam 1923.
Wellek, René/Warren, Austin: *Theorie der Literatur,* dt. Berlin 1968.
Wölfflin, Heinrich: *Kunstgeschichtliche Grundbegriffe,* München 1915.
Wölfflin, Heinrich: *Das Erklären von Kunstwerken,* 5. Aufl. Leipzig 1940.

*Zur sozialen Funktion literarischer Strukturen:*

(S. hierzu vor allem *LsP,* wo sich auch ausführliche Literaturangaben finden. Im folgenden werden nur einige wichtige Titel genannt, die zwar die soziale Funktion – und zwar teils in interaktionistisch-kommunikationstheoretischer, teils in materialistischer Perspektive – betonen, dabei aber nichtsdestoweniger Strukturuntersuchungen bzw. -theorien einen zentralen Stellenwert belassen. In diesen Kontext gehört auch die interaktionistische Rezeptionstheorie.)

Althusser, Louis: *Für Marx,* dt. Frankfurt/Main 1968.
Althusser, Louis/Balibar, Étienne: *Das Kapital lesen,* 2 Bde. dt. Reinbek 1972.
Barthes, Roland: *Mythen des Alltags,* dt. 2. Aufl. Frankfurt/Main 1970.
Barthes, Roland: *Système de la Mode,* Paris 1967.
Bourdieu, Pierre: *Zur Soziologie der symbolischen Formen,* dt. Frankfurt/Main 1970.
Caudwell, Christopher: *Bürgerliche Illusion und Wirklichkeit. Beiträge zur materialistischen Ästhetik,* dt. München 1971.
Faye, Jean Pierre: *Theorie der Erzählung. Einführung in die "totalitären Sprachen",* dt. Frankfurt/Main 1977 (Auswahl ungeschickt und Übersetzung schlecht).
Foucault, Michel: *Die Ordnung der Dinge,* dt. Frankfurt/Main 1971.
Foucault, Michel: *Archäologie des Wissens,* dt. Frankfurt/Main 1973.
Foucault, Michel: *Schriften zur Literatur,* dt. München 1974.
Gallas, Helga: *Marxistische Literaturtheorie,* Neuwied/Berlin 1971.
Gallas, Helga (Hg.): *Strukturalismus als interpretatives Verfahren,* Neuwied/Berlin 1972.

Greimas, Algirdas J.: *Sémiotique et sciences sociales*, Paris 1976.
Günther, Hans: *Marxismus und Formalismus*, München 1973.
Günther, Hans: *Struktur als Prozeß*, München 1973.
Iser, Wolfgang: *Der implizite Leser*, München 1972.
Jauß, Hans Robert: *Literaturgeschichte als Provokation*, Frankfurt/Main 1970.
Kristeva, Julia u. a.: *Tel quel. Die Demaskierung der bürgerlichen Kulturideologie*, dt. München 1971.
Macherey, Pierre: *Zur Theorie der literarischen Produktion*, dt. Darmstadt/Neuwied 1974.
Medvedev, *Die formale Methode . . .*
Mukařovský, Jan: *Kapitel aus der Poetik*, dt. Frankfurt/Main 1967.
Mukařovský, Jan: *Kapitel aus der Ästhetik*, dt. Frankfurt/Main 1970.
Naumann, Manfred u. a.: *Gesellschaft — Literatur — Lesen*, Berlin/Weimar 1973.
Schlenstedt, Dieter u. a.: *Funktion der Literatur*, Berlin 1975.
Tynjanov, Jurij: *Die literarischen Kunstmittel und die Evolution in der Literatur*, dt. Frankfurt/Main 1967.
Vološinov, Valentin N.: *Marxismus und Sprachphilosophie*, dt. Frankfurt u. a. 1975.
Warning, Rainer (Hg.): *Rezeptionsästhetik*, München 1975.

*Zu Lektion 1:*

1.1. Zur Frage der Interdependenz von sozialer Produktion und Reproduktion auf der einen und elementarer und elaborierter Kultur auf der anderen Seite s. *LsP* sowie: J. L., *Die Struktur des Symbols in der Sprache des Journalismus*. Der Begriff der 'elementaren Kultur' ('elementaren Soziokultur') deckt sich weitgehend mit dem der 'Sitten und Gebräuche' bzw. dem des 'Alltags' im russischen Formalismus/tschechoslowakischen Strukturalismus sowie in der französischen Semiologie: vgl. Mukařovský, *. . . Ästhetik*, Besonders S. 15, 51ff., 113ff. – Vološinov. – Barthes, *Mythen . . .* – Bourdieu, *Zur Soziologie . . .*, bes. S. 57ff.

Zur theoretischen Fundierung des Begriffs der kommunikativen Funktion (in materialistischer und interaktionistischer Perspektive) s. *LsP*, Lektion 6. Hier sei lediglich vermerkt, daß das vorliegende Seminar eine interaktionistische Modellierung der Literatur als inadäquat betrachtet: mögen literarische Diskurse auch zuweilen (immer seltener) von Individuen (im Sinne schlechthin autonomer Individualitäten) 'gesendet' werden: *produziert* werden sie in ihren wesentlichen Strukturen zum allergrößten Teil von supraindividuellen, sozialen Instanzen *mittels* ihrer 'Sprachrohre', der Autoren.

1.1.2. Zu den verschiedenen Möglichkeiten theoretischer Konstitution sozialer Träger s. *LsP*, Lektionen 1, 2, 3, 6, 7, 8.

1.2. Theoretisch grundlegend Ferdinand de Saussure, *Grundfragen der allgemeinen Sprachwissenschaft*, dt. 2 Aufl. Berlin 1967; Louis Hjelmslev, *Prolegomena to a Theory of Language*, engl. Madison 1963, S. 45ff.; André Martinet, *Grundzüge der Allgemeinen Sprachwissenschaft*, dt. Stuttgart 1963; Bierwisch, "Strukturalismus . . .", Barthes, "Eléments . . .", bes. S. 107ff.; vgl. auch Charles W. Morris, *Grundlagen der Zeichentheorie*, dt. München 1972. – Lexikonartikel: Ducrot/Todorov, S. 131ff.; Abraham, S. 531ff.

1.2.3. Ducrot/Todorov, S. 303; S. 302; Abraham, S. 165f.; S. 445; Ulrich, S. 46; S. 116; vgl. auch John Lyons, *Introduction to Theoretical Linguistics*, Cambridge 1969, S. 405, 446ff. – (Historisch:) Lausberg, S. 163, 168.

1.2.4. Ducrot/Todorov, S. 303; Abraham, S. 338; Ulrich, S. 90; vgl. auch Geckeler, *Strukturelle Semantik . . .*, S. 124ff. – (Zur sozialen Funktion:) s. auch *LsP*.

1.2.5. Die hier getroffene Abgrenzung ist als Vorschlag des Vf.s zu verstehen; in der Praxis werden beide Begriffe häufig synonym verwendet.

1.3. (Theoretisch grundlegend:) Saussure; Hjelmslev; Ducrot/Todorov, S. 137, 145, 164; Abraham, S. 449ff.

1.3.1. (Theoretisch grundlegend:) N. S. Trubetzkoy, *Grundzüge der Phonologie*, 5. Aufl. Göttingen 1967, S. 30ff.; Ducrot/Todorov, S. 223ff.; Abraham, S. 91ff.

1.3.2. Kritisch dazu Titzmann, S. 100ff.

1.3.3. Trubetzkoy, S. 60ff.; vgl. auch Udo L. Figge, "Strukturale Linguistik", in: Walter A. Koch (Hg.), *Perspektiven der Linguistik I*, Stuttgart 1973, bes. S. 9ff.

1.3.5. Vgl. Trubetzkoy, S. 114ff. ('Serie' statt 'Reihe', da der Begriff 'Reihe' heute stärker durch die abweichend definierte Kategorie des russischen Formalismus besetzt ist).

1.3.6. Zum Hierarchie-Begriff vgl. Hjelmslev, S. 28ff. (Hjelmslev definiert den Begriff sehr weit: im vorliegenden Propädeutikum wird er eingeschränkt: 1. auf paradigmatische Hierarchien; 2. auf Hierarchien, deren Elemente nicht unbestimmte linguistische 'Klassen', sondern präzise einzelne Zeichen sind; in diesem Sinne auch bei Titzmann, S. 126; vgl. weiter Lyons, S. 456ff., Abraham, S. 162f.

1.3.7. Auch die Opposition 'paradigmatisch' vs 'syntagmatisch' geht auf Saussure zurück (sein Begriff für 'paradigmatisch': 'assoziativ'); grundlegend weiter Hjelmslev (S. 39 passim); Ducrot/Todorov, S. 139ff.; Barthes, S. 131ff.; Figge, S. 13ff.; s. auch Roland Harweg, *Pronomina und Textkonstitution*, München 1968, S. 139ff., wo 'syntagmatisch' und 'paradigmatisch' sehr überzeugend durch die deutschen Äquivalente 'Nacheinander' und 'Statteinander' wiedergegeben werden; ferner Titzmann, S. 61ff.

1.4. Repräsentativ für neue Ansätze zur Texttheorie: Harweg; Wolf-Dieter Stempel (Hg.), *Beiträge zur Textlinguistik*, München 1971 (bes. die Beiträge von Figge und Peter Hartmann); Ihwe, "Sprache – Struktur – Text – Literaturwissenschaft", in: Arnold/Sinemus, S. 30ff.; Wolfgang Dressler, *Einführung in die Textlinguistik*, Tübingen 1972; – Harald Weinrich, *Sprache in Texten*, Stuttgart 1976; vgl. auch Walter A. Koch, *Varia semiotica*, Hildesheim/New York 1971; Walter A. Koch (Hg.), *Strukturelle Textanalyse*, Hildesheim/New York 1972; s. auch die verschiedenen Veröffentlichungen von Lotman. – Einen besonderen Ansatz der Texttheorie versucht die *generative Texttheorie*, die (in zunächst metaphorischer Analogie zu Chomskys Syntaxtheorie) die Regeln formulieren möchte, nach denen ein 'Oberflächen-Text' aus einem 'Tiefen-Text' (auch 'Genotext' genannt) 'generiert' wurde: van Dijk, *Beiträge, . . .*; van Dijk,

*Some Aspects of Text Grammars*, 1972; Greimas (Hg.), *Essais de sémiotique poétique*, Paris 1972; ferner: Abschnitt "Zur Frage eines generativen Modells der Literaturtheorie", in: Ihwe, Bd. II/2, S. 523ff. sowie: Aleksandr K. Žolkovskij/Jurij Ščeglov, "Die strukturelle Poetik ist eine generative Poetik", a.a.O., Bd. 3, S. 239ff.; J. L., *Die Struktur des Symbols in der Sprache des Journalismus*. – Julia Kristeva, *Semeiotiké*. Recherches *pour une sémanalyse*, Paris 1969.

(S. ferner die Diskursanalyse Michel Foucaults, die bestrebt ist, sich in der 'Zwischenzone' zwischen Literaturwissenschaft und Soziologie zu etablieren: Foucault, a.a.O.)

1.4.1. S. Literatur zu 1.3.7.

1.4.2. Hierzu s. die gesamte Literatur zu 1.4.; ferner: Riffaterre, bes. S. 47ff.; Titzmann, S. 50ff.; Ducrot/Todorov, S. 294ff.; Abraham, S. 233f.; Stierle, S. 131ff. – (Vom linguistischen und literaturwissenschaftlichen Kontext-Begriff ist der des *sozialen* 'Kontextes' zu unterscheiden: dazu Schulte-Sasse/Werner.)

1.4.3. (Theoretisch grundlegend:) Hjelmslev, bes. S. 114ff.; Barthes, "Eléments . . .", bes. S. 163ff.; Stierle, S. 131ff.; vgl. auch Abraham, S. 226; Titzmann, S. 47ff. passim; H. Rossignol, "Konnotationsbereiche, Stiloppositionen und die sogenannten Sprachen in der Sprache", in: *Germanistische Linguistik* (1973).

*Zu Lektion 2:*

2.1. bis 2.2.2.: S. Literatur zu den entsprechenden Abschnitten aus Lektion 1.

2.2.5. Das hier vorgeschlagene ternäre Modell von Sprachebenen ist bewußt grob gehalten. Zur Soziolinguistik vgl. Basil Bernstein, *Studien zur sprachlichen Sozialisation*, dt. Düsseldorf 1972; Ulrich Oevermann, "Schichtenspezifische Formen des Sprachverhaltens und ihr Einfluß auf die kognitiven Prozesse", in: Heinrich Roth (Hg.), *Begabung und Lernen*, Stuttgart 1968; Matthias Hartig/Ursula Kurz, *Sprache als soziale Kontrolle. Neue Ansätze zur Soziolinguistik*, Frankfurt/Main 1971; Eva Neuland, *Sprachbarrieren oder Klassensprache?* Frankfurt/Main 1975. – Vgl. ferner (zum Problem, ob offizielle Normalsprachen, d. h. nationale Standardsprachen als solche Klassencharakter tragen) die innerhalb des Marxismus klassische Marr-Stalin-Diskussion: J. Stalin, *Marxismus und Fragen der Sprachwissenschaft*/N. Marr, *Über die Entstehung der Sprache*, dt. München 1972; sowie: Vološinov; Tasso Borbé, *Kritik der marxistischen Sprachtheorie N. Ja. Marr's*, Kronberg 1974; Renée Balibar/Dominique Laporte, *Le français national*, Paris 1974; J.-B. Marcellesi/B. Gardin, *Introduction à la socio-linguistique, Paris 1974*.

2.3. (Theoretisch grundlegend:) Trubetzkoy; vgl. auch Martinet, S. 51ff.

2.4.ff. Zwei Schulen beherrschen heute hauptsächlich das Gebiet der strukturalen Semantik: die französische Greimas- und die amerikanische Chomsky-Schule; zwischen beiden besteht leider (besonders in Deutschland ein grotesker Tatbestand) nur geringer Wille, die 'Konvertibilität' herzustellen. Das vorliegende Seminar baut primär auf den Ansätzen der französischen Schule und eigenen Weiterentwicklungen auf:

theoretisch grundlegend Greimas; vgl. dazu auch die Titel von Geckeler, der Coserius und Pottiers Beitrag betont und auf die Triersche Wortfeldtheorie als historischen Vorläufer verweist; J. L., *Die Struktur des literarischen Symbols; Die Struktur des Symbols in der Sprache des Journalismus.* – Jerrold J. Katz/Jerry A. Fodor, "The Structure of a Semantic Theory", in: Fodor/Katz (Hg.), *The Structure of Language,* New Jersey 1964, S. 479ff.; Bierwisch, "Strukturelle Semantik", in: *Deutsch als Fremdsprache,* 1969, S. 66ff.; J. D. McCawley, "The Role of Semantics in a Grammar", in: *Universals in Linguistic Theory,* hg. v. Bach/Harms, New York 1968, S. 124ff.; Horst Singer, "Semantik", in: *Perspektiven der Linguistik I,* S. 80ff. – (Allgemein orientierend): Franz Hundsnurscher, *Neuere Methoden der Semantik. Eine Einführung anhand deutscher Beispiele,* 2. Aufl. Tübingen 1971; Gustav H. Blanke, *Einführung in die semantische Analyse,* München 1973; Herbert E. Brekle, *Semantik,* München 1972; Stephen Ullmann, *Grundzüge der Semantik,* dt. 2. Aufl. Berlin/New York 1972; Adam Schaff, *Einführung in die Semantik,* dt. Reinbek 1973. – (Zur sozialen Funktion der Sem-Analyse:) Greimas, *Du Sens;* Kristeva; J. L.; Schulte-Sasse/Werner; vgl. ferner *LsP.*

2.4.5.ff. S. Literatur zu den entsprechenden Abschnitten aus Lektion 1.

*Zu Lektion 3:*

3.1. S. Literatur zu 1.4.

3.1.1. (Theoretisch grundlegend:) Harweg.

3.1.2. Vgl. die Literatur zu 1.3.7.

3.1.3. Vgl. die Literatur zu 1.4.3.

3.2.ff. (Theoretisch grundlegend:) Greimas, *Strukturale Semantik,* S. 60ff.; Greimas (Hg.), *Essais de sémiotique poétique,* bes. S. 80ff.; vgl. auch Geckeler sowie van Dijk, "Neuere Entwicklungen in der literarischen Semantik", in: Ihwe, Bd. 3, S. 153ff.

3.2.3. S. Greimas, *Strukturale Semantik,* S. 116ff.; theoretisch grundlegend zum Aktanten-Begriff: Lucien Tesnière, *Eléments de syntaxe structurale,* 2. Aufl. Paris 1966.

3.4. Eine Bibliographie zur Wissenschaftstheorie kann hier nicht gegeben werden. Hinweise (unter dem Aspekt der Literaturwissenschaft) in: Hart (Hg.), *Propädeutik der Literaturwissenschaft,* München 1973; sowie Titzmann (der sich auf Stegmüller stützt); ansonsten theoretisch grundlegend: Wolfgang Stegmüller, *Das Problem der Induktion: Humes Herausforderung und moderne Antworten — Der sogenannte Zirkel des Verstehens,* Darmstadt 1975; Wolfgang Stegmüller, *Probleme und Resultate der Wissenschaftstheorie und Analytischen Philosophie,* Berlin u. a. 4 Bde. 1969 – 1973; W. Kamlah/P. Lorenzen, *Logische Propädeutik,* Mannheim 1967; der im vorliegenden Propädeutikum verwendete Begriff von wissenschaftlicher Rede ist von Althussers Marx-Interpretation beeinflußt (s. Titel a.a.O.).

3.5. (Theoretisch grundlegend für die strukturale Mythentheorie:) Lévi-Strauss, *Strukturale Anthropologie; Das wilde Denken,* dt. Frankfurt/Main 1968; *Mythologica,* dt. 4 Bde. Frankfurt/Main 1970ff.; Anwendungen bei: Greimas, "Zur Interpretationstheorie der mythischen Erzählung", dt. in: Gallas (Hg.), *Strukturalismus als interpretatives Verfahren,* S. 105ff.; Claude Bremond, *Logique du récit,* Paris 1973; vgl. auch Wolf Lepenies/Hanns Henning Ritter (Hg.), *Orte des wilden Denkens,* Frankfurt/Main 1970. – (Historisch orientierend:) Karl Kerényi (Hg.), *Die Eröffnung des Zugangs zum Mythos,* Darmstadt 1967.

3.5.2. Zur Rolle der Bibel als Mythenreservoir der europäischen Literatur: N. Frye, *Anatomy of Criticism,* Princeton 1957, S. 142ff. (dt. *Analyse der Literaturkritik,* Stuttgart 1964); zur griechischen Mythologie vgl. Gustav Schwab, *Die schönsten Sagen des klassischen Altertums,* Bayreuth 1974; sowie: Robert von Ranke-Graves, *Griechische Mythologie,* 2 Bde. Reinbek 1960.

3.6. (Theoretisch grundlegend für den modernen Ideologiebegriff:) Karl Marx/Friedrich Engels, "Die deutsche Ideologie", in *MEW,* Bd. 3 Berlin 1959, S. 9ff.; Karl Marx, "Das Elend der Philosophie", in: *MEW,* Bd. 4, Berlin 1959, S. 63ff. (bes. das Kapitel "Die Metaphysik der politischen Ökonomie", S. 130ff.); Karl Marx, *Grundrisse der Kritik der politischen Ökonomie,* Berlin 1953: "Einleitung", S. 3ff.; zur Entwicklung des Ideologiebegriffs bei Marx sowie zur Opposition Ideologie vs Wissenschaft bei ihm s. *LsP,* Lektion 3; dort auch Dokumentation und Diskussion wichtiger nicht-marxistischer Ideologiebegriffe. – (Zur historischen Orientierung:) Kurt Lenk (Hg.), *Ideologie,* 5. Aufl. Neuwied/Berlin 1971; John Plamenatz, *Ideologie,* dt. München 1972.

*Zu Lektion 4:*

4.1. (Grundlegend die Theorie der russischen Formalisten:) Striedter/Stempel (Hg.); Šklovskij; Ejchenbaum; Tynjanov; vgl. dazu Renate Lachmann, "Die 'Verfremdung' und das 'Neue Sehen' bei Viktor Šklovskij", in: *Poetica* 1970, S. 226ff.; – grundlegend für die marxistische Verfremdungstheorie und -praxis: Bertolt Brecht, *Gesammelte Werke,* Frankfurt/Main 1967, Bd. 18, 19 *(Schriften zur Literatur und Kunst)* sowie die Bde. 15, 16, 17 *(Schriften zum Theater);* zur historischen Verbindung zwischen formalistischem und marxistischem Verfremdungsbegriff: Medvedev (a.a.O.).

4.1.1. (Theoretisch grundlegend:) Jauß (a.a.O.).

4.1.2. Zur Problematik sozialer Erwartungshorizonte vgl. *LsP* (Lektion 4, 5, wo die Theorie von primärer und sekundärer Konkulturalität sowie Diskulturalität skizziert wird); s. auch die Diskussion zwischen tschechoslowakischem Strukturalismus und Marxismus: Mukařovskij; Günther; Renate Lachmann, "Die Zerstörung der 'schönen Rede'. Ein Aspekt der Realismus-Evolution der russischen Prosa des 19. Jahrhunderts", in: *Poetica,* 1971, S. 462ff.

4.2.1. Lotman, *Die Struktur literarischer Texte,* S. 27ff.; Jakobson, *Poesie und Sprachstruktur,* dt. Zürich 1970; Titzmann, S. 65ff. – Zur Problematik der 'Fiktionalität': (systematische Zusammenfassung:) Hans Ulrich Gumbrecht, "Fiktion und Nichtfiktion", in: *Funk-Kolleg Literatur,* Bd. 1, S. 188ff.; s. auch: Iser, *Der Akt des Lesens,*

München 1976; Gottfried Gabriel, *Fiktion und Wahrheit – eine semantische Theorie der Literatur,* Stuttgart 1976; Stierle, S. 98ff.; Stierle, "Was heißt Rezeption bei fiktionalen Texten?", in: *Poetica* 1975, S. 345ff.

4.3.ff. Vgl. vor allem Lotman, *Die Struktur literarischer Texte,* S. 158ff.; historisch s. entsprechende Stichwörter bei Lausberg und Kayser (Kapitel III, IV); vgl. auch Kayser, *Kleine deutsche Versschule,* Bern 1946.

4.3.2.4. S. Wellek/Warren, S. 138ff.

4.5. Zum Isomorphie-Begriff s. Ducrot/Todorov, S. 39; Abraham, S. 192; Klaus, Bd. 1 (Stichwörter "Isomorphie" und "Homomorphie").

4.5.1.2. Historisch s. die entsprechenden Stichwörter bei Lausberg.

*Zu Lektion 5:*

5.1. S. die Literatur zu 4.1. sowie besonders Lotmans Theorie der "Minus prijomy" (Lotman, *Die Struktur literarischer Texte,* S. 145ff.).

5.1.1. Das Verfahren der scheinbaren lautlich-semantischen Isomorphie ist besonders in der modernen Poesie verbreitet; es wurde wiederholt mit herkömmlichen Deskriptionsmitteln analysiert, z. B. Hugo Friedrich, *Die Struktur der modernen Lyrik,* Hamburg 1956 (bes. Mallarmé-Kapitel); Rolf Kloepfer/Ursula Oomen, *Sprachliche Konstituentien moderner Dichtung,* Bad Homburg 1970.

5.2. Vgl. Stichwort "ironia" bei Lausberg; Harald Weinrich, *Linguistik der Lüge,* Heidelberg 1966, S. 59ff.; zur Ironie in der Literatur (historisch): Beda Allemann u. a., *Ironie und Dichtung,* München 1970; historisch orientierend zur 'romantischen Ironie': Ingrid Strohschneider-Kohrs, "Die romantische Ironie", in: *Die deutsche Romantik,* hrsg. v. Hans Steffen, Göttingen 1967, S. 75ff.

5.3. (Theoretisch grundlegend:) Jurij Tynjanov, "Dostoevskij und Gogol. (Zur Theorie der Parodie)", in: Striedter/Stempel (Hg.), Bd. 1, S. 300ff.; vgl. auch (Formalisierungsversuch:) Isaak I. Revzin, "Das Schema einer Sprache mit endlich vielen Zuständen und die Möglichkeiten, es in der Poetik anzuwenden. (Zum Mechanismus der Parodie)", in: Ihwe, Bd. II/2, S. 587ff.; (historisch orientierend:) W. Hempel, "Parodie, Travestie und Pastiche. Zur Geschichte von Wort und Sache", in: *GRM* 1965, S. 150ff.; E. Rotermund, *Die Parodie in der modernen deutschen Lyrik,* München 1963. – (Zur sozialen Funktion der Parodie s. *LsP,* Lektion 10; vgl. auch Theodor Verweyen, *Eine Theorie der Parodie. Am Beispiel Peter Rühmkorfs,* München 1973.)

5.4.2. Hier wird eine extrem enge Definition (entsprechend dem Wortsinn) vorgeschlagen; häufig wird "Idiolekt" allerdings auch in weiterem Sinne (Sprache einer mehr oder weniger größeren Gruppe) verwendet; vgl. Eco, S. 151ff.; Koch, S. 396ff., S. 460ff.

*Zu Lektion 6:*

6.1.ff. (Theoretisch grundlegend:) Dubois u. a., a.a.O.; vgl. auch Tzvetan Todorov, *Littérature et signification,* Paris 1967, S. 91ff.; G. N. Leech, "Linguistics and the Figures of Rhetoric", in: R. Fowler (Hg.), *Essays on Style and Language,* London 1966, S. 135ff.; s. auch die Titel zu den einzelnen Tropen im folgenden sowie: J. L., *Die Struktur des literarischen Symbols* und *Die Struktur des Symbols in der Sprache des Journalismus.* – (Historisch grundlegend:) Lausberg; vgl. auch Ernst Robert Curtius, *Europäische Literatur und lateinisches Mittelalter,* 4. Aufl. Bern 1954; Gert Ueding u. a., *Einführung in die Rhetorik,* Stuttgart 1976. – (Die soziale Funktion der Tropen betonend:) Renate Lachmann, "Rhetorik und kultureller Kontext", in: Heinrich F. Plett (Hg.), *Rhetorik,* München 1977, S. 167ff.; Renate Lachmann, "Rhetorik und Acumen-Lehre als Beschreibung poetischer Verfahren", in: J. Holthusen u. a. (Hg.), *Slavistische Studien zum VII. Internationalen Slavistenkongreß in Warschau 1973,* München 1973, S. 331ff.; Lothar Bornscheuer, *Topik,* Frankfurt/Main 1976.

6.2. Die hier vorgeschlagenen Klassifikationskriterien der Tropen (semantisch vs pragmatisch motiviert; analytische vs synthetische Form des Signifikanten) beruhen auf eigenen Überlegungen.

6.2.2. Vgl. Greimas, *Strukturale Semantik,* S. 73ff.

6.2.3. Vgl. Greimas, *Strukturale Semantik,* S. 85ff.

6.2.7. Vgl. Tzvetan Todorov, "Synecdoques", in: *Communications,* 1970, S. 26ff.

6.3.1. (Theoretisch grundlegend:) Dubois u. a.; Roman Jakobson, "Der Doppelcharakter der Sprache"; vgl. auch den Überblick bei Köller; Stierle, S. 152ff.; Metapher-Heft der Zeitschrift *New Literary History* (Nr. 6, 1974) mit Beiträgen von Genette, Ricœur u. a., Metapher-Heft der Zeitschrift *Poetics* (Nr. 13, 1975) mit Beiträgen von Abraham, van Dijk u. a., Genette, "La rhétorique restreinte", in *Figures III,* Paris 1972, S. 21ff.; Ricœur, *La métaphore vive,* Paris 1975; Harald Weinrich, "Semantik der Metapher", in: W. A. Koch (Hg.), *Strukturelle Textanalyse,* Hildesheim/New York 1972, S. 269ff.; Weinrich, "Semantik der kühnen Metapher", in: *DVjs* 1963, S. 325ff.; Weinrich, *Linguistik der Lüge,* S. 42ff., S. 59ff.; Roland Harweg u. a., "Die Metapher" (Bochumer Diskussion), in: *Poetica* 1968, S. 100ff. – (Historisch orientierend:) Lausberg; Curtius; Hugo Meier, *Die Metapher,* Zürich 1963. – (Die soziale Funktion betonend: Gumbrecht, "Zur Aktualität rhetorischer Texte aus der französischen Revolution", in: *Lendemains* 1975, S. 104ff.

6.3.1.1. Vgl. Weinrich, "Semantik der kühnen Metapher"; Hugo Friedrich, S. 55f.; s. auch Walther Killy, *Über Georg Trakl,* 2. Aufl. Göttingen 1960, bes. S. 21ff., 38ff.

6.3.2. Genette, "La rhétorique restreinte"; Genette, "Métonymie chez Proust", in: *Figures III,* S. 41ff.; Jakobson, "Der Doppelcharakter . . ."; A. Henry, *Métonymie et métaphore,* Paris 1971; Michel Le Gúern, *Sémantique de la métaphore et de la métonymie,* Paris 1973; (historisch:) Lausberg.

6.3.3. Dazu J. L., *Die Struktur des literarischen Symbols; Die Struktur des Symbols in der Sprache des Journalismus;* zum hier 'polemisch' genannten Produktionsmechanismus vgl. auch Faye, der im Vorfeld des Faschismus die partielle Okkupation der gegnerischen (marxistischen) Isotopie durch die 'konservativen Revolutionäre' usw. beschreibt; (für die Analyse solcher 'Verschiebungs'-Phänomene kann das von Freud in der *Traumdeutung* entwickelte deskriptive Instrumentarium sehr nützlich sein, wenn es in moderne linguistische Termini 'übersetzt' wird: vgl. etwa die These einer bekannten Arbeit zur Gattungstheorie, nach der Lukács "zum Marxismus konvertierte"; gemeint ist aus der schreibenden Perspektive heraus offenbar eigentlich eine 'Apostasie'; 'verschoben' wird also einmal das einzelne Lexem – das 'eigentlich gemeinte' wird durch seine Binäropposition ersetzt –, darüber hinaus aber zusätzlich die gesamte – religiöse – Isotopie: sie wird dem atheistischen 'Apostaten' in die Schuhe geschoben. Man sieht, daß es sich dabei um *supra*individuelle diskursformierende Regeln handelt).

*Zu Lektion 7:*

7.1.ff. Die Lektion beruht im wesentlichen auf eigenen Entwicklungen in den genannten Arbeiten zur Symboltheorie; vgl. auch Stierle, 159ff. (Stierles 'Analogie-Metaphern' sind identisch mit metaphorischen Symbolen); Le Guern, 39ff. (wo der hier verwendete Symbolbegriff bestätigt wird); (zur Vorgeschichte:) Harald Weinrich, "Münze und Wort. Untersuchungen zu einem Bildfeld", in: *Romanica* Halle/Saale 1958, S. 508ff. (dort wird die Struktur einer ikonischen Isotopie gut beschrieben, wenn auch ohne Verwendung des Symbolbegriffs); kritisch konnte der Vf. an die Emblem-Forschung anknüpfen: Dazu grundlegend Albrecht Schöne, "Emblemata. Versuch einer Einführung", in: *DVjs* 1963, S. 107ff.; Schöne, *Emblematik und Drama im Zeitalter des Barock,* München 1964; vgl. auch Wellek/Warren, S. 163ff. – (historisch orientierend:) Bengt Algot Sörensen (Hg.), *Allegorie und Symbol,* Frankfurt/Main 1972.

7.3.3.f. Dazu J. L., *Die Struktur des Symbols in der Sprache des Journalismus.*

7.4.2. Vgl. J. L., *Biedermeier und Ästhetizismus. Fünf Gedichte des West-östlichen Divans.*

7.4.3. Hierbei wird angeknüpft an Walther Killys Chiffren-Begriff (allerdings erweiternd und operationalisierend): s. Killy, *Wandlungen des lyrischen Bildes,* 4. Aufl., Göttingen 1956; Killy, *Über Georg Trakl.*

7.4.4. Zum Benjaminschen Allegoriebegriff vgl. J. L., *Biedermeier . . .,* S. 69ff.

7.6. Vgl. hierzu auch *LsP,* bes. Lektion 11 sowie Macherey (Verne-Kapitel; die dort als "signes" bezeichneten Strukturen sind Kollektiv-Symbole); ferner Hans Ulrich Gumbrecht, *Zola im historischen Kontext,* München 1978, bes. S. 64ff.; (historisch:) Curtius; Weinrich, "Münze und Wort"; (philosophisch:) Hans Blumenberg, "Paradigmen zu einer Metaphorologie", in: *Archiv für Begriffsgeschichte,* Bd. 6 (1960), S. 7ff.

*Zu Lektion 8:*

8.1. (Theoretisch grundlegend:) Cohen; Lotman; Genette, "Langage poétique, poétique du langage", in: *Figures II*, Paris 1969, S. 123ff.; vgl. auch Helmut Kreuzer/Rul Gunzenhäuser (Hg.), *Mathematik und Dichtung*, München 1965; sowie das Heft "Generative Metrics" der Zeitschrift *Poetics* (Nr. 12/1974). – (Historisch orientierend:) s. Literatur zu 4.3.ff.; vgl. auch: Werner Krauss, "Poesie und Prosa", in: *Grundprobleme der Literaturwissenschaft*, Reinbek 1968, S. 40ff.

8.2. S. Wellek/Warren, S. 142ff.

8.2.2.3. Vgl. Bernhard Asmuth, *Aspekte der Lyrik*, Düsseldorf 1972, S. 43ff.; Andreas Heusler, *Deutsche Versgeschichte*, 3 Bde., 2. Aufl. Berlin 1956; Siegfried Beyschlag, *Altdeutsche Verskunst in Grundzügen*, Nürnberg 1969; s. auch J. L., *Artistische Form und ästhetischer Sinn in Platens Lyrik*, München 1971, bes. S. 206ff., 251ff.

8.4. Dazu grundlegend Norbert von Hellingrath, *Pindarübertragungen von Hölderlin*, Diss. München 1910.

*Zu Lektion 9:*

9.1.ff. Zur Metrik s. die Literatur unter 4.3.ff., 8.1. sowie 8.2.2.3.; außerdem: Kayser, *Kleine deutsche Versschule*, O. Paul/I. Glier, *Deutsche Metrik*, 8. Aufl. München 1970; vgl. auch Abschnitt "Metrik" in Ihwe (Hg.), Bd. 3, S. 86ff.

9.2.2. Vgl. den strukturalistischen Versuch von Morris Halle/Samuel J. Keyser: "Der jambische Pentameter", in: Ihwe (Hg.), Bd. 3, S. 86ff. (unglücklicher Terminus statt 'Blankvers').

9.4.ff. S. Hellingrath.

*Zu Lektion 10:*

10.1.ff. Beruht auf den Voraussetzungen einer eigenen (die Matrizierbarkeit zulassenden) Konfigurationstheorie: J. L., "Zur Theorie der Matrizierbarkeit . . ."; *Kabale und Liebe* und *Love Story*. Zur Evolutionsgesetzlichkeit der paradigmatischen Matrix eines bürgerlichen sozial-psychologischen Dramentyps", in: Schulte-Sasse (Hg.), *Texte zur Theorie und Geschichte des Kitsches*, Tübingen 1979; J. L., *Die Evolution des Schillerschen Dramas. Versuch einer historisch-strukturalen Theorie* (in Vorbereitung); J. L., "Fliegender Eifersüchtiger" oder "eifersüchtiger Flieger"? Überlegungen zu einem dramentheoretischen Text von Brecht (Bochumer Antrittsvorlesung 1975, ungedruckt).

10.1.3. Vgl. Roland Harweg, "Quelques aspects de la constitution monologique et dialogiques de textes", in: *Semiotica*, 1971, S. 127ff.; Jan Mukařovský, "Zwei Studien über den Dialog", in: *Kapitel aus der Poetik*, S. 108ff.; Manfred Pfister, *Das Drama*, München 1977, S. 196ff.; Herta Schmid, *Strukturalistische Dramentheorie*, Kronberg 1973; vgl. auch Gerhard Bauer, *Zur Poetik des Dialogs*, Darmstadt 1969 (versucht eine – wenig überzeugende – Typologie des Dialogs unter pragmatischem Aspekt).

10.1.3.2. S. Harweg, "Quelques aspects . . ."; Pfister, S. 180ff.

10.2.1. Vgl. (unter methodischem Aspekt) Lévi-Strauss, "Die Strukturanalyse in der Sprachwissenschaft und in der Anthropologie", in: *Strukturale Anthropologie,* S. 43ff.; Lévi-Strauss, *Mythologica;* Pfister, S. 220ff.

10.2.8. Dazu Wölfflin, *Kunstgeschichtliche Grundbegriffe;* Walzel; Volker Klotz, *Offene und geschlossene Form im Drama,* München 1960.

*Zu Lektion 11:*

11.1. (Theoretisch grundlegend zum literarischen Handlungs-Begriff:) Stierle; zur Diskussion um 'histoire' und 'discours' vgl. ferner: Benveniste, "Les relations du temps dans le verbe français", in: *Problèmes de linguistique générale,* Paris 1966, S. 237ff.; ders., "Structure des relations de personne dans le verbe", in: *Problèmes . . ,* S. 225ff.; Barthes, "Le discours de l'histoire", in: *Informations sur les Sciences Sociales,* 1967, S. 65ff.; Todorov, "Les catégories du récit littéraire", in: *Communications* 8 (1966), S. 125ff.; Genette, "Frontières du récit", in: *Communications* 8 (1966), S. 152ff.; Genette, "Discours du récit", in: *Figures III.* S. 67ff.

11.1.2.ff. (Theoretisch grundlegend für die Theorie der Segmentation von Handlungselementen:) Wladimir Propp, *Morphologie des Märchens,* dt. München 1972; sowie Claude Lévi-Strauss, "Die Struktur der Mythen" (auf Propp beruht die 'Handlungsfunktionen'-Analyse, auf Lévi-Strauss das Analyseverfahren mittels paradigmatisch-syntagmatischer Matrizen); an Propp und Lévi-Strauss anknüpfend die französischen semiologischen Schulen: Claude Bremond, *Logique du récit,* Paris 1973 (darin auch alle wichtigen, bereits früher andernorts veröffentlichten Arbeiten); Greimas, *Strukturale Semantik,* S. 178ff.; vgl. auch (unter generellerem Aspekt): Todorov, *Littérature et signification;* Todorov, *Grammaire du Décaméron,* Den Haag 1969; Todorov, "Grammatik und Erzählgrammatik", in: *Poetik der Prosa,* dt. Frankfurt/Main 1972, S. 115ff.; Barthes, "Introduction à l'analyse structurale des récits", in: *Communications* 8 (1966), S. 1ff. (Der vorliegende Kurs versucht, die herrschende Begriffsverwirrung, die der Verwendung gleicher oder ähnlicher Kategorien für 'Handlungselemente' eines je verschiedenen Status entspringt, durch ein klares, operationales System zu überwinden: als 'Handlungselemente' werden demnach Segmente des Oberflächentextes – Diskurs II im Sinne von Stierle – bezeichnet; 'handlungskonstitutive Elemente' sind dagegen auf der Ebene der 'histoire' (oft auch 'Fabel' genannt) situiert und entsprechen den Proppschen 'Funktionen'; 'handlungsstrukturkonstitutive Elemente' schließlich verbinden Syntagma und Paradigma der 'histoire', sie entsprechen den Elementen, wie sie Lévi-Strauss versteht.) S. auch Ilse Nolting-Hauff, "Märchen u. Märchenroman", in: *Poetica* 1974, S. 129ff., 417ff.

11.2.4. S. dazu Literatur unter 10.2.8.

11.3. Zur Theorie der Narrativik s. die unter 11. bereits genannten Titel; vgl. zusätzlich Booth; Stierle, *Funk-Kolleg,* Bd. 1, S. 210ff.; Ihwe (Hg.), Bd. 3, S. 177ff.; Koch (Hg.), *Strukturelle Textanalyse;* Barthes, *Le degré zéro de l'écriture;* (rezeptionsästhetisch:) Iser.

11.5. Zum Verhältnis von 'Narration' und 'Deskription' s. Genette, "Frontières du récit"; P. Hamon, "Qu'est-ce qu'une description?", in: *Poétique* 12 (1972), S. 465ff.; Stierle, *Funk-Kolleg*, Bd. 1, S. 183ff.

11.5.3. Vgl. dazu J. L., "'Hyperion' als Nationalepos in Prosa", in: *Hölderlin-Jahrbuch* 1969/70, S. 158ff.

*Zu Lektion 12:*

12.1. Die Unterscheidung zwischen 'Genotext'- und 'Phänotext'-Diskurs entspricht weitgehend der Unterscheidung von 'Diskurs I' und 'Diskurs II' bei Stierle – mit folgendem Unterschied: Stierle sieht die 'histoire' als Ebene der Genre-Bildung, das vorliegende Propädeutikum dagegen den Genotext-Diskurs (die "Permutation der Glieder der Geschichte" – Stierle – kann m. E. nicht als "subjektive Variante", muß vielmehr als Genre-Regel betrachtet werden; ähnliches gilt für weitere Regeln des 'Diskurs I'). Zur Begriffswahl: sie geht von Chomskys Terminologie (*Aspekte der Syntax-Theorie*, dt. Frankfurt/Main 1969) und deren metaphorischer Übertragung auf literarische Texte durch Julia Kristeva aus (*Semeiotikè*, bes. S. 278ff.). Dabei besteht grundsätzlich die Intention, die Überwindung der Metapher vorzubereiten: es ist klar, daß das vorliegende Propädeutikum sich hier ebenfalls auf metaphorischer Ebene bewegt. Die Metaphorik hat heuristischen Wert: so läßt sich z. B. eine klare Abgrenzung zwischen Genotext-Diskurs und Phänotext-Diskurs literarischer Texte kaum treffen, tendenziell würde eine exakte wissenschaftliche Beschreibung vermutlich stets weitere Phänomene dem Genotext-Diskurs zurechnen müssen. – Zur Frage der generativen Poetik s. auch: van Dijk, "Neuere Entwicklungen in der literarischen Semantik", in: Ihwe (Hg.), Bd. 3, S. 153ff.; Ihwe (Hg.), Bd. II/2, S. 523ff. ("Zur Frage eines generativen Modells der Literaturtheorie"); Greimas (Hg.), *Essais de sémiotique poétique*. – Wenn die generative Literaturtheorie seit einiger Zeit stagniert, so weil es sich erwies, daß zur Entwicklung operationaler Modelle neben ästhetischen und ästhetisch-semantischen *ideologische* Regeln in den Regelapparat aufgenommen werden müssen (in denen sich die historische Komponente der Regeln materialisiert). Dazu erwiesen sich die 'Strukturalisten' als entweder nicht fähig oder nicht willens, wobei sie durch Chomskys Orientierung auf Universalien-Forschung in der Linguistik scheinbar 'gedeckt' wurden. Es dürfte aber einleuchten, daß – wie groß immer der Anteil der Universalien an der Sprachstruktur sein mag – der Anteil historisch-ideologischer Regeln an der literarischen Textkonstitution *in jedem Falle* erheblich und determinierend sein wird. Vgl. dazu *LsP*, besonders Lektion 3,4,5; sowie J. L., *Die Struktur des Symbols in der Sprache des Journalismus*, wo die Konstruktion partieller, aber relativ detaillierter generativer Modelle versucht wird.

(Zur *Gattungstheorie* grundlegend:) Klaus W. Hempfer, *Gattungstheorie*, München 1973; (an die Sprechakttheorie von Searle anknüpfend:) Hannelore Link; Wilhelm Voßkamp (in: *Funk-Kolleg*, Bd. 2); Voßkamp, "Gattungen als literarisch-soziale Institutionen", in: Walter Hinck (Hg.), *Text-Sortenlehre – Gattungsgeschichte*, Heidelberg 1977, S. 27ff.; (historisch orientierend:) Klaus R. Scherpe, *Gattungspoetik im 18. Jahrhundert*, Stuttgart 1968; vgl. auch André Jolles, *Einfache Formen*, 4. Aufl. Tübingen 1968.

12.3. Dazu die Theorie zur Narrativik, die häufig mit Epik deckungsgleich behandelt wird (im Unterschied zum vorliegenden Propädeutikum, das – wie bereits Aristoteles –

die enge strukturelle Verwandtschaft von Epik und Dramatik betont; s. dazu auch Hempfer); – (historisch orientierend:) Eberhart Lämmert, *Bauformen des Erzählens*, 2. Aufl. Stuttgart 1967; Kayser, *Das sprachliche Kunstwerk*, S. 176ff., 201ff., 349ff.; Günther Müller, *Die Bedeutung der Zeit in der Erzählkunst*, Bonn 1947.

12.3.1. Dazu Arthur C. Danto, *Analytische Philosophie der Geschichte*, dt. Frankfurt/Main 1974.

12.3.1.3. Vgl. Philippe Lejeune, *Le pacte autobiographique*, Paris 1975; Jean Starobinski, "Le style de l'autobiographie", in: *Poétique* 1970, S. 257ff.; Autobiographie-Heft von *New Literary History* (Herbst 1977; mit Beiträgen von Lejeune, Glowinski, Elizabeth Bruss u. a.); (in Kürze:) Ursula Link-Heer, *Prousts 'A la recherche du Temps perdu' und die Form der Autobiographie.*

12.3.2.ff. Zur Diskussion um die Konstituentien des epischen Normaltyps (bes. "episches Präteritum"): Käte Hamburger, *Die Logik der Dichtung*, 2. Aufl. Stuttgart 1968; Hamburger, "Das epische Präteritum", in: *DVjs* 1953, S. 329ff.; zur Kritik s. die Diskussion in den Jahrgängen 1951 und 1955 der *DVjs;* Harald Weinrich, *Tempus. Besprochene und erzählte Welt*, Stuttgart 1964, S. 18ff.; Hempfer, S. 170ff.; vgl. den anderen Zugang von Barthes, *Le degré zéro . . .*, S. 29ff. ("L'écriture du roman").

12.3.2.3. (Theoretisch grundlegend:) Karl Bühlers Deixis-Lehre: *Sprachtheorie*, 2. Aufl. Stuttgart 1965, S. 80ff. – Allgemein zur Typologie der Epik, darunter zum Normaltyp: Franz K. Stanzel, *Typische Formen des Romans*, Göttingen 1964 (Normaltyp = 'personaler' Typ); Lubomir Doležel, "Die Typologie des Erzählers", in: Ihwe (Hg.), Bd. 3, S. 376ff.

12.3.2.4. Zur erlebten Rede vgl. Jauß, S. 181ff.

12.3.2.5. Erika Höhnisch, *Das gefangene Ich. Studien zum inneren Monolog im modernen französischen Roman*, Heidelberg 1967; vgl. auch Lämmert, S. 234ff.

12.3.3. Dazu bes. Stanzel ('auktorialer Roman', 'Ich-Roman') und Doležel ('S-Texte'); zur Opposition 'perspektivisch' vs 'aperspektivisch' vgl. auch Friedrich Beissner, *Der Erzähler Franz Kafka*, Stuttgart 1952; theoretisch grundlegend ferner die 'skaz'-Lehre der russischen Formalisten: Ejchenbaum, "Die Illusion des skaz", in: Striedter (Hg.), Bd. 1, S. 160ff.; Viktor Vinogradov, "Das Problem des *skaz* in der Stilistik", in: Bd. 1, S. 168ff.; vgl. auch Todorov, "Erzählpersonen", dt. in *Poetik der Prosa*, S. 77ff.

12.3.3.1. Es wird hier versucht, die strukturalistische Weiterführung und Systematisierung des Stanzelschen Ansatzes durch Doležel terminologisch in den Rahmen des vorliegenden Propädeutikums einzupassen: der 'auktoriale Erzähler' ist demnach durchaus eine *Figur:* er besitzt konfigurationskonstitutive Merkmale wie etwa 'weise', 'humorvoll', 'mit Herz' o. ä.; theoretisch grundlegend zur Frage des impliziten Lesers: Todorov, *Einführung in die fantastische Literatur*, dt. München 1972; vgl. auch Iser, *Der implizite Leser*, München 1972 (historisch, nicht systematisch); Systematisierung bei Hannelore Link.

12.3.4. Vgl. dazu J. L., "'Hyperion' als Nationalepos . . ."

*Zu Lektion 13:*

13.1.ff. Pfister; van Kesteren/Schmid (Hg.), *Moderne Dramentheorie;* Herta Schmid, *Strukturalistische Dramentheorie,* Kronberg 1973; Werner Keller (Hg.), *Beiträge zur Poetik des Dramas,* Darmstadt 1976; (zur Vorgeschichte:) Gustav Freytag, *Die Technik des Dramas* (*Gesammelte Werke,* Bd. 2), Leipzig 1863; Ferdinand Junghans, *Zeit im Drama,* Berlin 1931; theoretisch grundlegend für die phänomenologische Dramentheorie (und Literaturtheorie allgemein): Roman Ingarden, *Das literarische Kunstwerk,* 2. Aufl. Tübingen 1960; s. auch Walzel, Klotz, Kayser, *Das sprachliche Kunstwerk,* S. 170ff., 196ff., 366ff.

13.2.ff. Die folgenden Abschnitte beruhen im wesentlichen auf eigenen Entwicklungen im Zusammenhang mit einer Theorie der Dramenmatrizierung (vgl. die entsprechenden Angaben).

13.4. Theoretisch grundlegend zum 'episch' verfremdeten Typ des Dramas: Bertolt Brecht, *Schriften zum Theater I — III* (*Gesammelte Werke,* Bd. 15, 16, 17; besonders: "Der Messingkauf"); vgl. dazu: Peter Szondi, *Theorie des modernen Dramas 1880 — 1950,* Frankfurt/Main 1956; vgl. auch die übrigen Beiträge der von Reinhold Grimm herausgegebenen Zusammenstellung: *Episches Theater,* 3. Aufl. Köln 1972; sowie: Reiner Steinweg, *Das Lehrstück,* Stuttgart 1971.

*Zu Lektion 14:*

14.2.ff. Vgl. jetzt auch den Beitrag des Vf.s in *Funk-Kolleg,* Bd. 1, S. 234ff.; Karlheinz Stierle hat eine systematische Theorie der Lyrik als 'Transgression des Diskurses' (gemeint ist: eines bestimmten Diskurs-Schemas) entwickelt (wird demnächst erscheinen in *Poetik und Hermeneutik;* s. auch die Literatur zu Lektion 8; (historisch orientierend:) Kayser, *Das sprachliche Kunstwerk,* S. 156ff., 191ff., 338ff.; Emil Staiger, *Grundbegriffe der Poetik,* 8. Aufl. Zürich 1968 (die wohl einflußreichste mythische Lyriktheorie); Walther Killy, *Wandlungen des lyrischen Bildes;* Killy, *Elemente der Lyrik,* München 1972; vgl. auch Friedrich, *Die Struktur der modernen Lyrik;* Reinhold Grimm (Hg.), *Zur Lyrik-Diskussion,* Darmstadt 1966; Wolfgang Iser (Hg.), *Immanente Ästhetik — Ästhetische Reflexion. Lyrik als Paradigma der Moderne,* München 1966 (= *Poetik und Hermeneutik,* Bd. 3).

14.2.1.1. Vgl. Hamburger, *Die Logik . . .,* S. 187ff.

14.2.1.2. Vgl. Kayser, *Das sprachliche Kunstwerk,* S. 338ff.

14.2.1.3. Die Verfremdungen des lyrischen Ich werden traditionell unter der Kategorie 'Entpersönlichung' gefaßt: Peter Szondi, *Der andere Pfeil. Zur Entstehungsgeschichte von Hölderlins hymnischem Spätstil,* Frankfurt/Main 1963; Ingrid Strohschneider-Kohrs, "Die Entwicklung der lyrischen Sprache in der Dichtung Georg Trakls", in: *Literaturwissenschaftliches Jahrbuch,* 1960, S. 211ff.; Friedrich, S. 26f.

14.2.4. S. die Literatur zu 14.2.1.3.

14.3. Vgl. *LsP,* bes. Lektion 10; Hempfer; Scherpe; ferner die Evolutionstheorie des russischen Formalismus und tschechoslowakischen Strukturalismus (Tynjanov, Mukařovský); (zur Vorgeschichte:) Ingrid Strohschneider-Kohrs, *Literarische Struktur und geschichtlicher Wandel,* München 1971.

14.3.1. Der Begriff wurde zunächst von Freud (in der *Traumdeutung*) sozusagen rein innertextlich verwendet (in einem Sinne, der nahezu synonym mit dem heutigen 'überstrukturiert' ist); er wurde dann von Althusser u. a. auf die Problematik der Interdependenz verschiedener 'Ebenen' der Gesellschaft übertragen und entsprechend umdefiniert *(Für Marx).* In diesem Sinne wird er hier verwendet. (Zu Beispiel 2 s. auch *LsP,* Lektion 10.)

14.3.2. Zu erster allgemeiner Orientierung s. Scherpe.

14.3.2.4. Vgl. Karl Vietor, *Geschichte der deutschen Ode,* München 1923; Friedrich Beissner, *Geschichte der deutschen Elegie,* 3. Aufl. Berlin 1965.

## SCHLAGWORTVERZEICHNIS